HISTOIRE

DE LA

RÉVOLUTION

FRANÇAISE.

HISTOIRE

DE LA

RÉVOLUTION

FRANÇAISE

DU CONSULAT, DE L'EMPIRE, DE LA RESTAURATION
ET DE LA RÉVOLUTION DE JUILLET,

PAR

MM. J. FERRAND ET J. DE LAMARQUE;

ILLUSTRÉE

DE 30 GRAVURES SUR ACIER.

TOME V.

PARIS

D. CAVAILLÉS, ÉDITEUR,

AU BUREAU DES PUBLICATIONS HISTORIQUES,

13, RUE VIEILLE-DU-TEMPLE.

1845

HISTOIRE

DE LA

RÉVOLUTION

FRANÇAISE

DEPUIS

1789 JUSQU'EN 1830.

EMPIRE.

CHAPITRE PREMIER.

Organisation du gouvernement impérial. — Rétablissement des anciennes formes. — Proclamation du sénatus-consulte organique. — Le sénat prête serment. — Adhésion des départements. — Manifestation du clergé. — Protestation de Louis XVIII. — Toutes les cours de l'Europe, à l'exception de celles de Russie, d'Angleterre et de Suède, reconnaissent la nouvelle dignité de Napoléon. — Jugement de la conspiration de Pichegru, Georges, Moreau, etc. — Actes de clémence de l'Empereur. — Inauguration de la Légion-d'Honneur. — Napoléon au camp de Boulogne. — Nouvelle organisation de l'école Polytechnique. — Institution des prix décennaux. — Voyage de Napoléon en Belgique. — Son séjour à Aix-la-Chapelle. — Recensement des votes populaires. — Sacre et couronnement de l'Empereur à Notre-Dame. — Distribution des aigles au Champ-de-Mars. — Ouverture du corps législatif. — Napoléon offre la paix au roi d'Angleterre. Réponse de lord Mulgrave. Débats à ce sujet dans le parlement anglais. Vœux de Fox et du parti de l'opposition pour la paix. Ils sont repoussés par la majorité. — Comment la nouvelle en est accueillie en France. — Nouvelle constitution de la Hollande. — La République italienne changée en royaume. — Napoléon roi d'Italie. Son départ pour Milan. Il s'arrête à Brienne. — Sa dernière entrevue avec le pape à Turin. — Il visite le champ de bataille de Marengo. — Son couronnement à Milan. — Création de l'ordre de la Couronne-de-Fer. — Réunion de Gênes à la France. — Le prince Eugène vice-roi d'Italie. — Députation du sénat de Lucques. — Retour de Napoléon à Paris. — Plan de son expédition maritime contre l'Angleterre. — Mouvements des flottes françaises. — Traité d'alliance entre l'Angleterre et la Russie. Coopération de l'Autriche et de la Suède. — Troisième coalition ; son but, ses forces et son plan de campagne. Armements de l'Autriche. — Napoléon se rend au camp de Boulogne. — Rassemblement de la flottille. — Fautes de l'amiral Villeneuve; elles font échouer l'expédition d'Angleterre. — Colère de Napoléon; elle lui inspire le plan de la campagne d'Austerlitz. — Marche des armées autrichiennes. Invasion de la Bavière. — Napoléon vient dénoncer au sénat la guerre contre l'Autriche. — Levée de quatre-vingt mille hommes. Réorganisation des gardes nationales. — *L'Empereur part pour l'armée.*

UNE nouvelle ère venait de s'ouvrir. Après s'être propagée au-dedans par la dictature représentative, la révolution, personnifiée dans un homme, allait se répandre au-dehors par la dictature militaire. A la parole devait succéder le glaive ; et comme ce fleuve qui ne couvre les campagnes d'Égypte que pour les féconder, la France, en débordant sur l'Europe, n'allait accomplir qu'une mission civilisatrice. Elle avait vaincu les rois : elle voulut les humilier en faisant entrer un soldat, ou plutôt un maître dans leur famille; et pour qu'il leur commandât, pour ainsi dire, de plus haut, elle releva plus éclatant le trône qu'elle avait foulé aux pieds, et l'y plaça rayonnant de gloire et de majesté. C'est là qu'on allait voir Napoléon accomplir de nouveaux prodiges, rétablir l'empire de Charlemagne, mettre dans sa couche la fille des Césars, et reculer, ainsi qu'il l'a dit lui-même, les limites de la gloire.

D'après le sénatus-consulte organique du 2 floréal an XII (18 mai 1804), Napoléon Bonaparte était déclaré *empereur des Français ;* la justice devait être rendue en son nom par des officiers institués par lui. La dignité impériale était héréditaire de mâle en mâle, et par ordre de primogéniture. A défaut d'héritiers directs, Joseph et Louis Bonaparte étaient appelés à succéder à Napoléon. On remarqua l'exclusion de Lucien et Jérôme de la succession impériale. On attribua la disgrâce du premier à ses opinions républicaines ; mais la vérité est qu'ils ne furent repoussés l'un et l'autre par leur frère que parce qu'ils s'étaient mariés sans son consentement, le premier à une actrice [1], le second à la fille d'un négociant de Baltimore [2]. La nouvelle constitution réglait, en outre, les prérogatives impériales, la régence, les grandes dignités de l'Empire, les attributions du sénat, du conseil d'État, du corps législatif, du tribunat, des collèges électoraux, de la haute cour impériale, de l'ordre judiciaire et de la promulgation des lois.

Un titre additionnel au sénatus-consulte statuait qu'on soumettrait à l'acceptation du peuple l'arrêté du sénat. Napoléon, sans attendre que le suffrage populaire se fût exprimé sur cette grande question, prit possession de l'empire. De même qu'au château de Versailles, sous l'ancienne monarchie, on vit reparaître aux Tuileries les grands laquais, les pages, les écuyers, les chambellans, les aumôniers, les cordons, l'étiquette des grands et des petits jours. On créa des princes français. Les titres d'*altesse* et d'*excellence* reparurent. Joseph Bonaparte fut grand-électeur ; Louis Bonaparte connétable, Cambacérès archi-chancelier, Lebrun archi-trésorier, le cardinal Fesch grand-aumônier, Talleyrand grand-chambellan, Duroc grand-maréchal du Palais, Caulincourt grand-écuyer, Berthier grand-veneur, Ségur grand-maître des cérémonies.

[1] Madame Joubertot.
[2] Miss Paterson.

Ainsi disparut ce gouvernement républicain qui avait traversé tant d'orages et que tant de sang avait cimenté. A l'exemple de la Convention, Napoléon se considérait comme le seul et véritable représentant de la nation ; il parlait souverainement, statuant sur des questions autrefois réservées aux assemblées représentatives. Le pouvoir législatif passa entièrement au sénat et au conseil d'État, et la représentation nationale au gouvernement. Le corps législatif ne représentait plus qu'un souvenir ; le tribunat seul avait conservé quelque trace de son institution républicaine ; mais il ne devait pas tarder à disparaître.

Napoléon conféra le grade de maréchal de l'Empire aux généraux Berthier, Murat, Moncey, Jourdan, Masséna, Augereau, Bernadotte, Soult, Brune, Lannes, Mortier, Ney, Davoust, Bessières, Kellermann, Lefebvre, Pérignon et Serrurier. Il rétablit le ministère de la police générale, qu'il avait supprimé en arrivant au Consulat, et en chargea Fouché : première faute qu'il devait expier plus tard par sa chute !

Ensuite eut lieu, en grande pompe, la proclamation du sénatus-consulte ; elle fut faite par le chancelier du sénat, en personne, accompagné des présidents du corps législatif et du tribunat, et d'un nombreux et magnifique cortège.

Le 27, le sénat prêta serment de fidélité à l'Empereur. Dans tous les départements de la France, les autorités, les fonctionnaires, la magistrature, l'armée, suivirent cet exemple, et l'on vit les mêmes hommes qui avaient juré d'être fidèles à quatre constitutions successives, se jeter aux pieds du nouvel élu de la fortune ; ils l'appelèrent majesté, et se dirent ses sujets. Le clergé fit plus : il célébra l'élévation de Napoléon comme un acte providentiel : « Dieu, disait-il, l'a appelé des déserts de l'Égypte, comme un autre

Moïse. — Napoléon fera concorder le sage empire de la France avec le divin empire de Jésus-Christ. — Le doigt de Dieu est ici. — Prions le Très-Haut qu'il protège, par sa main puissante, l'homme de sa droite. — Qu'il vive ! qu'il commande à jamais, le nouvel Auguste, cet empereur si grand, qui reçoit des mains de Dieu la couronne. — Nouveau Matathias, Bonaparte parut dans l'assemblée du peuple envoyé par le Seigneur. — L'Écriture nous trace dans le règne de Josaphat, ce prince chéri de Dieu et des hommes, l'image du gouvernement accompli de Napoléon. La soumission lui est due, comme dominant sur tous ; à ses ministres comme envoyés par lui, parce que tel est l'ordre de la Providence. » C'est ainsi que l'Église se montrait reconnaissante envers l'auteur du concordat.

Cependant Louis XVIII, retiré alors à Varsovie, adressa le 6 juin à tous les gouvernements de l'Europe, une protestation contre ce qu'il appelait l'usurpation de Bonaparte.

« Ce nouvel acte d'une révolution où tout, dans l'origine, a été nul, disait-il, ne peut sans doute infirmer mes droits. Mais, comptable de ma conduite à tous les souverains, dont les droits ne sont pas moins lésés que les miens, je croirais trahir la cause commune en gardant le silence. Je déclare donc, après avoir renouvelé mes protestations contre tous les actes illégaux qui, depuis l'ouverture des états-généraux de France, ont amené la crise effrayante dans laquelle se trouvent la France et l'Europe, je déclare que, loin de reconnaître le titre impérial que Bonaparte vient de se faire déférer par un corps qui n'a pas même d'existence légitime, je proteste contre ce titre et contre tous les actes subséquents auxquels il pourrait donner lieu. » Cette protestation trouva la France et l'Europe indifférentes, et Napoléon n'y répondit qu'en la faisant insérer dans le *Moniteur*. « L'intérêt des peuples, dit ce journal, fait les rois, et la force nationale les soutient. Quand ils n'ont plus pour eux ni l'un ni l'autre, ils rentrent dans la foule des individus... La révolution a jeté entre la France et les Bourbons un mur de diamant... L'instabilité du gouvernement au milieu des triomphes de la République flattait encore les espérances des Bourbons; mais aujourd'hui que la dignité impériale est élevée sur les ruines de la monarchie, que tous les intérêts nouveaux ont un centre fixe, tout est fini pour les Bourbons. »

Tandis que Louis XVIII frappait vainement aux portes des cabinets, tous, à l'exception de ceux de Russie, d'Angleterre et de Suède, saluèrent l'avènement de l'Empereur. Cependant celui de Vienne ne reconnut Napoléon qu'après que François II se fût proclamé empereur héréditaire d'Autriche, « pour garder, disait-il, la parité avec la nouvelle maison de France. » Dégouttante encore du sang de Paul Ier, la cour de Russie gémissait sur le sort du duc d'Enghien. On continuait à négocier avec elle relativement à cette affaire, « évènement, disait-elle, que l'on pouvait regarder comme un sinistre présage. » Or, ainsi qu'on l'a vu, Alexandre avait pris et fait prendre le deuil par ses ambassadeurs. Mais ce n'était là qu'un prétexte, et de plus puissants motifs le jetaient dans la coalition contre la France. Il demandait l'évacuation du royaume de Naples et du Hanovre, le rétablissement du roi de Sardaigne, etc. On ne put s'entendre, et, les négociations rompues, les ambassadeurs des deux nations se retirèrent respectivement des deux cours. Quant à la Suède, elle rompit insolemment avec la France, et signa avec l'Angleterre un traité de commerce et de subsides.

C'est au milieu des réjouissances publiques du joyeux

évènement, que s'ouvrit le grand procès dont les machinations de Drake et des agents anglais n'avaient été qu'un incident. Déjà Pichegru s'était fait justice lui-même, en se suicidant dans sa prison (1)[1] : il avait ainsi sauvé de l'infamie du supplice la gloire de celui qui avait conquis la Hollande. Chaque jour, les abords du Palais-de-Justice étaient encombrés d'une foule immense. On se pressait dans l'auditoire. Georges, par son attitude ferme et résignée, attirait sur lui l'attention; mais le grand nom de Moreau dominait tout le débat. Ce général inspirait le plus grand respect; et quand un de ses amis entra tout-à-coup dans la salle, avec un jeune enfant dans ses bras, tout ce qu'il y avait là de militaires se leva spontanément et lui présenta les armes : ils avaient reconnu le fils de leur général. Mais Moreau, qui avait reçu la bravoure du soldat en partage, manquait du courage du citoyen : il se montra faible et pusillanime. Réduit aux supplications envers Bonaparte, on a vu qu'il s'était humilié en vain. Sa culpabilité n'était que trop évidente; ses lettres et les diverses dépositions qui furent faites le prouvèrent assez. Cependant, tel était le prestige encore attaché à sa renommée, que la faveur publique ne voyait en lui que le grand capitaine, le vainqueur de Hohenlinden. Après douze jours de débats, la sentence fut enfin rendue : Georges Cadoudal, Bouvet de l'Ozier, Russillon, Rochelle, Armand de Polignac, Charles d'Hozier, de Rivière, Louis Ducorps, Picot, Lajolais, Roger, Coster Saint-Victor, Devillé, Gaillard, Joyaut Burban, Lemercier, Jean Cadoudal, Lelan et Merille, furent condamnés à mort; Jules de Polignac, Léridant, Moreau, Rolland et Hisay à deux années de détention. Napoléon voulut signaler, par un grand acte de clémence, le com-

---

[1] Voyez les pièces justificatives à la fin du volume.

mencement de son règne. Madame de Polignac vint se jeter à ses pieds, implorant la grâce de son époux : Napoléon, touché de ses larmes : « Madame, lui dit-il, c'est à ma vie qu'en voulait votre mari ; je puis donc lui pardonner. » Il remit encore leur peine à sept autres assassins ; mais Georges subit la sienne avec douze de ses complices. Il mourut avec fermeté. Quant à Moreau, Napoléon se montra fort irrité de son demi-acquittement [1] ; non qu'il eût voulu faire tomber la tête de ce général, mais il était dans l'intérêt de sa position et de sa politique qu'il fût condamné, sauf ensuite à le désarmer par le pardon. Néanmoins, il commua sa peine en exil, et Moreau partit pour les États-Unis, où, pour sa gloire, il aurait dû finir ses jours.

[1] Voici comment, dans un entretien avec Bourrienne, il s'exprimait à ce sujet :

« .... Quand on me dit pour la première fois que Moreau était compromis dans la conspiration de Georges, mon premier mouvement fut de le croire ; pourtant j'hésitai à le faire arrêter ; je ne m'y déterminai qu'après avoir consulté mon conseil. Quand les membres en furent réunis, je fis mettre toutes les pièces sous leurs yeux ; je leur demandai de les examiner mûrement ; je leur dis qu'il ne s'agissait pas d'une petite affaire, et j'exigeai d'eux qu'ils me dissent franchement s'il y avait contre Moreau des charges assez fortes pour une condamnation à mort. Les imbéciles ! Leur réponse fut affirmative ; je crois même qu'elle fut unanime. Alors je laissai aller la procédure, car il n'y avait plus à reculer. Je n'ai pas besoin de vous dire, Bourrienne, que jamais la tête de Moreau ne serait tombée sur l'échafaud ; bien certainement je lui aurais fait grâce ; mais placé sous le coup d'une condamnation capitale, il n'eût plus été dangereux, et son nom aurait cessé d'être un drapeau pour les grognards de la République ou pour ces imbéciles de royalistes. Si le conseil eût élevé des doutes sur la culpabilité de Moreau, je l'aurais fait venir ; je lui aurais dit que le soupçon qui pesait sur lui suffisait pour que nous ne pussions plus vivre ensemble ; qu'il ferait bien de voyager en Europe pendant trois ans ; qu'il pouvait prendre le prétexte de visiter les champs de bataille des dernières guerres ; que, s'il préférait une mission extraordinaire, je la lui aurais donnée, avec tout l'argent qu'il voudrait ; que, pendant ces trois ou quatre années, le temps, ce grand maître, arrangerait tout. Mais ces animaux me déclarent qu'il ne peut se soustraire à une condamnation capitale ; que sa complicité au premier chef est évidente, et *voilà qu'on me le condamne comme un voleur de mouchoirs*. Que voulez-vous que j'en fasse ? le garder ? Ce serait encore un point de ralliement. Qu'il vende ses biens et qu'il quitte la France. Qu'en ferai-je au Temple ? J'en ai assez sans lui... Encore si c'était la seule grande faute qu'ils m'eussent fait faire... — Sire, comme vous avez été trompé ! — Oh ! oui, je l'ai été ; mais je ne puis pas tout voir avec mes deux yeux. »

(*Mémoires de Bourrienne*, t. VI.)

Le 14 juillet, jour deux fois mémorable par la prise de la Bastille et par la première fédération, eut lieu l'inauguration de la Légion-d'Honneur, créée par la loi du 29 mai 1802. C'est dans l'église des Invalides que cette solennité fut célébrée. Ce jour-là, Paris vit pour la première fois l'éclat de la pompe impériale. Napoléon se rendit à cheval, au milieu d'un brillant cortège militaire, au lieu de la cérémonie ; le clergé, ayant à sa tête le cardinal de Belloy, vint le recevoir à son entrée dans l'église. A droite de l'autel s'élevait le trône impérial : Napoléon l'occupa seul, entouré des colonels-généraux de sa garde, des grands dignitaires de la couronne, des ministres, des maréchaux, etc. Après la messe, le grand-chancelier de la Légion-d'Honneur prononça un discours, et fit l'appel des grands-officiers de la Légion. Alors, à l'exemple des anciens rois de France, lorsqu'ils tenaient des lits-de-justice, Napoléon se couvrit : « Commandants, officiers, légionnaires, citoyens, soldats, dit-il, au milieu du plus profond silence, vous jurez sur votre honneur de vous dévouer au service de l'Empire et à la conservation de son territoire dans son intégrité ; à la défense de l'Empereur, des lois de la République et des propriétés qu'elles ont consacrées ; de combattre, par tous les moyens que la justice, la raison et les lois autorisent, toute entreprise qui tendrait à rétablir le régime féodal ; enfin, vous jurez de concourir de tout votre pouvoir au maintien de la liberté et de l'égalité, base première de nos institutions. Vous le jurez ? » Aussitôt tous les membres de la Légion-d'Honneur, levant les mains, s'écrièrent *Nous le jurons !* et des cris de *vive l'Empereur !* accompagnèrent ce serment. Ainsi, par une de ces contradictions étranges, si ordinaires dans la vie de Napoléon, il évoquait les grands principes de la révolution au moment même où il venait de les détruire ; il parlait d'égalité et de liberté, et déjà elles n'existaient plus.

Cependant, son ambition personnelle satisfaite, Napoléon ramena toutes ses pensées vers le grand but qui n'avait cessé de le préoccuper pendant tout le temps de son consulat, l'invasion en Angleterre. Cette descente projetée par le Directoire après la paix de Campo-Formio, et par le Premier Consul après la paix de Lunéville, on se disposait à l'exécuter depuis la rupture du traité d'Amiens. De grands préparatifs se faisaient sur les côtes de la Manche. Dans les ports transformés en chantiers et en arsenaux, on travaillait avec cette activité prodigieuse que Napoléon savait si bien inspirer.

Davoust commandait les camps de Dunkerque et d'Ostende, Ney ceux de Calais et de Montreuil, Soult celui de Boulogne, Oudinot celui de Saint-Omer où il avait remplacé Junot, et Marmont avait sous ses ordres la marine hollandaise pour le transport de ses troupes. Déjà dix-huit cents bâtiments de la flottille étaient construits ; cent vingt mille hommes pouvaient s'y embarquer en trente heures. Les Anglais faisaient tous leurs efforts pour empêcher la réunion des convois français ; ils échouèrent devant Brest, Harfleur et le Hàvre, qu'ils tentèrent vainement d'incendier. Nos divisions sortirent victorieuses de tous ces combats, et purent arriver à leur destination. Rassemblées dans les différents ports, et les yeux fixés sur la Grande-Bretagne, elles étaient impatientes de franchir l'étroit canal qui les en séparait.

Napoléon se rendit, le 18 juillet, au camp de Boulogne, afin d'activer, par sa présence, la grande entreprise qu'il méditait. Il s'y montra dans tout l'appareil de sa puissance et dans tout l'éclat de son nouveau rang. Il était accompagné de ses deux frères Joseph et Louis Bonaparte, des grands dignitaires et des officiers de l'Empire.

Pendant près d'un mois que Napoléon passa sur les côtes de Boulogne, les revues et les manœuvres militaires se succédèrent. Le 15 août, jour de sa fête, avait été indiqué pour une grande distribution de croix de la Légion-d'Honneur. Il voulut faire de cette fête celle de son armée. D'heureux présages semblèrent marquer l'approche de cette solennité. A la tour d'Ordre où l'on construisait la tente de l'Empereur, on découvrit quelques vestiges d'un camp romain, jadis tracé par César, pour menacer la Grande-Bretagne. Il n'en fallut pas davantage pour réveiller les superstitions de l'armée ; elle vit dans cette simple découverte le doigt du destin, et elle en augura favorablement pour celui qu'elle appelait son empereur. La tour d'Ordre reçut le nom de tour de César.

Le 15 août, le soleil, qui semblait protéger toutes nos grandes journées, se leva radieux, et fut salué par les cris de joie de toute l'armée, rassemblée au nombre de quatre-vingt mille hommes, sous les ordres du maréchal Soult, dans une vaste plaine, pour assister à cette imposante cérémonie. Au milieu de cette plaine creusée circulairement, s'élève un monticule régulier : c'est là que l'Empereur devait se placer comme sur un trône, dont la nature avait fait tous les frais. Autour de ce trône environné d'étendards et de drapeaux que surmontaient des aigles d'or, les troupes se disposaient en lignes comme autant de rayons figurant ceux de l'étoile d'honneur qu'elles allaient recevoir. A l'arrivée de l'Empereur, dix mille tambours battirent aux champs ; à ses côtés vinrent se ranger ses deux frères, le grand-amiral Murat, les ministres, les maréchaux de l'Empire, les grands officiers de la couronne, les colonels-généraux, les sénateurs présents à Boulogne.

Apres un discours du grand-chancelier de la Légion-d'Honneur, un roulement de tambours se fit entendre; Alors, Napoléon se levant prononça la formule du serment, et, par un mouvement spontané, officiers et soldats élevant leurs armes en l'air, le répétèrent en l'accompagnant des cris de *vive l'Empereur!* pendant que les camps, les forts et les falaises retentissaient du bruit des vagues et du canon. Ensuite, les grands officiers, les commandants et les simples légionnaires s'approchèrent successivement du trône, et reçurent des mains de l'Empereur la décoration de la Légion.

A ce moment, une division de cinquante voiles, avant-garde de la flottille du Hâvre, parut à la hauteur du cap d'Aspreck. A la vue de ce convoi si impatiemment attendu, tous les regards se dirigèrent vers l'Océan, et des acclamations universelles saluèrent le convoi. En même temps éclata un orage épouvantable. On craignit un moment pour la flottille : Napoléon alla en rade pour y donner les ordres nécessaires. Bientôt le calme se rétablit, la flottille rentra saine et sauve dans le port, et Napoléon revint au camp où les jeux, les danses et les divertissements commencèrent. Un beau feu d'artifice tiré de la côte, de manière à être aperçu par la croisière anglaise et par la population de Douvres, couronna cette magnifique fête militaire.

Pendant son séjour à Boulogne, Napoléon assista à plusieurs combats de la flottille contre les escadres anglaises, dans l'un desquels on vit cent quarante-six bateaux plats et chaloupes canonnières, battre quatorze vaisseaux de ligne. L'Angleterre qui, à là première apparition de la flottille de Boulogne, s'en était égayée par des caricatures, était passée de la raillerie à la crainte, et à la nouvelle de ces succès, elle crut le moment de ce qu'elle appelait l'invasion des *Barbares* arrivé. Aussi prit-elle les mesures les plus énergiques:

le drapeau rouge fut déployé sur toute l'étendue des côtes du Royaume-Uni ; des signaux furent établis dans toutes les directions ; on ordonna une levée en masse, et, à l'exemple de la France en 1793, le gouvernement anglais fit distribuer des piques à ceux qui manquaient de fusils. Il fit plus, il couvrit la Manche de ses vaisseaux, hérissa d'une artillerie formidable ses côtes les plus menacées, et l'on commença à fortifier Londres.

Mais Napoléon ne songeait point encore à s'attaquer à cette grande puissance maritime. Ce n'était pas avec *deux mille coquilles de noix*, c'était avec des vaisseaux qu'il voulait s'ouvrir la Manche, et pendant qu'il trompait l'ennemi, en le menaçant de sa flottille, il travaillait à se donner une flotte, et formait un plan de campagne maritime dont l'exécution devait le rendre, disait-il, le maître du monde. Mais tout cela demandait du temps, et Napoléon vit qu'il fallait remettre l'invasion à l'année suivante.

Avant son départ de Boulogne, il passa une dernière fois en revue son armée d'Angleterre qui, en témoignage de son dévouement, lui vota une statue colossale, en bronze, destinée à être élevée au milieu du camp de César. Mais le bronze manquait : « Sire, dit le maréchal Soult à l'Empereur, prêtez-moi du bronze, je vous le rendrai à la première bataille. » Il ne tarda pas, en effet, de s'acquitter de sa dette.

C'est du camp de Boulogne que Napoléon data les deux décrets, l'un de la nouvelle organisation toute militaire de l'école Polytechnique, mesure qui faussa l'une des plus belles institutions de la République ; le second des prix décennaux, pour lesquels devaient concourir toutes les sciences et tous les beaux-arts. Il en fixa la première distribution au 18 brumaire de l'an XVIII (9 novembre 1809), voulant, par là, consacrer la fondation de la république consulaire.

De Boulogne, Napoléon se dirigea vers la Belgique. Il y avait donné rendez-vous à Joséphine qui le rejoignit au château de Laken, où tout avait été magnifiquement disposé pour les recevoir. Napoléon continua ensuite son voyage par les villes qui avoisinent le Rhin ; il séjourna quelque temps à Aix-la-Chapelle, comme pour y consulter les grands souvenirs de Charlemagne, dont il s'occupait à restaurer l'empire. Il traversa Cologne et Coblentz, et arriva à Mayence, où il reçut plusieurs princes de l'empire ; il s'ouvrit à eux de son système de la confédération du Rhin, et quelques promesses répondirent à ses confidences. Après un voyage de trois mois, Napoléon revint à Paris, en octobre. Dans tous les pays qu'il avait visités, les populations s'étaient pressées sur son passage, saluant, par leurs cris de joie, l'heureux soldat de la révolution. Pour lui, il s'était appliqué à marquer son séjour dans chaque ville par d'importantes mesures d'utilité publique, des projets d'améliorations ou d'embellissements.

Après avoir rétabli l'empire de Charlemagne, il voulut, à l'exemple du fils de Pépin, faire sanctionner son pouvoir par le souverain pontife : élu du peuple, il voulut encore être celui de Dieu. D'après l'usage antique, c'est à Rome que les empereurs d'Allemagne, en tant que rois des Romains et représentants des Césars, allaient se faire sacrer : Napoléon voulut que le Pape vînt le couronner à Paris. Pendant son séjour à Mayence, il avait chargé le général Caffarelli de cette mission. Depuis le concordat, les dispositions du Saint-Siège étaient toutes favorables à la France; aussi la négociation eut-elle un plein succès. Pie VII n'avait point oublié que la fortune de nos armes en Italie n'avait point été sans influence sur son élévation au souverain pontificat, élévation qui avait si fort contrarié l'Autriche. S'il faut en croire quelques uns, une ancienne amitié aurait existé entre le pape et l'empereur, avant que l'un, simple évêque d'Imola, eût ceint la tiare, et l'autre, simple général de la République, la couronne impériale. Selon d'autres, Bonaparte, consul, en remettant, par le traité de Tolentino, les clefs de Saint-Pierre entre les mains du successeur de Pie VI, lui aurait imposé cette condition expresse. Quoi qu'il en soit, ce n'est pas une chose des moins étranges que de voir, pour la première fois, le chef de la chrétienté descendre volontairement de sa chaire et entreprendre un voyage de cinq cents lieues, dans la saison la plus rigoureuse, pour venir légitimer les droits d'un soldat.

Pie VII partit de Rome le 3 novembre, accompagné d'une suite nombreuse. Napoléon avait donné des ordres pour qu'il fût reçu partout avec la plus haute distinction ; il alla lui-même au-devant du pape, suivi de l'impératrice et d'un brillant cortège. Ils se rencontrèrent sur la route de Nemours. Pour éviter le cérémonial réglé d'avance, Napoléon avait pris le prétexte d'une chasse. Quand la voiture du pape arriva, il mit pied à terre ; le pape descendit à son tour, et, après s'être embrassés, ils montèrent ensemble dans la même voiture et se rendirent au palais de Fontainebleau qu'on avait préparé avec une grande magnificence.

Napoléon, par un décret du 7 octobre, avait convoqué le corps législatif pour assister à son couronnement. Un sénatus-consulte avait proclamé, le 6 novembre, le résultat des votes sur la question présentée au peuple français. On avait ouvert soixante-un mille neuf cent soixante-huit registres : il y avait alors, en France, cent huit départements ; le nombre des votants, en y comprenant les quatre cent mille votes de l'armée de terre, et les cinquante mille des armées navales, était de trois millions cinq cent soixante-quatorze mille neuf cent huit. Votes affirmatifs : trois millions cinq cent soixante-douze mille trois cent vingt-neuf ; votes négatifs : deux mille cinq cent soixante-dix-neuf. Après avoir reconnu le principe de l'hérédité comme base fondamentale de l'État, le sénat, le 1er décembre, se rendit en corps auprès de l'Empereur pour lui présenter le résultat des votes populaires.

Napoléon répondit :

« Je monte au trône où m'ont appelé les vœux unanimes du sénat, du peuple et de l'armée, le cœur plein du sentiment des grandes destinées de ce peuple, que, du milieu des camps, j'ai le premier salué du nom de grand.

« Depuis mon adolescence, mes pensées tout entières lui sont dévolues ; et je dois le dire ici, mes plaisirs et mes peines ne se composent plus aujourd'hui que du bonheur ou du malheur de mon peuple.

« Mes descendants conserveront longtemps ce trône.

« Dans les camps, ils seront les premiers soldats de l'armée, sacrifiant leur vie pour la défense de leur pays.

« Magistrats, ils ne perdront jamais de vue que le mépris des lois et l'ébranlement de l'ordre social, ne sont que le résultat de la faiblesse et de l'incertitude des princes.

« Vous, sénateurs, dont les conseils et l'appui ne m'ont jamais manqué dans les circonstances les plus difficiles, votre esprit se transmettra à vos successeurs. Soyez toujours les soutiens et les premiers conseillers de ce trône si nécessaire au bonheur de ce vaste empire. »

On était à la veille du sacre. Déjà le pape s'était rendu de Fontainebleau à Paris, où le pavillon de Flore, aux Tuileries, lui avait été réservé. Sa présence produisit dans la capitale un effet extraordinaire : il y fut l'objet d'un respect public et d'un empressement général. Il y avait à peine quatre ans que les autels y avaient été renversés et les prêtres persécutés ! Cependant, l'approche de la grande fête qui se préparait, avait fait affluer à Paris une foule considérable des départements et de l'étranger. Indépendamment des premiers corps de l'État, Napoléon avait convoqué des députations de toutes les autorités administratives, judiciaires et municipales, de toutes les gardes nationales et de tous les corps militaires de l'Empire.

On avait fixé le couronnement au 2 septembre, et réglé le cérémonial d'après les anciennes coutumes. Ce jour venu, le Pape, l'Empereur et l'Impératrice se rendirent en grande pompe à l'église de Notre-Dame, où devait avoir lieu la cérémonie. Au-devant du cortège du Pape marchait, selon l'usage, une mule qui égaya beaucoup les Parisiens ; ce qui nuisit à la gravité que commandait la circonstance. Le Pape arriva le premier à Notre-Dame ; Napoléon y fut conduit avec Joséphine dans une voiture surmontée d'une couronne d'or et traînée par huit chevaux blancs ; il était escorté de sa garde et de sa cour.

La cathédrale avait été pompeusement ornée. Le Pape, les cardinaux, archevêques, évêques et tous les grands corps de l'État, y attendaient l'Empereur. Après avoir été harangué à la porte, Napoléon vint se placer, revêtu du manteau impérial, la couronne sur la tête et le sceptre en main, sur un trône élevé au fond de l'église. De là il s'avança au pied de l'autel, conduit par le grand-aumônier, un cardinal et un évêque, et le pape, après lui avoir fait l'onction sainte, prononça l'oraison suivante : « Dieu tout-puissant, qui avez établi Hazaël pour gouverner la Syrie, et Jéhu roi d'Israël, en leur manifestant vos volontés par l'organe du prophète Elie, qui avez également répandu l'onction sainte des rois sur la tête de Saül et de David par le ministère du prophète Samuël, répandez par mes mains les trésors de vos grâces et de vos bénédictions sur votre serviteur Napoléon, que, malgré notre indignité personnelle, nous consacrons aujourd'hui empereur en votre nom. »

Après les prières du sacre, le Pape reconduisit l'Empereur sur son trône, d'où Napoléon s'avança une seconde fois vers l'autel pour être couronné. A peine le souverain pontife eut-il béni la couronne, Napoléon la saisit, se la plaça lui-même sur la tête, comme pour donner à entendre qu'il ne la tenait que de Dieu et de son épée, et couronna ensuite l'Impératrice qui était restée à genoux aux pieds de l'autel.

L'office divin achevé, l'Empereur, assis, la couronne sur la tête et la main sur l'Évangile que tenait le grand-maître des cérémonies, M. de Ségur, prêta le serment prescrit par la nouvelle constitution. « Je jure, dit-il, de maintenir l'intégrité du territoire de la République, de respecter et de faire respecter la liberté des cultes et les lois du concordat, de respecter et de faire respecter l'égalité des droits, la liberté politique et civile, l'irrévocabilité de la vente des biens nationaux ; de ne lever aucun impôt, de n'établir aucune taxe qu'en vertu de la loi ; de maintenir l'institution de la Légion-d'Honneur ; de gouverner dans la seule vue de l'intérêt, du bonheur et de la gloire du peuple français. » Alors le chef des hérauts d'armes s'écria par trois fois : « Le très-glorieux et le très-auguste empereur des Français, Napoléon, est couronné et intronisé ! Vive l'Empereur ! » Ce même cri retentit aussitôt sous les voûtes de la basilique ; une salve d'artillerie y répondit, et, après un *Te Deum* solennel, l'Empereur et son cortège sortirent de l'église au bruit des acclamations.

Pendant plusieurs jours, des fêtes publiques se succédèrent. Il y eut, le 5 décembre, au Champ-de-Mars, une distribution solennelle des aigles impériales aux différents corps de l'armée. Napoléon, du haut d'un trône élevé devant l'École-Militaire, présidait à cette cérémonie, en présence des grands corps de l'État, des dignitaires de l'Empire et d'une foule immense qui garnissait le vaste amphithéâtre du Champ-de-Mars. Au signal donné, toutes les colonnes de l'armée s'ébranlèrent et s'approchèrent du trône. Alors, Napoléon se levant : « Soldats, leur dit-il, voilà vos drapeaux ; ces aigles vous serviront toujours de point de ralliement, et elles seront partout où votre Empereur les jugera nécessaires pour la défense de son trône et de son peuple.

« Vous jurez de sacrifier votre vie pour les défendre, et de les maintenir constamment par votre courage, sur le chemin de la victoire. »

« Il serait impossible, dit Bourrienne, de peindre les acclamations qui suivirent les paroles de Bonaparte, et il y a quelque chose de si entraînant dans l'ivresse publique, que les personnes indifférentes ne purent s'empêcher de se laisser entraîner au mouvement général. » On procéda ensuite à la distribution des nouvelles enseignes, et chaque groupe, en les recevant, les saluait par de nouvelles acclamations. Mais que cette joie était bien différente de celle que vit éclater la première fédération !

Quelques jours après, Napoléon ouvrit en personne la session du corps législatif. Cette solennité eut lieu d'après le cérémonial prescrit par le sénatus-consulte de l'an XII. « Princes, magistrats, soldats, citoyens, dit l'Empereur, nous n'avons tous dans notre carrière qu'un seul but, l'intérêt de la patrie. Si ce trône, sur lequel la Providence et la volonté de la nation m'ont fait monter, est cher à mes yeux, c'est parce que, seul, il peut défendre et conserver les intérêts les plus sacrés du peuple français. Sans un gouvernement fort et paternel, la France aurait à craindre le retour des maux qu'elle a soufferts. La faiblesse du pouvoir suprême est la plus affreuse calamité des peuples. Soldat ou premier consul, je n'ai eu qu'une pensée ; empereur, je n'en ai point d'autre : les prospérités de la France. J'ai été assez heureux pour l'illustrer par des victoires, pour la consolider par des traités, pour l'arracher aux discordes civiles, et y préparer la renaissance des mœurs, de la société et de la religion. Si la mort ne me surprend pas au milieu de mes travaux, j'espère laisser à la postérité un souvenir qui serve à jamais d'exemple ou de reproche à mes successeurs. »

Ainsi se termina cette mémorable année de 1804. Dès que Napoléon eût fait sanctionner par l'Église le vœu populaire qui l'appelait à l'empire, fort de ce qu'il appelait son double droit national et divin, il voulut amener les rois à la paix, en leur faisant voir que sa puissance, pour être consolidée, n'avait pas besoin de nouvelles victoires. On se souvient du peu de succès de la lettre que, premier consul, il avait écrite au roi d'Angleterre ; empereur, il crut devoir, en présence des dangers qui menaçaient encore l'Europe, renouveler auprès de ce prince ses tentatives pacifiques. Voici ce qu'il lui écrivit :

Monsieur mon frère,

« Appelé au trône de France par la Providence et par les suffrages du sénat, du peuple et de l'armée, mon premier sentiment est un vœu de paix. La France et l'Angleterre usent leur prospérité ; elles peuvent lutter des siècles ; mais leurs gouvernements remplissent-ils bien le plus sacré de leurs devoirs? et tant de sang versé inutilement et sans perspective d'aucun but ne les accuse-t-il pas dans leur propre conscience?

« Je n'attache point de déshonneur à faire le premier pas : j'ai assez, je pense, prouvé au monde que je ne redoute aucune des chances de la guerre; elle ne m'offre d'ailleurs rien que je doive redouter. La paix est le vœu de mon cœur; mais la guerre n'a jamais été contraire à ma gloire.

« Je conjure Votre Majesté de ne pas se refuser au bonheur de donner elle-même la paix au monde; qu'elle ne laisse pas cette douce satisfaction à ses enfants : car enfin, il n'y eut jamais de plus belle circonstance ni de moment plus favorable pour faire taire toutes les passions, et écouter uniquement le sentiment de l'humanité et de la raison; ce moment une fois perdu, quel terme assigner à une guerre que tous mes efforts n'auraient pu terminer?

« Votre Majesté a plus gagné depuis dix ans en territoire et en richesses que l'Europe n'a d'étendue; sa nation est au plus haut point de prospérité. Que veut-elle espérer de la guerre? coaliser quelques puissances du continent? Le continent restera tranquille; une coalition ne ferait qu'accroître la prépondérance et la grandeur continentale de la France. Renouveler des troubles intérieurs? Les temps ne sont plus les mêmes. Détruire nos finances? Des finances fondées sur une bonne agriculture ne se détruisent jamais. Enlever à la France ses colonies? Les colonies sont pour la France un objet secondaire, et Votre Majesté n'en possède-t-elle déjà pas plus qu'elle n'en peut garder?

« Si Votre Majesté veut elle-même y songer, elle verra que la guerre est sans but, sans aucun résultat présumable pour elle. Eh! quelle triste perspective de faire battre les peuples pour qu'ils se battent ! Le monde est assez grand pour que nos deux nations puissent y vivre, et la raison a assez de puissance pour qu'on trouve les moyens de tout concilier, si, de part et d'autre, on en a la volonté. J'ai toutefois rempli un devoir saint et précieux à mon cœur, etc. »

Signé NAPOLÉON.

En écrivant cette lettre, Napoléon avait pensé que la terreur imprimée à l'Angleterre par les préparatifs du camp de Boulogne, la rendrait plus accessible à des propositions de paix ; mais déjà le cabinet anglais avait préparé ses contre-batteries de l'expédition de Boulogne, et cherché à détourner sur l'Europe l'orage qui la menaçait, en l'armant une troisième fois contre la France. Ses agents avaient, en effet, sondé les dispositions des cours de Russie, de Vienne et de Berlin, et, de toutes parts, il recevait des nouvelles favorables à ses desseins. Rassuré sur ses propres dangers, le roi Georges III refusa d'accéder aux propositions de celui qu'il affectait d'appeler encore le chef du gouvernement français, et il se borna à lui faire répondre par lord Mulgrave, qu'il n'y avait aucun objet qu'il eût plus à cœur que de saisir la première occasion de procurer de nouveau à ses sujets les avantages d'une paix fondée sur des bases qui ne fussent pas incompatibles avec la sûreté permanente et les intérêts essentiels de ses États. « Sa Majesté, ajoutait la lettre, est persuadée que ce but ne peut être atteint que par des arrangements qui puissent en même temps pourvoir à la sûreté et à la tranquillité à venir de l'Europe, et prévenir le renouvellement des dangers et des malheurs dans lesquels elle s'est trouvé enveloppée.

« Conformément à ces sentiments, Sa Majesté sent qu'il

lui est impossible de répondre plus particulièrement à l'ouverture qui lui a été faite, jusqu'à ce qu'elle ait eu le temps de communiquer avec les puissances du continent avec lesquelles elle se trouve engagée par des liaisons et des rapports confidentiels, et particulièrement avec l'empereur de Russie, qui a donné les preuves les plus fortes de la sagesse et de l'élévation des sentiments dont il est animé, et du vif intérêt qu'il prend à la sûreté et à l'indépendance de l'Europe. »

Cette réponse était vague; toutefois, en parlant de l'intervention des puissances étrangères, elle laissait voir suffisamment la pensée hostile du cabinet qui l'avait dictée; ce qu'il expliqua effectivement, cinq jours après, dans une note secrète adressée à la Russie. « Il faut, y disait-on, faire rentrer la France dans ses anciennes limites; ce but doit être atteint sans modification ni restriction; rien de moins ne saurait satisfaire nos vues. » Ainsi, c'était toujours la guerre contre la révolution qui s'agitait dans les cabinets.

Communiquée aux deux chambres du parlement, la réponse de lord Mulgrave y fut l'objet d'une vive discussion. On sait que le parti de l'opposition, dont Fox était le chef le plus illustre et le plus éloquent, s'y montra le défenseur constant de la révolution française; il saisit cette occasion pour protester de nouveau de sa fidélité à ses principes. « Pourquoi, s'écriait Fox, pourquoi faire à l'ennemi qui nous offre la paix une réponse évasive, indigne d'un gouvernement qui doit avoir le sentiment de sa force ou de son honneur? Quelle est la question ? Nous voulons la paix, ou nous voulons la guerre. Je n'examinerai point ici si la raison de notre commerce, la solitude qui règne dans nos manufactures, et l'esprit d'inquiétude qui plane sur toute la population anglaise, ne sont pas des motifs assez importants pour justifier l'opinion de ceux qui pensent qu'il serait temps enfin de mettre un terme à une guerre suspendue un moment, pour recommencer avec plus de fureur que jamais. J'admets que la guerre, qui nous accable de maux, est préférable à la paix qui nous rendrait tous heureux, et l'Europe avec nous ; mais alors pourquoi ne pas le dire franchement ? Pourquoi s'obstiner à mentir à la nation, en cherchant à lui faire croire que c'est l'ennemi qui veut la guerre, lorsqu'il vient encore de nous offrir la paix ? Pourquoi enfin parler de *rapports confidentiels avec l'Europe*, lorsqu'aucune communication à cet égard ne nous est faite, lorsque rien ne prouve que ces rapports existent, et que, par conséquent, l'Angleterre doive être secourue dans la nouvelle guerre où nous a embarqués un orgueil national mal entendu, et une avidité de domination que nous devrions mieux dissimuler ? »

Tels étaient, dans le parlement, les vœux du chef de l'opposition pour la paix ; le célèbre orateur ajouta que l'oligarchie européenne s'était liguée pour maintenir les peuples dans un état stationnaire, et s'opposer à toute amélioration de l'ordre social. Mais ses efforts et ceux de ses amis furent vains, et la majorité, dominée par le ministère, repoussa la paix, si généreusement offerte par la France.

De son côté, le sénat, après avoir eu connaissance de cette négociation, arrêta que la copie de la lettre de l'Empereur au roi d'Angleterre serait consignée dans ses registres, comme un monument glorieux pour le prince qui l'avait écrite, et la nation qu'il gouvernait. Considérant ensuite que cette proposition, faite dans un moment où la France était dans la situation la plus redoutable, n'avait obtenu des ennemis qu'une réponse évasive, il déclara que l'Empereur devait compter, dans cette guerre, sur tout son zèle, comme il devait compter sur la fidélité du peuple et de l'armée.

C'est ainsi que Napoléon se fit absoudre des calamités d'une guerre qui allait de nouveau remuer l'Europe. On se récria sur sa générosité ; on vanta sa grandeur d'ame, sa modération, et le refus de l'Angleterre ne servit qu'à accroître l'impatience nationale d'humilier son orgueil et de châtier sa perfidie.

Pendant ce temps, une révolution s'opérait dans le gouvernement des Républiques batave et italienne. Schimmelpenninck, ambassadeur de Hollande, eut mission de négocier à Paris la nouvelle constitution de ce pays. On réduisit le corps législatif à vingt membres, et le pouvoir exécutif fut confié à un grand-pensionnaire à vie, à Schimmelpenninck lui-même, homme tout dévoué à la France. Ce gouvernement, qui rappelait les beaux temps des Provinces-Unies, n'était, ainsi qu'on le verra plus tard, qu'un moyen de transition pour préparer les Hollandais au régime monarchique. En Italie, une consulte d'État changea la République en royaume, et Melzi, vice-président de la République italienne, vint, à la tête d'une députation tirée des grands corps du nouveau royaume, offrir à Napoléon la couronne d'Italie. Il se présenta, le 17 mars 1805, à l'audience solennelle de l'Empereur. « Sire, lui dit-il, vous voulûtes que la République italienne existât, et elle a existé. Veuillez que la monarchie italienne soit heureuse, et elle le sera. »

Napoléon répondit : « Notre première volonté, encore toute couverte du sang et de la poussière des batailles, fut la réorganisation de la patrie italienne.

« Vous crûtes alors nécessaire à vos intérêts que nous fussions le chef de votre gouvernement ; et aujourd'hui, persistant dans la même pensée, vous voulez que nous soyons le premier de vos rois : la séparation des couronnes de France et d'Italie, qui peut être utile pour assurer l'indépendance de vos descendants, serait dans ce moment funeste à votre existence et à votre tranquillité. Je la garderai, cette couronne, mais seulement tout le temps que vos intérêts l'exigeront ; et je verrai avec plaisir arriver le moment où je pourrai la placer sur une plus jeune tête, qui, animée de mon esprit, continue mon ouvrage, et soit toujours prête à sacrifier sa personne et ses intérêts à la sûreté et au bonheur des peuples sur lesquels la Providence, les constitutions du royaume et ma volonté l'auront appelée à régner. »

Le lendemain, l'Empereur se rendit solennellement au sénat, qui avait été convoqué en séance extraordinaire. Après un discours de M. de Talleyrand sur l'évènement qui appelait l'Empereur des Français au trône d'Italie, il fut fait lecture du statut constitutionnel délibéré par la consulte d'État. « Nous avons accepté, dit ensuite Napoléon, et nous placerons sur notre tête cette couronne de fer des anciens Lombards, pour la retremper, pour la raffermir, et pour qu'elle ne soit point brisée au milieu des tempêtes qui la menaceront, tant que la Méditerranée ne sera point rentrée dans son état habituel...

« Le génie du mal cherchera en vain des prétextes pour mettre le continent en guerre. Ce qui a été réuni à notre Empire par les lois constitutionnelles de l'État, y restera réuni. Aucune nouvelle puissance n'y sera incorporée ; mais les lois de la République batave, l'acte de médiation des dix-neuf cantons suisses, et ce premier statut du royaume d'Italie, seront constamment sous la protection de notre couronne, et nous ne souffrirons jamais qu'il y soit porté atteinte. »

Napoléon fut vivement applaudi par l'assemblée et les

tribunes. Se rendant ensuite au vœu exprimé par la consulte d'État, il quitta Paris, le 1er avril, pour aller se faire couronner à Milan. Pie VII partit presque en même temps que lui, après avoir espéré vainement que, en reconnaissance du sacre, l'Empereur le rétablirait dans ses trois légations, cédées à la France par le traité de Tolentino. De là, entre le Pape et Napoléon, un commencement de froideur dont on ne s'aperçut pas d'abord, mais qui ne tarda pas à se manifester, lors du couronnement de l'Empereur à Milan comme roi d'Italie; évènement que Pie VII ne vit pas sans une secrète inquiétude pour l'avenir de ses États.

Joséphine accompagnait Napoléon en Italie : ils visitèrent en route plusieurs villes. En passant à Troyes, Napoléon n'oublia point de s'arrêter à Brienne; il y avait laissé tant de souvenirs ! De Brienne il se rendit à Lyon, où il reçut un accueil digne de sa gloire. Après un court séjour dans cette ville, il se dirigea sur le Piémont; il s'arrêta trois semaines au château royal de Stupinitz, d'où il se rendit ensuite à Turin pour avoir une dernière entrevue avec le Pape, qui devait passer par cette ville en retournant dans ses États. De Turin, Napoléon partit pour Alexandrie. Le champ de bataille de Marengo étant dans le voisinage de cette ville, Napoléon alla le visiter ; il voulut revoir ces lieux célèbres avec le costume et le chapeau qu'il portait le jour de cette grande bataille. On y avait rassemblé tous les corps français qui se trouvaient en Italie : il les passa en revue, et posa la première pierre du monument élevé à la mémoire de ses compagnons morts à Marengo. Il se rendit ensuite à Milan, où il fit son entrée solennelle le 8 mai. Le 26, la cérémonie du nouveau sacre eut lieu dans la cathédrale de cette ville. On tira de la poussière où elle était ensevelie depuis six cents ans, l'antique couronne de fer des rois lombards. Napoléon prit la couronne des mains de l'archevêque qui officiait, le cardinal Caprara, et la plaça sur sa tête, en s'écriant : *Dieu me la donne; gare à qui la touche!* Cette exclamation devint la légende de l'ordre de la Couronne-de-Fer, qu'il fonda depuis en mémoire de son couronnement.

Pendant son séjour à Milan, Napoléon y reçut, le 5 juin, le dernier doge de Gênes, Durazzo, qui vint le supplier, au nom de sa République, de réunir à l'Empire cette Ligurie, premier théâtre de ses victoires. Napoléon lui répondit que le droit des gens des Anglais rendant impossible l'existence de Gênes indépendante, elle devait, en prenant le pavillon français, se mettre à l'abri de ce honteux esclavage dont il souffrait, malgré lui, l'existence envers les puissances faibles, mais dont il saurait toujours garantir ses sujets. « Je réaliserai votre vœu, ajouta-t-il, je vous réunirai à mon grand peuple. »

Après avoir organisé le gouvernement et l'administration de ses nouveaux États, et nommé vice-roi d'Italie son fils adoptif, le prince Eugène Beauharnais, il ouvrit solennellement la session du corps législatif de ce royaume. En parlant du choix qu'il avait fait pour le représenter en son absence : « Je laisse, dit-il aux députés, pour dépositaire de mon autorité, ce jeune prince que j'ai élevé dès son enfance, qui sera animé de mon esprit, et se montrera digne de moi. »

Le 10 juin, Napoléon quitta Milan, visita les principales villes de l'Italie, étudiant les besoins des peuples, ordonnant d'immenses travaux, des routes, des canaux, des ponts, des fortifications, et excitant partout sur son passage le plus vif enthousiasme. Il s'arrêta au camp de Castiglione pour y faire une grande distribution de croix d'honneur, et se rendit ensuite à Gênes pour y prendre possession de cette République. Il y fit son entrée le 30 juin, dans le plus pompeux appareil. Des fêtes magnifiques lui furent données; Napoléon coucha au palais Doria, dans le lit même où avait dormi Charles-Quint, et l'ancienne rivale de Venise, la superbe Gênes enfin, devint le chef-lieu de la vingt-huitième division militaire.

Une députation du sénat de Lucques était venue demander à l'Empereur un souverain. Napoléon donna cette petite République en apanage à sa sœur Élisa, déjà princesse de Piombino, et qui avait épousé un officier corse nommé Bacciochi.

Après ce voyage triomphal dans son nouveau royaume, Napoléon repassa les Alpes et revint, le 18 juillet, à Paris, les regards fixés sur l'Océan, et tout entier à ce qu'il appelait sa grande affaire.

Déjà, pendant qu'il était en Italie, il avait commandé à ses flottes divers mouvements ayant pour objet de faire prendre le change à l'ennemi, et de l'entraîner loin de la Manche. Ce plan, digne du génie qui l'avait conçu, devait, en dispersant les flottes anglaises, faciliter à nos escadres de Boulogne la descente projetée. « Il ne me faut, écrivait l'Empereur au ministre de la marine, il ne me faut être maître de la mer que six heures pour que l'Angleterre cesse d'exister. » Ce que Napoléon avait prévu était arrivé. Trois flottes françaises rassemblées, la première à Toulon, sous Villeneuve, la deuxième à Rochefort, sous Missiessey, et la troisième à Brest, sous Ganteaume, ayant mis à la voile avec ordre de courir sur les Antilles et d'y jeter des renforts, les Anglais s'étaient mis en effet à leur poursuite. Après avoir ravagé la Dominique et fait lever le siège de Santo-Domingo, où le général Ferrand, avec deux mille cinq cents hommes, se défendait contre vingt mille noirs, sous les ordres de Dessalines, Missiessey était rentré le 20 mai, chargé de dépouilles, dans la rade de Rochefort.

Cependant la tempête avait contraint Villeneuve et Ganteaume de rentrer dans leurs ports. Ce ne fut que le 30 mars qu'ils remirent à la voile. A sa sortie de Brest, Ganteaume rencontra la flotte anglaise de Cornwallis qui le força à rentrer. Nelson se mit à la piste de Villeneuve, et pendant qu'il le cherchait dans les eaux de l'Égypte, l'amiral français arrivait aux Antilles, après avoir rallié à Cadix sept vaisseaux espagnols. D'après ses instructions, il devait, à son retour des Antilles, se rendre de la Martinique à la Corogne, y rallier quatorze autres vaisseaux franco-espagnols, se porter à Rochefort et à Brest, y prendre Missiessey et Ganteaume, entrer enfin dans la Manche, avec une flotte de soixante et un vaisseaux de ligne, et couvrir ainsi le trajet de la flottille qui devait jeter cent cinquante mille hommes en Angleterre. Tel était le plan de Napoléon. Il avait compté que, grâce à la dispersion de leurs forces, les Anglais ne pourraient lui opposer que cinquante-quatre bâtiments de haut-bord.

« Si le général Bonaparte, avait dit François II à notre ambassadeur, M. de Champagny, si le général Bonaparte qui a tant accompli de miracles, n'accomplit pas celui qu'il prépare actuellement, s'il ne passe pas le détroit, c'est nous qui en serons les victimes, car il se rejettera sur nous, et battra l'Angleterre en Allemagne. » Ces paroles ne devaient pas tarder de s'accomplir ; et c'est François II qui allait offrir lui-même à Napoléon l'occasion de battre, comme il disait, l'Angleterre en Allemagne. En effet, tandis que la pensée de Napoléon était toute à son projet d'expédition maritime contre l'Angleterre, ceux-ci préparaient sourdement une troisième coalition contre la France. Pitt était rentré au ministère ; les deux partis qui se faisaient si rudement la guerre dans le parlement, les whigs et les torys, s'étaient ralliés pour repousser l'ennemi commun. Pitt avait obtenu en deux fois du parlement, un crédit de cent soixante-quinze millions. Et afin de dérober à la France la connaissance des moyens qu'il allait diriger contre elle, il garda le silence sur l'emploi des sommes votées. Dès le mois d'avril, après deux années de négociations, le cabinet britannique, profitant de la rupture de la France avec la Russie, était parvenu à conclure un traité de coopération avec cette puissance.

Cela fait, les deux cabinets cherchèrent à attirer l'Autriche dans la coalition. On exagéra auprès du monarque autrichien l'ambition de Napoléon, on le représenta, nouveau Charlemagne, à la tête d'une armée nombreuse, prêt à se faire proclamer empereur d'Occident, et à exiger par la force des armes, foi et hommage-lige des autres souverains de l'Europe. L'empereur François, déjà irrité de l'établissement de la domination française en Italie, se décida à entrer dans la coalition ; et tandis que son ambassadeur à Paris protestait officiellement, le 5 août, des *intentions pacifiques* de son maître, celui-ci, par son ambassadeur à Saint-Pétersbourg, accédait au traité de coopération conclu entre l'Angleterre et la Russie. Quant aux autres puissances, on pouvait compter, sinon sur leur coopération immédiate, du moins sur leur neutralité efficace. Le roi de Suède ne se promettait rien moins que de surpasser Charles XII, en triomphant du grand vainqueur de l'Europe. D'abord irrésolu, puis ébranlé par l'attitude de la coalition, le roi de Prusse promit de l'appuyer secrètement.

Reprendre le Hanôvre, rendre l'indépendance à la Suisse et à la Hollande, délivrer Naples, rétablir le roi de Sardaigne, donner, en Italie, *une frontière* à l'Autriche, réunir la

Belgique à la Hollande, et forcer enfin la France à rentrer dans ses anciennes limites, tel était le but de la nouvelle coalition. A la fin de la guerre, un congrès général devait « discuter et fixer le code des nations sur une base déterminée. » Les coalisés s'engageaient à mettre sur pied cinq cent mille hommes, l'Angleterre à fournir les subsides (15,000 livres sterling annuellement par dix mille hommes).

Aussitôt un mouvement général fut imprimé à toutes les forces de la monarchie autrichienne. Des troupes se portèrent à marches forcées sur l'Inn, dans le Tyrol et sur l'Adige. On forma des magasins, on fabriqua des armes, on fit des levées de chevaux ; Venise fut fortifiée. D'après le plan de campagne, l'armée autrichienne devait opérer en Italie et en Suisse, par le Tyrol. Un premier corps russe devait se joindre aux Anglais et débarquer à Naples ; un deuxième à Venise ; un troisième, joint aux Suédois, devait attaquer le Hanôvre. Après avoir envahi la Bavière, l'armée autrichienne devait se borner à la défensive, jusqu'à ce qu'elle eût opéré sa jonction avec la grande armée russe, commandée par l'empereur Alexandre en personne. Alors on devait reprendre l'offensive, et l'on espérait entraîner la Prusse et les autres princes de l'Empire.

A la nouvelle des préparatifs de l'Autriche, Napoléon, à son retour d'Italie, avait fait sonder les intentions du cabinet de Vienne ; mais celui-ci, fidèle au rôle que lui avait tracé l'Angleterre, s'était empressé de protester de nouveau de ses dispositions pour le maintien de la paix continentale. Toutefois, Napoléon ne fut pas dupe de ses protestations hypocrites, et, pressentant la nouvelle coalition qui se formait, il y vit un motif de plus pour frapper la puissance qui en était l'ame. Tout était prêt pour opérer la descente projetée; la saison était favorable, et soldats et matelots demandaient à grands cris le signal.

Napoléon se rendit, le 2 août, au camp de Boulogne, où, ainsi que nous l'avons dit, Villeneuve était attendu. Déjà la flottille était rassemblée : l'aile gauche, formée en Hollande et commandée par l'amiral Verhuell, était parvenue à sa destination, au port d'Ambleteuse, après plusieurs combats soutenus contre la croisière anglaise, et où celle-ci fut enfin battue. Deux mille deux cent quatre-vingt-treize bâtiments, servis par seize mille marins, et portant une armée de cent soixante mille hommes, quatorze mille chevaux et une nombreuse artillerie, composaient la flottille. Napoléon la visita; et, pour essayer ses forces, il la fit avancer en pleine mer. Après une vive canonnade de part et d'autre, la flotte anglaise dut s'éloigner des côtes.

Cependant Villeneuve était arrivé au Ferrol; mais sa marche avait été lente, et il s'y arrêtait plus longtemps qu'il n'aurait dû. Après l'avoir inutilement cherché par toute la Méditerranée, Nelson « ne douta plus qu'il avait été envoyé en Amérique, afin d'y attirer les flottes anglaises, et qu'il était retourné en Europe pour y frapper un grand coup. » Il avertit sur-le-champ l'amirauté, et comptant trouver Villeneuve à Cadix, il prit cette direction, et arriva à Gibraltar le 19 juillet. Trompé dans son espoir, il s'élança de nouveau à la poursuite de son ennemi, et ne fut pas plus heureux. Après avoir traversé deux fois en soixante-dix jours l'Atlantique, il rentra enfin à Portsmouth avec une escadre abîmée. Cependant l'amirauté prit ses mesures pour déjouer les projets de l'Empereur : elle ordonna à Nelson de se porter devant Brest pour renforcer Cornwallis, et à l'escadre qui croisait devant Rochefort d'aller joindre celle du Ferrol que commandait Calder.

Villeneuve ne comprit ni la grandeur de sa mission ni la pensée de Napoléon. Au lieu de cingler sur Brest, il perdait son temps à se ravitailler au Ferrol. Napoléon était impatient de son retour. « Témoignez à l'amiral Villeneuve mon mécontentement de ce qu'il perd un temps aussi important, écrivait-il au ministre de la marine. Avec dix-huit vaisseaux de guerre français et douze vaisseaux espagnols, se laissera-t-il bloquer par treize et même par vingt vaisseaux anglais? Qu'on épargne au pavillon la honte d'être bloqué au Ferrol par une escadre inférieure!... Les matelots sont braves, les capitaines animés, les garnisons nombreuses; il ne faut pas se laisser périr d'inaction et de découragement... Avec trente vaisseaux, mes amiraux ne doivent pas en craindre trente anglais. »

Villeneuve ne sortit du Ferrol que le 22 juillet. Alors Napoléon ordonna à l'amiral Ganteaume qui commandait à Brest, de sortir de ce port et de faire des démonstrations pour occuper l'escadre anglaise, pendant que le contre-amiral Lallemand veillerait dans le golfe de Gascogne. Cependant les jours s'écoulaient, et Villeneuve n'arrivait pas; il avait rencontré Calder près du cap Finistère, et après un combat sans résultat, au lieu de se porter en avant, il était rentré au Ferrol.

A cette nouvelle, Napoléon fut consterné; il vit l'expédition d'Angleterre manquée, tant d'efforts, tant de dépenses inutiles. « Quelle marine! quel amiral! s'écria-t-il, quels sacrifices perdus!... » Alors, reportant toute sa pensée vers le continent, il prit, dans son désespoir, l'une des résolutions les plus hardies. « Sans hésiter, sans s'arrêter, dit M. Daru qui était son secrétaire, il dicta en entier le plan de la campagne d'Austerlitz, le départ de tous les corps d'armée, depuis le Hanôvre et la Hollande jusqu'aux confins de l'ouest et du sud de la France : l'ordre des marches, leur durée, les lieux de convergence et de réunion des colonnes, les surprises et les attaques de vive force, les mouvements divers de l'ennemi, tout fut prévu, la victoire assurée dans toutes les hypothèses. Telles étaient la justesse et la vaste prévoyance de ce plan, que, sur une ligne de départ de deux cents lieues, des lignes d'opération de trois cents lieues de longueur furent suivies, d'après les indications primitives, jour par jour, et lieu par lieu, jusqu'à Munich. Au-delà de cette capitale, les époques seules éprouvèrent quelque altération, mais les lieux furent atteints, et l'ensemble du plan fut couronné d'un plein succès. »

Cependant Villeneuve pouvait encore tout réparer. Napoléon lui ordonna de sortir sur-le-champ du Ferrol et de se rendre à Brest où Ganteaume l'attendait. La fortune semblait encore sourire à son entreprise ; les flottes anglaises étaient dispersées, et Cornwallis n'avait à opposer à toutes nos forces rassemblées que quarante vaisseaux ! Mais Villeneuve n'était pas l'homme de la marine que Napoléon chercha vainement toute sa vie ; il craignit une collision, et il ne sortit du Ferrol que pour aller se réfugier à Cadix, où il ne tarda pas d'être bloqué par Collingwood et Calder.

A ce dernier coup, Napoléon donna à ses généraux l'ordre du départ ; tous les corps de la grande armée, échelonnés depuis Brest jusqu'au Texel, s'ébranlèrent et se précipitèrent, comme des torrents, sur l'Allemagne. Puis, après avoir fait rentrer la flottille dans les différents ports, et laissé deux camps de réserve pour la garder, il revint à Paris, impatient de faire expier à l'Autriche son expédition avortée contre l'Angleterre.

Plus que jamais effrayée de ses périls, l'Angleterre

avait signifié au cabinet de Vienne qu'il eût à commencer sur-le-champ les hostilités ou à renoncer aux subsides convenus. A cet argument irrésistible, celui-ci avait enfin cédé et donné ordre à ses troupes de se mettre en mouvement. Déjà cent mille hommes étaient rassemblés en Italie sous l'archiduc Charles, quatre-vingt-cinq mille en Bavière sous l'archiduc Ferdinand et Mack, trente-cinq mille en Tyrol sous l'archiduc Jean. Cent vingt mille Russes étaient en marche. Le plan de la coalition était de réunir ses forces en Suisse et de pénétrer en Alsace et en Franche-Comté, plan qu'elle réalisera en 1814.

Dans cet état de choses, Napoléon vit qu'il était temps d'arracher à la coalition le masque dont elle se couvrait : il demanda au cabinet de Vienne une dernière explication, et lui fit notifier en même temps qu'il regarderait comme une déclaration de guerre la violation du territoire de Bavière. Alors le cabinet autrichien n'hésita plus à avouer le but de ses préparatifs ; il reproduisit ses récriminations contre les agrandissements de la France, et annonça que l'empereur de Russie partageait entièrement les vues de son allié. En même temps, la Bavière fut envahie.

Après cet acte, toute négociation entre les deux cabinets fut rompue. Napoléon se rendit solennellement au sénat pour lui dénoncer la guerre contre l'Autriche.

« Sénateurs, dit-il, je vais quitter ma capitale pour me mettre à la tête de l'armée, porter un prompt secours à mes alliés, et défendre les intérêts les plus chers de mes peuples.

« Les vœux des éternels ennemis du continent sont accomplis. La guerre a commencé au milieu de l'Allemagne ; l'Autriche et la Russie se sont réunies à l'Angleterre, et notre génération est entraînée de nouveau dans toutes les calamités de la guerre. Il y a peu de jours, j'espérais encore que la paix ne serait point troublée : les menaces et les outrages m'avaient trouvé impassible. Mais l'armée autrichienne a passé l'Inn, Munich est envahie, l'électeur de Bavière est chassé de sa capitale : toutes mes espérances se sont évanouies.

« C'est dans cet instant que s'est dévoilée la méchanceté des ennemis du continent : ils craignaient encore la manifestation de mon profond amour pour la paix ; ils craignaient que l'Autriche, à l'aspect du gouffre qu'ils avaient creusé sous ses pas, ne revînt à des sentiments de justice et de modération. Ils l'ont précipitée dans la guerre. Je gémis du sang qu'il va en coûter à l'Europe ; mais le nom français en obtiendra un nouveau lustre.

« Sénateurs, quand, à votre vœu, à la voix du peuple français tout entier, j'ai placé sur ma tête la couronne impériale, j'ai reçu de vous, de tous les citoyens, l'engagement de la maintenir pure et sans tache. Mon peuple m'a donné, dans toutes les circonstances, des preuves de sa confiance et de son amour. Il volera sous les drapeaux de son empereur et de son armée, qui, dans peu de jours, auront dépassé les frontières.

« Magistrats, soldats, citoyens, tous veulent maintenir la patrie hors de l'influence de l'Angleterre, qui, si elle prévalait, ne nous accorderait qu'une paix environnée d'ignominie et de honte, et dont les principales conditions seraient l'incendie de nos flottes, le comblement de nos ports et l'anéantissement de notre industrie. Toutes les promesses que j'ai faites au peuple français, je les ai tenues : le peuple français, à son tour, n'a pris aucun engagement avec moi qu'il n'ait surpassé. Dans cette circonstance, si importante pour sa gloire et la mienne, il continuera à mériter ce nom de *grand peuple,* dont je le saluai au milieu des champs de bataille.

« Français ! votre empereur fera son devoir ; mes soldats feront le leur ; vous ferez le vôtre. »

Répondant à l'appel de Napoléon, le sénat vota une levée de quatre-vingt mille hommes et la réorganisation de la garde nationale ; ce qui avait été, jusqu'à ce jour, dans les attributions du corps législatif. Cependant, si quelque chose pouvait justifier, en quelque sorte, l'illégalité de ces deux mesures, c'est cette loi de salut public si souvent invoquée par les partis, et qui, à cette époque, en était une véritable pour toute la France. Pendant que la grande armée livrait nos côtes sans défense pour se porter au-delà du Rhin, n'était-il pas urgent, en effet, de la remplacer? Mais quel abus le sénat ne fit-il pas, dans la suite, de ces mesures extraordinaires ? Il s'autorisa de ce précédent pour prodiguer le sang français, en le mettant, pour ainsi dire, à la disposition du chef de l'État. Par deux autres sénatus-consultes, les conscrits des années précédentes furent mis en activité, et l'on donna la faculté à tous les officiers, sous-officiers et soldats retirés, de reprendre du service avec les mêmes grades qu'ils avaient avant leur retraite. Le sénat, en décrétant la réorganisation de la garde nationale, avait déféré à l'Empereur la nomination des officiers. Tous les Français, depuis l'âge de vingt et un ans jusqu'à soixante, furent appelés à prendre les armes. On forma, dans tous les départements limitrophes, des bataillons sous le nom de cohortes, que l'on chargea spécialement de la garde des frontières, et dont les commandements furent donnés à quatre sénateurs, les généraux Rampon et d'Abbeville, et les maréchaux Lefebvre et Kellermann.

Ces mesures prises, Napoléon laissa le gouvernement à

son frère Joseph, et quitta Paris, le 24 septembre, pour rejoindre son armée. La nation tout entière l'y accompagna de ses vœux. Obligée, pour la troisième fois depuis douze ans, de tirer l'épée pour repousser une injuste agression, elle ne voyait, dans l'Empereur, que le représentant de la révolution ; l'armée, la garde nationale, le peuple, se pressèrent autour de lui comme autour du drapeau commun. On vit même le clergé célébrer le moderne Cyrus envoyé de Dieu pour visiter la terre. « Prince, disait-il, nous vous servons avec joie, et nous vous offrons nos bras contre vos ennemis. Nous demandons pour vous au Seigneur une longue vie, un gouvernement stable, des armées courageuses, et la paix. » De toutes parts, enfin, éclatait le plus grand enthousiasme pour Napoléon. Heureux jours, où on ne le séparait point encore de la patrie, et où il ne voulait lui-même que la glorifier ! « Je veux, disait-il, élever la gloire du nom français si haut, qu'il devienne l'envie des nations. Je veux un jour, Dieu aidant, qu'un Français, voyageant en Europe, croie se trouver toujours chez lui. »

CHAPITRE II.

Campagne d'Austerlitz. — Marche de la grande armée sur le Rhin. Proclamation de Napoléon. — Passage du Rhin et du Danube. — Les Français en Bavière. — Combats de Wertingen, d'Albeck et d'Elchingen. Passage de l'Inn. — Reddition d'Ulm. — Napoléon à Munich. — Opérations navales : bataille de Trafalgar. — Le roi de Prusse adhère à la coalition. — Arrivée des Russes en Moravie. — Combats de Lambach, d'Amstetten et de Dienstein. — Opérations de l'armée d'Italie : Prise de Vérone. Passage de l'Adige, de la Brenta, de la Piave et du Tagliamento. — L'armée française entre dans Vienne. — Combat de Hollabrunn. — Ney dans le Tyrol. — Augereau dans le Vorarlberg. — Combat de Castel-Franco. — Jonction de l'armée d'Italie avec la grande armée. — Jonction des deux armées russes. — Mission de Savary auprès de l'empereur Alexandre. — Portrait de ce prince. — Napoléon et le prince Dolgorouki. — L'armée russe prend l'offensive. Bataille d'Austerlitz. Napoléon félicite t récompense son armée. — Décrets impériaux.

EPENDANT, la grande armée s'avançait à marches forcées sur le Rhin ; elle comptait cent soixante mille hommes divisés en sept corps : le premier commandé par Bernadotte, le second par Marmont, le troisième par Davoust, le quatrième par Soult, le cinquième par Lannes, le sixième par Ney, le septième par Augereau. La cavalerie était sous les ordres de Murat. Masséna commandait l'armée d'Italie, forte de cinquante mille hommes, et renforcée de vingt mille Français sous la conduite de Saint-Cyr. C'est avec ces forces seulement qu'il allait entrer en lutte avec l'archiduc Charles. On avait, en outre, formé trois corps d'armée de réserve à Boulogne, Mayence, Strasbourg, sous le commandement de Lefebvre, Kellermann et Brune. A Rennes, dans la Vendée, et à Marengo, on devait établir trois camps volants de grenadiers.

Bernadotte, après avoir évacué le Hanôvre et laissé garnison dans les forteresses de Hameln et de Nienburg, s'était dirigé, à travers la Hesse, sur Witzbourg, pendant que Marmont, parti de Weist en Hollande, se dirigeait sur Mayence. — Le 25 septembre, Murat et Lannes passèrent le Rhin à Kelh : le premier resta quelques jours en position devant les débouchés de la Forêt-Noire, et le second, après avoir fait halte, pendant la nuit, aux environs de Rastadt, se dirigea sur Ludwigsburg. Ney, Soult et Davoust, après avoir effectué leur passage, le premier à Durlach, le second à Spire, et le troisième à Manheim, se portèrent, le corps de Ney sur Stuttgard, celui de Soult sur Heilbronn, et celui de Davoust sur le Necker.

Pendant ce temps, Napoléon était à Strasbourg, où il avait établi son quartier-général. Pour favoriser son expédition en Allemagne, il était parvenu à obtenir la neutralité des électeurs de Bade et de Wurtemberg, dont il s'était déjà préparé l'alliance dans son dernier voyage le long du Rhin. Quant à l'électeur de Bavière, dont l'Autriche venait d'envahir le territoire, il s'était réfugié à Wisbourg, avec son armée, pour se joindre aux Français.

Avant de passer le Rhin, Napoléon adressa à son armée la proclamation suivante :

« Soldats !

« La guerre de la troisième coalition est commencée : l'armée autrichienne a passé l'Inn, violé les traités, attaqué et chassé de sa capitale notre allié... Vous-mêmes, vous avez dû accourir à marches forcées à la défense de nos frontières ; mais déjà nous avons passé le Rhin... Nous ne nous arrêterons plus que nous n'ayons assuré l'indépendance du corps germanique, secouru nos alliés, et confondu l'orgueil de nos injustes agresseurs. Nous ne ferons plus de paix sans garantie, notre générosité ne trompera plus notre politique.

« Soldats ! votre empereur est au milieu de vous ; vous n'êtes que l'avant-garde du grand peuple ; s'il est nécessaire, il se lèvera tout entier à ma voix pour confondre et dissoudre cette nouvelle ligue qu'ont tissue et la haine et l'or de l'Angleterre.

« Mais, soldats, nous aurons des marches forcées à faire, des fatigues, des privations de toute espèce à endurer. Quelques obstacles qu'on nous oppose, nous les vaincrons, et nous ne prendrons pas de repos que nous n'ayons planté nos aigles sur le territoire de nos ennemis. »

Cette proclamation excita au plus haut degré le courage de l'armée ; officiers et soldats s'indignèrent des menaces d'une puissance qu'ils avaient déjà vaincue ; et en revoyant les contrées où ils avaient laissé tant de glorieux souvenirs, ils se promirent de n'y pas être infidèles.

Après avoir fait traverser le Rhin au grand parc d'artillerie, Napoléon passa lui-même ce fleuve à Kelh, le 9 octobre, coucha le même jour à Elklingen où il fut reçu par l'électeur et les princes de Bade, et se rendit le lendemain à Ludwisburg, résidence du duc de Wurtemberg, qui le reçut dans son palais. En même temps, l'armée française continuait son grand mouvement. De Mayence, Marmont s'était porté à Wisbourg pour se joindre à Bernadotte et aux Bavarois. Ces trois corps d'armée, qui composaient la gauche, s'avançaient sur le Danube. Davoust se dirigeait par OEttingen sur Donawerth ; Soult par Heilbronn sur le Danube ; Ney s'était mis en marche de Stuttgard, et suivait la route d'Elklingen ; Lannes, parti de Ludwisburg, avait pris celle d'Aalen et Nordlingen. Voici quelle était la position de l'armée française le 14 : Bernadotte et les Bavarois étaient à Weissenbourg ; Davoust, à OEttingen, à cheval sur le Reinitz ; Soult, aux portes de Donawerth ; Ney, à Kœssingen ; Lannes, à Neresheim ; Murat, aux bords du Danube.

Ainsi, par ce grand mouvement, l'armée se trouva, en peu de jours, portée en Bavière, après avoir évité les montagnes Noires, et les lignes de rivières parallèles qui se jettent dans la vallée du Danube. Placée sur les derrières de l'ennemi, l'armée française était dans une position d'autant plus avantageuse, que celui-ci n'avait pas un moment à perdre pour éviter sa perte.

Trompé par cette marche rapide, et par le rassemblement de Ney, Lannes et Murat à Stuttgard, Mack avait cru que l'armée française voulait déboucher sur le Danube par le haut Necker ; en conséquence, il avait opéré un changement de front dans sa ligne, concentré ses troupes autour de la ville d'Ulm, et passé lui-même le Danube. Mais déjà cent mille hommes de l'armée française étaient sur la rive gauche de ce fleuve.

Soult le passa à Donawerth, sur le pont de la ville, dont Vandamme venait de s'emparer. Le lendemain, 7, Murat arriva à Donawerth, et y traversa le Danube, pour se porter sur le Lech. Deux cents dragons du corps de Murat s'emparèrent du pont du Lech, après une charge brillante. A cette nouvelle, Mack rassemble à la hâte quelques troupes à Guntzburg ; en même temps, il expédie aux généraux des différents corps qui se trouvaient au-dessous d'Ulm, l'ordre de se mettre en marche et de venir le joindre. Son projet était de nous rejeter au-delà du Danube, et de se défendre en attendant l'arrivée de l'armée russe. Mais tandis qu'il envoie douze bataillons de grenadiers et quatre escadrons du régiment d'Albert pour s'emparer du pont de Donawerth, Murat s'avançait pour couper la route d'Ulm. Arrivé à Wertingen, à quatre lieues de Donawerth, il rencontra l'ennemi et manœuvra sur-le-champ pour l'envelopper. Après deux heures d'un combat opiniâtre, l'ennemi fut mis en déroute. Drapeaux, canons, officiers, bagages, tout fut pris.

Dans le même temps, Ney, chargé par Napoléon de marcher sur Ulm, attaqua, quoiqu'avec des forces inférieures, le général autrichien au moment où celui-ci se disposait à marcher sur lui, avec les troupes qu'il avait rassemblées à Guntzbourg. Vainement les Autrichiens opposèrent une vigoureuse résistance; vainement l'archiduc Ferdinand accourut pour défendre Guntzbourg, les Français emportèrent le pont de vive force et s'emparèrent de la ville, après avoir fait douze cents prisonniers et pris six pièces de canon. Pendant la nuit du 9 au 10, l'archiduc rentra dans Ulm, où Mack, pressé par la cavalerie française, ne tarda pas de le suivre.

Ces premiers succès et le passage du Danube, avaient eu pour résultat de couper toutes les communications de l'armée autrichienne ; de sorte qu'elle se trouvait à peu près dans la même position que Mélas à Marengo, le dos à la France et la face à Vienne, pendant que l'armée française, maîtresse de la rive droite du Danube, avait le dos à Vienne et la face à la France. Déjà elle occupait Augsbourg et Munich. Après avoir fait capituler la place de Memmingen, Soult s'avança sur Biberach pour déborder la droite ennemie, et couper la route du Tyrol. En même temps, Ney et Lannes prenaient position, l'un sur les deux rives du Danube, vis-à-vis Ulm, et l'autre à Weissenhorn, appuyé à gauche sur l'Iller. Marmont s'avançait à marches forcées sur les hauteurs d'Illershein, pour y prendre position. Napoléon et sa garde étaient partis d'Augsbourg pour se rendre à Burgaw. Au pont du Lech, il rencontra le corps d'armée de Marmont. Ayant fait former le cercle aux régiments, il leur parla « de la situation de l'ennemi, de l'imminence d'une grande bataille, et de la confiance qu'il avait en eux. Cette harangue, ajoutait le cinquième bulletin, avait lieu pendant un temps affreux. Il tombait une neige abondante, et les troupes avaient de la boue jusqu'aux genoux et éprouvaient un froid assez vif; mais les paroles de l'Empereur étaient de flamme : en l'écoutant le soldat oubliait ses fatigues et ses privations, et était impatient de voir arriver l'heure du combat. »

Ulm est l'aboutissant d'un grand nombre de routes; Mack avait conçu le projet de faire échapper ses divisions par chacune d'elles, et de les réunir en Tyrol et en Bohême; en conséquence, les divisions Hohenzollern et Werneck débouchèrent par Heydenheim, une autre par Memmingen. Dupont, qui occupait Albeck, sur la rive gauche du Danube, fut attaqué. Il y eut là un combat des plus opiniâtres. Cerné par vingt-cinq mille hommes, il fit face à tout avec les six mille braves dont se composait sa division. Quinze cents prisonniers restèrent en son pouvoir; mais s'il força l'ennemi à rétrograder, il ne put l'empêcher de s'emparer des hauteurs d'Elchingen. Napoléon se porta de sa personne au camp devant Ulm, et ordonna à Ney d'enlever cette position que défendaient quinze mille hommes et quarante canons.

Le 14, à la pointe du jour, Ney attaqua le pont de cette ville, l'emporta, le traversa au pas de course, et, après trois charges successives, s'empara de la position d'Elchingen. Il fit aux Autrichiens trois mille prisonniers et leur prit vingt pièces de canon. Tel fut ce brillant fait d'armes, qui valut quelque temps après à l'illustre maréchal le titre de duc d'Elchingen.

Tandis que Ney par cette attaque, et Dupont par sa résistance, avaient déconcerté les projets de Mack sur la rive gauche du Danube, Soult, sur la rive droite, par la prise de Memmingen et sa marche rapide sur Biberach, avait fermé à l'ennemi toute retraite de ce côté. Il ne restait donc plus à Ferdinand d'autre ressource que de se laisser enfermer dans Ulm ou d'essayer, par des sentiers, de rejoindre la division Werneck, qui, ainsi qu'on l'a vu, avait débouché par Heydenheim ; ce qu'il fit en effet, en se dirigeant sur Aalen avec quatre escadrons de cavalerie; mais Murat s'élança à sa poursuite, dans la direction de Heydenheim, et Lannes eut ordre de se porter rapidement sur Aalen et Nordlingen.

Cependant Mack était resté dans Ulm avec deux bataillons pour garder cette ville et ses hauteurs. Investi de tous côtés par l'armée française, il y fut comme prisonnier, ainsi que le vieux feld-maréchal Wurmser dans Mantoue et Mélas dans Alexandrie. Le 15, Napoléon se porta devant Ulm, et disposa ses troupes en bataille pour donner l'assaut et forcer les retranchements de l'ennemi. Le temps était affreux, la pluie tombait par torrents. Dans la nuit du 16 au 17, il y eut un ouragan terrible, et le Danube déborda et rompit la plus grande partie de ses ponts : ce qui gêna beaucoup l'armée pour ses subsistances. Mais l'Empereur, qui ne s'était pas débotté depuis huit jours, encourageait, par son exemple, son armée à supporter les fatigues et les privations ; il ne pouvait modérer l'impétuosité des soldats, qui, tous impatients, voulaient monter à l'assaut.

Napoléon, voyant la situation désespérée de l'armée autrichienne, fit appeler le prince de Lichtenstein, enfermé dans la place, « pour lui faire connaître qu'il désirait qu'elle capitulât, lui disant que s'il la prenait d'assaut, il serait obligé de faire ce qu'il avait fait à Jaffa, où la garnison fut passée au fil de l'épée ; que c'était le triste droit de la guerre [1]. » En se séparant du prince, l'Empereur lui dit qu'il donnait à Mack deux jours pour se décider. Réduit à prendre ce parti, soit par les fautes qu'il avait commises, soit par la force des choses, le malheureux Mack capitula le 17, sous condition qu'il ne rendrait la place que dans huit jours.

La veille, Murat, en poursuivant l'archiduc Ferdinand, et une partie de la division Werneck, que ce prince voulait rejoindre, s'étaient rencontrés au village de Languenau. Après une attaque assez vive, Murat avait forcé l'ennemi à se retirer en désordre. Un convoi de cinq cents charriots rendait sa retraite difficile ; Murat s'élança à sa poursuite, l'atteignit à Neresheim et lui prit, dans ce nouveau combat, deux drapeaux, un officier général et mille hommes. Ferdinand et sept de ses généraux n'eurent que le temps de monter à cheval. On trouva leur dîner servi.

De Neresheim, Murat se porta sur Nordlingen, poursuivant toujours la division Werneck. Il parvint à la cerner à Trochtelfingen ; alors Werneck demanda à capituler, ce qui lui fut accordé.

Le 19, Mack se rendit auprès de Napoléon ; et sur l'assu-

[1] Sixième bulletin de la grande armée.

rance qui lui fut donnée que l'armée autrichienne était au-delà de l'Inn, que Bernadotte se trouvait en position entre cette rivière et Munich, que Lannes était à Aalen et Soult entre Ulm et Bregentz, pour surveiller la route du Tyrol, que la division Werneck avait capitulé, Mack s'engagea à évacuer Ulm avec son corps d'armée, dans la journée du lendemain 20 octobre. Il y avait dans cette place trente mille hommes, trois mille chevaux, treize généraux, quarante drapeaux et soixante pièces de canon attelées.

Le 20, au matin, l'armée autrichienne défila devant l'Empereur et déposa ses armes; l'armée française occupait les hauteurs de la ville. Pendant tout le temps que dura le défilé, une musique militaire se fit entendre. Napoléon, entouré de sa garde, fit appeler les généraux autrichiens et les traita avec les plus grands égards. « Messieurs, leur dit-il, votre maître me fait une guerre injuste; je vous le dis franchement, je ne sais pas pourquoi je me bats; je ne sais ce qu'on veut de moi...

« Je donne encore ce conseil à mon frère l'empereur d'Allemagne : qu'il se hâte de faire la paix, c'est le moment de se rappeler que tous les empires ont un terme; l'idée que la fin de la dynastie de la maison de Lorraine serait arrivée, doit l'effrayer... » Mack lui répondit que l'empereur d'Allemagne n'aurait pas voulu la guerre, mais qu'il y avait été forcé par la Russie. « En ce cas, reprit Napoléon, vous n'êtes plus une puissance. »

Ainsi Napoléon avait passé le Rhin le 1er octobre, le 6, le Danube; le 12, ses troupes étaient entrées dans Munich, le 15, ses avant-postes étaient arrivés sur l'Inn, et le 17, il était maître d'Ulm. L'armée autrichienne, une des plus belles qu'avait eues l'Autriche [1], fut comme anéantie. Quelques

---

[1] Elle se composait de quatorze régiments d'infanterie, formant l'armée dite de

jours avaient suffi à Napoléon pour en venir à bout. Jamais victoires ne furent plus rapides ni moins coûteuses ; c'est à peine si l'armée française avait perdu plus de trois mille hommes, et les cinq sixièmes n'avaient pas tiré un coup de fusil. Pour arriver à ces grands résultats, il n'avait fallu que des marches et des manœuvres. Aussi le soldat disait souvent : « L'Empereur a trouvé une nouvelle méthode de faire la guerre ; il bat l'ennemi avec nos jambes et non avec nos baïonnettes. »

Avant de quitter Ulm, Napoléon témoigna en ces termes sa satisfaction à son armée :

« Soldats de la grande armée !

« En quinze jours, nous avons fait une campagne. Ce que nous nous proposions est rempli. Nous avons chassé les troupes de la maison d'Autriche de la Bavière, et rétabli notre allié dans la souveraineté de ses États. Cette armée, qui, avec autant d'ostentation que d'imprudence, était venue se placer sur nos frontières, est anéantie. Mais qu'importe à l'Angleterre ? son but est rempli. Nous ne sommes plus à Boulogne, et son subside ne sera ni plus ni moins grand.

« De cent mille hommes qui composaient cette armée, soixante mille sont prisonniers. Ils iront remplacer nos conscrits dans les travaux de nos campagnes. Deux cents pièces de canon, tout le parc, quatre-vingt-dix drapeaux, tous les généraux sont en notre pouvoir ; il ne s'est pas échappé de cette armée quinze mille hommes....

« Soldats, ce succès est dû à votre confiance sans bornes dans votre empereur, à votre patience à supporter les fati-

---

Bavière, de treize régiments de l'armée dite du Tyrol, de cinq régiments venus en poste d'Italie, et de quinze régiments de cavalerie.

gues et les privations de toute espèce, à votre rare intrépidité.

« Mais nous ne nous arrêterons pas là. Vous êtes impatients de commencer une seconde campagne. Cette armée russe que l'or de l'Angleterre a transportée des extrémités de l'univers, nous allons lui faire éprouver le même sort.

« A ce combat est attaché plus spécialement l'honneur de l'infanterie ; c'est là que va se décider pour la seconde fois cette question, qui l'a déjà été en Suisse et en Hollande : si l'infanterie française est la seconde ou la première de l'Europe. Il n'y a point là de généraux contre lesquels je puisse avoir de la gloire à acquérir. Tout mon soin sera d'obtenir la victoire avec le moins possible d'effusion de sang ; mes soldats sont mes enfants. »

Napoléon ordonna, en outre, que le mois d'octobre leur serait compté pour une campagne, et après avoir envoyé au sénat les drapeaux pris à l'ennemi, il se rendit à Munich où il fut reçu en libérateur.

Tandis que Napoléon triomphait sur le continent, la fortune semblait l'abandonner sur mer. C'était l'Angleterre qu'il cherchait à frapper dans les champs de la Moravie, et l'Angleterre, au cap Trafalgar, allait balancer les succès de la journée d'Ulm.

Après la retraite de Villeneuve à Cadix, Napoléon avait ordonné au ministre de la marine de remplacer cet amiral par Rosily. Ami de Villeneuve, on dit que le ministre l'instruisit confidentiellement de sa disgrâce, et lui ménagea une occasion de se réhabiliter, en retardant le départ de Rosily.

Quoi qu'il en soit, Villeneuve reçut l'ordre de sortir de Cadix et de se rendre à Toulon. Une flotte anglaise commandée par Nelson surveillait le port de Cadix : Villeneuve, voulant racheter sa faute par une victoire, résolut de livrer bataille. Il sortit donc avec dix-huit vaisseaux français et quinze espagnols. Le 21 octobre, il rencontra la flotte anglaise à la hauteur du cap Trafalgar, et sur-le-champ il disposa son ordre de bataille : il rangea ses vaisseaux sur une seule ligne, mais tellement serrée que plusieurs de ses bâtiments se doublèrent et ne purent manœuvrer. Nelson, au contraire, divisa sa flotte en deux colonnes (1), l'une de quinze vaisseaux sous Colingwood, l'autre qu'il commanda en personne. « L'Angleterre compte, dit-il, à ses capitaines et soldats, que, dans ce jour, chacun de nous fera son devoir. » Et, favorisé par le vent, il manœuvra de manière à couper le centre et la gauche des flottes alliées, et à les écraser en les enveloppant. Cette manœuvre eut un plein succès, malgré la mort de Nelson tué au commencement de la bataille. Villeneuve perdit seize vaisseaux dont quatre pris et douze coulés ou jetés à la côte. Treize seulement rentrèrent à Cadix. Quatre parvinrent à s'échapper avec Dumanoir, et ne tardèrent pas d'être capturés. De leur côté, les Anglais eurent seize vaisseaux mis hors d'état de tenir la mer, et perdirent trois mille hommes. Villeneuve fut fait prisonnier; mais, renvoyé en France quelque temps après, il fut traduit devant un conseil de guerre, et se suicida dans sa prison, pour se soustraire au jugement qui l'attendait. Dumanoir, qui commandait l'avant-garde de la flotte française, et était resté immobile pendant la bataille, fut envoyé devant une commission d'enquête.

Ainsi fut détruite cette belle et redoutable flotte que Napoléon était parvenu à former, et sur laquelle il avait placé de si grandes espérances. Cette victoire livra l'empire exclusif des mers à l'Angleterre. Napoléon en fut frappé au cœur, et il s'écria qu'il ne pouvait être partout. Cependant, quelque humiliant que fût ce désastre, le temps approchait où les lauriers d'Austerlitz allaient le couvrir.

Les succès de la grande armée en Allemagne avaient été si rapides, que les alliés sentirent la nécessité de se renforcer. Alexandre, en se rendant à son armée, s'arrêta à Berlin pour engager le roi de Prusse à adhérer à la coalition. Celui-ci, déjà aigri par le passage de Bernadotte et de Marmont sur le territoire prussien d'Anspach, saisit ce prétexte pour se déclarer libre de tout engagement envers la France, et signa, le 25 octobre, avec Alexandre, un traité d'alliance qui fut juré sur le tombeau du grand Frédéric ; mais son ombre ne put que s'indigner d'une telle scène ; « son esprit, son génie et ses vœux étaient avec la nation qu'il a tant estimée, et dont il disait que s'il en était roi, *il ne se tirerait pas un coup de canon en Europe sans sa permission* [1]. »

Cependant, l'armée russe sous les ordres de Kutusow, s'avançait en Moravie pour rallier à elle les débris de l'armée autrichienne que ramenait Kienmayer. Napoléon, pour empêcher cette jonction, commanda à son armée de traverser l'Inn, passa lui-même le Danube, et établit son quartier-général à Braunau, grande place bien approvisionnée.

Murat et Lannes, qui formaient l'avant-garde, se jetèrent à la poursuite de l'ennemi. Murat rencontra, sur le chemin de Mérébach, la colonne de Kienmayer, et la culbuta ; mais à la faveur de la nuit, elle parvint à se sauver par les bois. Murat continua sa marche en poursuivant l'ennemi l'épée dans les reins, et l'atteignit en avant de Lambach sur la Traun. Vainement une division d'infanterie russe qui se trouvait sur cette rivière, accourut au secours des Autrichiens, les Français les chargèrent avec une telle impétuosité, que l'ennemi dut se retirer en désordre. Après avoir

[1] Bulletins de la grande armée.

pris position à Lambach, ils franchirent la Traun et l'Ens. Kutusow, se retirant par la grande route de Linz à Vienne, s'était posté sur les hauteurs d'Amstetten ; Murat l'y attaqua et le força à la retraite. Arrivé le 7 novembre sous les murs de l'abbaye de Molk, il y établit le lendemain son quartier-général, et poussa ses avant-postes sur Saint-Polten.

Dans le même temps, Marmont se dirigeait sur Léoben, pour ouvrir ses communications avec l'armée d'Italie ; Davoust, dans les montagnes de Styrie, pour déborder la gauche ennemie ; Mortier manœuvrait sur la rive gauche du Danube, pour prévenir de ce côté le passage de l'ennemi. Le 8, Davoust rencontra à Mariazell le corps autrichien de Merfeld, qui s'avançait vers Neustadt pour couvrir de ce côté la capitale de l'Autriche, l'attaqua avec impétuosité, et le mit en déroute après lui avoir pris trois drapeaux, seize pièces de canon, et quatre mille prisonniers. Merfeld en fut réduit à se sauver avec une centaine de hullans.

Craignant sans doute de voir ses communications avec la Moravie coupées par le mouvement de Mortier sur la rive gauche du Danube, Kutusow repassa ce fleuve à Krems, en détruisant le pont. Cependant, le 11, à la pointe du jour, Mortier, à la tête de six bataillons, se porta sur Stein : il fut tout surpris d'y trouver des Russes ; il les poussa vivement, puis, voyant qu'il avait à faire à toute l'armée ennemie, il rétrograda sur Diernstein pour se porter au-devant de sa deuxième division ; mais déjà Kutusow avait fait occuper ce point par ses troupes. Ainsi enfermé dans un défilé pendant la nuit, Mortier se vit réduit à lutter avec quatre mille hommes seulement contre plus de trente mille. Résolu à périr plutôt que de se rendre, il donna l'ordre au major Henriod d'attaquer sur-le-champ : « Camarades ! s'écria celui-ci, en s'adressant à ses grenadiers, nous sommes enveloppés par trente mille Russes, et nous ne sommes que quatre mille ; mais les Français ne comptent point leurs ennemis, nous leur passerons sur le ventre. » A ces mots, les soldats s'élancent avec impétuosité sur les colonnes russes ; une vive fusillade s'engage des deux côtés, les charges à la baïonnette se multiplient ; on se bat corps à corps dans les ravins. Depuis cinq heures on combattait, quand la deuxième division arriva. Alors les Russes, se trouvant pris entre deux feux, tombent ou se dispersent. Bientôt le feu a cessé, on n'entend plus dans la nuit que les cris de *qui vive ?* et de *France !* qui se répondent, et les deux divisions se reconnaissant, opèrent leur jonction au milieu de la joie la plus vive. « Sauver un soldat, chez les Romains, disait le bulletin officiel, méritait la couronne de chêne, et chacun de nos soldats l'avait gagnée en contribuant à sauver une division entière. » Près de six mille Russes périrent dans ce combat mémorable ; le reste de l'armée s'enfuit en désordre, et frappé d'une terreur panique telle, qu'il ne put se rallier qu'au-delà de la rivière de Krems.

Cependant l'armée française approchait de Vienne. L'archiduc Charles, qui devait envahir l'Italie, avait reçu l'ordre de se porter au secours de cette capitale. Mais Napoléon, dès ses premiers succès en Allemagne, avait ordonné à Masséna de prendre l'offensive pour arrêter la marche de l'archiduc. — En effet, Masséna, après s'être emparé de Vérone, avait passé l'Adige, occupé San-Michele, et repoussé l'ennemi jusqu'au-delà de San-Martino. Cependant l'archiduc Charles s'était fortifié à Caldiero. Le 8 octobre, Masséna attaqua l'armée ennemie. Après un premier combat, le village de Caldiero fut emporté à la baïonnette, et les Autrichiens, culbutés sur toute la ligne, se retirèrent sur les hauteurs, d'où l'armée française parvint à les chasser, après leur avoir fait perdre six mille hommes et trente pièces de canon ; mais ils se retirèrent en bon ordre pour prendre position en avant de Villa-Nova.

Le 1er novembre, un corps de cinq mille Autrichiens commandés par Hillinger, se rendit avec armes et bagages, et, dans la nuit du 1er au 2, le prince Charles commença sa retraite. Masséna le poursuivit au pas de charge, le chassa de Vienne, où il avait voulu se fortifier, franchit la Brenta, la Piave et le Tagliamento. Mais Charles, ne voulant point s'exposer à une action générale, précipita sa retraite, passa les Alpes-Juliennes, se concentra à Laybach, et attendit, pour marcher au secours de Vienne, la jonction de l'armée du Tyrol. Masséna prit position en avant de l'Isonzo, et y séjourna pour prendre quelque repos.

Pendant ce temps, la grande armée poursuivait sa marche victorieuse en Allemagne. Déjà Murat n'était plus qu'à une demi-lieue de Vienne. Coupé d'un grand nombre de rivières et couvert de forêts de sapins, ce pays offrait à chaque pas des positions inexpugnables, où l'ennemi essayait en vain de se retrancher. A l'approche des Français, toutes les troupes autrichiennes avaient évacué Vienne ; l'empereur François, l'impératrice, les ministres, s'étaient réfugiés à Brünn en Moravie. Mais, si les grands avaient fui de la capitale, la plus grande partie de la population était restée, et la milice bourgeoise y faisait le service. Le comte Giulay vint, de la part de l'empereur d'Allemagne, proposer à Napoléon un armistice. Napoléon lui répondit que ce n'était point à la tête d'une armée de deux cent mille hommes qu'on traitait d'armistice avec une armée qui fuyait. Cependant, il lui accorda quarante-huit heures pour régler la capitulation.

Le 13 novembre, l'armée française fit son entrée dans la capitale de l'Autriche par le pont du Thabor, dont Murat et

Lannes avaient, par un coup d'audace, empêché la destruction. Napoléon y arriva lui-même dans la soirée de ce même jour, et s'établit au palais impérial de Schœnbrunn. Il y reçut une députation des différents corps de la ville. Napoléon leur fit accueil, et publia un ordre du jour pour recommander que l'on portât le plus grand respect aux propriétés, et que l'on eût les plus grands égards pour le peuple de cette capitale, « qui a vu, disait-il, avec peine, la guerre injuste qu'on a faite, et qui nous témoigne, par sa conduite, autant d'amitié qu'il montre de haine pour les Russes… »

Napoléon ne s'arrêta point à Vienne ; il franchit le Danube, et continua à poursuivre Kutusow, qui, après avoir repassé ce fleuve à Stein, marchait par Znaïm, pour joindre à Olmutz la grande armée russe, où se trouvait l'empereur Alexandre. « Si, au lieu de repasser le Danube, ce général fût venu occuper Vienne, dit le duc de Rovigo, il aurait donné une autre face aux affaires. Il ne le fit pas, on le croit du moins, parce qu'il craignit que le corps du maréchal Davoust, qui marchait à notre droite, ne descendît des montagnes du Tyrol, après avoir battu et dispersé le corps autrichien du général Merfeld, et ne parvînt à entrer à Vienne avant lui, ce qui aurait pu arriver ; mais, s'il eût pris cette résolution depuis son départ de Linz, et qu'il eût marché, rien ne l'eût arrêté. »

Déjà les Français étaient en Moravie et à plusieurs journées au-delà du Danube. Le 15, Murat et Lannes rencontrèrent les Russes à Hollabrünn. Alors un parlementaire se présenta à nos avant-postes, et demanda, au nom du czar, à capituler pour l'armée russe. Kutusow, se voyant sur le point d'être coupé, avait imaginé ce stratagème pour gagner du temps. Murat, ne s'en doutant point, consentit à suspendre sa marche, et un armistice fut conclu. Par ce moyen,

Kutusow put continuer sa retraite. Bientôt détrompé, Murat se remit en marche, et atteignit, à Zuntersdoff, l'arrière-garde du général russe. La lutte fut vive; les grenadiers russes se défendirent avec intrépidité; et, pendant ce temps, Kutusow put arriver à Brünn.

Dans le Tyrol, Ney chassait l'archiduc Jean de toutes les positions qu'il occupait. Après s'être emparé de vive force de Scharnitz et de Neustarck, il entra le 7 novembre à Inspruck, prit Botzen le 19, et se dirigea sur Villach et Klagenfurth. Tandis que, par ce mouvement, il fermait à Jellachich, qui défendait le Vorarlberg, toute retraite sur le Tyrol, Augereau, après avoir passé le Rhin, franchi les défilés de la Forêt-Noire, et enlevé Lindau et Bergentz, s'avançait vers Feldkirch, où était le général autrichien avec le gros de son armée. Celui-ci, se voyant coupé par Ney et pressé par Augereau, mit bas les armes, et obtint de se retirer en Bohême. Cependant une partie de ses troupes, sous les ordres d'un émigré français, le prince de Rohan, réussit à éviter la rencontre d'Augereau, et passa le Brenner pour se joindre à l'archiduc Jean; puis, coupée par le mouvement de Ney, elle descendit les Alpes-Tyroliennes pour se jeter dans Venise. Mais Masséna avait prévu ce mouvement et pris ses dispositions. Tout en s'avançant sur Laybach, où était l'archiduc Charles, il avait placé Saint-Cyr en observation sur les bords de l'Adriatique. Celui-ci, informé de la marche de la colonne ennemie, se porta à sa rencontre à Castel-Franco, et la força à capituler. Deux jours après, une brigade de dragons, détachée de Masséna, opérait à Klagenfurth sa jonction avec Ney, qui occupait déjà cette ville; et, dès ce moment, l'armée d'Italie, considérée comme le huitième corps de la grande armée, fut appelée à prendre part à ses opérations.

Après le combat de Zuntersdoff, les Russes avaient précipité leur retraite à travers les plaines de la Moravie ; et, le 21, Napoléon était entré à Brünn, capitale de cette province. Vers le soir, il se porta lui-même, avec toute sa cavalerie, sur la route d'Olmutz, rencontra l'ennemi, le fit charger, et, après l'avoir culbuté, le mit en déroute. Le lendemain, parcourant à cheval le terrain où s'était passée cette affaire, il s'arrêtait à chaque hauteur, et faisait mesurer des distances. « Messieurs, dit-il aux généraux qui l'accompagnaient, examinez bien ce terrain ; vous aurez un rôle à y jouer. » C'était, en effet, celui où allait se livrer la bataille d'Austerlitz.

Cependant, la seconde armée russe, commandée par l'empereur Alexandre en personne, avait opéré, à Vischau, sa jonction avec Kutusow. Napoléon envoya son aide-de-camp Savary auprès du czar, pour le féliciter, disait-il, de son arrivée. Savary vit Alexandre à Olmutz. « Je ne pus me défendre d'un sentiment de crainte et de timidité en me trouvant en face de ce souverain, dit-il lui-même dans ses Mémoires ; il imposait par son air de grandeur et de noblesse. La nature avait beaucoup fait pour lui, et il aurait été difficile de trouver un modèle aussi parfait et aussi gracieux. Il avait alors vingt-six ans. J'éprouvai du regret de le voir engagé personnellement dans d'aussi mauvaises affaires que l'étaient celles de l'Autriche ; mais aussi je compris toutes les facilités qu'avait eues l'intrigue pour obtenir des succès sur un esprit qui ne pouvait pas encore avoir assez d'expérience pour saisir toutes les difficultés qui existaient pour conduire à bonne fin tout ce qui était à l'horizon politique de l'Europe dans l'hiver de cette année 1805. Je lui remis ma lettre, en lui disant que « l'Empereur, mon maître, ayant « appris son arrivée à son armée, m'avait chargé de lui porter

« cette dépêche, et de venir le saluer de sa part. » L'empereur Alexandre avait déjà l'ouïe un peu dure du côté gauche ; il approchait l'oreille droite pour entendre ce qu'on lui disait.

« Il parlait par phrases entrecoupées ; il articulait assez fortement ses finales ; de sorte que son discours n'était jamais long. Au reste, il parlait la langue française dans toute sa pureté, sans accent étranger, et employait toujours les belles expressions académiques. Comme il n'y avait point d'affectation dans son langage, on jugeait aisément que c'était un des résultats d'une éducation soignée[1]. »

Après une conversation où Savary n'eut qu'à se louer du bon accueil, des grâces et des bons sentiments personnels de l'empereur Alexandre, ce prince le congédia en lui remettant une lettre en réponse à celle de Napoléon (3). Mais il avait été facile à Savary de comprendre, au langage des jeunes Russes qui environnaient le czar, que l'aveuglement et la présomption règneraient dans ses conseils. Ils parlaient en effet, à tort et à travers, de ce qu'ils appelaient l'ambition de la France, « et, dans leurs projets de la réduire à l'état de ne pouvoir plus nuire, faisaient tous, ajoute le duc de Rovigo, le calcul de *Perrette et du pot au lait.* »

Savary rendit compte à l'Empereur de sa mission ; il ajouta qu'à voir les dispositions belliqueuses de la jeunesse russe, il regardait l'action comme inévitable. Napoléon rêva quelque temps ; puis, le prenant à part : « Retournez, lui dit-il, vers l'empereur de Russie ; vous lui direz que je lui propose une entrevue demain, à l'heure qui lui conviendra entre les deux armées, et que, bien entendu, il y aura, pendant ce temps-là, une suspension d'armes de vingt-quatre heures. »

---

[1] Mémoires du duc de Rovigo, t. II, p. 175.

Savary partit. Aussitôt, Napoléon fit faire à son armée un mouvement rétrograde, et afin de mieux tromper les Russes, il se retira de nuit, comme s'il y eût été contraint, prit une bonne position à trois lieues en arrière, et s'y retrancha avec beaucoup d'ostentation. En même temps, il ordonna à Bernadotte et à Davoust d'arriver à marches forcées.

A la suite d'une seconde entrevue avec Savary, Alexandre adressa à l'Empereur le prince Dolgorouki, son premier aide-de-camp. Napoléon était à se promener dans les bivouacs de l'infanterie, quand son aide-de-camp vint le prévenir de l'arrivée du prince. Aussitôt il monta à cheval, et, contre son usage, il alla lui-même au-devant du parlementaire. « Après les premiers compliments, l'officier russe voulut entamer des questions politiques. Il tranchait sur tout avec une impertinence difficile à imaginer. Il était dans l'ignorance la plus absolue des intérêts de l'Europe et de la situation du continent. C'était, en un mot, un jeune trompette de l'Angleterre[1]. » Sur la fin de la conversation, il proposa à l'Empereur de céder la Belgique et de mettre la couronne de fer sur la tête du roi de Sardaigne. « Si c'est là ce que vous aviez à me dire, lui répondit Napoléon, allez rapporter à l'empereur Alexandre que je ne croyais pas à ces dispositions, lorsque je demandais à le voir; je ne lui aurais montré que mon armée, et je m'en serais rapporté à son équité pour les conditions. Il le veut, nous nous battrons; je m'en lave les mains. »

Dolgorouki, qui avait pu remarquer la contenance réservée et timide de l'armée française, s'en retourna plein de l'idée que cette armée était à la veille de sa perte. Dès lors, les Russes se livrèrent à de folles espérances. Il n'était plus

---

[1] Trentième bulletin.

question de battre l'armée française, mais de la tourner et de la prendre : elle n'avait tant fait, disaient-ils, que par la lâcheté des Autrichiens. « Ces gens-là sont fous, disait Napoléon, de me demander d'évacuer l'Italie, lorsqu'ils sont dans l'impossibilité de m'arracher Vienne. Quels projets ont-ils donc, et que feraient-ils de la France si j'étais battu ? » Et passant près d'un vieux soldat qui, le fusil entre ses jambes et bourrant sa pipe, l'avait écouté pendant qu'il parlait, il dit, en le regardant : « Ces b..... là croient qu'il n'y a plus qu'à nous avaler ! » Le vieux soldat se mit aussitôt de la conversation : « Oh ! oh ! répliqua-t-il, ça n'ira pas comme ça, nous nous mettrons en travers. »

Ainsi, persuadé que Napoléon n'oserait livrer bataille devant Brünn, et trompé d'ailleurs par sa retraite précipitée, l'ennemi prit l'offensive, chassa nos avant-postes de Vischau, et s'avança sur Austerlitz que Soult venait d'évacuer. L'armée alliée comptait alors quatre-vingt-dix mille hommes. Des hauteurs de Pratzen, Napoléon observait tous ses mouvements : « Si je voulais l'empêcher de passer, disait-il, c'est ici que je me placerais ; mais je n'aurais qu'une bataille ordinaire ; si, au contraire, je resserre ma droite en la retirant vers Brünn, et que les Russes abandonnent ces hauteurs, fussent-ils au nombre de trois cent mille, ils sont pris en défaut, et perdus sans ressource. » Alors, abandonnant cette magnifique position où il s'était retranché, il s'établit sur le plateau d'Austerlitz, sa droite aux étangs de Mœnitz, son centre couvert par des terrains marécageux, sa gauche appuyée au mont Bosenitz. C'est là que la grande armée allait célébrer, par une victoire à jamais mémorable, l'anniversaire du couronnement de l'Empereur.

Tout arriva, en effet, ainsi que Napoléon l'avait prévu. Le 1er décembre, les alliés commencèrent le fatal mouvement ; arrivés sur le plateau de Pratzen, ils l'abandonnèrent en plein jour, et comme s'ils eussent craint que cette armée française qui leur paraissait compromise, leur échappât, ils défilèrent, par une marche de flanc, en prolongeant notre droite, qui semblait ne pas oser sortir de sa position. Du haut de son bivouac, Napoléon vit avec une indicible joie l'ennemi venir se placer lui-même sur le champ de bataille qu'il avait choisi : « Cette armée est à moi, » s'écria-t-il ; et aussitôt il fit mettre à l'ordre du jour la proclamation suivante :

« Soldats !

« L'armée russe se présente devant vous pour venger l'armée autrichienne d'Ulm. Ce sont les mêmes bataillons que vous avez battus à Hollabrünn, et que depuis vous avez constamment poursuivis jusqu'ici.

« Les positions que nous occupons sont formidables, et pendant qu'ils marcheront pour tourner ma droite, ils me présenteront le flanc.

« Soldats ! Je dirigerai moi-même tous vos bataillons ; je me tiendrai loin du feu, si, avec votre bravoure accoutumée, vous portez le désordre et la confusion dans les rangs ennemis ; mais si la victoire était un moment incertaine, vous verriez votre empereur s'exposer aux premiers coups : car la victoire ne saurait hésiter, dans cette journée surtout où il y va de l'honneur de l'infanterie française, qui importe tant à l'honneur de toute la nation.

« Que, sous prétexte d'emmener les blessés, on ne dégarnisse pas les rangs, et que chacun soit bien pénétré de cette pensée, qu'il faut vaincre ces stipendiés de l'Angleterre, qui sont animés d'une si grande haine contre notre nation.

« Cette victoire finira notre campagne, et nous pourrons reprendre nos quartiers d'hiver, où nous serons joints par les nouvelles armées qui se forment en France ; et alors la paix que je ferai sera digne de mon peuple, de vous et de moi. »

La nuit venue, Napoléon voulut visiter, à pied et en secret, le front de son armée : il fut bientôt reconnu. Quelques soldats ayant allumé spontanément des torches de paille, toute la ligne suivit cet exemple, et, en un moment, la vaste plaine qu'elle occupait fut illuminée et retentit d'unanimes acclamations : « Sire, lui dit un vieux soldat, tu n'auras pas besoin de t'exposer ; je te promets, au nom des grenadiers de l'armée, que tu n'auras à combattre que des yeux, et que nous t'amènerons demain les drapeaux et l'artillerie de l'armée russe pour célébrer l'anniversaire de ton couronnement. » — « Voilà, dit Napoléon, en rentrant dans son bivouac, la plus belle soirée de ma vie ! »

Cependant un tiraillement s'était engagé à l'extrême droite. Napoléon avait envoyé savoir d'où il provenait. C'était l'avant-garde de la division Legrand que les Russes venaient de repousser du village de Sokolnitz. Savary vint en informer l'Empereur. Il le trouva couché sur la paille et dormant profondément sous une baraque que les soldats lui avaient faite ; si bien qu'il fut obligé de le secouer pour le réveiller.

Apprenant ce qui se passait, Napoléon fit appeler Soult, monta à cheval pour aller visiter les postes, reconnaître les feux des bivouacs ennemis et voir le mouvement des Russes sur sa droite. Il faisait un beau clair de lune, mais la nuit étant venue à s'obscurcir, les Russes suspendirent leur marche ; ils se contentèrent de se grouper sur ce point, de manière à se déployer rapidement à la pointe du jour.

Napoléon rentra fort tard, non sans être inquiet sur sa droite pour le lendemain.

Ce jour là, 2 décembre, aux premiers rayons du soleil, toute l'armée prit les armes : elle s'élevait à peine à soixante cinq mille hommes. Un brouillard épais s'étant levé tout-à-coup, Napoléon en profita pour achever ses dispositions. Il donna le commandement de la gauche à Lannes, de la droite à Soult, du centre à Bernadotte, et de toute la cavalerie à Murat. Davoust eut ordre de se rendre en tout hâte au couvent de Raygene pour envelopper l'aile gauche ennemie. Napoléon, avec Berthier, Junot, tout son état-major et vingt bataillons de sa garde et des grenadiers, se trouvait en reserve. Il parcourut ensuite le front de chaque régiment, il parla à quelques uns, leur rappelant, comme autrefois César à ses légions, leurs exploits passés : « Souvenez-vous, dit-il au 57e, qu'il y a bien des années je vous ai surnommés *le Terrible*.

Dès le matin, l'armée alliée, divisée en cinq colonnes, s'était mise en mouvement : la première marchant sur Telnitz, la seconde, la troisième et la quatrième sur Sokolnitz, et la cinquième, qui se composait de toute la cavalerie, entre Blazowitz et Krutz, pour protéger la marche des colonnes de la droite. L'avant-garde, commandée par le prince de Bagration, s'avançait sur les hauteurs de Dwaroschau, et la réserve, sous les ordres du grand-duc Constantin, se disposait à marcher des hauteurs en avant d'Austerlitz pour soutenir la cavalerie et l'avant-garde.

Napoléon, entouré de tous ses maréchaux, voyait toute son armée, l'infanterie et la cavalerie, formée en colonnes par divisions ; il attendait, pour donner les derniers ordres, que l'attaque des Russes se fût plus prononcée à sa droite. « Quand l'ennemi fait un faux mouvement, disait-il au maréchal Soult qui était auprès de lui, il faut se garder de l'interrompre. » Cependant, à mesure que le soleil montait à l'horizon, le brouillard se dissipait. Un grand silence régnait dans la plaine ; « On n'eût jamais pensé, dit le duc de Rovigo, qu'il y avait autant de monde et de foudres enveloppés dans ce petit espace. »

Tout-à-coup, le canon se fait entendre à l'extrême droite, que la gauche ennemie avait déjà débordée. Napoléon voit le combat engagé entre Davoust et l'avant-garde russe, et, galopant devant les rangs : « Soldats ! s'écria-t-il, il faut finir cette campagne par un coup de tonnerre. » Au même instant, toute l'armée s'ébranle aux cris de *vive l'Empereur !* Soult, avec les deux divisions Vandamme et Saint-Hilaire, s'élance sur les hauteurs en arrière et à gauche de Pratzen, que l'ennemi venait de quitter pour nous tourner. Cette position était d'une importance telle, que son occupation devait décider du sort de la bataille. Kutusow reconnaît sa faute et veut la réparer. Ses troupes s'avancent au pas de charge, mais après trois heures de combat, elles sont culbutées et mises en déroute. Soult reste maître de leur position et de leur artillerie ; puis, enfonçant le centre ennemi, il va se placer sur les derrières de son aile gauche, engagée dans les défilés de Sokolnitz et de Telnitz. Pendant ce temps, une canonnade épouvantable retentissait sur toute la ligne. « C'était, dit le trentième bulletin, un véritable combat de géants. » Déjà toute la gauche de l'ennemi était coupée ; sa droite, assaillie par Murat et Lannes, était rejetée sur Austerlitz, quartier-général des deux empereurs de Russie et d'Autriche. Vainement la garde impériale russe à cheval, voulant rétablir les communications du centre avec la gauche, culbuta un régiment français, elle fut écrasée par une charge de la garde de Napoléon. Colonel, artillerie, étendards, tout fut enlevé, et le grand-duc Constantin lui-même ne dut son salut qu'à la vitesse de son cheval. Alors Bernadotte, qui commandait le centre, s'avança, attaqua l'infanterie de la garde russe, l'enfonça et la mena battant une bonne lieue. « Toute la journée fut une suite de manœuvres dont pas une ne manqua, et qui coupèrent l'armée russe, surprise dans un mouvement de flanc, en autant de tronçons qu'on lui présenta de têtes de colonnes pour l'attaquer[1]. »

A une heure de l'après-midi, la victoire était décidée. Chassée de position en position, pressée par les attaques de Soult et de Davoust, la gauche ennemie fuyait en désordre. Huit mille Russes mirent bas les armes ; plus de vingt mille s'étant réfugiés sur la glace qui couvrait les étangs de Mœnitz, s'abîmèrent dans l'eau. Après avoir rassemblé les débris de leur armée, les deux empereurs d'Autriche et de Russie se retirèrent derrière Austerlitz, et l'armée française couronna la position qu'ils avaient occupée la veille.

Telle fut cette immortelle journée, que les soldats appelèrent la bataille des trois empereurs ou la journée de l'Anniversaire, et à laquelle Napoléon donna le nom de *bataille d'Austerlitz*. « J'ai livré trente batailles comme celle-ci, disait-il, mais je n'en ai vu aucune où la victoire ait été si décidée et les destinées si peu balancées[2]. »

Le lendemain, il félicita l'armée sur le champ de bataille

---

[1] Mémoires du duc de Rovigo.

[2] Parmi les régiments qui, selon l'expression du bulletin officiel, « firent l'impossible » dans ce jour mémorable, il faut citer le 55e, le 43e, le 14e, le 36e, le 40e, le 17e, etc.

Le général Valhubert eut la cuisse emportée d'un coup de canon ; quatre soldats se présentèrent pour l'enlever : « Souvenez-vous de l'ordre du jour! leur dit-il d'une voix de tonnerre, et serrez vos rangs! Si vous revenez vainqueurs, on me relèvera après la bataille ; si vous êtes vaincus, je n'attache plus de prix à la vie. »

De pareils traits n'ont pas besoin de commentaires.

même : « Soldats, leur dit-il, je suis content de vous ; vous avez décoré vos aigles d'une immortelle gloire ! Une armée de cent mille hommes commandée par les empereurs de Russie et d'Autriche, a été, en moins de quatre heures, ou coupée ou dispersée ; ce qui a échappé à votre feu s'est noyé dans les lacs.

« Quarante drapeaux, les étendards de la garde impériale russe, cent vingt pièces de canon, vingt généraux, plus de trente mille prisonniers sont le résultat de cette journée à jamais célèbre. Cette infanterie tant vantée et en nombre supérieur, n'a pu résister à votre choc, et désormais vous n'avez plus de rivaux à redouter. Ainsi, en deux mois, cette troisième coalition a été vaincue et dissoute. »

En outre, par deux décrets datés du camp d'Austerlitz, il accorda six mille francs de pension aux veuves des généraux tués à Austerlitz ; deux mille quatre cents francs à celles des colonels et des majors ; à celles des capitaines douze cents francs ; à celles des lieutenants et sous-lieutenants, huit cents francs, et deux cents francs à celles des soldats. Il adopta leurs enfants, ordonna qu'ils seraient entretenus, élevés et établis à ses frais, et leur permit de joindre à leurs noms de baptême et de famille celui de Napoléon. Il ordonna enfin que les canons russes et autrichiens pris sur le champ de bataille d'Austerlitz, seraient fondus et serviraient à ériger sur la place Vendôme une colonne triomphale à la gloire de la grande armée.

CHAPITRE III.

L'empereur d'Autriche demande la paix. Son entrevue avec Napoléon. Armistice. — Ruse d'Alexandre pour assurer sa retraite. — Mission du comte de Haugwitz. — Traité de Presbourg. — Napoléon déclare que la dynastie de Naples a cessé de régner. — Mariage du prince Eugène avec la fille du roi de Bavière. Napoléon et Joséphine à Munich. — Joie publique à leur retour. — Ils font leur entrée solennelle dans Paris. — Le sénat décerne à Napoléon le titre de *Grand*. — Situation de l'Europe après la paix de Presbourg. — Mort de Pitt. — Ouverture du corps législatif. — Système fédératif : Joseph Bonaparte, roi de Naples. Louis Bonaparte, roi de Hollande. — Duchés, grands fiefs de l'Empire. — Rétablissement du calendrier grégorien. — Le Panthéon rendu au culte catholique. — Restauration de l'église de Saint-Denis : sépulture impériale. — Silence de la presse et de la tribune. — Réorganisation de la Banque de France. — Création de l'Université impériale. — Améliorations, réformes, travaux publics. — Négociations pour la paix générale. — Fox, successeur de Pitt au ministère. — Dispositions des Puissances. — Confédération du Rhin. Napoléon en est proclamé protecteur. — Sa suprématie sur le continent. — Traité du 20 juillet entre la France et la Russie. — Napoléon se rapproche de la Prusse. — Mort de Fox. — Rupture des négociations. — Quatrième coalition. — Résolutions téméraires de la Prusse. — Attitude de Napoléon. — Occupation de la Saxe et de la Hesse par les armées prussiennes. Signal des hostilités.

APOLÉON avait promis à ses soldats de ne point passer le Rhin avant d'avoir fait une paix qui lui donnât des garanties et assurât des récompenses à ses alliés. Il leur tint parole. Après la bataille d'Austerlitz, l'ennemi s'était retiré en désordre : coupé de la route d'Olmutz, et poursuivi par Murat et Davoust, il avait été contraint de se réfugier à Gœding, où il s'était vu bientôt cerné par l'armée victorieuse. Dans cette position désespérée, l'empereur d'Autriche avait envoyé le prince de Lichstenstein auprès de Napoléon pour lui demander une entrevue.

Le 4, à neuf heures du matin, Napoléon partit d'Austerlitz, pour se rendre à ses avant-postes, près de Scharwitz. A son arrivée, il fit faire des feux et attendit l'empereur d'Autriche qui ne tarda pas d'arriver. « Je vous reçois dans le seul palais que j'habite depuis deux mois, » lui dit-il en lui faisant les honneurs de son bivouac. « Vous tirez si bon parti de votre habitation, répondit en souriant François II, qu'elle doit vous plaire. » François II ne craignit pas de désavouer les Anglais : « Ce sont des marchands, répétait-il, qui mettraient en feu le continent pour s'assurer le commerce du monde. » Ces deux princes convinrent d'un armistice, et les préliminaires de la paix furent signés. François II ajouta que l'empereur de Russie demandait également à faire sa paix séparée, qu'il abandonnait entièrement les affaires de l'Angleterre, et n'y prenait plus aucun intérêt. « Il n'y a point de doute, disait-il, dans sa querelle avec l'Angleterre la France a raison ; » et il sollicita une trêve pour l'armée russe. « Elle est cernée, dit Napoléon; cependant, ajouta-t-il, je désire faire une chose agréable à l'empereur Alexandre ; je laisserai passer son armée, si Votre Majesté me promet qu'elle retournera en Russie. » C'est l'intention de l'empereur Alexandre, répliqua le monarque autrichien ; je puis vous l'assurer. Vous pouvez d'ailleurs vous en convaincre, en envoyant un de vos officiers vers ce prince. Après une conversation de deux heures, les deux empereurs se séparèrent en s'embrassant. « Ainsi, lui dit Napoléon en le quittant, Votre Majesté me promet de ne plus me faire la guerre. *Non, je vous le jure*, lui répondit François II, *et je tiendrai ma parole.* » Aussitôt, Napoléon dépêcha son aide-de-camp Savary auprès de l'empereur de Russie, pour savoir s'il adhérait à la capitulation; et comme s'il eût eu le pressentiment du triste résultat de sa générosité envers l'empereur d'Allemagne : « Cet homme, dit-il, me fait faire une faute, car j'aurais pu suivre ma victoire, et prendre toute l'armée russe et autrichienne ; mais enfin quelques larmes de moins seront versées. »

Savary arriva le 5, à minuit, au quartier-général de l'armée russe, et fut introduit par le prince Czartorinski auprès d'Alexandre. « De quoi s'agit-il ? » lui demanda ce prince. Et Savary lui fit connaître l'objet de sa mission et le désir de l'empereur que son armée « sortît des États autrichiens dans le plus bref délai, et par la route militaire la plus courte, en faisant chaque jour le chemin ordinaire que fait une troupe en marche. » — « Mais, répliqua Alexandre, votre maître exige donc que je m'en aille bien vite? il est bien pressant. — Non, Sire, il ne demande pas que vous retourniez plus vite que vous n'êtes venu ; mais comment prendre une autre règle pour se fixer, que d'admettre la route militaire et la distance d'étape, pour la marche de chaque jour? — Hé bien ! soit, j'y consens ; mais, puis-je me retirer en sûreté ? Quelle garantie faut-il pour cela ? — Sire, votre parole. — Je vous la donne[1]. »

Déjà Davoust, sur la prière de l'empereur Alexandre,

---

[1] Pendant cet entretien, Alexandre demanda à Savary des détails sur la journée du 2. « Vous étiez inférieurs à moi, lui dit-il, et cependant vous étiez supérieurs sur tous les points d'attaque. — Sire, répondit Savary, c'est l'art de la guerre et le fruit de quinze ans de gloire; c'est la quarantième bataille que donne l'Empereur. — Cela est vrai; c'est un grand homme de guerre. Pour moi, c'est la première fois que je vois le feu. Je n'ai jamais eu la prétention de me mesurer avec lui. Je m'en vais donc dans ma capitale. J'étais venu au secours de l'empereur d'Allemagne; il m'a fait dire qu'il est content. Je le suis aussi. »

avait suspendu son mouvement, sous pretexte qu'il y avait négociation pour une capitulation, quand Savary lui apporta, de la part de Napoléon, l'ordre de laisser passer l'armée russe. Celle-ci se mit en marche sur trois colonnes et se dirigea sur la Pologne, par journées d'étape.

Alexandre partit pour Saint-Pétersbourg. Napoléon voulant lui donner une nouvelle preuve de sa générosité, lui renvoya sans échange tous les prisonniers de sa garde.

A peine Alexandre eut-il assuré sa retraite, qu'il se défendit d'avoir pris part à la capitulation qui le sauvait avec son armée ; « comme si les Français, dit Napoléon, n'avaient pas dans leurs mains son propre écrit par lequel il priait le maréchal Davoust, qui avait coupé sa retraite, de suspendre la marche de son corps d'armée, attendu qu'il y avait négociation pour une capitulation [1]. » Alexandre dépêcha en même temps un courrier à Berlin, pour presser la marche des Prussiens qui, depuis le traité de Potsdam, du 3 novembre, avaient pris les armes.

De son côté, le roi de Prusse avait envoyé à Napoléon le comte de Haugwitz, avec mission d'obtenir satisfaction pour la violation du territoire d'Anspach par Bernadotte ; mais M. de Haugwitz n'étant arrivé à Brünn que la veille de la bataille d'Austerlitz, Napoléon avait ajourné son audience. Après la bataille, le comte vint le féliciter de sa victoire : « Voilà, répliqua l'Empereur, un compliment dont la fortune a changé l'adresse. » C'était lui faire voir qu'il n'était pas dupe des intentions dans lesquelles on l'avait envoyé près de lui. Il lui parla du passage de l'armée russe à Var-

---

[1] Voici ce billet. Il est écrit au crayon, et porte la date du 4 décembre.

« J'autorise le général Merfeld à faire connaître au général français (Davoust), que les deux empereurs d'Allemagne et de France sont en ce moment en conférence, qu'il y a un armistice dans cette partie, et qu'il est en conséquence inutile de sacrifier plus de braves gens. »

Signé : ALEXANDRE.

sovie et de son arrivée à Breslau, où elle était encore ; enfin, il lui demanda ce que signifiait cet autre corps russe qui était en Hanôvre, communiquant par la Prusse avec la grande armée.

« Monsieur, ajouta-il, est-ce une conduite franche, que celle de votre maître avec moi ? Il serait plus honorable pour lui de m'avoir loyalement fait la guerre, quoique vous n'ayez aucun motif pour cela ; vous eussiez au moins servi vos alliés, parce que j'y aurais regardé à deux fois avant de livrer bataille. Vous voulez être les alliés de tout le monde, cela n'est pas possible ; il faut opter entre eux et moi. Si vous voulez aller vers ces messieurs, je ne m'y oppose pas ; mais si vous restez avec moi, je veux de la sincérité, ou je me sépare de vous : je préfère des ennemis francs à de faux amis. Si vos pouvoirs ne sont pas assez étendus pour traiter toutes ces questions-là, mettez-vous en règle ; moi je vais marcher sur mes ennemis, partout où ils se trouvent. »

Bien que M. de Haugwitz n'eût reçu mission que de déclarer l'alliance de son gouvernement avec la Russie, il prit cependant sur lui de conclure avec Napoléon un traité qu'il se flattait de faire ratifier par le roi de Prusse. Dans ce traité, la Prusse acceptait la possession du Hanôvre et cédait à la France son margraviat. De retour à Berlin, M. de Haugwitz présenta ce traité à la ratification du roi ; mais ce prince, qui venait d'adhérer à la coalition, en signant avec l'Angleterre un traité de subsides, témoigna hautement à son envoyé son mécontentement de ce qu'il avait fait. Il assembla son conseil ; on ne voulait pas accepter le Hanôvre sans la ratification de l'Angleterre. Cependant la situation était pressante, et il fut convenu qu'on le ferait occuper comme dépôt jusqu'à la paix.

Pendant ce temps, Napoléon était retourné à Vienne ; il avait choisi Presbourg pour le lieu des négociations de la paix ; elle fut signée, le 26 décembre, par les plénipotentiaires Talleyrand, le prince de Lichstenstein et le général Giulay. Cession par l'Autriche des États Vénitiens ; réunion de ces États au royaume d'Italie ; Napoléon reconnu comme roi d'Italie, le Burgaw, le Tyrol et le Vorarlberg, cédés à la Bavière; partage des possessions de la Souabe entre le duc de Wurtemberg et le margrave de Bade; les électeurs de Bavière et de Wurtemberg reconnus comme rois, et le prince de Bade comme grand-duc; l'indépendance de la République helvétique régie par l'acte de médiation, et l'indépendance de la république batave reconnues ; telles furent les principales stipulations de ce traité, qui « compléta, dit Mignet, l'abaissement de l'Autriche, commencé par le traité de Campo-Formio, continué par celui de Lunéville. »

Le 29 décembre, Napoléon annonça à son armée la conclusion de la paix. « Je vais, leur disait-il, partir pour me rendre dans ma capitale. J'ai accordé de l'avancement et des récompenses à ceux qui se sont le plus distingués ; je vous tiendrai tout ce que je vous ai promis. Vous avez vu votre empereur partager avec vous vos périls et vos fatigues ; je veux aussi que vous veniez le voir entouré de la grandeur et de la splendeur qui appartiennent au souverain du premier peuple de l'univers. Je donnerai une grande fête aux premiers jours de mai à Paris ; vous y serez tous ; et après nous irons où nous rappelleront le bonheur de notre patrie et les intérêts de notre gloire.

« Soldats ! l'idée que je vous verrai tous, avant six mois, rangés autour de mon palais, sourit à mon cœur, et j'éprouve d'avance les plus tendres émotions ; nous célébrerons la mémoire de ceux qui, dans ces deux campagnes, sont morts au champ d'honneur, et le monde nous verra tous prêts à imiter leur exemple et à faire encore plus que nous n'avons fait, s'il le faut, contre ceux qui voudraient attaquer notre honneur, ou qui se laisseraient séduire par l'or corrupteur des éternels ennemis du continent. »

Sur le point de quitter Vienne, Napoléon apprit qu'au mépris d'un traité conclu deux mois auparavant, la cour de Naples venait d'ouvrir ses ports à vingt mille Anglo-Russes. Aussitôt il annonça à son armée que la dynastie de Naples avait *cessé de régner,* et chargea le général Saint-Cyr d'exécuter ce décret.

Cela fait, il partit de Schœnbrunn et se rendit à Munich, où, par son ordre, Joséphine était arrivée depuis quinze jours. Napoléon écrivit de cette capitale au sénat pour lui faire part du traité de Presbourg et du mariage du prince Eugène avec la princesse Augusta, fille du roi de Bavière ; il apprit également au sénat qu'il venait d'adopter ce jeune prince pour son fils, et qu'il l'appelait à régner après lui sur l'Italie.

Pendant que Napoléon et Joséphine présidaient aux fêtes qui eurent lieu à l'occasion de ce mariage, les grands corps de l'État et la ville de Paris se disposaient à célébrer dignement leur retour.

Déjà le sénat avait décrété :

1° Qu'un monument triomphal serait consacré à Napoléon ;

2° Qu'il se rendrait en corps au-devant de Sa Majesté impériale et royale, et lui présenterait l'hommage de l'admiration, de la reconnaissance et de l'amour du peuple français, etc.

Le 26 janvier 1806, l'Empereur et l'Impératrice firent leur entrée solennelle dans Paris ; le plus grand enthousiasme éclata sur leur passage. On décerna à Napoléon le titre de *grand*, et les drapeaux conquis à Austerlitz, furent suspendus aux voûtes de Notre-Dame.

A la double sanction que l'Empire avait déjà reçue, venait de s'ajouter à Austerlitz celle de la victoire. Battue pour la troisième fois, la coalition se retira humiliée, mais non désarmée. L'Autriche se plaignit tout bas d'une paix « extorquée, disait-elle, par la violence. » Après avoir compromis l'honneur de ses armes pour échapper à une perte certaine, la Russie gardait une attitude hostile ; la Prusse, en expiation de ses perfidies, se voyait condamnée à subir l'alliance française. Pitt était mort, et l'Angleterre, déjà troublée dans son triomphe de Trafalgar par le contre-coup d'Austerlitz, pleurait sur sa tombe. A la nouvelle du traité de Presbourg, Pitt avait vu tous ses efforts perdus, et croyant les derniers jours de l'Angleterre arrivés, il était mort en s'écriant : « O mon pays ! » Telle était la situation de l'Europe après la paix de Presbourg.

Napoléon ouvrit le 2 mars la session législative.

« Depuis votre dernière session, dit-il, la plus grande partie de l'Europe s'est coalisée avec l'Angleterre. Mes armées n'ont cessé de vaincre que lorsque je leur ai ordonné de ne plus combattre... La maison de Naples a perdu sa couronne sans retour. La presqu'île de l'Italie tout entière fait partie du grand Empire. J'ai garanti, comme chef suprême, les souverains et les constitutions qui en gouvernent les différentes parties. La Russie ne doit le retour des débris de son armée qu'au bienfait de la capitulation que je lui ai accordée. Maître de renverser le trône impérial d'Autriche, je l'ai raffermi. La conduite du cabinet de Vienne sera telle que la postérité ne me reprochera pas d'avoir manqué de prévoyance. J'ai ajouté une entière confiance aux protestations qui m'ont été faites par son souverain. D'ailleurs, les hautes destinées de ma couronne ne dépendent pas des sentiments et des dispositions des cours étrangères. Je désire la paix avec l'Angleterre; de mon côté, je n'en retarderai jamais le moment. Je serai toujours prêt à la conclure en prenant pour bases les stipulations du traité d'Amiens... »

Mais, connaissant la haine implacable de ses ennemis, Napoléon vit bien que cette paix ne serait pas d'une longue durée, et pour entraver l'action de la coalition, il s'attacha à étendre sa suprématie sur le continent. Par une suite de victoires non interrompues, l'armée française venait de conquérir le royaume de Naples; il le donna à son frère Joseph; mais en le reconnaissant pour roi des Deux-Siciles, il joignit à sa dignité celle de grand-électeur de l'Empire français, et le retint ainsi dans sa dépendance. Ainsi que nous l'avons dit, Schimmelpenninck gouvernait, sous le nom de grand-pensionnaire, la République batave: Napoléon voulant déjouer les projets des orangistes et des Anglais sur ce pays, résolut de le changer en royaume. Vainement cette nation, à qui le joug de Philippe II n'avait que trop appris à détester le gouvernement monarchique, manifesta à Napoléon ses répugnances; elle le trouva invariable, et, contrainte d'obéir, elle se résigna. Napoléon éleva au trône de Hollande son frère Louis. « Je ne pouvais, dit-il à la députation chargée d'en faire la demande officielle, je ne pouvais confier les places fortes qui couvrent ma frontière du nord à la garde d'une main infidèle, même douteuse. » Puis, se tournant vers son frère : « Prince, lui dit-il, régnez sur ces peuples; leurs pères n'acquirent leur indépendance que par les secours constants de la France. Depuis, la Hollande fut l'alliée de l'Angleterre; elle fut conquise; elle dut encore à la France son existence. Qu'elle vous doive donc des rois qui protègent ses libertés, ses lois et sa religion; mais ne cessez jamais d'être Français. » Ainsi que le royaume de Naples, la Hollande devait faire *partie du grand Empire.*

Après s'être créé ainsi deux grands feudataires, Napoléon, « guidé, disait-il dans son message du 30 mars au sénat, par la grande pensée de consolider l'ordre social et le trône qui en était le fondement et la base, » érigea la Dalmatie, l'Istrie, le Frioul, Cadore, Bellune, Conégliano, Trévise, Feltre, Bassano, Vicence, Padoue, Rovigo, en duchés, grands fiefs de l'Empire, et créa à ses trois sœurs, Pauline Borghèse, Élisa Bacciochi et Caroline Murat des établissements souverains ; il donna à la première la principauté de Guastalla ; à la seconde, déjà dotée des principautés de Lucques et de Piombino, celle de Massa-Carrara ; à son beau-frère Murat la souveraineté héréditaire des grands-duchés de Berg et de Clèves qu'il s'était fait céder par la Bavière et par la Prusse. « Je sentais mon isolement, a-t-il dit à Saint-Hélène, je jetais de tous côtés des ancres de salut au fond de la mer. Quels appuis plus naturels pour moi que mes proches (4) ! » Il investit, en outre, Berthier de la principauté de Neufchâtel, Talleyrand et Bernadotte de celles de Bénévent et de Ponte-Corvo, et créa six autres fiefs dans le royaume de Naples et trois dans les duchés de Parme et de Plaisance, qu'il donna plus tard à ses généraux et à ses ministres.

C'est ainsi que Napoléon semblait s'efforcer chaque jour de fermer les voies de la révolution à laquelle il s'était substitué. Après avoir, en commençant la restauration des privilèges princiers et territoriaux, semé le germe d'un système féodal, il rétablit le calendrier grégorien, restitua le Panthéon au culte catholique, et fit préparer dans les tombeaux de Saint-Denis une place pour sa dynastie. D'autres actes non moins aristocratiques se succédèrent : il abolit la taxe somptuaire sur les chevaux, les équipages, et l'impôt sur le sel, les droits sur le sucre et les octrois furent augmentés ; il soumit le palais impérial à un règlement d'étiquette digne de la cour de Louis XIV, et l'on vit reparaître tout ce que la révolution avait voulu effacer à jamais. Ni la presse, ni la tribune n'osaient protester contre des actes qui blessaient si vivement les sentiments nationaux ; des lois oppressives les condamnaient au silence ; et le sénat, comme les parlements sous l'ancien régime, n'était plus qu'un corps chargé d'enregistrer les rescrits impériaux.

Telle était cependant la grandeur du gouvernement impérial, qu'il savait couvrir son despotisme par la gloire, par des réformes importantes et d'immenses améliorations. Ainsi, il réorganisa la Banque de France, il créa l'Université impériale, le corps des ingénieurs des ponts-et-chaussées, des maisons d'éducation pour les filles des membres de la Légion-d'Honneur, des conseils de prud'hommes pour régler les différends entre les fabricants et les ouvriers. En même temps, de grands travaux s'opéraient sur tous les points de l'Empire.

De Valogne à la Hogue, de Caen à Honfleur, d'Ajaccio à Bastia, d'Alexandrie à Savonne, de Paris à Mayence, d'Aix-la-Chapelle à Monjoie, des communications nouvelles s'ouvraient ; on jetait des ponts sur la Durance et sur l'Isère ; on en établissait d'autres sur le Rhin, sur la Meuse, sur le Cher, sur la Loire et sur la Saône. De grands canaux étaient en exécution : celui de Saint-Quentin, le canal Napoléon joignant le Rhin au Rhône, le canal de Bourgogne, le canal d'Arles et les canaux d'embranchement de la Belgique ; quelques autres étaient commencés ou tracés, tels que ceux de Saint-Valery, de Beaucaire à Aigues-Mortes, de Sedan, de Niort à La Rochelle et de Nantes à Brest. On embellissait Paris, dont Napoléon voulait faire « quelque chose de fabuleux, disait-il, de colossal, d'inconnu jusqu'à nos jours. »

Cependant, le cabinet de Berlin continuait à subir le châtiment de sa duplicité. Le premier ministre, M. de Hardemberg, était hostile à la France; Napoléon, pour le perdre, osa l'accuser de n'avoir « pas été insensible à la pluie d'or, » en se vendant aux Anglais. M. de Hardemberg fut écarté des conseils du roi de Prusse, et remplacé par M. le comte de Haugwitz, chef du parti français. Après des humiliations sans nombre, la Prusse prit enfin possession du Hanôvre; et soit qu'elle comprît que son intérêt était dans notre alliance, soit qu'elle trouvât dans l'acquisition de l'électorat une compensation de ce qu'elle perdait, elle rompit ouvertement avec l'Angleterre, qui, surprise d'un tel changement, lui déclara, le 4 juin, officiellement la guerre, et fit entrer dans sa cause le roi de Suède. Ce prince, en effet, écrivit à Frédéric-Guillaume qu'il ne remettrait pas l'épée dans le fourreau tant que la Prusse n'aurait pas rouvert ses ports au pavillon anglais.

D'un autre côté, Napoléon ne se fiant point à ces premières avances de la Prusse dont il connaissait trop bien la politique mobile, prolongea le séjour de son armée en Allemagne; cent soixante mille hommes restèrent campés en Souabe, en Bavière et sur les bords de l'Inn, menaçant l'Autriche et la Prusse, et prêts à marcher sur Vienne et sur Berlin.

Dans cet état de choses, le roi de Prusse pressentant les malheurs qui allaient fondre sur sa monarchie, se tourna vers la Russie et conjura Alexandre, au nom de l'amitié qui les unissait, de l'arracher à ses périls en concluant avec Naléon une paix prompte et séparée. Après avoir donné un libre cours à son humeur chagrine contre la France,

Alexandre, changeant tout-à-coup de langage et d'attitude, songea sérieusement à renouer avec Napoléon des relations pacifiques.

Tout semblait tourner à une pacification générale. A la mort de Pitt, le parti de la guerre en Angleterre s'était considérablement affaibli. Dans le Parlement il n'y avait pas que les wighs qui fissent des vœux pour la paix ; même parmi les disciples de Pitt on la desirait aussi. « Sans doute, disaient les chefs de l'opposition, la guerre n'avait pas été stérile pour la Grande-Bretagne ; elle lui avait donné la domination sur toute les mers, la suprématie commerciale sur tous les marchés, le monopole du commerce des denrées coloniales dans toute l'Europe. Il y avait là de quoi rassasier l'orgueil du peuple le plus ambitieux de la terre. Mais à quel prix la Grande-Bretagne avait-elle acheté de tels succès ? L'équilibre rompu partout ; les barrières les plus salutaires renversées ou ébranlées ; l'Italie, la Suisse, l'Espagne, la Hollande, enchaînées à la politique de la France ; la Prusse subjuguée, la Russie vaincue et humiliée, l'Autriche considérablement affaiblie ; tel était le douloureux tableau qu'étalaient, aux yeux du peuple anglais, les misères du continent. Le mal était grand, immense, peut-être irréparable ; mais c'était bien mériter de l'Europe et de l'humanité que de tenter un effort sérieux pour y mettre un terme. Chef d'un grand peuple civilisé, fondateur d'une dynastie, Napoléon ne pouvait désirer de passer sa vie sous la tente ; il devait rechercher la paix comme le but glorieux de ses travaux, la garantie de son trône, et son titre le plus sûr à l'amour des Français. » Il y eut alors rapprochement entre les wighs et les torys ; mais en votant pour la paix, les uns la voulaient sincère et durable, les autres ne voulaient que recommencer la comédie du traité d'Amiens. Cependant, de cet accord momentané entre les deux partis, sortit un ministère de fusion, à la tête duquel fut placé l'illustre Fox. Sa sage opposition au système de son rival, son noble caractère, son amitié pour Napoléon, tout devait faire présager un changement total dans la politique de l'Angleterre. Bientôt, en effet, des négociations s'ouvrirent entre les deux cabinets; mais l'Angleterre demanda que la Russie intervînt comme son alliée. « Veut-on, écrivait Fox, traiter conjointement avec la Russie ? Oui. Veut-on que nous traitions séparément ? Non. »

« — Que la Grande-Bretagne fît une paix séparée, disait de son côté le prince Czartorinski, à la rigueur on le concevait. La fortune avait réparti également ses faveurs entre cette puissance et la France ; elle leur avait donné, à l'une le sceptre des mers, à l'autre la suprématie sur la moitié du continent. Si l'une avait vaincu à Austerlitz, l'autre avait vaincu à Trafalgar. Aux conquêtes de Gênes, du Tyrol, de Venise, de la Dalmatie et de Naples, l'Angleterre pouvait opposer toutes ses acquisitions dans l'Inde et aux Antilles. L'égalité de leur fortune militaire devait se reproduire dans les négociations. La Russie, au contraire, s'était retirée vaincue du champ de bataille : sa considération politique et militaire en avait reçu une profonde atteinte. Si elle traitait séparément sous le coup d'un tel échec, il lui serait impossible de signer une paix honorable. Elle avait donc un intérêt extrême à ne se présenter aux négociations qu'appuyée sur son heureuse alliée. »

Telles étaient les dispositions mutuelles de l'Angleterre et de la Russie. Bientôt, sur les instances de la Prusse et de l'Autriche, la Russie se sépara de son alliée, et demanda à traiter directement avec la France. Ainsi toutes les cours faisaient des vœux pour la paix ; aux cris de guerre dont elles retentissaient il y a si peu de temps, avaient succédé des paroles de conciliation. Mais ces démonstrations pacifiques étaient trop exagérées pour tromper Napoléon sur leur but secret. Habitué à lire dans les desseins les plus cachés de ses ennemis, qui ne pouvaient lui pardonner de si nombreuses défaites, il vit bien qu'ils ne mettaient tant d'accord à lui demander la paix que pour endormir sa vigilance et se donner le temps de former une nouvelle coalition. Alors, jetant ses regards vers l'empire germanique, il résolut de se placer dans une position telle que la paix ne pût leur servir à miner et à détruire sa puissance.

Déjà brisée dans son unité par les guerres de la réforme, l'Allemagne, depuis longtemps, aspirait à l'indépendance. Peu à peu, soit par ses défaites, soit par l'abus qu'elle avait fait de son pouvoir en la compromettant dans toutes ses querelles, l'Autriche avait perdu son prestige et son autorité sur la confédération. Vainement elle voulut ressaisir sa suprématie ; la guerre de 1805 et le traité de Presbourg achevèrent de la convaincre de son impuissance et du changement total qui s'était opéré dans les esprits en Allemagne. Depuis lors, en effet, tous les princes de l'empire voisins de la France, « demandaient à s'allier à elle par un lien fédératif qui les affranchît des vengeances de l'Autriche. » Par suite d'actives et secrètes négociations, un traité fut signé, le 12 juillet, par lequel treize princes souverains dont les principaux étaient les rois de Bavière et de Wurtemberg, les grands-ducs de Bade et de Berg, l'électeur de Ratisbonne et le landgrave de Hesse-Darmstadt, se séparèrent à perpétuité de l'empire germanique, s'unirent entre eux par une confédération sous le nom d'*États confédérés du Rhin*, dont Napoléon fut proclamé protecteur, et se déclarèrent indépendants de toute puissance étrangère. Une diète siégeant à Francfort, sous la présidence du prince de Ratisbonne, devait régler les intérêts des États confédérés. Ceux-ci s'engagèrent, en outre, à faire cause commune avec la France dans toute guerre continentale, et, dans ce cas, ils s'obligèrent à fournir soixante-trois mille hommes et la France deux cent mille (5).

Le 1er aout, les confédérés notifièrent à la diète de Ratisbonne leur séparation du corps germanique. Après le coup d'Austerlitz, il n'y avait plus pour l'Autriche qu'à se résigner. Par un acte du 6 août, François II renonça formellement à son titre d'empereur d'Allemagne et de roi des Romains ; il déclara dissous les liens qui l'avaient attaché à l'empire germanique, délia les électeurs, princes et États de leur devoir envers lui, et, réduit au titre d'empereur héréditaire d'Autriche, il régna sous le nom de François Ier.

Ainsi finit, après mille ans de durée, l'empire établi par Charlemagne. Bien que formée à l'avantage de la France, cette confédération favorisa les intérêts de l'Allemagne, soit en y introduisant un régime uniforme de législation, d'administration et d'impôt, soit en portant le dernier coup à la noblesse équestre, c'est-à-dire à cette foule de seigneurs et de princes qui prétendaient ne relever que des empereurs, et, en cette qualité, jouissaient de grands et nombreux privilèges.

Après ce grand acte politique, que nul souverain, avant lui, n'avait osé concevoir, Napoléon fut tout-puissant sur le continent. « Maître absolu de la France et de l'Italie, *comme empereur et roi*, dit Mignet, il l'était encore de l'Espagne par la subordination de cette cour, de Naples et de la Hollande par ses deux frères, de la Suède par le traité de médiation, et il disposait, en Allemagne, des rois de Bavière, de Wurtemberg et de la confédération du Rhin, contre l'Autriche et la Prusse. Il aurait pu, après la paix d'Amiens, en maintenant la liberté, se faire le protecteur de la France et le modérateur de l'Europe. Mais, ayant cherché sa gloire dans la domination et sa vie dans les conquêtes, il se condamna à une longue lutte, qui devait finir par la dépendance du continent ou par sa propre ruine. »

Cependant, l'Angleterre et la Russie avaient envoyé chacune un plénipotentiaire chargé de négocier la paix avec la France ; mais, quand elles apprirent le traité de la confédération du Rhin, leur surprise et leur dépit furent extrêmes. Toutefois, croyant que la pensée qui avait déterminé son maître à négocier était, avant tout, le désir de hâter la libération de l'Allemagne et de dégager la Prusse et l'Autriche, l'envoyé russe, M. Pierre d'Oubrill, signa, le 20 juillet, à Paris, des préliminaires de paix entre la France et la Russie. Ce traité, signé sans clause de réserve, et dont les ratifications devaient avoir lieu le 15 août, semblait assurer la paix du continent. Napoléon, n'ayant plus de motifs pour menacer la Prusse, revint à elle ; car c'est sur son alliance, surtout, qu'il aurait voulu fonder cette paix, dont rien ne lui garantissait la durée. Il lui fit proposer de former une fédération des États du nord de l'Allemagne, ou de ceux qui appartenaient encore à l'empire germanique, et de faire entrer la couronne impériale dans la maison de Brandebourg. Ainsi constituée, la Prusse, dans la pensée de Napoléon, eût été le contre-poids du nord et du midi de l'Europe, et eût rendu, par là, toute coalition impossible. Mais la cour de Berlin n'était pas à la hauteur de cette pensée ; la grande ame de Frédéric ne respirait plus dans les conseils de sa politique. Une haine aveugle, une mauvaise foi maladroite, avaient fait place aux nobles passions qui la dirigeaient autrefois. A la nouvelle du traité de la confédération du Rhin, elle cria à la trahison, à la tyrannie; elle gémit sur la dissolution de l'empire germanique et sur l'abaissement de l'Autriche; elle fit répandre, par ses agents, des libelles contre la domination de la France en Allemagne. A sa voix, des sociétés secrètes s'y formèrent, où l'on prêcha l'insurrection et même l'assassinat. On en appela à la patrie allemande : « L'Allemagne, s'écriait le publiciste Gentz, deviendra-t-elle ce que sont devenues la Hollande, la Suisse et l'Italie?... »

Trompé dans ses espérances sur la Prusse, Napoléon changea d'attitude : il ordonna à Bernadotte de s'emparer de Nuremberg, et de se porter sur les frontières de la Prusse et de la Saxe. En même temps, il fit avancer des forces nombreuses sur l'Ens et dans le grand-duché de Berg; et la Prusse fut bientôt cernée sur toutes les parties de sa frontière occidentale.

Dans l'intervalle, l'inimitié qui divisait les deux cabinets de Londres et de Berlin avait tout-à-coup cessé; en vain notre ambassadeur avait demandé à M. de Haugwitz des explications sur ce brusque changement, il n'avait reçu que des réponses évasives. Il était évident que l'Angleterre et la Prusse avaient voulu nous tromper en se faisant une guerre simulée. Napoléon ne douta plus du concert secret qui existait entre ces deux puissances, et, se plaçant sur la défensive, il attendit les évènements. Ils ne tardèrent pas à justifier ses prévisions. Il était réservé à l'Angleterre d'être le mauvais génie de toutes les coalitions contre la France. Après avoir déjà mis trois fois le feu au continent, elle résolut de le rallumer; elle avait, en 1805, sacrifié l'Autriche à sa politique: c'était au tour de la Prusse. L'Angleterre eut l'infamie de lui livrer le secret de ses négociations avec la France, et de lui révéler que nous méditions de lui arracher le Hanôvre pour le restituer à S. M. britannique. A cette nouvelle, il y eut en Prusse une explosion de fureur. Rien que la guerre n'était capable de venger cet affront. On parla d'empêcher la ratification du traité du 20 juillet, de voler aux armes. Bientôt des ordres furent donnés pour la mobilisation de l'armée ; des levées extraordinaires eurent lieu dans les provinces, et toutes les forces de la monarchie prussienne se mirent en mouvement. A la tête du parti de la guerre était la reine. Jeune, belle et hardie, toute-puissante sur l'esprit du roi, elle prenait une part très-active aux affaires. Vêtue de l'uniforme du régiment qu'elle commandait, elle se transportait au milieu des camps, électrisant les troupes par sa présence, et leur communiquant le feu qui l'animait. La cour, la noblesse, l'armée, poussaient aux résolutions les plus téméraires. On se croyait encore au temps du grand roi ; on jouait avec la révolution française, comme si on eût oublié Valmy. « C'est un feu de paille que nous éteindrons quand nous voudrons, » disait le premier ministre, M. de Hardemberg. On s'exaltait à l'envi. « Il semblait, au langage enthousiaste des jeunes officiers, dit M. Lefebvre, que le génie de la guerre, la force invincible, résidaient dans l'armée prussienne ; qu'elle était appelée à sauver l'Europe, à venger la honte d'Ulm et d'Austerlitz, à humilier celui qui avait abaissé tant de couronnes. Dans le délire d'orgueil dont elle était saisie, des officiers de la garde, appartenant, par leur naissance, aux plus hautes familles, vinrent insolemment aiguiser leurs épées sur les marches de l'hôtel du ministre de France. Le vieux duc de Brunswick, que son âge et ses revers auraient dû rendre plus sage, mais qui ambitionnait le commandement en chef, s'évertuait pour ne pas rester en arrière du mouvement. Tous les jours, les rues, les réunions publiques, les théâtres, retentissaient d'hymnes patriotiques et de chants de guerre[1]. »

Après avoir armé la Prusse, l'Angleterre s'agita auprès de la Russie pour l'empêcher de ratifier le traité du 20 juillet. Là, comme à Berlin, ses intrigues eurent un plein succès. L'empereur Alexandre ne tarda pas, en effet, de désavouer son envoyé, comme ayant outre-passé ses pouvoirs. Le 15 août, il notifia à la France son refus de ratifier le traité, et donna en même temps à ses troupes l'ordre de se mettre sur le grand pied de guerre, et de s'avancer à marches forcées sur la frontière prussienne. Puis il écrivit à Frédéric-Guillaume que « l'ami marcherait en personne au secours de son ami, à la tête d'une armée nombreuse et choisie, et qu'il mettait de suite à sa disposition soixante-dix mille hommes. » De son côté, Napoléon, voulant frapper un grand coup avant l'arrivée des Russes, ordonna à tous les corps de son armée d'Allemagne de se rassembler sur les frontières de la Saxe et de la Thuringe, à toutes les forces disponibles de l'intérieur de se diriger sur le Rhin, et fit décréter une levée de cent mille hommes.

Ainsi, la Prusse avait jeté le gant du combat ; la France devait le relever. Napoléon n'avait qu'un but : faire retomber l'odieux de cette guerre sur ses ennemis, et se reposer ensuite sur son épée du soin d'y mettre fin. Dans cette circonstance, il alla au-devant d'eux, et annonça qu'il était prêt à régler ses mouvements sur le leur. « Si la Prusse désarme, disait-il à l'ambassadeur de cette puissance, si elle consent à faire rentrer ses troupes dans ses cantonnements de paix, je rappellerai aussitôt les miennes de la Westphalie et des frontières de la Hollande. » D'un autre côté, M. de Talleyrand eut ordre de proposer au gouvernement anglais

[1] *Histoire des Cabinets de l'Europe pendant le Consulat et l'Empire*, t. II.

que les négociations reprissent leur cours. « La France, écrivit ce ministre, ne prétend dicter la loi ni à l'Angleterre, ni à la Russie; mais elle ne veut la recevoir ni de la Russie, ni de l'Angleterre. Que les conditions soient égales et modérées, et la paix est faite. Mais, si on se montre impérieux, exagéré; si on affecte la suprématie; si, enfin, on veut dicter la paix, l'Empereur et le peuple français ne relèveront pas même ces propositions. Confiants en eux-mêmes, ils diront ce qu'un ancien peuple répondit à ses ennemis : « *Vous demandez nos armes; venez les prendre*[1] ! »

Sur ces entrefaites, Fox mourut. « Il avait posé, dit *le Times*, les premières pierres du temple de la paix; et si ses vœux avaient pu être exaucés, il aurait donné à l'édifice une telle force et une telle solidité, que la mémoire et la tombe de cet illustre citoyen s'y seraient reposées pour toujours. » Napoléon, à Saint-Hélène, appelait cet évènement une des fatalités de sa carrière. « S'il eût continué de vivre, disait-il en parlant de Fox, la cause des peuples l'eût emporté, et nous aurions fixé un nouvel ordre de choses en Europe. » Dès ce moment, en effet, les négociations, dirigées par les disciples de Pitt, c'est-à-dire par les partisans de la guerre, ne furent plus qu'un jeu. Bientôt même les conférences furent rompues.

Cédant enfin aux obsessions de la reine, des princes et des chefs de l'armée, le roi de Prusse avait ordonné à ses troupes de se mettre en mouvement. Cette armée, forte de cent quatre-vingt mille hommes, était animée de la plus noble ardeur, et pleine encore du souvenir de Rosbach. Le roi s'en était réservé le commandement suprême, et avait fait choix du vieux duc de Bunswick comme général en

---

[1] Note du 18 septembre 1806.

chef. C'était ce même prince qui, en 1792, s'était rendu si fameux et si ridicule par son manifeste et sa retraite en Champagne.

Le 21 septembre, le roi quitta sa capitale et se rendit, accompagné de la reine, au milieu de son armée. D'après le plan arrêté dans son conseil, les opérations devaient commencer par l'occupation de la Saxe et de la Hesse. Hohenlohe envahit la première, et Blücher la seconde; Hohenlohe contraignit, en outre, l'électeur de Saxe à prendre parti pour la Prusse et à lui livrer dix-huit mille hommes. Quant à l'électeur de Hesse, qui avait armé en haine de notre puissance, il se tint immobile, n'ayant ni le courage de se déclarer pour la coalition à laquelle l'attachaient ses passions et ses préjugés, ni la volonté de céder aux sollicitations de la France, qui ne lui demandait que sa neutralité

Ainsi commencèrent les hostilités. « Je suis innocent de la guerre contre la Prusse, dit Napoléon, je ne l'ai provoquée en rien : elle n'est point entrée dans mes calculs. Que je sois battu si elle est de mon fait ! Un des principaux motifs de la confiance où je suis que mes ennemis seront détruits, c'est que, lorsqu'ils pensent m'attaquer dans un moment de faiblesse, ils choisissent précisément celui où je suis le plus fort. »

CHAPITRE IV.

Campagne de Prusse. — Plan de Napoléon. — Il part pour son armée. — *Ultimatum* du roi de Prusse. — Paroles de Napoléon à Berthier. — Combats de Schleitz et de Saalfield. — Mort du prince Louis de Prusse. — Réponse de Napoléon à l'*ultimatum* du roi de Prusse. — Batailles d'Iéna et d'Auerstaedt. Suites de ces deux victoires. — Prise d'Erfurth. — Napoléon marche sur Berlin. Il fait enlever la colonne de Rosbach. Son séjour à Potsdam. Il visite le tombeau du grand Frédéric. — Réponse de Napoléon à l'envoyé du duc de Brunswick. — Son entrée solennelle à Berlin. — Ses ressentiments contre la noblesse. — Il pardonne au prince de Hazfeldt.— Retraite précipitée du roi de Prusse.— Hohenlohe capitule à Prentzlow. — Prise de Lubeck. — Blücher met bas les armes. — Capitulation de Magdebourg. — Occupation de la Hesse électorale et du Hanovre par les Français. — Conquête de la monarchie prussienne. — Les Français en Silésie. — Le roi de Prusse s'enfuit à Kœnigsberg.—Négociations avec la Prusse. Armistice de Charlottembourg. — Blocus continental. — Arrivée de l'armée russe sur la Vistule. — Frédéric-Guillaume refuse de ratifier l'armistice. — Rupture des négociations.—Napoléon à Posen. Il *réveille* son armée. — Le temple de la Gloire.

DÉJA toutes nos forces étaient rassemblées au pied du Fichtel-Gebirge, qui sépare la vallée du Mein de la vallée de la Saale. De leur côté, les princes de la confédération du Rhin avaient mis sur pied leur contingent. Prendre les Prussiens à revers en les coupant, renouveler en un mot contre leur gauche, la grande manœuvre d'Ulm et de Marengo, tel était le projet de l'Empereur. Pour cela, il fallait forcer les défilés de Saalfield, de Lobenstein et de Hoff, se diriger ensuite sur le Haut-Elbe, et s'emparer enfin de toutes les routes qui conduisent à Leipsick et à Dresde.

Le 24, Napoléon partit de Paris avec l'Impératrice, passa le Rhin le 1er octobre, et arriva le 7 à Bamberg. C'est là qu'il reçut l'ultimatum du roi de Prusse et une longue lettre de ce prince, remplie de récriminations. On exigeait que les troupes françaises repassassent le Rhin, toutes sans exception, en commençant leur marche du jour même où le roi se promettait la réponse de l'Empereur, et en la poursuivant sans s'arrêter ; qu'aucun obstacle ne fût mis désormais à la formation de la ligue du Nord, qui devait embrasser, sans aucune exception, tous les États non nommés dans l'acte fondamental de la confédération du Rhin. En terminant, le roi demandait une réponse pour le 8 octobre.

« Maréchal, dit l'Empereur à Berthier, on nous donne un rendez-vous d'honneur pour le 8 ; jamais un Français n'y a manqué. Mais, comme on dit qu'il y a une belle reine, qui veut être témoin des combats, soyons courtois, et marchons, sans nous coucher, pour la Saxe. »

« Soldats, dit-il ensuite à son armée, des cris de guerre se sont fait entendre à Berlin ; depuis deux mois, nous sommes provoqués avec une audace qui demande vengeance.

« La même faction, le même esprit de vertige qui, à la faveur de nos dissensions intestines, conduisit, il y a quatorze ans, les Prussiens au milieu de la Champagne, dominent dans leurs conseils. Ils veulent que nous évacuions l'Allemagne à l'aspect de leur armée ! Les insensés ! qu'ils sachent qu'il serait mille fois plus facile de détruire la grande capitale que de flétrir l'honneur des enfants du grand peuple !

« Marchons donc ! Que l'armée prussienne éprouve le même sort qu'elle éprouva il y a quatorze ans ! Qu'ils apprennent que, s'il est facile d'acquérir un accroissement de domaines et de puissance avec notre amitié, notre inimitié est plus terrible que les tempêtes de l'Océan ! »

Persuadé que les Français n'étaient pas en mesure de prendre l'offensive, Brunswick, dans l'espoir de les couper, avait concentré son armée entre Eisenach et Erfurth : sa droite, sous les ordres de Blücher, s'étendait au-delà de Gotha ; son centre, commandé par lui-même et le roi de Prusse, était placé autour d'Erfurth ; sa gauche, conduite par le prince de Hohenlohe, campait entre Iéna et Blankenheim.

Tandis qu'il manœuvrait dans la Forêt-de-Thuringe pour surprendre l'armée française, celle-ci, forte de deux cent mille hommes, s'était déjà mise en mouvement. Elle s'avançait sur trois colonnes : celle de droite, composée des corps de Soult, se dirigeait de Bayreuth sur Hoff ; le centre, composé de la réserve de Murat, des corps de Davoust, de Bernadotte et de la garde impériale, se dirigeait par Kionach sur Saalbourg ; la gauche, commandée par Lannes et Augereau, s'avançait par Cobourg sur Saalfield. Le 8 octobre, Soult s'empara de Hoff, et rejeta le corps de Tauenzien sur Schleitz, où Bernadotte l'atteignit le 9 et le mit en déroute. Le 10, Lannes rencontra à Saalfield l'avant-garde du prince Hohenlohe, commandée par le prince Louis de Prusse, un des plus ardents champions de la guerre, lui tua six cents hommes, parmi lesquels le prince Louis, lui fit mille prisonniers, et lui prit trente canons.

A la nouvelle de la marche des Français, Brunswick se

hâta d'évacuer la Forêt-de-Thuringe; mais, au lieu de se replier sur l'Elbe et de s'assurer des ponts de Naumbourg et de Dornbourg, il rétrograda à Weymar et y concentra toutes ses forces; mais, le 12, Napoléon transporta son quartier-général à Géra, continua son mouvement sur la rive droite de la Saale, et, poussant Davoust et Murat sur Naumbourg, et Bernadotte sur Dornbourg, il se rabattit sur Iéna avec Soult, Ney, Lannes et Augereau, pour y attaquer de front l'ennemi, pendant que Davoust et Murat lui fermeraient toute voie de retraite sur Berlin, et que Bernadotte, le prenant à revers, achèverait sa destruction. « Par ce mouvement, dit le duc de Rovigo, l'Empereur tournait entièrement l'armée prussienne ; car, de cette manière, nous arrivions par le chemin que les Prussiens auraient dû prendre pour venir de Prusse à notre rencontre, et eux venaient forcer le passage de la Saale par le chemin qui aurait dû être le nôtre, s'ils avaient bien manœuvré. Dans cette position, il était difficile qu'un évènement de guerre n'eût pas lieu, et qu'il ne fût pas décisif[1]. »

Ainsi pris en flagrant délit, Brunswick, dès le début de la campagne, se trouvait dans la même position que Mélas à Marengo, et Mack à Ulm. « Toutefois, disait le troisième bulletin, les intentions du roi de Prusse se trouvèrent exécutées : il voulait que, le 8 octobre, l'armée française eût évacué le territoire de la confédération, et elle l'avait évacué ; mais au lieu de repasser le Rhin, elle a passé la Saale. »

C'est alors que Napoléon crut devoir répondre à la lettre du roi de Prusse : « Sire, lui dit-il, votre Majesté m'a donné rendez-vous le 8; en bon chevalier, je lui ai tenu parole : je suis au milieu de la Saxe. Qu'elle m'en croie, j'ai des forces telles que toutes ses forces ne peuvent balancer

---

[1] Mémoires du duc de Rovigo, t. II, p. 273.

longtemps la victoire. Sire, j'ai été votre ami depuis six ans, je ne veux point profiter de cette espèce de vertige qui anime vos conseils, et qui vous a fait commettre des erreurs politiques dont l'Europe est encore tout étonnée, et des erreurs militaires de l'énormité desquelles l'Europe ne tardera pas à retentir. Si elle m'eût demandé des choses possibles par sa note, je les lui eusse accordées ; elle a demandé mon déshonneur, elle devait être certaine de ma réponse. La guerre est donc faite entre nous, l'alliance rompue pour jamais... Sire, Votre Majesté sera vaincue ; elle aura compromis le repos de ses jours, l'existence de ses sujets, sans l'ombre d'un prétexte. Elle est aujourd'hui intacte, et peut traiter avec moi d'une manière conforme à son rang : elle traitera avant un mois dans une situation différente.

« Sire, je n'ai rien à gagner contre Votre Majesté ; je ne veux rien et n'ai rien voulu d'elle : la guerre actuelle est une guerre impolitique.

« Je sens que peut-être j'irrite dans cette lettre une certaine susceptibilité de souverain ; mais les circonstances ne demandent aucun ménagement : que Votre Majesté ordonne à l'essaim de malveillants et d'inconsidérés dont elle est entourée de se taire, à l'aspect de son trône, dans le respect qui lui est dû, et qu'elle rende la tranquillité à elle et à ses États... »

Cependant les combats de Schleitz et de Saalfield, et la mort du prince Louis avaient jeté le trouble et la consternation dans le camp des Prussiens. Le roi, la reine, le duc de Brunswick et les chefs de l'armée tinrent conseil sur le parti qu'il y avait à prendre. Plusieurs généraux ouvrirent l'avis de repasser la Saale, et de se retirer derrière la ligne de l'Elbe ; mais le duc de Brunswick hésita, et, pendant ce temps, Davoust et Murat gagnèrent Naumbourg. C'est alors seulement que Brunswick se décida, mais il était trop tard. Voulant prévenir le mouvement des Français, il partagea son armée en deux grandes masses : l'une, commandée par lui-même et le roi de Prusse, devait se diriger sur Freybourg par Auerstaedt et Naumbourg ; l'autre, sous le prince Hohenlohe, devait rester à Iéna, afin de couvrir, soutenue par le corps de Rüchel et les Saxons, ce mouvement de retraite.

Napoléon arriva à Iéna le 13, au coucher du soleil, et du haut du petit plateau qu'occupait notre avant-garde, il aperçut dans la plaine d'énormes colonnes qui paraissaient manœuvrer pour attaquer le lendemain. Croyant que toute l'armée ennemie était là, et qu'il allait la surprendre, il fit ses dispositions, pressa la marche de ses corps; Soult déboucha sur la droite, Augereau et Ney sur la gauche, pendant que Murat, Davoust et Bernadotte recevaient l'ordre, le premier de revenir à toutes brides de Zeist, le second de passer la Saale pour prendre à dos l'ennemi, et le troisième de se rendre à Apolda pour tomber sur ses derrières.

C'était la nuit du 13 au 14 octobre : elle offrait le spectacle de deux armées dont l'une déployait sa ligne sur six lieues d'étendue, tandis que l'autre était concentrée sur un petit point ; et dans toutes les deux de l'activité et du mouvement. Leurs feux étaient à une demi-portée de canon ; mais ceux des Prussiens semblaient embraser l'atmosphère; ceux des Français, resserrés dans un étroit espace, étaient à peine apparents. Les sentinelles se touchaient presque, et il ne se faisait pas un mouvement qui ne fût entendu. Napoléon bivouaquait au milieu de ses soldats. Avant de se coucher, il voulut descendre à pied le plateau d'Iéna. Chemin faisant, il trouva toute l'artillerie de Lannes engagée dans un défilé tellement resserré, que les fusées des essieux portaient des deux côtés sur un roc. Cette artillerie était celle qui devait servir la première ; celle des autres corps était derrière elle. Surpris de ne point trouver là le général commandant l'artillerie de l'armée, Napoléon y suppléa lui-même, appela les canonniers, leur fit prendre les outils des parcs et allumer des falots, et, en tenant un lui-même à la main, il éclaira les canonniers, pendant que ceux-ci travaillaient à élargir la ravine. « J'ai toujours présent devant les yeux, dit le duc de Rovigo qui accompagnait Napoléon, ce qui se passait sur les figures de ces canonniers en voyant l'Empereur éclairer lui-même, un falot à la main, les coups redoublés dont ils frappaient le rocher. Tous étaient épuisés de fatigue, et pas un ne proféra une plainte, sentant bien l'importance du service qu'ils rendaient, et ne se gênant pas pour témoigner leur surprise de ce qu'il fallait que ce fût l'Empereur lui-même qui donnât cet exemple à ses officiers. » Napoléon ne se retira que fort avant dans la nuit, et expédia encore quelques ordres avant de prendre du repos.

A la pointe du jour, toute l'armée prit les armes. Il faisait, ainsi qu'au matin d'Austerlitz, un épais brouillard. A huit heures, Napoléon monta à cheval, et passant devant les lignes d'infanterie : « Soldats, s'écria-t-il, cette armée prussienne si fière est tournée comme celle de Mack à Ulm ; elle ne combat plus que pour s'ouvrir un passage. Le corps qui la laisserait passer se déshonorerait. » A ces mots, des cris de *en avant! vive l'Empereur!* retentirent dans toute l'armée, qui, resserrée dans un étroit espace, déboucha aussitôt dans la plaine, pour se ranger en ordre de bataille.

De son côté, Hohenlohe s'avança à la rencontre des Français. Pendant deux heures, le brouillard couvrit les deux armées ; enfin le soleil parut, et elles s'aperçurent à petite portée de canon. Bientôt l'action s'engagea. Au premier choc des Français, la ligne prussienne plia et se rompit sur tous les points ; en vain des régiments, se formant en bataillons carrés, essayèrent de résister; en vain Rüchel accourut de Weymar et voulut ranimer le combat ; Soult, Augereau et Murat fondirent sur lui, et, en moins d'une heure, mais après une lutte opiniâtre, les vingt-six bataillons et les vingt escadrons qui composaient le corps de ce général disparurent tout entiers, foudroyés ou écrasés par les Français. Alors la déroute fut complète, et l'ennemi se retira en désordre derrière l'Ilm[1].

Ce même jour devait être témoin de deux victoires mémorables. En effet, pendant que Napoléon triomphait du prince de Hohenlohe à Iéna, Davoust s'immortalisait à Auerstaedt, en détruisant l'armée royale. On a vu qu'elle s'était mise en marche pour se porter sur l'Elbe. Arrivée le 13 au soir à Auerstaedt, elle y avait pris position en avant de Salz, quand elle apprit les mouvements de Davoust et de Bernadotte. Ceux-ci, suivant leurs instructions, étaient partis de Naumbourg, pour se diriger, par Auerstaedt, sur Apolda : les colonnes de Davoust marchaient en tête. A une lieue de Naumbourg, quand on a passé le pont de pierre sur la Saale, on gravit une montagne : à peine Davoust était-il arrivé au sommet, qu'il découvrit l'armée prussienne. Il n'avait que vingt-sept mille hommes, et il allait avoir à lutter contre une armée de soixante-cinq mille, de troupes d'élite,

---

[1] « Au fort de la mêlée, l'Empereur, voyant ses ailes menacées par la cavalerie, se portait au galop pour ordonner des manœuvres et des changements de front en carrés ; il était interrompu à chaque instant par des cris de *vive l'Empereur!* La garde impériale à pied voyait, avec un dépit qu'elle ne pouvait dissimuler, tout le monde aux mains et elle dans l'inaction. Plusieurs voix firent entendre les mots *en avant!* « Qu'est-ce ? dit l'Empereur. Ce ne peut être qu'un jeune homme qui n'a pas
« de barbe qui peut vouloir préjuger ce que je dois faire. Qu'il attende qu'il ait com-
« mandé dans trente batailles rangées avant de me donner des avis. » C'était effectivement des vélites dont le jeune courage était impatient de se signaler. »
(*Cinquième bulletin.*)

et commandées par le roi et toutes les illustrations militaires de la Prusse.

Davoust supplia vainement Bernadotte de se joindre à lui ; vainement il lui montra les ordres qui l'y autorisaient, et lui offrit généreusement le commandement des deux corps : celui-ci refusa, alléguant ses premières instructions, et se dirigea sur Apolda, plaçant ainsi Davoust dans un grand péril, et se condamnant lui-même à l'inaction.

Dans cette extrémité, Davoust déploya une fermeté et un courage sublimes ; la tête nue, l'épée à la main, il excitait l'ardeur de ses troupes, et tandis que les Prussiens, le regardant comme perdu, se réjouissaient déjà de leur triomphe, il allait, dans un combat digne des temps héroïques, couronner glorieusement la victoire d'Iéna, en portant le dernier coup à la monarchie prussienne.

Déjà une lutte des plus terribles s'était engagée entre la division Gudin, qui ouvrait la marche du corps de Davoust, et une grande partie de l'armée prussienne. Sans se laisser déconcerter par le nombre, cette division se forma en bataillons carrés ; en vain la cavalerie de Blücher essaya à plusieurs reprises de la culbuter, elle soutint vaillamment le choc, et donna ainsi le temps aux deux autres divisions d'arriver à son secours et de la dégager.

Depuis plus de trois heures les Français et les Prussiens étaient aux prises. Ceux-ci avaient fait de grandes pertes : Brunswick, deux autres généraux, le prince d'Orange et le frère du roi, grièvement blessés, avaient quitté le champ de bataille ; le vieux maréchal Mollendorff, qui avait pris le commandement de l'armée après le malheur arrivé au duc de Brunswick, n'avait pas non plus été épargné par la fortune ; lui aussi avait été blessé mortellement. Désespéré, le roi s'élança alors à la tête de ses réserves sur les soldats de Davoust; mais ses efforts et ceux de ses gardes vinrent se briser contre une muraille d'acier. Alors Davoust, prenant l'offensive, s'empara des hauteurs d'Ecksberg qui étaient le point décisif, se jeta sur l'ennemi et le refoula sur Auerstaedt et Apolda.

Ainsi fut vengé l'affront de Rosbach. Cependant les débris de l'armée prussienne se retiraient sur Weymar; mais à la nouvelle de l'occupation de cette ville par les Français, et du désastre d'Iéna, ils s'enfuirent et se dispersèrent dans le plus grand désordre. Bientôt la nuit et la rencontre des fuyards d'Iéna, vinrent mettre le comble à la confusion. Soldats, chevaux, équipages, n'offrirent plus qu'un pêle-mêle effroyable. Plus de chefs, plus de discipline; chacun errait à l'aventure, cherchant un asyle et du pain. Trente-deux mille hommes tués ou blessés, vingt-cinq mille prisonniers, soixante drapeaux, trois cents pièces de canon, d'immenses approvisionnements; tels furent les résultats de cette journée doublement glorieuse pour nos armes.

Ainsi, de cette grande armée royale qui, il y a peu de jours, menaçait d'envahir la confédération du Rhin, et qui inspirait à son souverain une telle confiance qu'il osait ordonner à Napoléon de sortir de l'Allemagne avant le 8 octobre, s'il ne voulait pas y être contraint par la force, de cette belle et superbe armée, il ne restait plus que des débris! elle avait vu se vérifier cette menace de Napoléon: « L'inimitié du grand peuple est plus terrible que les tempêtes de l'Océan! »

C'est sur le champ de bataille d'Auerstaedt que le roi de Prusse avait reçu la lettre de l'Empereur. Dans sa détresse, il lui fit proposer de régler avec lui les bases d'un armistice; mais Napoléon lui répondit « que le moment n'était pas venu de négocier une suspension d'armes, que la campagne venait à peine de s'ouvrir, et qu'avant de traiter il devait recueillir les fruits de sa victoire. »

Après avoir lancé Murat, Ney et Soult à la poursuite de l'ennemi, il se dirigea sur Berlin, avec le reste de son armée. Le 15, Ney et Murat vinrent sommer Erfurth d'ouvrir ses portes aux Français : le gouverneur n'essaya même pas de se défendre ; il se rendit le lendemain avec quatorze mille hommes parmi lesquels le prince d'Orange, le vieux feld-maréchal Mollendorff et quatre généraux. Pendant ce temps, Soult atteignait, à Greussen, Kalkreuth qui fuyait avec douze mille hommes : en vain celui-ci invoqua l'armistice demandé par le roi de Prusse ; Soult, se rappelant qu'un pareil stratagème avait sauvé l'empereur Alexandre et son armée après la bataille d'Austerlitz, ne donna point dans le piège ; il fondit sur le général ennemi, le culbuta et le poursuivit jusque sous les murs de Magdebourg. Plus heureux que Kalkreuth, Blücher, coupé par Klein à Weissensée, était parvenu à s'ouvrir un passage à l'aide du même subterfuge ; il n'avait pas craint d'affirmer sur l'honneur que Napoléon avait accepté l'armistice.

Le 16, Napoléon établit son quartier général à Weymar ; il descendit au palais où il fut reçu par la duchesse régnante. « Vous avez sauvé votre mari, Madame, lui dit Napoléon ; vous l'avez sauvé en restant chez vous et en ayant confiance en moi : je lui pardonne à cause de vous. » Napoléon fit plus : il avait en son pouvoir six mille Saxons ; il rassembla leurs officiers et leur dit qu'il voyait avec peine que leur armée lui fît la guerre ; qu'il n'avait pris les armes que pour assurer l'indépendance de la Saxe et s'opposer à ce qu'elle fût incorporée à la Prusse ; il ajouta que son intention était de les renvoyer tous chez eux, s'ils donnaient leur parole de ne jamais servir contre la France.

Tous signèrent au même instant la déclaration exigée d'eux, et furent ainsi rendus à leurs familles. Touché de la générosité de Napoléon, l'électeur sépara ses armes de celles de la Prusse et embrassa la neutralité.

Cependant, le roi de Prusse avait remis le commandement suprême de son armée au prince de Hohenlohe, et désigné Magdebourg comme le point de ralliement. Tandis que Soult chassait l'ennemi devant lui, dans cette direction, Bernadotte rachetait son inaction pendant la journée du 14, en détruisant à Hall la réserve prussienne commandée par le prince Eugène de Wurtemberg. De leur côté, Davoust et Lannes se dirigèrent, le premier sur Wittemberg, et le second sur Dessau.

Napoléon traversa, le 18 octobre, le champ de bataille de Rosbach ; il fit abattre la colonne que les Prussiens avaient élevée en mémoire de leur victoire sur le prince de Soubise, et ordonna qu'elle fût transportée à Paris. Le 24, il arriva à Potsdam. Dans la soirée il alla visiter le château royal de Sans-Souci ; il examina l'appartement de Frédéric II, qu'on avait religieusement respecté depuis sa mort ; il « ouvrit plusieurs des ouvrages qu'il savait que ce grand roi lisait de préférence, et il remarquait les notes qu'il avait mises de sa propre main à la marge, lorsqu'il avait fait quelques réflexions. Il y en avait qui respiraient la mauvaise humeur [1]. » Le lendemain 25, Napoléon voulut saluer la tombe du héros du XVIIIe siècle ; elle est placée dans un caveau, sans ornements, sans trophées, comme si les grands souvenirs qu'elle rappelle en disaient plus que de vains simulacres ! Napoléon s'arrêta, rêveur et silencieux, devant cette tombe. « Que d'orgueil et de tristesse, dit M. Lefebvre, durent tour-à-tour exalter et assom-

---

[1] Mémoires du duc de Rovigo.

brir son ame en présence de cette ombre auguste ! Un jour lui avait suffi pour abattre une monarchie qui avait lutté pendant sept années contre la moitié de l'Europe ; il en était le maître aujourd'hui. Sa puissance et sa gloire laissaient bien loin derrière elles celles du grand roi. Mais qu'est-ce que la gloire, qu'est-ce que la force, sans la sanction du temps ? Il avait construit un édifice immense. Durerait-il seulement ce qu'avait duré l'œuvre de Frédéric ? Emporté par les évènements non moins que par l'élan de sa pensée dans une sphère de grandeur indéfinie, où s'arrêterait cette course brillante dont chaque pas était marqué par quelque nouveau prodige de force et de génie ? Quel sort lui était-il réservé à lui-même ? Après avoir touché aux limites suprêmes de la puissance humaine, n'était-il pas destiné à étonner le monde à son tour par l'éclat et la rapidité de sa chute ? »

Napoléon prit l'épée de Frédéric, sa ceinture de général, son cordon de l'Aigle-Noir, et les drapeaux que portait sa garde dans la guerre de Sept Ans. « J'aime mieux cela que vingt millions, s'écria-t-il à la vue de ces nobles trophées : je les enverrai aux Invalides : les vieux soldats de la guerre du Hanôvre, accueilleront avec un respect religieux tout ce qui appartient à l'un des premiers capitaines dont l'histoire conservera le souvenir. »

C'est à Potsdam que Napoléon reçut le maréchal du palais du duc de Brunswick, chargé, par ce prince mourant, de venir lui recommander son duché. « Dites aux habitants de Brunswick, lui répondit l'Empereur, qu'ils trouveront dans les Français des ennemis généreux. Dites au *général Brunswick* qu'il sera traité avec tous les égards dus à un officier prussien, mais que, dans un officier prussien, je ne puis reconnaître un souverain. S'il arrive que la maison de Brunswick perde la souveraineté de ses ancêtres, elle ne pourra s'en prendre qu'à l'auteur de deux guerres, qui, dans l'une, voulut saper jusqu'en ses fondements la grande capitale, qui, dans l'autre, prétendit déshonorer deux cent mille braves qu'on parviendrait peut-être à vaincre, mais qu'on ne surprendra jamais hors du chemin de l'honneur et de la gloire. Beaucoup de sang a été versé en peu de jours : de grands désastres pèsent sur la monarchie prussienne. Qu'il est digne de blâme, cet homme qui, d'un mot, pouvait les prévenir, si, comme Nestor, élevant la parole au milieu des conseils, il avait dit : Jeunesse inconsidérée, taisez-vous ; femmes, retournez à vos fuseaux ; et vous, Sire, croyez-en le compagnon le plus illustre de vos prédécesseurs ; puisque l'empereur Napoléon ne veut pas la guerre, ne le placez plus entre la gloire et le déshonneur ! Ne vous engagez pas dans une lutte dangereuse avec une armée qui s'honore de quinze ans de travaux glorieux, et que la victoire a accoutumée à tout soumettre ! »

Tels étaient les ressentiments de Napoléon contre le vieux général de la première coalition, et l'un des plus ardents promoteurs de la nouvelle ; mais déjà la fortune lui avait fait cruellement expier ses menaces. Blessé à mort à la bataille d'Auerstaedt, et craignant de tomber entre nos mains, il avait fui dans la direction d'Altona, porté par dix hommes sur un misérable brancard, et sans autre escorte qu'une foule d'enfants et de vagabonds qui se pressaient sur son passage par curiosité. A peine arrivé dans cette ville, il expira dans les bras de son fils.

Napoléon quitta Potsdam pour se rendre à Berlin ; il y fit son entrée solennelle le 27, par la porte de Charlottembourg, accompagné des maréchaux Berthier, Augereau et Davoust, et marchant entre les grenadiers et les chasseurs à cheval de sa garde. En tête de l'armée, s'avançaient les vainqueurs d'Auerstaedt ; Napoléon leur avait réservé l'honneur d'entrer les premiers dans la capitale de la Prusse. C'était par un temps magnifique : toute la population de la ville était dehors. Napoléon descendit au vieux palais et s'y établit. Son premier soin fut d'ordonner que les deux mille bourgeois les plus riches éliraient soixante d'entre eux pour former le corps municipal, et que les vingt cantons fourniraient chacun soixante hommes pour garder la ville et en faire la police. Ensuite, il admit à son audience une députation du corps de ville, le chancelier et les ministres du roi de Prusse, les ambassadeurs de Bavière, d'Espagne, de Portugal et de la Porte, le clergé protestant et calviniste, et les cours de justice.

Napoléon était entré dans Berlin, le cœur ulcéré et plein d'amertume contre ceux qui avaient allumé ou soufflé la guerre qui venait de rendre impossible son rêve politique favori, l'alliance avec la Prusse. Aussi, son ressentiment s'exhala contre eux en paroles dures et humiliantes.

Un gentilhomme prussien, M. le comte de Néale, s'étant présenté devant lui. — « Hé bien ! Monsieur, lui dit l'Empereur, vos femmes ont voulu la guerre ; en voici le résultat : vous devriez mieux contenir votre famille. » Des lettres de sa fille avaient été interceptées : « — Napoléon, disaient ces lettres, ne veut pas faire la guerre, il faut la lui faire. » — « Non, ajouta l'Empereur, je ne veux pas la guerre ; non pas que je me défie de ma puissance, comme vous le pensez, mais parce que le sang de mes peuples m'est précieux, et que mon premier devoir est de ne le répandre que pour sa sûreté et son honneur. Mais ce bon peuple de Berlin est victime de la guerre, tandis que ceux qui l'on attirée se sont sauvés. Je rendrai cette noblesse de cour si petite, qu'elle sera obligée de mendier son pain. » A la vue du prince de

Hatzfeld, gouverneur civil de Berlin : « Ne vous présentez pas devant moi, lui dit Napoléon, je n'ai pas besoin de vos services ; retirez-vous dans vos terres. » C'était à la mort qu'il l'envoyait. Un moment après, en effet, le prince fut arrêté. Napoléon avait appris qu'il entretenait une correspondance secrète avec le roi, et abusait de ses fonctions pour l'instruire des mouvements de l'armée française. C'en était assez pour prouver sa trahison. Une commission militaire allait le juger, et la sentence devait être exécutée le jour même, avant six heures du soir, quand la princesse de Hatzfeld vint se jeter aux genoux de Napoléon et protester de l'innocence de son mari. « Je vais, Madame, lui dit-il, vous en faire le juge vous-même. » Aussitôt, il fit apporter une lettre du prince qui avait été interceptée, et la lui remit. Après l'avoir lue : « Oh ! c'est bien là son écriture, » dit la princesse en sanglotant. Ses larmes émurent Napoléon. — « Hé bien ! Madame, lui dit-il, jetez cette lettre au feu ; je ne serai plus assez puissant pour faire condamner votre mari. » Et la princesse se hâta de brûler la lettre ; deux heures plus tard son mari était perdu.

Cependant, la conquête de la monarchie prussienne était finie. Napoléon l'annonça en ces termes à son armée :

« Une des premières puissances militaires de l'Europe, qui osa naguère nous proposer une honteuse capitulation, est anéantie. Les forêts, les défilés de la Franconie, la Saale, l'Elbe, que nos pères n'eussent pas traversés en sept ans, nous les avons traversés en sept jours, et livré dans l'intervalle quatre combats et une grande bataille. Nous avons précédé, à Potsdam, à Berlin, la renommée de nos victoires. Nous avons fait soixante mille prisonniers, pris cinquante-cinq drapeaux, parmi lesquels sont ceux des gardes du roi de Prusse, six cents pièces de canon, trois forteresses, plus de vingt généraux. Cependant, près de la moitié de vous regrette de n'avoir pas encore tiré un coup de fusil.

« Soldats ! je ne puis mieux vous exprimer les sentiments que j'ai pour vous, qu'en vous disant que je vous porte dans mon cœur l'amour que vous me montrez tous les jours. »

Après avoir félicité et remercié son armée, Napoléon, dans une revue qui eut lieu le lendemain de son entrée à Berlin, nomma à toutes les places vacantes et récompensa les braves. « Vous vous êtes couverts de gloire, dit-il aux soldats de Davoust ; j'en conserverai un éternel souvenir. » Parmi les régiments qui avaient fait le plus de pertes, étaient les 12e, 61e et 85e : Napoléon, en les voyant défiler devant lui, témoigna ses regrets de savoir morts ou grièvement blessés beaucoup de vieux soldats dont il connaissait le dévouement et la bravoure depuis quatorze ans. A la vue du corps d'Augereau qui avait fort peu souffert, et dont la tenue était magnifique : « Votre corps, dit-il au maréchal, est plus fort que tout ce qui reste au roi de Prusse ; et cependant vous n'êtes que la dixième partie de mon armée. »

Tandis que Napoléon occupait leur capitale, le roi et la reine de Prusse fuyaient vers les extrémités orientales de leur royaume. Chaque jour était marqué pour eux par la perte d'une place forte ou d'un corps d'armée. Déjà la forteresse de Spandau s'était rendue au maréchal Lannes ; Davoust était entré dans Leipsick, et Soult avait passé l'Elbe. De toutes parts, les chefs prussiens demandaient la paix. « Que veut votre Empereur ? nous disaient-ils ; nous poursuivra-t-il toujours l'épée dans les reins ? Nous n'avons pas un moment de repos depuis la bataille. » Ils voulaient demander trois jours pour enterrer les morts : « Songez aux vivants, leur répondit l'Empereur, et laissez-nous le soin d'enterrer les morts ; il n'y a pas besoin de trêve pour cela. »

Hohenlohe, cerné par Murat à Prentzlow, fut sommé de mettre bas les armes. Il assembla son conseil : « Si quelqu'un de vous, Messieurs, leur dit-il, sait un moyen de salut, qu'il parle. » Quelques uns proposèrent de s'ouvrir un passage en combattant; mais le sentiment du péril commun l'emporta, et Hohenlohe, « l'un des principaux boute-feu de cette guerre impie, » se rendit le 28 avec seize mille hommes d'infanterie, six régiments de cavalerie, élite de l'armée prussienne, soixante-quatre pièces de canon et quarante-cinq drapeaux.

A la nouvelle de la capitulation de Hohenlohe, Stettin, en état de soutenir un long siège, et Custrin, que sa position sur une île de l'Oder rendait presque inexpugnable, furent frappées de terreur et capitulèrent, la première le 29 octobre, et la seconde le 1er novembre.

« Il n'y a rien de fait tant qu'il reste à faire, avait écrit Napoléon à Murat; vous avez débordé une colonne de huit mille hommes commandée par le général Blücher : que j'apprenne bientôt qu'elle a éprouvé le même sort. » Traqué, en effet, de tous côtés par Murat, Bernadotte et Soult, Blücher s'était jeté en désespéré dans Lubeck. Il commençait à s'y retrancher quand les Français, apparaissant tout-à-coup devant la ville, en forcent les portes et font irruption dans ses murs. C'est en vain que Blücher veut se défendre, il est repoussé de toutes les rues, de toutes les places. Enfin, après une lutte héroïque de quinze heures, accablé par le nombre, il lâcha prise et s'enfuit sur la rive gauche de la Trave; mais refoulé par nos troupes contre la frontière du Holstein, et placé dans l'alternative de mourir ou de se rendre, il mit bas les armes, le 7, à Schwartau, et fut fait prisonnier. Cinq cent dix-huit officiers, onze généraux, soixante drapeaux, quatre mille chevaux, plus de vingt mille hommes, l'artillerie entière, en un mot tout ce qui avait échappé aux désastres d'Iéna et d'Auerstaedt, tomba en notre pouvoir. « Ainsi, disait le bulletin officiel, ces généraux prussiens qui, dans le délire de leur vanité, s'étaient permis tant de sarcasmes contre les généraux autrichiens, ont renouvelé quatre fois la catastrophe d'Ulm : la première, par la capitulation d'Erfurth ; la seconde, par celle du prince de Hohenlohe ; la troisième, par la reddition de Stettin, et la quatrième, par la capitulation de Schwartau. »

Depuis quinze jours, Ney bloquait Magdebourg ; c'était la plus grande place forte de la Prusse. Pourvue d'une garnison de vingt-cinq mille hommes, de huit cents pièces de canon et de magasins immenses, elle pouvait soutenir un siège de plusieurs mois ; à l'exemple de Stettin et de Custrin, elle demanda à capituler.

Parmi les instigateurs de cette guerre étaient, indépendamment du duc de Brunswick, le prince de Fulde-Orange, l'électeur de Hesse-Cassel : « Ils ne règneront plus, » avait dit Napoléon ; et il avait chargé Mortier, qui commandait le huitième corps, et le roi de Hollande d'exécuter ce décret. Dès le 1er novembre, Mortier avait pris possession, au nom de l'Empereur, de la Hesse électorale. De son côté, le roi de Hollande s'empara du pays de Munster et d'Osnabruck, et, se joignant à Mortier, entra avec lui dans le Hanôvre. Hameln, Niewbourg, Brunswick, Brême, Hambourg et le Mecklembourg furent, ainsi que la Poméranie suédoise, successivement occupés, pendant que les troupes de la confédération, sous les ordres de Jérôme Bonaparte et de Vandamme, s'emparaient des places de la Silésie.

Ainsi, maîtres de toutes les villes anséatiques du côté de la mer du Nord et de la Baltique, nous fermions au commerce anglais ses grands entrepôts sur tous ces points, et, par là, commençait l'exécution de ce projet de système continental, dont Napoléon se disposait à frapper l'Angleterre.

De toute son armée, il ne restait au roi de Prusse que quinze mille hommes renfermés dans quelques places de la Silésie et de la Pologne prussienne. Tous ses généraux étaient morts, ou blessés, ou pris. Quelques jours avaient suffi pour anéantir cette armée si belle et commandée par les vieux compagnons du grand Frédéric ; en quelques jours, Napoléon s'était rendu maître d'une monarchie que l'Europe, en sept ans de guerre, n'avait pu dompter. Étrange et rapide évènement qui, quoique d'hier, semble appartenir aux temps fabuleux ! « Quelle destinée inconcevable et inattendue ! disait M. Schallembourg ; la foudre nous a frappés. »

Cependant les places de Glogau, Breslaw, Brieg, Neisse, Schweidnitz et Glatz, en Silésie, étaient tombées en notre pouvoir; Davoust et Murat avaient fait leur entrée, l'un à Posen, et l'autre à Varsovie. Alors, le roi de Prusse s'enfuit à Kœnigsberg, et ne songea plus, dans sa détresse, qu'à implorer la générosité du vainqueur.

Bien qu'il comptât sur l'appui de son allié l'empereur Alexandre, il avait appris, par l'exemple de l'Autriche, à le redouter plus qu'à le désirer, et son esprit était rempli de frayeur, en pensant aux terribles éventualités de l'avenir. Aussi, se dérobant à l'influence de sa cour, s'empressa-t-il de demander la paix. « Personne, écrivit-il à Napoléon, n'a déploré plus que moi les circonstances malheureuses qui ont amené entre nous un état de guerre incompatible avec les intérêts de nos deux nations. Vous êtes trop juste, monsieur mon frère, pour m'accuser d'avoir inconsidérément cherché à rompre des liens que mes sentiments personnels pour vous me rendaient doublement chers ! Vous êtes trop grand pour que le résultat d'une seule journée puisse vous porter à m'apprécier moins... »

C'était le moment pour Napoléon d'opérer un grand acte politique ; il s'était vengé des perfidies de la Prusse ; elle était maintenant à ses pieds ; à la vengeance devait succéder le pardon. Après avoir renversé la monarchie prussienne, il fallait la relever, la fortifier, et, en retour, ne lui demander que son alliance. Par-là, il eût contenu l'Autriche, forcé la Russie à faire la paix, et l'Angleterre à déposer les armes.

Mais Napoléon n'espérait plus s'attacher la Prusse. D'ailleurs ses prétentions avaient grandi avec sa fortune : commandant en maître du Rhin à l'Oder et de l'Oder à la Vistule, il voulait que les territoires conquis par nos armes servissent de compensation pour les colonies que la France et ses alliés avaient perdues dans les deux Indes. « Nous avons pris pour principes invariables de notre conduite, écrivait-il au sénat, de n'évacuer ni Berlin, ni Varsovie, ni la province que la force des armes a fait tomber dans nos mains, avant que la paix générale ne soit conclue; que les colonies françaises, espagnoles et hollandaises ne soient rendues, que les fondements de la puissance ottomane ne soient affermis, et l'indépendance absolue de ce vaste empire, premier intérêt de notre peuple, irrévocablement consacrée... »

Napoléon crut donc qu'une paix séparée avec la Prusse ne terminerait rien. Toutefois, il ne se refusa point à négocier, et, le 6 novembre, un armistice fut signé à Charlottembourg.

Pendant qu'on soumettait ce traité à la ratification du roi de Prusse, Napoléon s'occupait, à Berlin, de son système continental. « Nous ne poserons plus les armes, avait-il dit dans sa proclamation du 26 octobre, que nous n'ayons obligé les Anglais, ces éternels ennemis de notre nation, à renoncer au projet de troubler le continent et à la tyrannie des mers. » Seule, en effet, pendant que toute l'Europe subissait notre suprématie, l'Angleterre semblait se jouer de tous les coups dirigés contre sa puissance. Souveraine absolue des mers depuis sa victoire de Trafalgar, elle y appliquait à l'aise ses lois maritimes, ou plutôt ses coutumes barbares, visitant, confisquant les neutres, pressant les matelots, traitant en ennemis actifs tous les individus non armés en état d'hostilité avec elle, bloquant les ports et pillant impunément les propriétés particulières. « Qu'on ouvre l'histoire de l'Angleterre, disait le président des États-Unis, on ne rencontrera que des guerres destructives, des expéditions de pirates, des intrigues corruptrices, des stratagèmes perfides, des révoltes excitées, des traités rompus, la tyrannie, le massacre, la cruauté, l'intolérance, l'usurpation, et tout cela pour monopoliser le commerce du monde. » Dans un rapport qu'il adressa, à ce sujet, à l'Empereur (6), M. de Talleyrand s'exprimait ainsi : « Contre une puissance qui méconnaît à ce point toutes les idées de justice, que peut-on faire, sinon de les oublier soi-même un instant, pour la contraindre à ne les plus violer ? Le droit de la défense naturelle permet d'opposer à son ennemi les armes dont il se sert, et de faire réagir contre lui ses propres fureurs. »

C'est ce que fit Napoléon. Voici le décret qu'il rendit à Berlin, le 25 novembre ; décret qui devait remuer le monde et avoir tant d'influence sur les destinées de l'Empire.

« Napoléon, empereur des Français, roi d'Italie, considérant ;

1° Que l'Angleterre n'admet point le droit des gens, suivi universellement par tous les peuples policés ;

2° Qu'elle répute ennemi tout individu appartenant à

l'État ennemi, et fait, en conséquence, prisonniers de guerre non-seulement les équipages des vaisseaux armés en guerre, mais encore les équipages des vaisseaux de commerce et des navires marchands, et même les facteurs du commerce et les négociants qui voyagent pour les affaires de leur négoce ;

3° Qu'elle étend aux bâtiments et marchandises du commerce et aux propriétés des particuliers le droit de conquête, qui ne peut s'appliquer qu'à ce qui appartient à l'État ennemi ;

4° Qu'elle étend aux villes et ports de commerce non fortifiés, aux hâvres et aux embouchures des rivières, le droit de blocus, qui, d'après le raison et l'usage de tous les peuples policés, n'est applicable qu'aux places fortes ;

Qu'elle déclare bloquées des places devant lesquelles elle n'a pas même un seul bâtiment de guerre, quoiqu'une place ne soit bloquée que quand elle est tellement investie qu'on ne puisse tenter de s'en approcher sans un danger imminent ;

Qu'elle déclare même en état de blocus des lieux que toutes ses forces réunies seraient incapables de bloquer, des côtes entières et tout un Empire ;

5° Que cet abus monstrueux du droit de blocus n'a d'autre but que d'empêcher les communications entre les peuples, et d'élever le commerce et l'industrie de l'Angleterre sur la ruine de l'industrie et du commerce du continent ;

6° Que tel étant le but évident de l'Angleterre, quiconque fait sur le continent le commerce des marchandises anglaises, favorise par là ses desseins et s'en rend le complice ;

7° Que cette conduite de l'Angleterre, digne en tout des

premiers âges de la barbarie, a profité à cette puissance au détriment de toutes les autres ;

8° Qu'il est de droit naturel d'opposer à l'ennemi les armes dont il se sert, et de le combattre de la même manière qu'il combat, lorsqu'il méconnaît toutes les idées de justice et tous les sentiments libéraux, résultat de la civilisation parmi les hommes ;

« Nous avons résolu d'appliquer à l'Angleterre les usages qu'elle a consacrés dans sa législation maritime, et d'en faire un principe fondamental de l'Empire, jusqu'à ce que l'Angleterre ait reconnu que le droit de la guerre est un, et le même sur terre et sur mer ; qu'il ne peut s'étendre ni aux propriétés privées, ni à la personne des individus étrangers à la profession des armes, et que le droit de blocus doit être restreint aux places fortes réellement investies par des forces suffisantes.

« Nous avons, en conséquence, décrété et décrétons ce qui suit :

« Les Iles-Britanniques sont déclarées en état de blocus.

« Tout commerce et toute correspondance avec elles sont interdits...

« Tout sujet anglais qui sera trouvé dans les pays occupés par nos troupes ou celles de nos alliés, sera fait prisonnier de guerre.

« Tout magasin, toute marchandise et toute propriété appartenant à un sujet anglais, sont déclarés de bonne prise.

« Le commerce des marchandises anglaises est défendu, et toute marchandise appartenant à l'Angleterre ou provenant de ses fabriques ou de ses colonies, est déclarée de bonne prise...

« Aucun bâtiment venant directement d'Angleterre ou des colonies anglaises ne sera reçu dans aucun port.

« Tout bâtiment qui, au moyen d'une fausse déclaration, contreviendra à la disposition ci-dessus, sera saisi, et le navire et la cargaison seront confisqués comme s'ils étaient propriété anglaise. »

Tel était le moyen employé par Napoléon pour arriver à son grand but, la ruine de la puissance britannique et le rétablissement de la liberté des mers. Tout cela était contraire aux principes de la civilisation moderne et de la morale sociale, il le savait ; mais provoquée par les abus et la tyrannie de la législation maritime anglaise, cette mesure était, au fond, juste et nécessaire. Napoléon envoya ce décret au sénat : « Nous avons mis les Iles-Britanniques en état de blocus, dit-il dans son message, et nous avons ordonné contre elles des dispositions qui répugnaient à notre cœur. Il nous en a coûté de faire dépendre les intérêts des particuliers de la querelle des rois, et de revenir, après tant d'années de civilisation, aux principes qui caractérisent la barbarie des premiers âges des nations ; mais nous avons été contraints d'opposer à l'ennemi commun les mêmes armes dont il se servait contre nous. Ces déterminations, commandées par un juste sentiment de réciprocité, ne m'ont été inspirées ni par la passion ni par la haine. Ce que nous avons offert, après avoir dissipé les trois coalitions qui avaient tant contribué à la gloire de nos peuples, nous l'offrons encore aujourd'hui que nos armes ont obtenu de nouveaux triomphes. Nous sommes prêts à faire la paix avec l'Angleterre, nous sommes prêts à la faire avec la Russie, avec la Prusse ; mais elle ne peut être conclue que sur des bases telles, qu'elle ne permette à qui que ce soit de s'arroger aucun droit de suprématie à notre égard, qu'elle rende les colonies à leur métropole, et qu'elle garantisse à notre commerce et à notre industrie la prospérité à laquelle ils doivent atteindre... »

Cependant cent mille Russes s'avançaient sur la Vistule, cinquante mille Prussiens, ralliés autour du prince de Hohenlohe, couraient vers l'Oder, pour se réunir aux Russes. De son côté, Frédéric-Guillaume avait refusé de ratifier l'armistice de Charlottembourg. « Il n'est plus temps, avait-il dit à Duroc, chargé de lui demander la ratification, la chose ne dépend plus de moi; l'empereur de Russie m'a offert du secours, et je me suis jeté dans ses bras. »

Après cette réponse, toute négociation fut rompue, et Napoléon ne songea plus qu'à aller chercher la paix là où il rencontrerait les Russes. Il quitta Berlin le 25 novembre, et arriva le 28 à Posen.

Ayant reçu plusieurs rapports sur le découragement de ses troupes, qui, depuis quelques jours, avaient à souffrir des mauvais temps, des mauvais chemins et de toutes sortes de privations : « *Je vais*, dit-il, *les réveiller ;* » et, sur-le-champ, il dicta la proclamation suivante [1] :

« Soldats !

« Il y a aujourd'hui un an, à cette heure même, que vous étiez sur le champ mémorable d'Austerlitz. Les bataillons russes épouvantés fuyaient en déroute, ou, enveloppés, rendaient les armes à leurs vainqueurs. Le lendemain, ils

---

« Quand Bonaparte dictait ses proclamations, et Dieu sait combien j'en ai écrit sous sa dictée, dit Bourrienne, il avait par moment l'air inspiré; sa tête se montait comme celle des improvisateurs italiens : il était pour ainsi dire sur le trépied, et il fallait écrire avec une incroyable activité pour le suivre, car sa dictée était une improvisation. Il était alors sérieux, et se faisait relire ce qu'il avait dicté. C'est alors que plus d'une fois je l'ai vu s'applaudir en riant de l'effet que produirait telle ou telle phrase. »

(*Mémoires de Bourrienne*, t. VII.)

firent entendre des paroles de paix ; mais elles étaient trompeuses. A peine échappés, par l'effet d'une générosité peut-être condamnable, aux désastres de la troisième coalition, ils en ont ourdi une quatrième. Mais l'allié sur la tactique duquel ils fondaient leur principale espérance, n'est déjà plus. Ses places fortes, ses capitales, ses magasins, ses arsenaux, deux cent quatre-vingts drapeaux, sept cents pièces de bataille, cinq grandes places de guerre, sont en notre pouvoir. L'Oder, la Wartha, les déserts de la Pologne, les mauvais temps de la saison, n'ont pu vous arrêter un moment. Vous avez tout bravé, tout surmonté ; tout a fui à votre approche.

« C'est en vain que les Russes ont voulu défendre la capitale de cette ancienne et illustre Pologne ; l'aigle française plane sur la Vistule. Le brave et infortuné Polonais, en vous voyant, croit revoir les légions de Sobieski de retour de leur mémorable expédition.

« Soldats ! nous ne déposerons point les armes que la paix générale n'ait affermi et assuré la puissance de nos alliés, n'ait restitué à notre commerce sa liberté et ses colonies. Nous avons conquis, sur l'Elbe et l'Oder, Pondichéry, nos établissements des Indes, le cap de Bonne-Espérance et les colonies espagnoles. Qui donnerait le droit de faire espérer aux Russes de balancer les destins ? Qui leur donnerait le droit de renverser de si justes desseins ? EUX ET NOUS SOMMES-NOUS PAS LES SOLDATS D'AUSTERLITZ ? »

Rien ne saurait peindre l'effet prodigieux que cette proclamation produisit sur toute l'armée : « Les corps stationnés en arrière, dit Bourrienne, brûlaient de traverser à marches forcées l'espace qui les séparait encore du quartier-général, et ceux qui se trouvaient plus rapprochés de l'Empereur oubliaient leurs fatigues, leurs maux, leurs privations, et aspiraient à combattre. La plupart du temps, ils ne comprenaient guère ce que disait Napoléon... mais ils se disaient entre eux : « L'Empereur a dit cela. » Ils se rappelaient les combats où ils s'étaient trouvés ; ils marchaient gaiement sans souliers, ils passaient de longues heures sans vivres, et sans se plaindre, tant était prodigieux l'enthousiasme ou plutôt le fanatisme que Napoléon savait inspirer à ses soldats, quand il avait senti la nécessité de les *réveiller*. »

Voulant, en outre, consacrer le souvenir de ses deux dernières campagnes, Napoléon décréta :

Qu'il serait élevé, sur l'emplacement de la Madeleine, un monument dédié à la grande armée ;

Que, dans l'intérieur du monument, seraient inscrits, sur des tables de marbre, les noms de tous les hommes, par corps d'armée et par régiment, qui avaient assisté aux batailles d'Ulm, d'Austerlitz et d'Iéna, et sur des tables d'or massif, les noms de tous ceux qui étaient morts sur ces champs de bataille ;

Qu'autour de la salle seraient sculptés des bas-reliefs où seraient représentées les colonnes de chacun des régiments de la grande armée avec leurs noms ;

Que les armes, statues, étendards et trophées conquis sur les ennemis seraient déposés dans l'intérieur du monument, et que tous les ans, aux anniversaires des batailles d'Austerlitz et d'Iéna, il y serait célébré une fête en mémoire de ceux qui étaient morts dans ces journées à jamais célèbres.

CHAPITRE V.

Campagne de Pologne. — Napoléon n'ose proclamer l'indépendance de cette nation. — Son entrée à Varsovie. — Il passe la Narew et se porte au-devant des Russes. — Combats de Czarnovo, de Nasielsk et de Pulstuck. — Les Russes évacuent la Pologne prussienne. — Rupture de la Porte avec la Russie. — Le sultan Sélim III demande l'alliance de la France. — Occupation de la Valachie et de la Moldavie par la Russie. — Le sultan lui déclare la guerre. — Rôle de Napoléon dans ces événements. — Reprise des hostilités sur la Vistule. — Bataille d'Eylau. — Retraite des Russes. — Napoléon visite le champ de bataille d'Eylau. — Alarmes en France sur l'avenir de la campagne. — Confiance de Napoléon. — Il fait reprendre à son armée ses quartiers d'hiver. — Sa vie pendant ses jours de repos. — Suite des différends de la Porte avec la Russie. — L'Angleterre veut intervenir : elle envoie une flotte devant les Dardanelles. — Sommation au sultan. — Attitude énergique de l'ambassadeur français. — Préparatifs formidables de défense. — La flotte anglaise bat en retraite. — Siège et prise de Dantzig. — Mouvements de l'armée russe. — Combats de Guttstadt, de Spanden et de Lomitten. — Batailles d'Heilsberg et de Friedland. — Prise de Kœnisberg. — Napoléon à Tilsitt. — Armistice. — Proclamation de l'Empereur à son armée. — Entrevue sur le Niémen. — Paix de Tilsitt.

APRÈS avoir été fatale à l'Autriche en voulant la secourir, la Russie, oubliant la leçon éclatante et terrible qu'elle avait reçue à Austerlitz, se présentait pour venger la Prusse. Ses armées étaient nombreuses, et quoique la saison fût avancée, Napoléon n'hésita pas à marcher au-devant d'elles. Déjà les Russes avaient occupé Varsovie ;

mais, à l'approche des Français, ils avaient repassé la Vistule et pris position entre la Narew et l'Oukra, tandis que l'avant-garde de l'armée française s'établissait sur le Bug.

Cependant l'apparition de Napoléon sur les bords de la Vistule avait réveillé les espérances de la Pologne. Cet assassinat d'un peuple, accompli à la face du monde et en pleine civilisation, sous le nom de partage, n'avait étouffé, dans le cœur des Polonais, ni l'amour, ni le sentiment de la patrie; et quand Napoléon arriva à Posen, il y fut reçu en libérateur. De toutes parts, ils s'armaient et sollicitaient par des adresses, par des députations, le rétablissement de leur nationalité. Des députés du duché de Posen vinrent présenter leurs vœux à l'Empereur : « La nation polonaise gémissant encore sous le joug des nations germaniques, lui dirent-ils, prie humblement et implore le très-auguste empereur qu'il fasse renaître la Pologne de ses cendres. » — « La France, leur répondit Napoléon, n'a jamais reconnu les différents partages de la Pologne; je ne puis néanmoins proclamer votre indépendance que lorsque vous serez décidés à défendre vos droits, comme nation, les armes à la main, par toutes sortes de sacrifices, celui même de la vie... Instruits par vos malheurs, réunissez-vous, et prouvez au monde qu'un même esprit anime toute la nation polonaise. »

Napoléon n'osa proclamer l'indépendance de la Pologne; son génie hésita devant cette question chargée de périls, et il fit écrire dans son bulletin : « Le trône de Pologne se rétablira-t-il, et cette grande nation reprendra-t-elle son existence et son indépendance? Du fond de son tombeau renaîtra-t-elle à la vie? Dieu seul, qui tient dans ses mains les combinaisons de tous les évènements, est l'arbitre de ce grand problème politique; mais, certes, il n'y eut jamais d'évènement plus mémorable, plus digne d'intérêt. »

De Posen, Napoléon se dirigea sur Varsovie : son entrée dans cette ville excita un délire universel. Il ne put y rester, il avait hâte d'en finir avec les Russes ; et, passant la Narew, il lança sur eux Davoust, qui les rencontra à Czarnovo et les contraignit à se retirer. Arrivés à Nasielsk, ils s'y retranchèrent, comptant y passer la nuit. Vain espoir, ils en furent chassés et menés battant pendant plusieurs lieues.

Davoust se porta ensuite à Tykoczyn, pendant que Soult se dirigeait sur Makow, Augereau sur Golymin et Lannes sur Pulstuck, où les Russes s'étaient cantonnés. On marchait dans un pays difficile et coupé de bois, par une pluie battante et des chemins couverts de boue; en outre, le besoin de subsistances se faisait sentir dans toute l'armée. A tant de fatigues et de privations, les soldats opposaient leur gaieté [1]. Napoléon, toujours à cheval, se montrait au milieu d'eux, les encourageant, par son exemple, à tout supporter. « Il faut, lui disait un vieux grenadier, que vous ayez un fameux coup dans la tête, pour nous mener sans pain par des chemins comme ça. » — « Encore quatre jours de patience, répondait l'Empereur, et je ne vous demande plus rien ; alors vous serez cantonnés. » — « Allons, répliquaient les soldats, quatre jours encore ; eh bien ! ce n'est pas trop, mais souvenez-vous-en, parce que nous nous cantonnerons tout seuls après. »

Napoléon leur tint parole. Après avoir atteint et culbuté à Pulstuck l'armée russe (26 décembre), il fit prendre des

---

[1] « Souvent un mot plaisant, échappé d'un peloton, courait de rang en rang, et excitait une hilarité générale. Un soldat voyant l'Empereur lutter péniblement contre la boue et chancelant sur son cheval, qui paraissait à chaque instant près de s'abattre, se mit à fredonner ce refrain d'une chanson alors en vogue :

On ne saurait trop embellir
Le court espace de la vie.

Cette parodie du conseil de Cynéas à Pyrrhus ne déplut pas à l'Empereur, qui, de son côté, se mit à rire. »

(Meneval, *Souvenirs historiques*, t. III.)

cantonnements à ses troupes ; il les plaça à cheval sur la Vistule, l'infanterie le plus resserrée possible, la cavalerie sur la rive gauche ; et tandis que les Russes évacuaient la Pologne prussienne, il vint s'établir à Varsovie.

De son côté, le roi de Prusse quitta Kœnigsberg pour se rendre à Mamel sur la mer Baltique, avec les débris de son armée.

Quatre-vingt-neuf pièces de canon que Napoléon fit ranger sur la place de la République à Varsovie, celles-là mêmes que les Russes traînaient avec ostentation dans les rues de cette ville, lorsque naguère ils la traversaient pour aller au-devant des Français ; vingt-cinq mille hommes tués, blessés ou prisonniers ; tels avaient été les premiers résultats de la nouvelle campagne.

Pendant ce temps, de grands évènements se passaient à Constantinople. Deux hommes supérieurs gouvernaient alors la Turquie : le sultan Sélim III et son vizir Mustapha-Barayctar. Tous deux avaient entrepris de la régénérer. Napoléon, dont l'habile politique présidait à cette révolution, y vit l'occasion de porter un nouveau coup à l'Angleterre et à la Russie, et il ne la laissa point échapper. Réveillant la vieille querelle des Turcs contre les Moscovites, il avertit Sélim du sort que lui réservait la protection de la Russie, et celui-ci, rompant avec sa prétendue alliée, se tourna vers la France, et demanda l'amitié de Napoléon. Il fit plus : la Valachie et la Moldavie étaient en réalité devenues provinces russes, il voulut les faire rentrer sous son obéissance. Mais Alexandre envoya Michelson avec une armée de quatre-vingt mille hommes pour occuper les principautés.

De son côté, Sélim se prépara à repousser l'agression des Russes ; il les chassa de Constantinople, et, dans un manifeste qu'il publia le 5 janvier, il appela sur eux les vengeances de l'islamisme, et les rendit responsables du sang qui serait répandu, et des malheurs qui devaient accabler l'humanité. Après avoir solennellement proclamé la guerre contre la Russie, il envoya au grand-vizir Barayctar la pelisse et l'épée. Vingt-huit régiments de janissaires partirent de Constantinople; plusieurs autres passèrent d'Asie en Europe. Le 15 janvier, l'avant-garde, composée de vingt-cinq mille hommes, était arrivée à Bucharest. L'hospodar de Valachie, le prince Ipsilanti, partisan des Russes, fut déclaré traître, et sa tête mise à prix. On proclama à sa place le prince Souzzo. Sentant combien il était important que l'empire ottoman conservât son indépendance et son intégrité, afin de l'opposer comme une barrière aux envahissements de la Russie, Napoléon y aida par tous les moyens; il resserra ses liens d'amitié avec le sultan, et envoya des officiers et des armes aux pachas de Bosnie et de Scutari.

« Qui pourrait calculer, écrivait-il au sénat, la durée des guerres, le nombre des campagnes qu'il faudrait faire un jour pour réparer les malheurs qui résulteraient de la perte de l'empire de Constantinople, si l'amour d'un lâche repos et des délices de la grande ville l'emportait sur les conseils d'une sage prévoyance? Nous laisserions à nos neveux un long héritage de guerres et de malheurs. La tiare grecque relevée et triomphante depuis la Baltique jusqu'à la Méditerranée, on verrait de nos jours nos provinces attaquées par une nuée de fanatiques et de barbares; et si, dans cette lutte trop tardive, l'Europe civilisée venait à périr, notre coupable indifférence exciterait justement les plaintes de la postérité, et serait un titre d'opprobre dans l'histoire. »

Cependant les nouvelles de Constantinople ne changèrent point les dispositions du czar contre les Français, et tandis qu'il dirigeait des forces imposantes sur le Danube, il commanda à ses troupes de reprendre l'offensive sur la Vistule.

Déjà l'armée russe s'était mise en marche : elle était commandée par Benigsen, l'un des meurtriers de Paul Ier. Ce général espérait nous surprendre dans nos cantonnements, nous jeter au-delà de la Vistule, et passer lui-même ce fleuve sur le pont de Dantzig. Audacieux jusqu'à la témérité, il allait fondre sur Bernadotte par son centre, quand Ney, qui s'était porté en avant, découvrant le mouvement des Russes, donna aussitôt l'alarme à toute l'armée jusqu'à Varsovie.

Averti à temps, Bernadotte quitta Elbing, réunit ses troupes et se porta au-devant de l'ennemi, dont il rencontra l'avant-garde à Mohrungen (15 janvier). Bientôt repoussée et mise en déroute, elle se retira sur Liebstadt; mais le surlendemain, 17, plusieurs divisions russes la joignirent, et toutes se dirigèrent, après avoir reçu des renforts, sur la Basse-Vistule.

C'était par un hiver des plus rudes ; la neige couvrait les routes, et les fleuves étaient gelés. Cependant l'ennemi s'avançait, il n'y avait pas un moment à perdre. Napoléon ordonna à Bernadotte de battre en retraite et de favoriser, par ce mouvement feint, celui de l'ennemi, en l'attirant sur la Basse-Vistule. C'est ce que fit ce maréchal. Après le combat de Mohrungen, il se retira sur Osterode ; de sorte que l'ennemi, en s'avançant sur notre gauche, nous donnait autant d'avance par notre droite, qui marchait toujours, que lui-même en prenait du côté opposé.

En même temps, Napoléon quitta Varsovie et leva ses quartiers d'hiver. Dès le 1er février, toute l'armée française fut en mouvement. A mesure qu'il approchait de l'armée ennemie et la forçait de rétrograder, Napoléon resserrait les corps de la sienne. Il avait envoyé à chacun l'ordre d'être rendus à Eylau dans la journée du 8, de manière à pouvoir livrer bataille le 9. Malheureusement, l'officier chargé de porter cet ordre à Bernadotte, fut pris par les Russes et sa dépêche portée à Benigsen. Celui-ci, voyant le piège où on l'entraînait, changea ses dispositions, et, rassemblant à la hâte son armée, prit le chemin de Kœnigsberg. Il se trouva ainsi, le 7 février, en mesure d'attaquer l'armée française qui ne devait être réunie que dans la journée du 8, pour opérer le lendemain.

Après avoir, en effet, successivement repoussé les Russes de Guttstadt, de Bergfried, de Wuterdorff, de Deppen, de Hoff et d'Eylau, Napoléon, le 7 février, les croyait en pleine déroute. Aussi, grande fut sa surprise, lorsque le lendemain, 8, à la pointe du jour, il les trouva rangés en bataille sur des hauteurs qu'ils avaient hérissées de canons. A sept heures du matin, ils commencèrent l'attaque par une vive canonnade sur Eylau. Aussitôt Napoléon fit avancer le corps d'Augereau [1] et quarante pièces de canon de sa garde pour répondre au feu de l'ennemi. Bien qu'inférieurs en nombre et dans une position moins avantageuse, les Français soutinrent ce terrible choc avec une héroïque fermeté. Un moment l'ennemi sembla manœuvrer pour déborder notre gauche; mais Davoust la dégagea, en tombant sur les derrières de l'armée russe. Tandis qu'Augereau débouchait pour se porter sur son centre, une neige épaisse couvrit tout-à-coup les deux armées. Dans cette obscurité, Augereau, perdant son point de direction, s'égara entre le centre et la réserve de l'ennemi. Battues par une artillerie formidable, ses colonnes furent écrasées, et lui-même, grièvement blessé, emporté du champ de bataille. Sur ces entrefaites, Murat arriva avec sa cava-

---

« A la bataille d'Eylau, dit le bulletin officiel, le maréchal Augereau, couvert de rhumatismes, était malade et avait à peine connaissance; mais le canon réveille les braves : il revole au galop à la tête de son corps, après s'être fait attacher sur son cheval. »

lerie, et, soutenu par la garde, fondit à l'improviste sur les Russes : manœuvre audacieuse s'il en fût jamais, qui couvrit de gloire la cavalerie, et qui sauva nos colonnes d'une destruction inévitable! Vainement la cavalerie ennemie voulut s'opposer à ce mouvement ; elle fut culbutée. Alors la bataille ne fut plus qu'un horrible massacre. Deux lignes d'infanterie russe furent rompues ; la troisième ne résista qu'en s'adossant à un bois. Des escadrons de la garde traversèrent deux fois toute l'armée russe ; mais le lieutenant-général d'Hautpoul, qui exécuta cette charge brillante et inouïe, fut frappé à mort. Pendant ce temps, Davoust, débouchant derrière l'ennemi, le déborda et le repoussa du plateau qu'il occupait. Depuis dix heures, le combat ou plutôt le carnage n'avait pas cessé ; trois cents bouches à feu vomissaient la mort de part et d'autre, quand, la nuit approchant, Ney déborda les Russes sur leur flanc droit, et vint se placer au village de Schenaditten. Alors Benigsen se trouva tellement serré entre Ney et Davoust, que, craignant de voir son arrière-garde compromise, il tenta, malgré la nuit, de reprendre ce village. N'ayant pu y parvenir, il se détermina à la retraite, et recula sur Kœnigsberg.

Telle fut l'une des journées les plus sanglantes dont les annales de la guerre fassent mention. Les deux armées s'attribuèrent également la victoire ; mais, malgré les actions de grâces ordonnées par l'empereur Alexandre, elle appartient aux Français, qui restèrent maîtres du champ de bataille, et qui prirent aux Russes quinze mille prisonniers, quarante pièces de canon et seize drapeaux.

Napoléon passa tous les jours plusieurs heures sur le champ de bataille d'Eylau, recueillant les blessés et faisant ensevelir les morts. « Qu'on se figure, disait le bulletin, sur un espace d'une lieue carrée, neuf ou dix mille cadavres, quatre ou cinq mille chevaux tués, des lignes de sacs russes, des débris de fusils et de sabres, la terre couverte de boulets, d'obus, de munitions ; vingt-quatre pièces de canon, auprès desquelles on voyait les cadavres des conducteurs tués au moment où ils faisaient des efforts pour les enlever : tout cela avait plus de relief sur un fond de neige. Ce spectacle est fait pour inspirer aux princes l'amour de la paix et l'horreur de la guerre. »

Napoléon envoya à Paris les seize drapeaux pris à la bataille d'Eylau ; il ordonna en même temps qu'une statue serait élevée à la mémoire du brave général d'Hautpoul, mort de ses blessures. Cette statue devait être érigée sur la place des Victoires, et faite avec les canons pris à l'ennemi dans cette fameuse journée.

Cependant, ni la nation, ni l'armée, ne se réjouirent du résultat de cette bataille, résultat si chèrement acheté et si peu décisif. Jusqu'à ce jour, Napoléon les avait habituées à des victoires plus faciles. A Paris, l'opinion en fut vivement émue, et une baisse notable se fit sentir dans les fonds publics. On exagérait nos pertes, et, en voyant la résistance opiniâtre des Russes, on s'alarmait sur l'avenir d'une campagne où tant de sang venait d'être prodigué en vain. Mais l'étoile de Napoléon n'avait point encore pâli ; comme sa gloire, elle allait, au contraire, briller du plus vif éclat à Friedland.

« Soldats ! dit l'Empereur à son armée, nous allons nous rapprocher de la Vistule et rentrer dans nos cantonnements. Qui osera en troubler le repos, s'en repentira ; car, au-delà de la Vistule comme au-delà du Danube, au milieu des frimas de l'hiver comme au commencement de l'automne, nous serons toujours les soldats français, et les soldats français de la grande armée. »

Après huit jours de repos, l'armée française reprit, en effet, ses quartiers d'hiver ; elle était cantonnée derrière la Passarge, sa droite appuyée sur la Narew, et sa gauche à Braunsberg, le long de l'Omulew et de la Passarge, à quarante lieues en avant de la Vistule, qui formait la seconde ligne. Un corps d'observation de quinze mille Polonais, commandé par le général Zayonchek, couvrait son centre à Niedembourg et à Passenheim ; elle était approvisionnée par les villes d'Elbing, de Braunsberg, et par l'île de Nogat, pays d'une très-grande fertilité.

Napoléon avait transporté son quartier-général à Osterode. Il s'y occupa à rétablir son armée et à refaire son artillerie. C'est surtout dans ses longs quartiers d'hiver que son génie et son activité se déployaient. « Napoléon, dit M. Meneval, n'était jamais plus actif que quand il paraissait se reposer. » Attentif à tous les besoins de ses soldats, il pourvoyait à tout, veillait sur tout, sur les fours, sur les magasins d'approvisionnement, sur les hôpitaux, sur l'armement et l'équipement, et sur les moindres détails de l'administration militaire. « Les soldats français sont les enfants de la nation, faisait-il dire dans ses bulletins ; il n'est point de plus grand crime que celui de ne pas les faire jouir de tout ce que la loi et les règlements leur accordent. »

Son armée pourvue et rétablie, il travailla à faire couvrir ses cantonnements ; il fit fortifier les ponts de Spanden et d'Elditten, sur la Passarge, et construire des ouvrages sur les hauteurs de Guttstadt. Ces positions couvraient les cantonnements de l'armée française. Tous les ponts sur la Vistule furent rétablis ; et, les têtes de pont de Prag, de Sierock, de Moldin, de Thorn, à peine achevées et armées, Napoléon en fit élever deux autres à Marienwerder et à Marienbourg.

Alors, ce n'était pas seulement aux opérations de la

guerre qu'il consacrait ses jours de repos, mais encore aux soins à donner au gouvernement de l'Empire. « Pour connaître Napoléon tout entier, dit M. Bignon, il faudrait le voir le même jour, aux mêmes heures, discutant toutes les questions relatives à la guerre, depuis les plans de campagne, l'artillerie, le génie, la composition de l'armée et ses mouvements, jusqu'à la chaussure et à la giberne du soldat; réglant toutes les parties de la marine, depuis les combinaisons générales, l'expédition et le retour des escadres, jusqu'à l'armement de la dernière de ses chaloupes canonnières; parcourant toutes les parties de l'administration, depuis la direction du ministère de l'intérieur jusqu'à la réparation de l'église du village; toutes les parties de la politique, depuis ses négociations avec les États les plus puissants, jusqu'aux soins à prendre pour s'assurer des États les plus faibles; enfin traitant ces diverses matières, et une foule d'autres, avec la même connaissance de l'ensemble et des détails, avec la même fidélité de mémoire, la même netteté d'idées que si chacun des départements ministériels eût été pour lui l'objet d'une étude exclusive... Peut-être n'a-t-il pas existé au monde un autre individu, soit dans les hautes, soit dans les basses régions de la société, qui ait prouvé, autant que Napoléon, de quelle continuité, de quelle variété, de quelle étendue de travail l'intelligence d'un seul homme est capable. »

Tandis que Benigsen venait d'être repoussé de la Vistule par les Français, Michelson, après avoir pris Choczine et Bender, s'était arrêté à Bucharest, où l'avant-garde turque avait suffi pour lui fermer le passage. Sur ces entrefaites, l'Angleterre intervint; son ambassadeur se présenta à une conférence qui eut lieu, à la Porte, le 25 janvier, au sujet de ce différend; et, n'ayant rien trouvé à répondre aux justes

récriminations du divan contre la conduite hostile de la Russie, il s'embarqua sur une frégate, coupa ses câbles et disparut. Voulant, par un coup d'éclat, en imposer à la Porte, il était allé rejoindre à Ténédos l'escadre anglaise, commandée par l'amiral Duckword.

Bientôt, en effet, la flotte anglaise parut devant les Dardanelles, les traversa malgré le feu des châteaux, rencontra, à la hauteur de Gallipoli, six vaisseaux turcs qu'elle brûla, jeta l'ancre devant le Sérail, et somma le Sultan de remettre aux Anglais les châteaux des Dardanelles, ainsi que sa flotte et ses munitions navales; de déclarer la guerre à la France, et de renvoyer l'ambassadeur Sébastiani; enfin, de céder aux Russes la Moldavie et la Valachie, ainsi que la place d'Ismaïl et celles du Danube.

A cette nouvelle, le peuple courut aux armes, résolu de s'ensevelir sous les ruines de Constantinople plutôt que de subir de telles conditions. Mais le divan, effrayé, décida le Sultan à y souscrire. Cependant, Sébastiani refusa de partir. « Dites à votre maître, répondit-il à l'envoyé du Grand-Seigneur, qu'il ne voudra pas, par une faiblesse indigne de lui, descendre du haut rang où l'ont placé ses glorieux ancêtres. Vos remparts ne sont pas armés; mais vous avez du fer, des munitions, des vivres, des bras; ajoutez-y du courage, et vous triompherez de vos ennemis. »

Ranimé par l'attitude énergique de l'ambassadeur français, le Sultan fit répondre aux Anglais qu'il ne traiterait point tant que l'escadre serait en-deçà des Dardanelles. Puis, il envoya chercher le général Sébastiani, qui le trouva à cheval au milieu de ses soldats. « On veut, lui dit-il, que je chasse l'ambassadeur de France et que je fasse la guerre à mon meilleur ami! Écris à l'Empereur qu'hier encore j'ai reçu une lettre de lui, que je persévérerai dans mes desseins, qu'il peut compter sur moi comme je compte sur lui. » Et il le chargea d'organiser la défense de sa capitale. Dix officiers de génie et d'artillerie français étaient arrivés de Dalmatie dans la nuit. Sébastiani les appela à son aide; et, quelques jours après, grâce à l'énergie des Turcs, le Sérail, les côtes d'Europe et d'Asie et les détroits se hérissèrent de six cents canons. Dix vaisseaux de guerre, armés et équipés, s'avancèrent jusqu'aux Dardanelles. Alors la flotte anglaise jugea prudent de battre en retraite; elle repassa le détroit, mais après avoir perdu deux corvettes et sept cents hommes.

Pendant ce temps, Napoléon continuait à renforcer son armée, pour remplir le vide qu'avait fait la disparition du corps d'Augereau; il rappela celui de Mortier qui était en Poméranie et qu'il grossit de quelques troupes saxonnes; il appela d'avance la conscription de 1808, qui forma réserve dans l'intérieur, et fit venir en poste, de France, tout ce qui était dans les dépôts des différents régiments; il écrivit au roi d'Espagne pour lui demander, en exécution de son traité d'alliance avec lui, son contingent; mais déjà l'Angleterre, qui poursuivait notre politique de cabinet en cabinet, avait trouvé quelque accès auprès de celui de Madrid. Napoléon le savait, et il n'en insista que plus sur l'entrée en France du contingent espagnol, se promettant de venir sur cette affaire, quand il en aurait fini avec la et la Prusse Russie.

Aux premiers jours du printemps, il vint s'établir à Finkestein, où il resta jusqu'au renouvellement des opérations qui terminèrent la campagne. C'est de là qu'il fit commencer le siège de Dantzig. Déjà les équipages de siège qu'il avait fallu tirer des forteresses de la Silésie et de l'Oder, en traversant une étendue de plus de cent lieues, dans un pays où il n'y a pas de chemins, étaient arrivés.

Napoléon ordonna à Lefebvre, qui commandait le dixième corps, d'investir la place, que le général prussien Kalkreuth et le célèbre ingénieur Bousmard défendaient avec dix-huit mille hommes. Située sur la mer Baltique, à l'embouchure de la Vistule, Dantzig n'était pas encore bloquée par la langue de terre qui sépare le Frisch-Haff de la mer ; aussi le siège en fut-il long et laborieux. Vainement le czar envoya par mer Kaminski avec vingt-cinq mille hommes pour la délivrer ; vainement, du haut de ses remparts, la garnison appuya les Russes par une vive canonnade ; Napoléon, prévenu à temps, avait renforcé Lefebvre de Lannes et d'Oudinot, et Kaminski fut repoussé. Cinq jours après, une corvette anglaise, armée de vingt-quatre canons, montée par cent vingt marins anglais et quarante soldats russes ou prussiens, et chargée de poudre et de boulets, entra dans la Vistule à pleines voiles, se dirigeant vers Dantzig; mais, assaillie par une vive fusillade sur les deux rives, elle fut obligée d'amener.

Cependant les assiégés résistaient toujours. On était dans la belle saison : les armées allaient se remettre en campagne. Impatient d'en finir avec Dantzig pour marcher sur les Russes, Napoléon envoya Mortier renforcer le corps de Lefebvre. Après cinquante et un jours de tranchée ouverte, l'assaut fut enfin résolu. Déjà les soldats commençaient à y monter, quand le général Kalkreuth demanda à capituler (24 mai). Trois jours après, 27, il évacua la place et alla rejoindre l'armée coalisée, après s'être engagé à ne pas servir contre la France pendant un an. Cette capitulation nous rendait maîtres du grand port militaire de la Baltique. Napoléon récompensa Lefebvre en le nommant duc de Dantzig. « Que ce titre porté par ses descendants, disaient les lettres patentes, leur retrace les vertus de leur père, et qu'eux-mêmes ils s'en reconnaissent indignes, s'ils préféraient jamais un lâche repos et l'oisiveté de la grande ville aux périls et à la noble poussière des camps ! Qu'aucun d'eux ne termine sa carrière sans avoir versé son sang pour la gloire et l'honneur de notre belle France ! Que, dans le nom qu'ils portent, ils ne voient jamais un privilège, mais des devoirs envers mon peuple et envers nous. »

A la nouvelle de la prise de Dantzig, l'armée russe prit l'offensive ; elle avait été portée à cent quatre-vingt mille hommes sans compter les Prussiens, et l'empereur Alexandre y était de sa personne. Croyant surprendre les Français, Benigsen manœuvra ainsi qu'il l'avait fait avant la bataille d'Eylau, et, le 5 juin, il attaqua, à Guttstadt, Ney, qui était en avant de la ligne de l'armée ; mais celui-ci lui résista vigoureusement, revint se placer derrière la Passarge, et s'y maintint jusqu'à ce que toute l'armée eût été rassemblée.

De Guttstadt, Benigsen s'avança sur Spanden pour forcer également Bernadotte qui en occupait le pont. Douze régiments russes et prussiens firent de vains efforts ; sept fois ils les renouvelèrent, et sept fois ils furent repoussés. Au pont de Lomitten que défendait Soult, les Russes ne furent pas plus heureux. Surpris eux-mêmes par un mouvement semblable à celui qui les avait forcés de reculer, au début de la campagne, ils se mirent en retraite.

Cependant, au premier avis de l'attaque des Russes sur sa ligne, Napoléon avait quitté son quartier-général de Finkenstein ; il passa la nuit du 5 au 6 juin à Saafeld, et celle du 7 au 8 à Deppen ; il donna sur-le-champ les ordres nécessaires pour marcher sur l'ennemi ; il dirigea Soult sur Wosfesdorff et se porta lui-même sur Guttstadt, avec Ney, Davoust, Lannes, Mortier, Murat, et sa garde. Une partie de l'arrière-garde ennemie avait pris position à Glottau et voulait disputer le passage; mais Murat, par une habile et audacieuse manœuvre, les débusqua ; le soir, l'armée française entra de vive force dans Guttstadt, et, continuant son mouvement en avant, se dirigea sur Heilsberg, où déjà les Russes s'étaient retranchés. Il s'agissait, pour Napoléon, de les rejeter sur la rive droite de l'Alle, afin de posséder la rive gauche et de pouvoir, par là, les prévenir à Kœnigsberg. Après un combat sanglant où les Russes avaient perdu dix mille hommes et les Français sept mille, ceux-ci n'obtinrent que le faible avantage de s'établir sous les retranchements de l'ennemi. Pendant toute la journée du 11, les Russes restèrent en avant d'Heilsberg. Dans la prévision d'une attaque, Napoléon avait, dès le matin, disposé ses troupes en bataille : il ordonna à Davoust de faire un changement de front par son extrémité droite, la gauche en avant. Or, soit que ce mouvement, qui le portait sur la Basse-Alle, fît craindre à l'armée russe pour son flanc droit ; soit qu'à l'aspect des préparatifs qu'elle voyait faire devant elle, elle ne jugeât pas ses retranchements assez formidables, elle passa dans la nuit sur la rive droite de l'Alle, abandonnant tout le pays de la gauche, et laissant à la disposition des Français leurs blessés, leurs magasins et ces retranchements, fruit d'un travail si long et si pénible. Heilsberg fut immédiatement occupé. Napoléon, dans son bulletin officiel, jeta ce défi à l'ennemi : « L'impuissance de l'armée russe, démontrée par la prise de Dantzig, vient de l'être encore par l'évacuation du camp de Heilsberg ; elle l'est par sa retraite, elle le sera d'une manière plus éclatante encore, si les Russes attendent l'armée française ; mais dans de si grandes armées, qui exigent vingt-quatre heures pour mettre tous les corps en position, on ne peut avoir que des affaires partielles, lorsque l'une d'elles n'est pas disposée à finir bravement la querelle dans une affaire générale. »

En se hâtant d'arriver à Friedland, et de traverser l'Alle sur le pont de cette ville, Benigsen pouvait encore ressaisir la route de Kœnigsberg et nous la disputer. C'est ce qu'il fit; après avoir brûlé ses ponts, il se dirigea, par la rive droite de l'Alle sur Wehlau, pour prendre position sur la Prégel : arrivé le 13 devant Friedland, il passa la rivière, espérant prendre en flanc nos colonnes; mais il trouva la ville occupée par un régiment de cavalerie française, qui, à l'approche des masses ennemies, se retira sur Eylau. Alors, Benigsen, craignant d'être prévenu, se hâta de faire défiler son armée et la déploya en avant de Friedland, pendant que Lannes, dont le corps marchait en première ligne, se dirigeait sur cette ville. Arrivé à deux lieues de distance, il fit occuper à ses troupes une chaîne de collines, et envoya un message à l'Empereur, dont le quartier-général était, depuis la veille, à Eylau. Aussitôt, Napoléon ordonna à Murat, à Soult et à Davoust, de manœuvrer sur Kœnigsberg, et, avec Ney, Mortier, Victor et sa garde, il marcha en personne sur Friedland.

Le 14, l'ennemi déboucha par le pont de cette ville et attaqua l'avant-garde de Lannes. Aux premiers coups de canon qui se firent entendre : « C'est un jour de bonheur! s'écria Napoléon ; c'est l'anniversaire de Marengo! » et il fit dire à Lannes et à Mortier de tenir l'ennemi en haleine : ce qu'ils firent, en effet, jusqu'à quatre heures du soir. Alors Napoléon arriva et alla lui-même reconnaître l'armée russe.

Sur la rive gauche de l'Alle, dans la plaine, cette rivière formait une anse dont le fond était si étroit qu'il était rempli en partie par la petite ville de Friedland, et en partie par une prairie basse, coupée par un long étang qui allait de la ville se jeter dans l'Alle, après avoir fait tourner plusieurs moulins. Battus, les Russes ne pouvaient passer sur la rive droite que par un seul pont, et ce pont était dans la ville. Or, l'imprudent Benigsen avait disposé son armée dans la plaine en avant de cette position, la couvrant tout entière avec sa gauche et étendant fort loin sa droite le long de la rivière vers Kœnigsberg. Dès lors, sa gauche et son centre enfoncés, c'en était fait de toute sa droite.

Napoléon manœuvra dans ce but. Après avoir fait former ses colonnes dans les bois à la lisière desquels s'était placé Lannes, il les fit déboucher toutes à la fois. Or, ses instructions étaient tellement simples et tellement précises, que ce mouvement s'opéra comme une manœuvre d'exercice. Napoléon pressa l'attaque : il porta Ney à la droite, Lannes au centre, Mortier à la gauche, Victor et la garde en réserve; puis, après avoir reconnu la position de l'ennemi, il commanda d'enlever sur-le-champ la ville de Friedland, en faisant brusquement un changement de front, la droite en avant, et fit commencer l'attaque par l'extrémité de cette aile.

A cinq heures et demie, une salve d'artillerie, tirée au quartier-général de l'Empereur, donna le signal de la bataille. Aussitôt Ney se mit en mouvement : soutenu en arrière par Victor et protégé par soixante pièces d'artillerie, il aborda la gauche des Russes, et la refoula dans l'anse, où elle fit de vains efforts pour se mouvoir et ressaisir sa position. Sur ces entrefaites, la garde impériale russe, à pied et à cheval, que Benigsen avait embusquée dans le ravin qui entoure Friedland, déboucha avec intrépidité et chargea la gauche de Ney qui fut un moment ébranlée ; mais la division Dupont, qui formait la droite de la réserve, marcha sur la garde impériale, la culbuta et en fit un horrible carnage. Alors, l'aile gauche des Russes, qui se trouvait acculée à Friedland, se replia en désordre dans la ville. Vains efforts, Friedland fut forcé, et ses rues jonchées de cadavres ennemis.

Pendant que Ney exterminait la gauche des Russes, leur droite, repoussée par Lannes et Mortier, reculait à son tour sur Friedland ; mais déjà le pont n'existait plus, et Ney était maître de la ville. Alors, se voyant pris en tête, pressés sur le flanc et chargés en queue, les Russes cherchèrent leur salut dans la fuite. « Ils se jetèrent pêle-mêle dans la rivière, dit le duc de Rovigo, avant de s'être assurés s'il y avait un gué ; beaucoup s'y noyèrent ; mais d'autres trouvèrent un gué en face de notre gauche ; dès lors, rien ne put retenir le reste, qui s'enfuit vers ce point, sans ordre et semblable à un troupeau de moutons. » A huit heures du soir, la victoire était complète. Quinze mille cadavres ennemis couvraient le champ de bataille. Soixante-dix pièces de canon, un grand nombre de caissons, plusieurs drapeaux, vingt-cinq généraux tués, blessés ou pris, et cinq mille prisonniers ; tels furent les trophées de cette journée, « digne sœur, écrivait Napoléon à Joséphine, de Marengo, d'Austerlitz et d'Iéna. » Du côté des Français, il y eut quinze cents morts et quatre mille blessés.

Ainsi se trouvèrent vérifiées les menaces de Napoléon contre les Russes. Cette victoire le rendit plus puissant que jamais. Il avait eu à combattre, en effet, un ennemi nombreux et redoutable. Aussi déploya-t-il dans cette bataille le génie et l'activité qu'il avait montrés dans les campagnes précédentes. Rien de plus simple que le plan ; rien de plus rapide que l'exécution. Napoléon, suivant l'expression de ses soldats, ne combattit pas seulement des yeux, mais on le vit même, pendant que les boulets passaient près de lui ou venaient mourir à ses pieds, parcourir à cheval les points les plus exposés.

Napoléon passa la nuit au bivouac : le lendemain, à la pointe du jour, il était debout, parcourant les lignes de son armée. Les soldats dormaient encore, tant ils étaient fatigués. Il défendit qu'on les éveillât pour lui rendre des honneurs, ainsi que cela était d'usage. Il visita ensuite le champ de bataille des Russes, dont le spectacle était hideux à voir. « On suivait l'ordre des carrés russes par la ligne des monceaux de leurs cadavres ; on jugeait de la position de leur artillerie par les chevaux morts [1]. »

Apprenant ensuite que l'ennemi essayait de se rallier sur la rive droite de l'Alle, Napoléon continua de manœuvrer sur la rive gauche pour le couper de Kœnigsberg. Déjà Murat, Soult et Davoust étaient arrivés dans cette ville, où le général prussien Lestocq s'était enfermé avec vingt-cinq mille hommes. Il s'y maintint pendant les journées du 15 et du 16 ; mais, à la nouvelle de la défaite des Russes à Friedland et de la marche de l'armée victorieuse, il évacua la place et les Français en prirent aussitôt possession. Ils y trouvèrent vingt mille blessés russes et prussiens, des approvisionnements immenses, deux cents bâtiments et cent mille fusils anglais.

Pendant ce temps, Napoléon s'avançait sur le Niémen ; le 19, il entra à Tilsitt, que venaient de quitter l'empereur de Russie et le roi de Prusse. On voyait encore, de la rive gauche du fleuve, une nuée de cosaques qui formaient l'arrière-garde ennemie sur la rive droite.

Napoléon était arrivé sur les confins de l'empire russe. Ce qui restait au roi de Prusse était conquis. Napoléon n'avait qu'à franchir la Niémen pour porter la guerre en Russie ; elle n'avait plus l'hiver pour allié ; son armée fuyait avec le sentiment de sa faiblesse et de son impuissance, tandis que

---

[1] Mémoires du duc de Rovigo, t. III, p. 92.

la nôtre, à peine entamée, venait de puiser de nouvelles forces dans sa victoire. Il est donc vraisemblable que si Napoléon eût voulu tenter cette expédition, elle aurait autrement fini que celle qu'il entreprit cinq ans plus tard. En 1807, les Russes avaient été les agresseurs; superstitieux avant tout, ils s'attribuaient la faute de leurs défaites, et ils n'eussent point, comme en 1812, opposé une résistance nationale aux progrès de l'armée française.

Cependant, Alexandre se décida à demander la paix; il envoya un de ses officiers à Napoléon pour lui proposer un armistice, qui fut accepté et signé le 22. Voici les principales dispositions de ce traité :

« Art. 1er. Il y aura un armistice entre l'armée française et l'armée russe, afin de pouvoir, dans cet intervalle, négocier, conclure et signer une paix qui mette fin à une effusion de sang si contraire à l'humanité.

« Art. 2. Celle des deux parties contractantes qui voudra rompre l'armistice, ce que Dieu ne veuille, sera tenue de prévenir au quartier-général de l'autre armée, et ce ne sera qu'après un mois de la date des notifications que les hostilités pourront recommencer.

« Art. 3. L'armée française et l'armée prussienne concluront un armistice séparé, » etc.

Napoléon adressa ensuite à son armée la proclamation suivante :

« Soldats !

« Le 5 juin, nous avons été attaqués dans nos cantonnements par l'armée russe. L'ennemi s'est mépris sur les causes de notre inactivité. Il s'est aperçu trop tard que notre repos était celui du lion : il se repent de l'avoir troublé.

« Dans les journées de Guttstadt, de Heilsberg, dans celle

à jamais mémorable de Friedland, dans dix jours de campagne enfin, nous avons pris cent vingt pièces de canon, sept drapeaux ; tué, blessé ou fait prisonniers soixante mille Russes ; enlevé à l'armée ennemie tous ses magasins, ses hôpitaux, ses ambulances ; la place de Kœnigsberg, les bâtiments qui étaient dans ce port, chargés de toute espèce de munitions, et les fusils que l'Angleterre envoyait pour armer nos ennemis.

« Des bords de la Vistule, nous sommes arrivés sur ceux du Niémen avec la rapidité de l'aigle. Vous célébrâtes à Austerlitz l'anniversaire du couronnement; vous avez, cette année, dignement célébré celui de la bataille de Marengo, qui mit fin à la guerre de la seconde coalition.

« Français ! vous avez été dignes de vous et de moi. Vous rentrerez en France couverts de tous vos lauriers, et après avoir obtenu une paix glorieuse qui porte avec elle la garantie de sa durée. Il est temps que notre patrie vive en repos, à l'abri de la maligne influence de l'Angleterre. »

Napoléon et Alexandre convinrent de se voir et d'établir les bases de la paix. « On me demande une entrevue, écrivait Napoléon à Talleyrand ; je ne m'en soucie que médiocrement ; cependant je l'ai acceptée ; mais si la paix n'est pas faite dans quinze jours, je passe le Niémen. »

Cette entrevue eut lieu le 25. On avait fait établir au milieu du Niémen, un radeau sur lequel s'élevait un pavillon avec deux portes opposées, précédées chacune d'une petite salle d'attente, et surmontées, ainsi que la toiture, des armes de France et de Russie. Les deux empereurs s'embarquèrent en même temps; mais Napoléon ayant un canot bien armé, monté par des marins de la garde, arriva le premier dans le pavillon : il alla à la porte opposée qu'il ouvrit, et se plaça sur le bord du radeau pour recevoir Alexandre, qui avait encore un peu de trajet à faire. A son arrivée, ils s'embrassèrent.

« Ce fut un beau spectacle que cette scène, à laquelle se mêlèrent les acclamations des deux armées répandues sur les rives du fleuve. Des applaudissements partis de la rive droite furent répétés sur la rive gauche, et se confondirent en une seule acclamation [1]. » Les deux empereurs restèrent assez longtemps ensemble. « Je hais les Anglais autant que vous les haïssez, dit Alexandre à Napoléon, je serai votre second dans tout ce que vous ferez contre eux. » — « En ce cas, répondit, Napoléon, la paix est faite. »

Après une seconde entrevue sur le Niémen, à laquelle le roi de Prusse assista, Alexandre se rendit à Tilsitt et y prit séjour. Bientôt le roi et la reine de Prusse y vinrent rendre visite à Napoléon, qui les reçut avec beaucoup d'égards.

Pendant tout le temps que durèrent les conférences, Napoléon et Alexandre se traitèrent avec les marques de la plus vive amitié. Quelquefois, dit M. Meneval, Napoléon introduisait Alexandre dans son cabinet ; il demandait alors deux cartes, parmi lesquelles se trouvait celle de la Turquie d'Europe. Je les ai vus penchés sur cette carte, l'observer avec attention, puis continuer à marcher en causant. Des projets de partage les occupaient ; Constantinople me parut être un point sur lequel ils n'étaient point parfaitement d'accord. Il était aisé de voir que Napoléon ne voulait pas laisser s'élever sur ces questions des débats qui auraient pu troubler l'harmonie rétablie entre eux, et qu'il s'établissait un accord tacite pour conserver provisoirement le *statu quo*, en remettant la question à une autre entrevue dont on conviendrait plus tard. »

Il fut question également de rayer la Prusse du nombre

---

[1] Meneval, *Souvenirs historiques*, t. Ier.

des puissances, mais, par égard pour l'empereur Alexandre, elle fut conservée, en faisant toutefois des pertes énormes. Vainement la reine joignit-elle ses supplications à celles de son époux, pour désarmer le vainqueur qui l'avait tant outragée dans ses bulletins ; toutes les séductions de son esprit et de sa beauté furent impuissantes sur Napoléon, et ne purent lui faire obtenir des conditions moins dures pour sa couronne (7).

A Tilsitt, la Prusse rendit tout ce qu'elle avait acquis depuis l'avènement de Frédéric II au trône, excepté la Silésie ; c'est-à-dire que Napoléon lui retira les provinces situées entre le Rhin et l'Elbe, et celles qui lui étaient échues dans les divers partages de la Pologne. Il forma avec les premières, en y joignant la Hesse, le Brunswick et une partie du Hanôvre, le royaume de Westphalie, qu'il donna à son frère Jérôme ; quant aux secondes, il les érigea en grand-duché de Varsovie et les donna au roi de Saxe. Il céda à la Russie un district de la Pologne prussienne, afin d'établir des limites naturelles entre cet empire et le duché de Varsovie. Il rendit à la ville de Dantzig son indépendance première, et leurs États aux ducs d'Oldembourg et de Mecklembourg.

Comme la Russie était encore en guerre avec la Porte, il fut stipulé que les hostilités cesseraient, et que les Russes évacueraient la Valachie et la Moldavie. De son côté, l'empereur de Russie voulant, ajoutait le traité, prouver combien il désirait d'établir, entre les deux empires, les rapports les plus intimes et les plus durables, reconnut Napoléon comme protecteur de la confédération du Rhin, et ses frères Joseph, Louis et Jérôme, le premier comme roi de Naples, le second comme roi de Hollande, et le troisième comme roi de Westphalie.

Ce traité signé et ratifié (8), les deux empereurs se quittèrent avec de grandes marques d'estime et d'amitié. Napoléon accompagna l'empereur de Russie jusque sur la rive gauche du Niémen, où la garde russe était en bataille. Après s'être embrassés, Napoléon détacha sa croix de la Légion-d'Honneur, et, l'attachant à la boutonnière d'un grenadier de la garde d'Alexandre qui était à la droite du premier rang : « Tu te souviendras, lui dit-il, que c'est le jour où nous sommes devenus amis, ton maître et moi. »

CHAPITRE VI.

Suites de la paix de Tilsitt. Puissance et grandeur de l'Empire. — Retour de Napoléon à Paris. — Honneurs rendus à la garde impériale. — Suppression du tribunat. — Abolition de la liberté de la presse. — Les substitutions dans le Code civil. — Nouvelle noblesse. — Don-quichottisme armé du roi de Suède. — Bombardement de Copenhague par les Anglais. — Effet qu'il produit en Europe. — Presque tout le continent se déclare contre l'Angleterre. — Efforts de Napoléon pour relever la marine française. — Ses projets sur la Péninsule espagnole. — Traité de Fontainebleau. — Première expédition de Portugal. — Affaires d'Espagne : révolution d'Aranjuez; abdication de Charles IV; avènement de Ferdinand VII. — Entrée de Murat à Madrid. — Perplexité de Napoléon après les évènements d'Aranjuez. Ses instructions à Murat. Il part pour Bayonne et y appelle la famille royale d'Espagne. — Scènes scandaleuses. — Insurrection à Madrid. Ferdinand restitue la couronne à son père, qui en dispose en faveur de Napoléon. — Celui-ci fait proclamer son frère Joseph roi des Espagnes par la junte de gouvernement, le conseil de Castille et la municipalité de Madrid. — Junte de Bayonne. Constitution espagnole. — Insurrection nationale de la Péninsule. — Bataille de Médina de Rio-Seco. — Joseph à Madrid. — Napoléon part pour Paris. — Capitulation de Baylen. — Suites funestes de cet évènement. — Joseph se réfugie à Vittoria. — Insurrection d'Oporto. — Bataille de Vimeiro. — Convention de Cintra. — Réveil de la coalition. Armements de l'Autriche. — Traité de Napoléon avec le roi de Prusse. — Entrevue de Napoléon et d'Alexandre à Erfurth. — Ouverture du corps législatif. — Marche de la grande armée en Espagne. — Proclamation de Napoléon. — Prise de Burgos. — Batailles d'Espinosa et de Tudela. — Passage du Somo-Sierra. — Prise de Madrid. — Paroles de Napoléon à la grande députation. — Soumission de la Catalogne. — Retraite des Anglais. — Victoires d'Almaraz et d'Uclès. — Siège et prise de Sarragosse. — Rentrée de Joseph dans Madrid. — Départ de Napoléon pour Paris.

La victoire de Marengo avait consacré le Consulat, celle d'Austerlitz, l'Empire, la victoire de Friedland éleva la grandeur de Napoléon à son apogée. Arbitre suprême du continent, il put s'enivrer de sa gloire et de sa toute-puissance. De l'Ebre au Danube, de la mer de Bretagne à l'Adriatique, il s'était, en effet, créé un empire avec cent vingt millions de sujets. Il avait réduit la Prusse de moitié, et imposé à la Russie l'alliance de la France. Cependant, au milieu de l'ivresse générale qui accueillit le résultat de cette nouvelle campagne, on se demanda pourquoi Napoléon n'avait pas rétabli la Pologne. On vit avec regret qu'il l'eût sacrifiée à l'amitié de la Russie, au lieu de s'en faire, dans le Nord, une alliée pour contenir cette puissance.

Napoléon avait quitté Tilsitt vers le milieu de juillet, pour se rendre à Varsovie et de là à Dresde, en compagnie du roi de Saxe. Le 27, il était de retour à Paris. Tous les corps de l'État s'empressèrent de venir le féliciter. On ne lui épargna ni les louanges, ni les flatteries. « On ne peut plus louer dignement Votre Majesté, lui dit le président du sénat; votre gloire est trop haute; il faudrait être placé à la distance de la postérité pour découvrir son immense horizon. » — « Napoléon, s'écria à son tour le premier président de la cour d'appel, M. Séguier, Napoléon est au-dessus de l'histoire humaine, il appartient aux siècles héroïques; il est au-dessus de l'admiration, il n'y a que l'amour qui puisse s'élever jusqu'à lui! » Ainsi, on sortait à peine d'une révolution qui avait renversé l'ancien régime, et le langage des courtisans semblait s'appliquer à le faire revivre. Comment, dans cette sphère trompeuse où se mouvait son ambition, Napoléon n'aurait-il pas perdu de vue son origine plébéienne et ses devoirs envers cette révolution qui ne l'avait placé si haut que pour être son premier représentant!

Après avoir exalté outre mesure la gloire du maître, on se disposa à fêter dignement ses illustres compagnons. Déjà la garde impériale s'était mise en marche pour revenir en France. A la barrière de la route du Nord, par où elle devait faire son entrée à Paris, on avait élevé un arc-de-triomphe magnifique avec une seule porte en arcade, mais où vingt hommes pouvaient passer de front. Il était surmonté par un quadrige doré, et des inscriptions couvraient chacune de ses faces.

C'était le 25 novembre. Dès le matin une foule immense s'était portée à l'arc-de-triomphe. Bientôt des cris de joie annoncèrent l'approche des braves : ils parurent, et leurs aigles réunis ne formèrent qu'un seul groupe qui précéda la colonne. Alors le corps municipal, le préfet de la Seine en tête, s'avança au-devant d'eux, et, après une harangue du préfet, les couronnes d'or votées par la ville de Paris furent apposées aux aigles de la garde; celle-ci défila ensuite à travers une foule immense qui formait la haie sur son passage. Arrivée aux Tuileries, elle déposa, en passant, ses aigles sous l'arc du Carrousel : de là, traversant le jardin des Tuileries, elle se rendit aux Champs-Élysées où un somptueux banquet lui avait été préparé. D'autres fêtes lui furent données à Paris : l'Académie impériale de musique la convia au *Triomphe de Trajan* : c'était lui offrir le spectacle de sa propre gloire ; et le sénat lui fit une réception solennelle dans son palais.

« Invincible garde impériale, lui dit le président, le sénat vient au-devant de vous : il aime à voir les dignes représentants de la grande armée remplir ses portiques ; il se plaît à se voir entouré de ces braves qui ont combattu à Austerlitz, à Iéna, à Eylau, à Friedland ; de ces favoris de la victoire, de ces enfants chéris du génie qui préside aux batailles.... Recevez, par notre organe, les vœux du grand et bon peuple, dont l'amour et l'admiration vous présagent ceux de la postérité. »

Tandis que la nation se réjouissait de la conclusion de la paix, Napoléon méditait de lui ravir la seule liberté qu'elle eût sauvée au 18 brumaire, celle de la tribune. A voir son ambition grandir avec sa fortune, on eût dit que chacune de ses victoires n'était pour lui qu'un pas de plus vers le despotisme. Depuis longtemps donc, poursuivant son œuvre contre-révolutionnaire, il conspirait la suppression du tribunat. Bien que, réduit à un très-petit nombre de membres, ce corps eût déjà perdu toute son influence et ne fût plus que l'ombre de lui-même, il ne laissait pas cependant que d'offusquer, à cause de son origine révolutionnaire, l'homme qui semblait s'appliquer à effacer tout ce qui pouvait lui rappeler la sienne. C'est pourquoi il le supprima, « comme n'offrant plus, dans l'édifice public, qu'une pièce inutile, déplacée et discordante. » Un sénatus-consulte du 19 août, et qui ne fut communiqué au tribunat et au corps législatif que le 18 septembre 1807, annonça qu'à l'avenir, et à compter de la fin de la session 1807, la discussion des lois, qui était faite par les sections du tribunat, le serait, pendant la durée de chaque session, par trois commissions du corps législatif, délibérant séparément et ayant chacune sept membres (9).

C'est ainsi que Napoléon se vengea des quelques tribuns qui avaient osé conserver une opinion libre, et récompensa la servilité du plus grand nombre. C'était, de sa part, une grande marque d'ingratitude, « car enfin, c'était au tribunat qu'il avait dû le consulat à vie, c'était encore au tribunat qu'il devait l'empire; mais il fallait qu'il ne lui restât plus qu'un sénat pour voter des hommes, un corps législatif pour voter de l'argent; point d'opposition dans l'un, point de réflexion dans l'autre; nulle part de contrôle; la possibilité de faire, sous les seules lois de son bon plaisir, tout ce qu'il voudrait; la presse enchaînée : voilà ce que voulut Napoléon. Il l'obtint; mais le mois de mars 1814 résolut la question du pouvoir absolu [1]. »

[1] Mémoires de Bourrienne, t. VII.

Cependant, tel était le degré d'abaissement où ce corps était tombé, qu'il reçut avec respect le coup qui le frappait. Nulle apparence d'opposition : il décida au contraire, sur la proposition de Carion-Nisas, qu'une députation irait « porter *aux pieds du trône* une adresse qui frappât *les peuples* de cette idée que les tribuns avaient reçu l'acte du sénat sans regret pour leurs fonctions politiques, sans inquiétude pour la patrie, et que les sentiments d'amour et de dévouement pour le *monarque*, qui avaient animé le corps, vivraient éternellement dans chacun de ses membres. » Ainsi, le tribunat alla remercier le pouvoir de ce qu'il avait bien voulu le supprimer. — « Quand les citoyens, tombés dans la servitude, n'ont plus ni liberté ni volonté, dit Rousseau, la crainte et la flatterie changent en acclamations les suffrages; on ne délibère plus, on adore ou l'on maudit : telle était la manière d'opiner du sénat sous les empereurs. »

Napoléon ne borna point là sa restauration de l'ancien régime : après avoir détruit la liberté de la tribune, il abolit, par la censure, celle de la presse; il introduisit dans le Code civil les substitutions, et, par là, détruisit le principe d'égalité qui formait la perfection de ce Code. « Il avait voulu, disait-il, non-seulement entourer son trône de la splendeur qui convenait à sa dignité, mais encore nourrir au cœur de ses sujets une louable émulation, en perpétuant d'illustres souvenirs et en conservant aux âges futurs l'image toujours présente des récompenses qui, sous un gouvernement juste, suivent les grands services rendus à l'État [1]. »

Bien plus, « la révolution, dit Mignet, avait voulu rétablir la liberté antique, Napoléon restaura la hiérarchie militaire du moyen âge; elle avait fait des citoyens, il fit des vassaux ; elle avait changé l'Europe en républiques, il la transforma

---

[1] Statut impérial du 1ᵉʳ mars 1808.

en fiefs. Comme il était grand et fort, comme il était survenu après une secousse qui avait fatigué le monde en l'ébranlant, il put l'arranger passagèrement selon sa pensée. » Il organisa une nouvelle noblesse ; il *octroya* aux grands dignitaires de l'Empire le titre de *princes ;* aux ministres, aux sénateurs, aux conseillers d'État, aux présidents du corps législatif, aux archevêques, celui de *comtes ;* aux présidents des collèges électoraux, aux présidents des cours de cassation, des comptes, d'appel, aux évêques, aux maires des trente-sept *bonnes villes,* celui de *barons ;* aux membres de la Légion-d'Honneur, celui de *chevaliers* (10). Ainsi, de 1808 à 1812, Berthier devint prince de Neufchâtel et de Wagram ; Talleyrand, prince de Bénévent ; Bernadotte, prince de Ponte-Corvo ; Davoust, prince d'Eckmühl, duc d'Auerstaedt ; Masséna, prince d'Essling, duc de Rivoli ; Ney, prince de la Moskowa, duc d'Elchingen ; Cambacérès, duc de Parme ; Lebrun, duc de Plaisance ; Moncey, duc de Conégliano ; Augereau, duc de Castiglione ; Soult, duc de Dalmatie ; Lannes, duc de Montebello ; Mortier, duc de Trévise ; Bessières, duc d'Istrie ; Victor, duc de Bellune ; Kellermann, duc de Valmy ; Lefebvre, duc de Dantzig ; Marmont, duc de Raguse ; Junot, duc d'Abrantès ; Macdonald, duc de Tarente ; Oudinot, duc de Reggio ; Suchet, duc d'Albuféra ; Duroc, duc de Frioul ; Fouché, duc d'Otrante ; Clarke, duc de Feltre ; Savary, duc de Rovigo ; Caulincourt, duc de Vicence ; Murat, duc de Bassano ; Gaudin, duc de Gaëte ; Champagny, duc de Cadore ; Régnier, duc de Massa ; Arrighi, duc de Padoue ; Monge, duc de Péluse.

Ces différents titres impériaux, Napoléon les avait créés « pour empêcher, disait-il, le retour de tout titre féodal incompatible avec les constitutions, réconcilier la France nouvelle avec la France ancienne, favoriser la fusion de l'ancienne noblesse dans la nation, mettre les institutions de la France en harmonie avec celles de l'Europe. » Mais ni la nation, ni la noblesse ancienne, ni l'Europe ne voulurent reconnaître cette nouvelle aristocratie. Sa création ne fut, aux yeux de la première, qu'une conséquence de la pensée contre-révolutionnaire qui inspirait Napoléon depuis son avènement au consulat; elle vengea la seconde, qui ne vit dans les nouveaux nobles que des jacobins parés des oripaux de l'ancien régime qu'ils avaient tant foulés aux pieds. Quant à l'étranger, il se demanda de quel droit un soldat couronné se permettait d'improviser une nouvelle noblesse avec des parvenus et des aventuriers; acte, disait-il, plus révolutionnaire que la création de la monarchie impériale.

Toutefois, pas une voix ne s'éleva alors ni dans le sénat, ni dans l'opinion, contre l'établissement d'un pareil régime. Autant on s'était montré ardent à conquérir la liberté, autant on fit voir de l'indifférence à sa perte. Il faut dire aussi que Napoléon ne laissait pas le temps à la nation de la regretter. Il la tenait sans cesse en éveil par ce terrible mot qui fut comme la fatalité de son règne : la guerre !

A cette époque, en effet, toute l'attention publique était reportée vers les affaires extérieures. On était en guerre avec l'Angleterre, et le roi de Suède, après avoir signé un armistice, avait repris, de son plein gré, le cours de son donquichottisme armé. A la vérité, ce n'était pas là ce qui inquiétait Napoléon, et le maréchal Brune, qu'il avait chargé de châtier le monarque téméraire, avait accompli en peu de jours sa mission, en s'emparant de Stralsund, de l'île de Ruyen, et de tout le littoral de la Baltique. Mais, avec son système continental, Napoléon s'était préparé de grandes difficultés; et, tandis qu'il en pressait l'exécution, l'Angleterre cherchait à l'entraver, en attaquant les neutres. Il y avait une nation qui, par sa dignité morale et sa sagesse constante, avait toujours refusé d'entrer dans les coalitions contre la France : c'était le Danemark. Depuis longtemps, l'Angleterre convoitait Copenhague, dont la possession l'eût rendue maîtresse de l'entrée de la Baltique ; et, quoiqu'elle fût en pleine paix avec le Danemark, sacrifiant à l'intérêt de sa politique les devoirs que lui imposait le droit des gens, elle envoya le ministre Jackson signifier au prince régent de faire avec elle une alliance offensive et défensive, et de lui livrer, pour garantie, sa flotte et sa capitale. Le ministre ajouta que l'Angleterre compenserait avec de l'argent les pertes que le Danemark pourrait éprouver. « Et avec quoi compenserez-vous l'honneur ? » répondit le prince. Trois jours après, une flotte anglaise de vingt-trois vaisseaux et trente et une frégates ou corvettes, vint jeter l'ancre devant Copenhague, et somma cette ville de se rendre. On lui répondit par un refus plein de fierté. Alors les Anglais investirent la ville par mer et par terre, et la bombardèrent pendant six jours. Après une héroïque mais inutile résistance, elle capitula, et les Anglais s'emparèrent de la flotte danoise, qui consistait en dix-huit vaisseaux, quinze frégates, six bricks et vingt-cinq chaloupes canonnières.

Cet acte de violence, dont l'histoire n'offrait pas d'exemple, indigna toute l'Europe ; elle y vit la justification du blocus continental dont Napoléon avait frappé l'Angleterre. Aussi s'empressa-t-elle d'y adhérer. Le gouvernement danois fit arrêter tous les sujets anglais, confisqua leurs propriétés, interdit tout commerce avec l'Angleterre, et conclut avec la France un traité d'alliance, auquel il resta fidèle jusqu'au dernier jour de l'Empire. Par l'ukase du 31 octobre, l'empereur de Russie proclama hautement les principes de la neutralité armée, et déclara qu'il rompait toute relation avec l'Angleterre jusqu'à ce que satisfaction eût été donnée au Danemark, et la paix faite avec la France. En même temps, il fit exécuter avec la plus grande rigueur, dans toute la Russie, les décrets du système continental contre les sujets, les propriétés et le commerce de l'Angleterre. Après la Russie et le Danemark, la Prusse, l'Autriche, l'Espagne et la Hollande se déclarèrent contre elle. Alors celle-ci, usant à son tour de représailles, frappa de la même interdiction tous les ports du continent dont le pavillon anglais était exclu ; elle déclara que tout navire sortant de ces ports, ou devant s'y rendre, serait légitimement capturé, et que les bâtiments des puissances neutres, et même alliées, étaient assujettis non-seulement à la visite des croiseurs anglais, mais encore à une station obligée dans un des ports de l'Angleterre, et à une imposition arbitraire sur leur chargement. Napoléon répondit à cette nouvelle violence par le décret suivant :

« Art. 1ᵉʳ. Tout bâtiment, de quelque nation qu'il soit, qui aura souffert la visite d'un vaisseau anglais, ou se sera soumis à un voyage en Angleterre, ou aura payé une imposition quelconque au gouvernement anglais, est, par cela seul, déclaré dénationalisé, a perdu la garantie de son pavillon, et est devenu propriété anglaise.

« Art. 2. Soit que les dits bâtiments, ainsi dénationalisés par les mesures arbitraires du gouvernement anglais, entrent dans nos ports ou dans ceux de nos alliés ; soit qu'ils tombent au pouvoir de nos vaisseaux de guerre ou de nos corsaires, ils sont déclarés de bonne et valable prise.

« Art. 3. Les Iles-Britanniques sont déclarées en état de blocus sur mer comme sur terre. Tout bâtiment, de quelque nation qu'il soit, quel que soit son chargement, expédié des ports d'Angleterre ou des colonies anglaises, ou des pays occupés par les troupes anglaises, est de bonne prise, comme contrevenant au présent décret. Il sera capturé par nos vaisseaux de guerre ou nos corsaires, et adjugé au capteur.

« Art. 4. Ces mesures, qui ne sont qu'une juste réciprocité pour le système barbare adopté par le gouvernement anglais, qui assimile sa législation à celle d'Alger, cesseront d'avoir leur effet pour toutes les nations qui sauraient obliger le gouvernement anglais à respecter leur pavillon.

« Les dispositions du présent décret seront abrogées et nulles par le fait, dès que ce gouvernement sera revenu aux principes du droit des gens, qui sont aussi ceux de la justice et de l'honneur. »

Ainsi, dans les mers du Nord comme dans la Méditerranée et l'Océan, l'Angleterre fut mise au ban de l'Europe continentale. Néanmoins, elle ne se découragea point. Appuyée sur ses onze cents vaisseaux de guerre de toute espèce, elle pouvait attendre ses ennemis, et, au besoin, elle comptait assez sur la puissance de ses leviers d'or pour être certaine que, quand elle le voudrait, elle soulèverait de nouveau le continent contre Napoléon, qui, de son côté, employa toute son activité et tout son génie à lui susciter de nouveaux ennemis, et à créer des ressources maritimes (notre marine était alors dans le plus triste état) capables de balancer les forces de l'Angleterre. De grands travaux furent entrepris ; un mouvement extraordinaire fut imprimé à tous nos chantiers, à tous nos arsenaux ; on creusa des ports, on fortifia les côtes, on construisit des vaisseaux ; tout enfin fut disposé pour prendre, dans quelques années, sur ce nouveau champ de bataille, notre revanche de Trafalgar, — revanche que l'Angleterre nous doit encore...

Avant toute chose, cependant, Napoléon voulut s'assurer de la Péninsule espagnole, dont l'alliance formait, en quelque sorte, la base de son système continental. Sans elle, en effet, pendant qu'il se portait en Allemagne ou en Pologne, il n'avait plus ses derrières assurés, et une armée pouvait franchir les Pyrénées et être à Paris en six jours. Or, déchue de son ancienne splendeur, gouvernée par un roi imbécille ou plutôt par un aventurier amant de sa femme, sollicitée par les intrigues de l'Angleterre, l'Espagne tendait chaque jour à rompre le lien qui, depuis Louis XIV, l'unissait à la France. On se souvient des difficultés qu'elle fit, pendant la guerre de Pologne, pour fournir son contingent. Napoléon ne pouvait plus compter sur elle, et, se rappelant la politique du grand roi, il résolut de rendre la Péninsule à jamais française en y plaçant sa dynastie.

Depuis longtemps le Portugal était le vassal de l'Angleterre. Seul, pendant que toute l'Europe s'était déclarée contre elle, il gardait une neutralité qui, sans avantage pour la France, ouvrait aux Anglais le chemin du continent. Napoléon somma le prince régent de faire alliance avec lui, sous peine, en cas de refus, d'être traité en ennemi. C'était rendre à l'Angleterre sa monnaie de Copenhague. Voyant qu'il n'obtenait que des réponses évasives, Napoléon déclara que la maison de Bragance avait cessé de régner, et, le 27 octobre 1807, il conclut avec la cour d'Espagne un traité par lequel celle-ci s'engageait à donner le passage et les vivres à une armée française chargée d'envahir le Portugal, et à fournir elle-même un corps de troupes destiné à coopérer dans la même direction. Après la conquête, on devait partager le Portugal en trois portions : le nord, érigé en royaume sous le nom de Lusitanie, devait être donné au roi d'Étrurie, en échange de la Toscane cédée à la France ; le midi, érigé en souveraineté des Algarves et de l'Alentejo, au prince de la Paix, Manuel Godoï ; le centre, comprenant la ville de Lisbonne, les provinces de Tras-los-Montès, de Beïra et de l'Estramadure, devait rester sous le séquestre jusqu'à la paix générale.

Déjà, avant même que le traité eût été signé à Fontainebleau, Junot, à la tête de vingt-cinq mille hommes des dernières levées, avait passé la Bidassoa; il traversa l'Espagne au pas de course et entra dans le Portugal, sans rencontrer d'autre résistance que celle que lui opposaient les torrents et les montagnes qui l'arrêtaient à chaque pas, et le manque de vivres et de munitions qu'il eut à surmonter. Il arriva enfin, haletant, aux portes de Lisbonne, avec quinze cents hommes exténués de fatigue et de faim : le reste n'ayant pu le suivre, arrêté par la pluie et les mauvais chemins. Protégé par la terreur qu'inspirait le nom français, Junot entra dans la capitale du Portugal à la tête de ses quelques conscrits, et, comme il n'avait pas de cavalerie, il prit, pour lui servir d'escorte, la cavalerie portugaise. C'est ainsi qu'il s'empara, presque à lui seul, d'une ville de deux cent mille ames, qui avait douze mille hommes de garnison; et telle était la frayeur du prince régent, qu'il n'essaya même point de s'y opposer. Il prévint au contraire ses vassaux que la défense était inutile, qu'il allait, pour leur avantage, s'absenter, et venait, en attendant son retour, d'organiser un gouvernement chargé surtout de procurer de bons logements aux troupes françaises, de pourvoir à leurs besoins, et d'empêcher qu'il ne leur fût fait aucune insulte. « On ne pouvait, dit le duc de Rovigo, faire les choses de meilleure grâce, ni être plus prévenant. » Ensuite il s'embarqua avec sa famille et quinze mille nobles qui emportaient toutes les richesses du royaume, escorté par une escadre anglaise qui avait aidé à son déménagement. Quant à Junot, il s'empara du gouvernement, réorganisa son armée, qui l'avait rejoint, licencia les troupes portugaises, et occupa tout le centre du royaume, pendant que les divisions espagnoles se portaient dans les Algarves et sur le Douro. Cette invasion, opérée en si peu de temps et par une armée de conscrits, la plupart petits, maigres, presque sans vêtements, décimés par les marches forcées et la disette, mal armés, semblait tenir du prodige : on eût dit que Napoléon avait communiqué, même aux plus jeunes, cette énergie, cette activité et surtout ce prestige qui faisaient tout plier devant lui.

Cependant, le 15 décembre, il y eut à Lisbonne un commencement d'insurrection. On venait d'arborer solennellement le drapeau français sur les forts, les châteaux et la flotte, à la place du drapeau portugais, qu'un préjugé populaire fait regarder comme un présent du ciel, et cet évènement avait produit une grande sensation dans la ville. De nombreux attroupements se formèrent ; les places, les rues, les quais, se remplirent de groupes, et les églises de suppliants. Bientôt le bruit se répandit que le roi don Sébastien, mort depuis cinq cents ans à la bataille d'Alcala, en Afrique, et toujours attendu comme le Messie par les Portugais, allait enfin reparaître pour exterminer les Français, et le peuple se porta sur les hauteurs de la ville, pour le voir arriver de plus loin. Rien enfin ne fut négligé par les agents secrets de la cour et de l'Angleterre pour le faire insurger ; mais, de son côté, Junot avait pris ses mesures, et le peuple fut dispersé.

Pendant ce temps, la plus grande anarchie divisait la famille royale d'Espagne. Charles IV, naturellement faible et indolent, était l'esclave de sa femme, qui, à son tour, subissait l'influence d'un favori, Manuel Godoï, homme sans naissance et sans mérite, que, de simple garde-du-corps, la reine avait fait premier ministre, généralissime, grand-amiral, prince de la Paix. Ce favori était maudit par le peuple[1], et le prince des Asturies, Ferdinand, partageait à cet égard le sentiment national. Aussi méprisable que son père par sa fausseté et sa faiblesse, ce prince ne devait la popularité dont il jouissait en Espagne, qu'à l'inimitié de sa mère et aux persécutions du favori. Il se déclara ouvertement son ennemi; mais ayant tout à craindre des entreprises d'un homme qui avait juré sa perte, il chercha à les prévenir. A cet effet, s'adressant à Napoléon, il sollicita sa protection et *l'honneur de s'allier à une personne de son auguste famille.* On eut bientôt vent dans le palais de la conjuration du prince, et le favori en ayant recueilli les preuves, la dénonça au roi, en lui faisant entendre que « son abdication et peut-être sa mort » avaient été résolues par les conspirateurs. Aussitôt le prince fut arrêté et ses papiers saisis: on y trouva la copie de sa lettre à Napoléon, un projet de décret, dans lequel, prenant le titre de *roi*, il donnait au duc de l'Infantado le gouvernement des Castilles, etc. Alors le vieux roi demanda à son tour à Napoléon vengeance contre son fils, qui, disait-il, avait formé le complot horrible de le détrôner, et s'était porté jusqu'à l'excès d'attenter contre la vie de sa mère. Ainsi constitué arbitre entre le père et le fils, Napoléon résolut de profiter de cette occasion unique pour se délivrer de cette branche des Bourbons, continuer, dans sa propre dynastie, le système de famille de Louis XIV, et enchaîner l'Espagne aux destinées de la France[2].

Sous le prétexte d'assurer l'occupation du Portugal, ses

---

[1] Il appelait, dans son langage brutal, le roi *cabron* (bouc); la reine, *la putana*; Godoï, *el alcauete* (le proxénète).

[2] Voyez le *Mémorial de Sainte-Hélène.*

troupes, sous le commandement en chef de Murat, entrèrent en Espagne. Dupont, avec vingt-huit mille hommes, vint s'établir sur le Douro; Moncey, à la tête d'une force à peu près égale, occupa les provinces basques; Duhesme, avec dix mille hommes, entra dans la Catalogne; Bessières, avec l'armée de réserve rassemblée à Bayonne, fut chargé de garder le passage des Pyrénées. Les côtes, les principales places frontières de l'Espagne, Barcelone, Pampelune, Figuières, Saint-Sébastien, etc., se trouvèrent ainsi occupés. Tout cela n'était pas justifié par le traité de Fontainebleau; mais tel était l'aveuglement et la lâcheté de Godoï, qu'il n'osa demander des explications, et ordonna à tous les commandants de place de céder aux sommations des généraux français. Bientôt Napoléon signifia à la cour de Madrid que l'intérêt de la France exigeait la réunion à l'Empire des provinces situées entre l'Ebre et les Pyrénées, et qu'il offrait en compensation le Portugal. A cette nouvelle, Godoï, ouvrant enfin les yeux, fit assembler le conseil du roi au palais d'Aranjuez, et, après y avoir exposé les malheurs qui menaçaient la monarchie, il proposa le départ de la famille royale pour Séville, et de là pour le Mexique, à l'exemple de la maison de Bragance. Son avis prévalut, mais le prince des Asturies s'opposa à son exécution. « Le prince de la Paix est un traître, avait-il dit, en sortant du conseil, aux gardes-du-corps qui étaient dans la salle: il veut emmener mon père; empêchez-le de partir. » Ce propos, répandu dans la ville, y excita la plus grande fermentation, et, dans la nuit du 17 au 18 mars 1808, qui avait été fixée pour le départ, le peuple et les partisans de Ferdinand se mirent en mouvement, et occupèrent les avenues du château. Ce signal de révolte donné, l'insurrection prit le lendemain un caractère effrayant. Godoï, objet de la haine publique, eut son palais saccagé, et, après avoir couru les plus grands périls, il fut arrêté et jeté en prison. Charles IV abdiqua en faveur de son fils, qui fut proclamé roi sous le nom de Ferdinand VII.

Aussitôt Murat marcha sur Madrid et y fit son entrée le 24, en même temps que le nouveau roi, dont l'avènement fut salué dans toute l'Espagne avec de grandes démonstrations de joie. Cependant le vieux Charles protesta contre une abdication qui lui avait été arrachée, disait-il, par la force; il demanda à l'Empereur de faire rendre son favori à la liberté, et l'on vit un descendant de Louis XIV, l'arrière-successeur de Charles d'Anjou, solliciter comme une grâce d'aller vivre avec sa famille dans un lieu sûr, pourvu que celui qu'il appelait son ami, son unique ami, le pauvre prince de la Paix, fût avec lui.

Les évènements d'Aranjuez jetèrent quelque incertitude dans l'esprit de Napoléon sur les affaires de la Péninsule. « Je crains, écrivit-il à Murat, je crains que vous ne me trompiez sur la situation de l'Espagne, et que vous ne vous trompiez vous-même. L'affaire du 19 mars a singulièrement compliqué les évènements : je reste dans une grande perplexité.

« Ne croyez pas que vous attaquiez une nation désarmée et que vous n'ayez que des troupes à montrer pour soumettre l'Espagne. La révolution du 20 mars prouve qu'il y a de l'énergie chez les Espagnols. Vous avez affaire à un peuple neuf; il a tout le courage, et il aura quelque jour tout l'enthousiasme que l'on rencontre chez des hommes que n'ont point usés les passions politiques.

« L'aristocratie et le clergé sont les maîtres de l'Espagne; s'ils craignent pour leurs privilèges et pour leur existence, ils feront contre nous des levées en masse *qui pourront éter-*

niser la guerre. J'ai des partisans; si je me présente en conquérant, je n'en aurai plus.

« Le prince de la Paix est détesté, parce qu'on l'accuse d'avoir livré l'Espagne à la France : voilà le grief qui a servi à l'usurpation de Ferdinand ; le parti populaire est le plus faible.

« Le prince des Asturies n'a aucune des qualités qui sont nécessaires au chef d'un enation; cela n'empêchera pas que, pour nous l'opposer, on n'en fasse un héros. Je ne veux pas qu'on use de violences envers les personnages de cette famille; il n'est jamais utile de se rendre odieux et d'enflammer les haines. L'Espagne a plus de cent mille hommes sous les armes ; c'est plus qu'il n'en faut pour soutenir avec avantage une guerre intérieure divisée sur plusieurs points; ils peuvent servir de soulèvement total à la monarchie entière.

« Je vous présente l'ensemble des obstacles qui sont inévitables; il en est d'autres que vous sentirez. L'Angleterre ne laissera pas échapper cette occasion de multiplier nos embarras : elle expédie journellement des *avisos* aux forces qu'elle tient sur les côtes du Portugal et dans la Méditerranée ; elle fait des enrôlements de Siciliens et de Portugais.

« La famille royale n'ayant point quitté l'Espagne pour aller s'établir aux Indes, il n'y a qu'une révolution qui puisse changer l'état de ce pays; c'est peut-être celui de l'Europe qui y est le moins préparé. Les gens qui voient les vices monstrueux de ce gouvernement, et l'anarchie qui a pris la place de l'autorité légale, font le plus petit nombre; le plus grand nombre profite de ces vices et de cette anarchie.

« Dans l'intérêt de mon empire, je puis faire beaucoup de bien à l'Espagne. Quels sont les meilleurs moyens à prendre?

« Irai-je à Madrid? exercerai-je l'acte d'un grand protectorat, en prononçant entre le père et le fils? Il me semble difficile de faire régner Charles IV : son gouvernement et son favori sont tellement dépopularisés, qu'ils ne se soutiendraient pas trois mois.

« Ferdinand est l'ennemi de la France, c'est pour cela qu'on l'a fait roi ; le placer sur le trône, sera servir les factions qui, depuis vingt-cinq ans, veulent l'anéantissement de la France... »

Napoléon recommande ensuite à son lieutenant de ne rien précipiter, d'user de bons procédés envers le roi, la reine et le prince de la Paix, et de faire en sorte que les Espagnols ne puissent plus soupçonner le parti qu'il prendra. « Cela ne sera pas difficile, ajoutait-il, *je n'en sais rien moi-même.*

« Vous ferez entendre à la noblesse et au clergé que, si la France doit intervenir dans les affaires d'Espagne, leurs privilèges et leurs immunités seront respectés. Vous leur direz que l'Empereur désire le perfectionnement des institutions politiques de l'Espagne, pour la mettre en rapport avec l'état de la civilisation de l'Europe, pour la soustraire au régime des favoris... Vous direz aux magistrats et aux bourgeois des villes, aux gens éclairés, que l'Espagne a besoin de recréer la machine de son gouvernement ; qu'il lui faut des lois qui garantissent les citoyens de l'arbitraire et des usurpations de la féodalité, des institutions qui raniment l'industrie, l'agriculture et les arts. Vous leur peindrez l'état de tranquillité et d'aisance dont jouit la France, malgré les guerres où elle s'est trouvée engagée ; la splendeur de la religion, qui doit son rétablissement au concordat que j'ai signé avec le Pape. Vous leur démontrerez les avantages qu'ils peuvent tirer d'une régénération politique. L'ordre et la paix dans l'intérieur : tel doit être l'esprit de vos discours et de vos écrits...

« J'ordonne que la discipline soit maintenue de la manière la plus sévère : point de grâce pour les plus petites fautes. L'on aura pour l'habitant les plus grands égards, l'on respectera principalement les églises et les couvents.

« L'armée évitera toute rencontre, soit avec les corps de l'armée espagnole, soit avec des détachements : il ne faut pas que d'aucun côté il soit brûlé une amorce... *Si la guerre s'allumait, tout serait perdu.*

« C'est à la politique et aux négociations qu'il appartient de décider des destinées de l'Espagne, » etc.

C'est dans cette disposition d'esprit que Napoléon partit pour Bayonne, où il appela la famille royale espagnole. Jusqu'à ce jour, il s'était abstenu de saluer Ferdinand du titre de roi. Celui-ci, persuadé qu'il ne pouvait régner sans la protection de l'Empereur, et craignant d'être prévenu par son père, résolut de se rendre à Bayonne, espérant, ainsi que ses conseillers, disposer Napoléon en sa faveur. Arrivé à Vittoria, il lui écrivit pour le supplier de dissiper les inquiétudes de ses sujets, en le reconnaissant comme roi ; mais il n'en obtint, le 16 avril, que cette mémorable réponse :

« Je ne suis point juge de ce qui s'est passé, et de la conduite du prince de la Paix ; mais ce que je sais bien, c'est qu'il est dangereux pour les rois d'accoutumer les peuples à répandre du sang, et à se faire justice eux-mêmes. Je prie Dieu que votre altesse royale n'en fasse pas un jour elle-même l'expérience. Il n'est pas de l'intérêt de l'Espagne de faire du mal à un prince qui a épousé une princesse du sang royal [1], et qui a si longtemps régi le royaume. Il n'a plus d'amis : votre altesse royale n'en aura plus si jamais elle est malheureuse. Les peuples se vengent volontiers des hom-

---

[1] Une cousine germaine de Charles IV.

mages qu'ils nous rendent. Comment, d'ailleurs, pourrait-on faire le procès au prince de la Paix sans le faire à la reine et au roi votre père? Ce procès alimentera les haines et les passions factieuses : le résultat en sera funeste pour votre couronne. Votre altesse royale n'y a de droits que ceux que lui a transmis sa mère. Si le procès la déshonore, votre altesse royale déchire par là ses droits. Qu'elle ferme l'oreille à des conseils faibles et perfides. Elle n'a pas le droit de juger le prince de la Paix. Ses crimes, si on lui en reproche, se perdent dans les droits du trône. J'ai souvent manifesté le désir que le prince de la Paix fût éloigné des affaires : l'amitié du roi Charles m'a porté souvent à me taire, et à détourner les yeux des faiblesses de son attachement. Misérables hommes que nous sommes! faiblesse et erreur, c'est notre devise. Mais tout cela peut se concilier : que le prince de la Paix soit exilé d'Espagne, et je lui offre un refuge en France. Quant à l'abdication de Charles IV, elle a eu lieu dans un moment où mes armées couvraient les Espagnes, et, aux yeux de l'Europe et de la postérité, je paraîtrais n'avoir employé tant de troupes que pour précipiter du trône mon allié et mon ami. Comme souverain voisin, il m'est permis de vouloir connaître, avant de reconnaître cette abdication. Je le dis à votre altesse royale, aux Espagnols, au monde entier : si l'abdication du roi Charles est de pur mouvement, s'il n'y a pas été forcé par l'insurrection et l'émeute d'Aranjuez, je ne fais aucune difficulté de l'admettre, et je reconnais votre altesse royale comme roi d'Espagne... »

Cette réponse n'arrêta point Ferdinand. Vainement le peuple, qui s'indignait de le voir avilir sa dignité pour aller mendier la reconnaissance d'un souverain étranger, voulut s'opposer à son voyage; les conseillers du prince l'emportèrent, et Ferdinand entra le 20 à Bayonne. « Comment!

s'écria Napoléon en apprenant son arrivée, il vient? Non, cela n'est pas possible; » mais dès qu'il eut pu juger par lui-même de l'incapacité de ce prince : « Jamais, dit-il, je ne pourrai compter sur l'Espagne, tant que les Bourbons en occuperont le trône. »

Dix jours après, le roi et la reine arrivèrent à leur tour à Bayonne. Napoléon leur fit une réception royale : mais ce qui les charma surtout, ce fut de revoir le prince de la Paix, que Murat avait fait délivrer pour l'envoyer en France. Alors commencèrent une suite d'entrevues et d'intrigues dans lesquelles Charles IV, rappelant ses griefs contre son fils, voulut le forcer à lui rendre sa couronne. « J'ai dû, lui dit-il, me ressouvenir de mes droits de père et de roi ; je vous fis arrêter. Je trouvai dans vos papiers la conviction de votre culpabilité. Mais sur la fin de ma carrière, en proie à la douleur de voir mon fils périr sur l'échafaud, je fus sensible aux larmes de votre mère, et je vous pardonnai.... Quelle a été votre conduite? Vous avez mis en rumeur tout mon palais ; vous avez soulevé mes gardes-du-corps contre moi ; votre père lui-même a été votre prisonnier... Vous avez flétri mes cheveux blancs : vous les avez dépouillés d'une couronne portée avec gloire par mes ancêtres, et que j'avais conservée sans tache... J'ai eu recours à l'Empereur, non plus comme un roi à la tête de ses troupes et environné de l'éclat du trône, mais comme un roi malheureux et abandonné. J'ai trouvé protection et refuge au milieu de ses camps...Votre conduite envers moi, vos lettres interceptées, ont mis une barrière d'airain entre vous et le trône d'Espagne. Il n'est ni de votre intérêt ni de celui des Espagnes que vous y prétendiez... Je suis roi du droit de mes pères ; mon abdication est le résultat de la force et de la violence : je n'ai donc rien à recevoir de vous. »

Pendant que ces scènes scandaleuses se passaient à Bayonne, une insurrection éclatait à Madrid : le départ de la famille royale, la délivrance du favori, l'invasion des Français, avaient achevé d'y exaspérer la multitude, qui massacra tous les Français isolés, et se livra à tous les excès. Cependant, Murat fit prendre les armes à ses troupes, et, en un moment, la révolte fut comprimée, mais pour éclater bientôt plus vive et plus terrible dans toute l'Espagne.

A la nouvelle de ces évènements, Napoléon, transporté de colère, se rendit chez le roi Charles IV, et lui en témoigna toute son indignation. Celui-ci fit appeler son fils, l'accusa, à son tour, devant l'Empereur, d'avoir trempé dans le complot, et s'emporta jusqu'à vouloir le frapper. « Prince, lui dit alors Napoléon, jusqu'à ce moment je ne m'étais arrêté à aucun parti sur les évènements qui vous ont amené ici ; mais le sang répandu à Madrid fixe mes irrésolutions. Ce massacre ne peut être que l'œuvre d'un parti que vous ne pouvez pas désavouer, et je ne reconnaîtrai jamais pour roi d'Espagne celui qui a ordonné le meurtre de mes soldats. Je n'ai d'engagement qu'avec le roi votre père, et je vais le reconduire à Madrid. » — « Moi ! dit Charles, qu'irais-je faire dans un pays où il a armé toutes les passions contre moi ? Je ne trouverais partout que des sujets soulevés, et je ne veux pas déshonorer ma vieillesse et leur faisant la guerre, ou en les conduisant à l'échafaud. Non, je ne le veux pas, il s'en chargera mieux que moi. » Puis, regardant son fils : « Va, ajouta-t-il, tu apprendras ce qu'il en coûte de régner. » Enfin, cédant aux menaces et aux ordres de son père, ou plutôt à la volonté formelle de Napoléon, Ferdinand restitua la couronne à son ancien maître, qui, par un traité du 5 mai 1808, s'en démit à son tour en faveur de Napoléon. Ferdinand, son frère Carlos et son oncle Antonio adhérèrent à ce traité, et se retirèrent à Valençay ; Charles, avec sa femme et son inséparable ami, vint habiter Compiègne et ensuite Marseille, après avoir nommé lui-même Murat lieutenant-général du royaume, et invité, dans une proclamation, les Espagnols à traiter les Français en frères.

Alors, la junte de gouvernement, sur l'invitation de Murat et d'après le désir de l'Empereur, demanda, par délibération du 13 mai, Joseph Bonaparte pour roi : le conseil de Castille et la municipalité de Madrid adhérèrent à ce vœu ; mais Napoléon voulut le faire sanctionner par la nation espagnole, et il convoqua, pour le 15 juin, à Bayonne, une junte d'État de cent cinquante députés du clergé, de la grandesse et de la bourgeoisie, pour faire une constitution : en même temps, il adressa au peuple espagnol la proclamation suivante :

« Espagnols !

« Après une longue agonie, votre nation périssait. J'ai vu vos maux, je veux y porter remède. Votre monarchie est vieille : ma mission est de la rajeunir. J'améliorerai toutes vos institutions, et je vous ferai jouir, si vous me secondez, des bienfaits d'une réforme, sans froissements, sans désordres, sans convulsions. »

Son but, en effet, était de régénérer l'Espagne, de la mettre au niveau des sociétés européennes. Par sa position géographique, ce pays est la continuation du sol de la France, il n'a de communication qu'avec elle ; au bout, ce sont les colonnes d'Hercule ; enfin, il n'y a plus de Pyrénées : vulnérable par l'immense étendue de ses côtes, il peut être la terreur ou la proie de l'Angleterre, selon qu'il est régi par une bonne ou une mauvaise administration. Il était donc dans l'intérêt de la France de s'attacher l'Espagne par des principes uniformes de gouvernement, et, sous ce rapport, Napoléon faisait un acte de la plus haute politique en même temps qu'une grande et bonne action; mais on ne brusque pas plus les réformes qu'autre chose, et déjà Napoléon avait compromis la moralité de son œuvre dans l'entrevue de Bayonne, entrevue que toute l'Europe regarda comme un guet-apens où il avait attiré les Bourbons pour les dépouiller à son profit. Napoléon l'a confessé à Sainte-Hélène : il se reprochait d'avoir mis de l'importance à détrôner la dynastie des Bourbons. « J'aurais dû, disait-il, donner une constitution libérale à la nation espagnole, et charger Ferdinand de la mettre en pratique. S'il l'exécutait de bonne foi, l'Espagne prospérait et se mettait en harmonie avec nos mœurs nouvelles; s'il manquait à ses engagements, es Espagnols eux-mêmes l'auraient renvoyé, et seraient venus me solliciter de leur donner un maître... J'embarquai fort mal toute cette affaire; l'immoralité dut se montrer par trop patente, l'injustice par trop cynique, et l'attentat ne se présente plus que dans sa hideuse nudité, privé de tout le grandiose et des nombreux bienfaits qui remplissaient mon intention... Cette malheureuse guerre m'a perdu ! elle a divisé mes forces, multiplié mes efforts, attaqué ma moralité, compliqué mes embarras, ouvert une école aux soldats anglais. C'est moi qui ai formé l'armée anglaise dans la Péninsule; et pourtant, ajoutait-il, on ne pouvait la laisser à leurs machinations, aux intrigues, à l'espoir, au prétexte des Bourbons. »

Napoléon rendit un décret impérial où, d'après les vœux de la junte du gouvernement, du conseil de Castille et de la municipalité de Madrid, il proclamait son frère Joseph roi des Espagnes et des Indes. Joseph abdiqua sa couronne de Naples, qui fut transférée à Murat, et il partit pour Bayonne.

Napoléon, le 7 juin, se porta en pompeux cortège à sa rencontre. A son arrivée, les grands d'Espagne, les députations du conseil de Castille, des conseils de l'Inquisition, de l'armée, vinrent offrir leurs hommages au nouveau roi.

Au jour marqué, la junte extraordinaire s'ouvrit. Après plusieurs séances, elle adopta la constitution proposée par Napoléon, et à peu près calquée sur celle de l'Empire. D'après cette constitution, le gouvernement se composait du roi, de ses ministres, du sénat, du conseil d'État, des cortès ou assemblée des députés de la nation, et de l'ordre judiciaire. Les cortès étaient divisés en trois bancs : le clergé avait vingt-cinq députés, la noblesse également vingt-cinq, le peuple cent vingt-deux. Ceux des deux premiers bancs étaient nommés par le roi ; ceux du troisième par le peuple, en raison d'un représentant pour trois cent mille ames. Il n'y avait qu'un seul code civil et qu'un même système d'imposition pour tout le royaume. Tout Espagnol pouvait prétendre aux emplois publics, et aucun impôt ne pouvait être ordonné et réparti sans le consentement libre des cortès. Aucun citoyen ne pouvait être arrêté sans un ordre signé. Quant à la liberté de la presse, elle devait être établie deux ans après la mise à exécution de la constitution, que les cortès, assemblés extraordinairement en 1820, avaient le droit de changer, améliorer, réformer, selon les besoins du temps et les enseignements de l'expérience.

Ainsi, quelque imparfaite qu'elle fût, la charte espagnole était plus libérale que celle de l'Empire, et Napoléon, qui opprimait les nations civilisées, même celle qui l'avait fait si grand, était, pour la Péninsule, un régénérateur véritable.

Tandis que Napoléon se faisait, à Bayonne, l'arbitre de l'Espagne, celle-ci, blessée dans son orgueil national par l'imposition d'un roi étranger, se levait tout entière pour le repousser. Déjà tout avait pris, dans ce royaume, un aspect redoutable. A l'exemple de Madrid, un grand nombre de villes, dans les provinces que n'occupaient point les troupes françaises, s'étaient insurgées. A Séville, un rassemblement, composé en grande partie de moines, de déserteurs, de contrebandiers, après avoir massacré le gouverneur et s'être emparé de l'autorité, avait institué cette junte devenue depuis si célèbre, par l'influence qu'elle exerça sur celles des autres provinces. A peine installée, en effet, elle reconnut pour roi Ferdinand VII, et lança une déclaration de guerre. Ce furent les moines qui, « les premiers, disent les écrivains espagnols, firent entendre aux cœurs castillans la voix du devoir, de la religion, et les excitèrent à secouer un joug exécrable. » Une autre junte, convoquée à Oviédo, avait demandé l'appui de l'Angleterre, dans la guerre « légitime et sainte » qu'elle allait faire aux Français. A Valence, un moine, à la tête d'une bande de paysans, avait soulevé le peuple au seul cri de *mort aux Français!* Quelques jours après, l'équipage d'un bâtiment français, poursuivi par une frégate anglaise, s'étant réfugié sur la côte, y périt victime d'une prédication fanatique. A Carthagène, à Grenade, à San-Lucar, à la Caroline, à Sarragosse, à Badajoz, à Valladolid, il y eut aussi des mouvements populaires. Partout, excepté à Madrid, les troupes espagnoles firent cause commune avec le peuple, et les gouverneurs qui voulurent s'opposer au mouvement furent massacrés. Ce n'était qu'une suite de scènes sanglantes, où les fureurs de la Ligue et les excès de 93 furent surpassés. Des proclamations violentes, des catéchismes incendiaires exaltaient le fanatisme politique et le fanatisme religieux de la multitude. Voici, entre autres, ce que les prêtres enseignaient aux enfants:

« Dis-moi, mon enfant, qui es tu ? — Espagnol, par la

grâce de Dieu. — Que veux-tu dire par là? — Homme de bien. — Quel est l'ennemi de notre félicité? — L'empereur des Français. — Qu'est-ce? — C'est un méchant. — Combien a-t-il de natures? — Deux, la nature humaine et la diabolique. — Combien y a-t-il d'empereurs des Français? — Un véritable en trois personnes trompeuses. — Comment les nomme-t-on? — Napoléon, Murat, et Manuel Godoï. — Lequel des trois est le plus méchant? — Ils le sont tous trois également. — De qui dérive Napoléon? — Du péché. — Murat? — De Napoléon. — Et Godoï? — De la fornication des deux. — Quel est l'esprit du premier? — L'orgueil et le despotisme. — Du second? — La rapine et la cruauté. — Du troisième? — La cupidité, la trahison et l'ignorance. — Que sont les Français? — D'anciens chrétiens devenus hérétiques. — Est-ce un péché de mettre un Français à mort? — Non, mon père, on gagne le ciel en tuant un de ces chiens d'hérétiques. — Quel supplice mérite l'Espagnol qui manque à ses devoirs? — La mort et l'infamie des traîtres. — Qui nous délivrera de nos ennemis? — La confiance entre nous autres, et les armes. »

Au 15 juin, le soulèvement était universel. La junte de Séville s'était déclarée junte suprême : elle appela la nation aux armes, en revêtant cet appel des formes religieuses et sacramentelles. Les moines firent parler la vierge *del Pilar* et les saints de toutes les Espagnes. Bientôt des juntes d'insurrection et des armées surgirent de toutes parts ; il y eut des compagnies de Brutus, des compagnies *del Popolo* : c'étaient les compagnies des étudiants des écoles ; d'autres dont les compagnies portaient des noms de saints : c'était l'insurrection des paysans. En peu de jours enfin, l'Espagne, comme la France en 1792, se trouva prête à repousser une injuste agression.

Dupont, marchant sur Cadix, trouva le peuple en armes, pendant que des troupes régulières en Andalousie se rassemblaient à Séville, sous les ordres des généraux Castanos et Reding pour lui livrer bataille. Il réussit néanmoins à s'emparer de Cordoue, et, après avoir saccagé cette ville, il se retira à Andujar, sur la rive droite du Guadalquivir, et s'y fortifia, en attendant des renforts de Madrid, à la rencontre desquels il détacha six mille hommes, commandés par Védel, vers la Sierra-Moréna. Moncey, chargé de s'assurer de Valence, eut d'abord à combattre une armée de dix mille insurgés qu'il culbuta dans les montagnes; mais il essaya vainement de prendre la ville, et se retira dans la Manche ayant perdu deux mille hommes. Duhesme ne fut pas plus heureux à Girone. Après avoir livré quinze combats en un mois, il rentra à Barcelone. A Sarragosse, une poignée de soldats mal disciplinés, sous les ordres du général Palafox, avait déjà mis la ville et les citoyens en état de se défendre, quand les Français se présentèrent devant ses murs.

Au nord, cependant, la fortune nous était moins contraire, et les Espagnols essuyèrent, sur les frontières de Léon, un terrible échec.

Dès le commencement de la guerre, ils étaient parvenus, à l'aide des Anglais, à former une armée de trente-cinq mille hommes, tant de troupes régulières que de bataillons insurgés. Cette armée, rassemblée en Castille sous les ordres du général Cuesta, menaçait de s'établir entre Burgos et le Douro. Bessières se porta au-devant d'elle avec quatorze mille hommes, et la rencontra à Médina de Rio-Seco. C'était le 14 juillet : Cuesta avait placé sa première ligne sur un plateau, le front couvert par ses pièces de position. Sa seconde ligne, composée des meilleures troupes, était renforcée de dix-huit mille paysans; elle était déployée à une grande distance de la première. Son centre s'appuyait sur la ville.

Aussitôt Bessières aborde le front espagnol et le rompt. Alors Cuesta porte en avant sa seconde ligne, pousse hardiment sur nous son aile droite, et nous enlève six pièces de canon ; mais ce mouvement est plus impétueux que réfléchi. Ce mouvement sépare ses deux ailes et expose le flanc de sa droite. Bessières fait charger ce flanc dégarni par la division Merle, tandis que la garde l'attaque de front. Après une lutte sanglante, les Espagnols furent mis en pleine déroute. Douze mille hommes tués ou pris, dix-huit pièces de canon, furent les trophées de cette première victoire, qui ne coûta aux Français que deux cents hommes.

On dit qu'en recevant la nouvelle de cette bataille, Napoléon s'écria que Bessières avait mis Joseph sur le trône. En effet, Joseph entra à Madrid quelques jours après. Mais son séjour n'y fut pas long.

Dupont était toujours à Andujar ; et, pendant qu'il restait immobile, Castanos et Reding en profitèrent pour s'organiser. Ils avaient quinze mille hommes de troupes et trente mille insurgés, avec un grand matériel tiré de Cadix. Dupont se replia alors sur Baylen pour rejoindre Védel. Arrivé à la Ramblar, qu'il fallait passer avant d'entrer dans les gorges de la Sierra-Moréna, il fut tout surpris d'y heurter les avant-postes de Reding. Ce général, instruit, par des lettres interceptées, de la position isolée de Dupont et de son projet de se replier sur Baylen, avait résolu d'arrêter sa marche. Il fallut forcer le passage. A l'instant l'action s'engage ; Dupont fait fortement appuyer son avant-garde, et lance successivement les généraux Chabert, Dupré, Schramm et un escadron de cuirassiers sur les lignes ennemies. Déjà tout un régiment espagnol est exterminé, une batterie établie sur leur gauche, détruite, les canonniers sabrés sur leurs pièces et les canons pris ; mais les ennemis, supérieurs en nombre, débordent sans cesse nos ailes : du haut des montagnes, du flanc des rochers, du milieu des bois d'oliviers, surgissent des paysans armés, dont les coups de feu portent le désordre au milieu des réserves et des blessés. Alors, séparé de ses communications, n'ayant aucune nouvelle de Védel, attaqué sur ses derrières par Castanos, Dupont demanda et obtint un armistice, quand l'honneur et le devoir lui imposaient l'obligation de combattre, et de mourir même, s'il le fallait, à la tête de ses braves.

Pendant ce temps, Védel, attiré par le bruit du canon, accourut : il se trouva sur les derrières des Espagnols qui faisaient face à Dupont. Son premier mouvement fut de tirer l'épée et de charger. Déjà il avait culbuté la première ligne ennemie, pris des canons et des drapeaux, quand un aide-de-camp de Dupont, traversant le champ de bataille, vint ordonner à Védel de cesser le feu, et lui annoncer qu'on négociait. Védel obéit et voulut se retirer ; mais Dupont, sur la menace que lui fit Reding de passer au fil de l'épée sa division qui était cernée, si Védel quittait sa position, lui ordonna de rester ; oubliant que, prisonnier, il ne pouvait commander à son lieutenant qui était libre et victorieux. C'est ainsi que le héros d'Albeck ne sut couronner les belles actions de sa vie guerrière qu'en signant une capitulation en rase campagne !

D'après cette capitulation, les troupes françaises devaient être embarquées à San-Lucar ou à Rota, sur des vaisseaux espagnols qui les transporteraient à Rochefort ; mais les Espagnols souillèrent leur victoire en violant la capitulation. Dépouillés, outragés, mutilés, les soldats de Dupont et ceux de Védel allèrent périr misérablement sur les pontons de

Cadix, dans l'île de Cabréra, ou sur les pontons d'Angleterre.

« Napoléon, en apprenant ce désastre, dit le général Foy, ne s'écria point : Varus ! Varus ! qu'as-tu fait de mes légions? mais il versa des larmes de sang sur ses aigles humiliées. Cette virginité de gloire qu'il jugeait inséparable du drapeau tricolore était perdue pour jamais. Le charme était rompu, les invincibles avaient été vaincus. » — « C'est une tache pour le nom français, s'écriait-il; il eût mieux valu qu'ils fussent tous morts les armes à la main. Nous les eussions vengés. On retrouve des soldats; il n'y a que l'honneur qui ne se retrouve point. »

Cet évènement, en effet, exalta le courage espagnol et multiplia les soldats ; il porta un coup mortel au parti français en Espagne, et rallia au parti de l'insurrection les dissidents nombreux, qui, ne la croyant pas susceptible de succès, allaient se réunir autour du trône de Joseph. Aussi, la joie fut grande à Madrid à cette nouvelle; elle éclata même d'une manière bruyante quand on y apprit que Castanos s'avançait sur la capitale. Tous les corps français se replièrent sur la ligne de l'Ebre, et Joseph, huit jours après son arrivée à Madrid, se vit contraint d'aller se réfugier à Vittoria (1er août).

Tel fut ce premier revers des armées françaises : il commença la réaction contre l'Empire, et provoqua la cinquième coalition. A l'exemple des Espagnols, les Portugais s'étaient soulevés, le 16 juin, à Oporto. Attaqués de toutes parts, les Français s'étaient concentrés dans les places; mais vingt-deux mille Anglais, sous le commandement d'Arthur Wellesley, depuis duc de Wellington, débarquèrent à Mondégo. Réduit à faire face à une insurrection et à une armée régulière, Junot essaya de résister et alla attaquer les Anglais à

Vimeiro. Il fut battu et se retira à Torrès-Vedras. Alors Junot proposa d'évacuer le pays, à condition que son armée serait transportée en France avec armes et bagages; et, à l'appui de sa proposition, il joignit la menace de ruiner Lisbonne, si elle n'était point acceptée. La convention fut signée à Cintra ; Junot et ses soldats sortirent du Portugal avec les honneurs de la guerre; mais les Anglais restèrent maîtres du pays.

Alors, Napoléon résolut de se transporter lui-même dans la Péninsule avec sa grande-armée, et d'en faire la conquête; mais avant de se porter dans le Midi, il voulut s'assurer du Nord, dont les alliances l'avaient si souvent trompé. Déjà, en effet, de sourdes menaces s'y faisaient entendre ; la Suède, l'Allemagne et l'Autriche recommençaient à s'agiter. Celle-ci « avait, depuis le traité de Presbourg, préparé les moyens de se débarrasser de ce traité et de reprendre son ancien rang dans le système politique de l'Europe : à la nouvelle des évènements de la Péninsule, elle pensa que le moment d'éclater était arrivé [1] ; » et, sortant tout-à-coup de sa routine militaire, elle introduisit la conscription et la garde nationale dans ses États, réorganisa les landwehr, fit des armements considérables, renouvela secrètement son alliance avec l'Angleterre, négocia avec la Prusse et la Russie, dirigea, par ses agents, toutes les sociétés révolutionnaires de l'Allemagne, et enfin se disposa à une nouvelle lutte, en s'appuyant sur l'insurrection et sur des armées régulières.

A la nouvelle de ces apprêts, Napoléon demanda des explications à l'Autriche, et n'obtint que des protestations d'amitié. Il n'invita pas moins les princes de la confédération « à préparer leurs contingents, pour éviter une guerre sans motif, tout en faisant voir à l'Autriche qu'on était prêt à la

[1] Schoell, t. IX, p. 223.

soutenir. » En même temps, il écrivit au sénat que, puisque ses voisins augmentaient leurs armées, il était de son devoir d'augmenter la sienne. Le sénat s'empressa de voter la levée de cent soixante mille hommes. Napoléon avait alors douze armées : celle de Pologne, celle de Prusse, celle de Silésie, celle de Danemark, celle de Dalmatie, celle d'Albanie, celle d'Italie, celle de Naples, celle d'Espagne, et des armées de réserve à Boulogne, sur les côtes, sur le Rhin et dans l'intérieur. Après avoir signé un traité avec le roi de Prusse pour l'évacuation de ses États, assuré de ce côté, il proposa à Alexandre une entrevue « dans laquelle les affaires du monde se règleraient de manière qu'il pût être quatre ans tranquille, sans même une explication. » Alexandre accepta, et les deux empereurs se rencontrèrent à Erfurth, dans le voisinage d'Iéna (6 octobre). Ils y séjournèrent pendant quelques jours, au milieu d'une cour de rois, et dans la plus grande intimité. « C'étaient deux jeunes gens de bonne compagnie, disait Napoléon, dont les plaisirs en commun n'auraient eu rien de caché l'un pour l'autre. » Napoléon avait fait venir à Erfurth les principaux acteurs du Théâtre-Français : ils y donnèrent de nombreuses représentations dramatiques. On dit que dans une de ces soirées où l'on jouait *OEdipe*, Alexandre, se penchant vers Napoléon, lui fit l'application de ce vers de Voltaire :

L'amitié d'un grand homme est un bienfait des dieux

Ils se promirent que cette amitié qui les unissait ne serait point rompue ; et après s'être garantis le repos et la soumission de l'Europe, les deux maîtres de l'Occident et du Nord se séparèrent.

Le 19. Napoléon était de retour à Saint-Cloud. Avant de

marcher en Espagne, il ouvrit la session du corps législatif : il lui annonça que l'empereur de Russie et lui *étaient d'accord et invariablement amis pour la paix comme pour la guerre*[1]. Il lui apprit en même temps qu'il allait se mettre à la tête de son armée, et, avec l'aide de Dieu, couronner dans Madrid le roi d'Espagne, et planter ses aigles sur les forts de Lisbonne.

Déjà la grande armée avait évacué l'Allemagne ; elle traversait la France et se dirigeait sur les Pyrénées. « Soldats ! leur avait dit Napoléon en partant, après avoir triomphé sur les bords du Danube et de la Vistule, vous avez traversé l'Allemagne à marches forcées ; je vous fais aujourd'hui traverser la France sans vous donner un moment de repos. Soldats ! j'ai besoin de vous ! La présence hideuse du Léopard souille le continent de l'Espagne et du Portugal. Qu'à votre aspect il fuie épouvanté devant vos aigles triomphantes, jusqu'aux colonnes d'Hercule : là aussi, nous avons des outrages à venger. Soldats ! vous avez surpassé la renommée des armées modernes ; mais avez-vous égalé la gloire des armées de Rome, qui, dans une même campagne, triomphèrent sur le Rhin et sur l'Euphrate, en Illyrie et sur le Tage ? »

Cependant, une effroyable anarchie régnait en Espagne. De ce chaos était sorti une junte centrale composée des députés de chaque junte provinciale : elle siégeait à Aranjuez ; mais on y délibérait plus qu'on n'agissait, et, bien que l'exaltation fût grande, on ne parvint que lentement à organiser quatre armées : celle d'Aragon, de vingt mille hommes et commandée par Palafox ; celle d'Andalousie, de trente-

---

[1] On rapporte qu'à Erfurth Napoléon donna deux épées, la sienne à Alexandre et une autre très-riche à Constantin, et qu'en recevant celle de Napoléon, Alexandre lui dit : « Je l'accepte comme une marque de votre amitié. Votre Majesté est bien certaine que je ne la tirerai jamais contre elle. »

cinq mille hommes par Castanos ; celle de Galice, de quarante-cinq mille hommes, et celle de l'Estramadure, de vingt-cinq mille hommes, par Blake, La Romana et Galuzzo. Quarante mille Anglais devaient appuyer leurs mouvements.

Napoléon partit de Paris dans les premiers jours de novembre ; il arriva à Bayonne avec la rapidité d'un trait, et se rendit à Vittoria. Il fit ce dernier trajet à cheval en deux courses : de la première, il alla à Tolosa, et de la seconde à Vittoria, où il rejoignit Joseph et l'armée française. Celle-ci était forte de cent mille hommes. Son aile droite, appuyée au golfe de Gascogne, était formée des corps de Victor et de Lefebvre ; le centre, à Vittoria, et à cheval sur la grand' route de Madrid, se composait des corps de Soult, de la garde impériale et de la réserve de cavalerie ; les corps de Ney et de Moncey formaient l'aile gauche, dont l'extrémité s'appuyait aux montagnes de l'Aragon, vers Tudela.

Quelques jours suffirent à Napoléon pour changer la fortune de la guerre dans la Péninsule. Après avoir détruit l'armée d'Estramadure à Burgos, à Espinosa celle de Galice, celles d'Aragon et de Valence à Tudela, il marcha sur Madrid, pendant que ses armées de droite et de gauche manœuvraient pour empêcher la jonction des débris des troupes vaincues avec le corps d'armée qui couvrait la capitale. Il franchit le défilé de Somo-Sierra, regardé comme inexpugnable, et arriva le 1er décembre devant Madrid, où, depuis huit jours, on se préparait à la défense. Les rues étaient barricadées, toutes les cloches des églises sonnaient le tocsin, les moines appelaient le peuple aux armes ; plus de quarante mille paysans étaient venus, des campagnes voisines, se joindre aux huit mille soldats de la garnison ; cent pièces d'artillerie défendaient les remparts. Napoléon somma la ville de se rendre ;

mais le junte militaire lui fit répondre qu'on y était résolu à s'ensevelir sous les ruines plutôt que d'en permettre l'entrée aux Français. Alors Napoléon investit la place, et se disposa à l'attaquer. Bientôt le feu s'engagea à l'entrée des faubourgs. Après s'être emparé des hauteurs du Retiro, Napoléon, voulant épargner aux habitants les horreurs d'un siège, les invita de nouveau à se soumettre : ce qu'ils firent, le 4, à six heures du matin. Napoléon voulut signaler son entrée dans cette capitale par une amnistie générale, et, dans l'espoir de se faire des partisans, il se présenta aux Espagnols, non comme un maître, mais comme un libérateur.

Le 9, douze cents des principaux habitants de Madrid, composant les diverses députations municipales, du clergé régulier et séculier, du corps de la noblesse et des corporations, ayant à leur tête le corrégidor de la ville, vinrent présenter leurs hommages à l'Empereur, et prêter serment de fidélité au roi Joseph.

« J'ai aboli, leur dit Napoléon, ce tribunal contre lequel le siècle et l'Europe réclamaient. Les prêtres doivent guider les consciences, mais ne doivent exercer aucune juridiction extérieure et corporelle sur les citoyens.

« J'ai supprimé les droits féodaux, et chacun pourra établir des hôtelleries, des fours, des madragues, des pêcheries, et donner un libre essor à son industrie. L'égoïsme, la richesse, et la prospérité d'un petit nombre d'hommes, nuisaient plus à votre agriculture que les chaleurs de la canicule.

« Comme il n'y a qu'un Dieu, il ne doit y avoir, dans un État, qu'une justice. Toutes les justices particulières avaient été usurpées, et étaient contraires aux droits de la nation : je les ai détruites.

« Les armées anglaises, je les chasserai de la Péninsule.

« C'était la prépondérance de l'Angleterre qu'on voulait établir en Espagne; projet insensé, dont le résultat aurait été une guerre de terre sans fin, et qui aurait fait couler des flots de sang. Aucune puissance ne peut exister sur le continent, influencée par l'Angleterre. S'il en est qui le désirent, leur désir est insensé, et produira tôt ou tard leur ruine.

« Il me serait facile, et je serais obligé de gouverner l'Espagne, en y établissant autant de vice-rois qu'il y a de provinces. Cependant, je ne me refuse point de céder mes droits de conquête au roi, et à l'établir dans Madrid, lorsque les trente mille citoyens que renferme cette capitale, ecclésiastiques, nobles, négociants, hommes de loi, auront manifesté leurs sentiments et leur fidélité, donné l'exemple aux provinces, éclairé le peuple, et fait connaître à la nation que son existence et son bonheur dépendent d'un roi et d'une constitution libérale, favorable aux peuples et contraire seulement à l'égoïsme et aux passions orgueilleuses des grands...

« La génération présente pourra varier dans son opinion. Trop de passions ont été mises en jeu; mais vos neveux me béniront comme votre régénérateur; ils placeront au nombre des jours mémorables ceux où j'ai paru parmi vous, et de ces jours datera la prospérité de l'Espagne. »

C'était là, en effet, la mission de Napoléon dans la Péninsule; mais les nobles et les moines exaltèrent à l'envi le peuple par le fanatisme politique ou par le fanatisme religieux; et c'est ainsi que, fermant les yeux au progrès et à la civilisation que Napoléon lui apportait, il repoussa toutes les réformes pour se jeter dans ce qu'il appelait la *guerra a cuchillo* (guerre au couteau).

Pendant ce temps, Saint-Cyr soumit la Catalogne; Soult,

poursuivant les Anglais l'épée dans les reins, les força à s'embarquer à la Corogne, après leur avoir fait perdre dix mille hommes, leur général en chef (Moore), leurs canons, leurs bagages; Lefebvre battit les débris de l'armée d'Estramadure à Almaraz, et Victor les débris de l'armée d'Andalousie à Uclès; enfin Lannes soumit l'Aragon; mais il lui fallut deux mois d'un siège terrible pour s'emparer de Sarragosse.

Après la bataille de Tudela, Palafox s'était renfermé dans cette ville avec son armée; il avait fait jeter à la hâte quelques ouvrages défensifs; mais, exécutés avec plus de zèle que d'art, ces travaux ajoutaient à la force de la place plus en apparence qu'en réalité. Sa véritable force était dans l'exaltation, dans le dévouement, dans le fanatisme de ses soixante mille habitants, dont huit mois de résistance n'avaient point encore lassé le courage héroïque (11). Le 10 janvier, les Français commencèrent le bombardement de la ville; le 26, ayant ouvert la brèche, ils y montèrent vigoureusement, et, après une résistance terrible, se rendirent maîtres du sommet; mais les citoyens, comme de derrière un retranchement intérieur, entretenaient un feu continuel, et, à chaque instant, faisaient des sorties et combattaient corps à corps avec les troupes et les travailleurs qui s'efforçaient de former un logement. Dans ces sanglantes affaires, on voyait les femmes, les enfants, combattant avec le plus grand courage, et les moines, un crucifix d'une main, de l'autre une épée, les excitant de la voix et du geste, et donnant eux-mêmes l'exemple du dévouement. Après vingt-huit jours de tranchée ouverte, de famine et d'épidémie, la ville fut emportée d'assaut; mais alors le combat prit le plus haut degré d'opiniâtreté. Chaque maison, chaque église, chaque monastère était une citadelle; et, pendant vingt-trois jours, il fallut en faire le siège séparément, d'étage en étage, de chambre en chambre, pierre par pierre. Enfin, le 20 février, trente mille de ses enfants étant morts, cette ville capitula ; mais elle ne livra aux vainqueurs que des ruines et des cadavres.

Cependant, les victoires d'Almaraz et d'Uclès avaient décidé Joseph à rentrer dans Madrid. De toutes parts, les villes s'empressaient de lui prêter serment. A Madrid, vingt-huit mille sept cents chefs de famille avaient juré, sur le Saint-Sacrement, de défendre ce prince si Napoléon voulait le leur rendre. Après quelques hésitations, Napoléon céda à leur demande, et Joseph prit, pour la seconde fois, possession d'un trône qu'il ne devait pas garder longtemps. Ayant ainsi réglé les affaires de ce royaume, Napoléon partit pour Paris, laissant à son frère et à ses lieutenants le soin d'achever de le pacifier, pendant qu'il se portait au-devant de la cinquième coalition.

CHAPITRE VII.

Cinquième coalition. — Dispositions de l'Autriche. — Napoléon et M. de Metternich. — Passage de l'Inn par les armées autrichiennes. Invasion de la Bavière. — Départ de Napoléon pour l'armée. — Campagne de Wagram. — Position de l'armée française en Allemagne. — Mouvements de Davoust et de Masséna. — Jonction de Napoléon avec Lefebvre. — Batailles d'Abensberg et d'Eckmühl. — Napoléon blessé devant Ratisbonne. Prise de cette ville. — Bataille d'Ebersberg. — Capitulation de Vienne. — Passage du Danube. — Bataille d'Essling. — Mort de Lannes. — Retraite des Français dans l'île de Lobau; effet qu'elle produit en Europe. — Mouvements en Allemagne. — Insurrection du Tyrol. — Réorganisation de l'armée. — Dispositions d'attaque. — Jonction de l'armée d'Italie et de l'armée de Dalmatie avec l'armée d'Allemagne. — Second passage du Danube. — Bataille de Wagram. — Armistice de Znaïm. — Situation du continent. Soumission du Tyrol. Révolution de Suède. Réunion des États romains à l'Empire. — Seconde expédition du Portugal. — Prise d'Oporto. Marche des Anglo-Portugais sur cette ville. Retraite de Soult. — Campagne de 1809 en Espagne. Reddition de la Corogne et du Ferrol. — Armée anglo-espagnole: elle marche sur Madrid. — Bataille de Talaveyra. Retraite de Wellington. — Expédition des Anglais en Belgique. Son mauvais succès. Il détermine l'Autriche à faire la paix. — Tentative d'assassinat sur Napoléon par un jeune Allemand. — Traité de Vienne. — Retour de l'Empereur à Paris.

PENDANT que la France luttait dans la Péninsule, un nouvel orage s'amassait contre elle en Allemagne. Après tant de défaites, loin de se décourager, la coalition avait profité de ses fautes, et, croyant le moment venu d'en finir avec la révolution française, elle se prépara à une cinquième levée de boucliers. Dès 1808, l'Autriche avait réparé ses pertes;

les cours de Berlin et de Pétersbourg s'étaient rapprochées. Dans une visite du roi et de la reine de Prusse à l'empereur Alexandre, on avait renouvelé le serment prêté en 1805 sur le tombeau du grand Frédéric. Jusqu'à ce jour, la coalition s'était présentée dans chaque lutte séparément, cette fois elle embrassa un plan plus vaste : elle organisa des bandes d'insurgés, multiplia les sociétés secrètes, et provoqua, soit par des écrits ou des proclamations, soit en flattant leurs rêves d'indépendance, les peuples à la révolte. De toutes parts ses nombreux agents nous suscitaient des ennemis ; ils exploitaient, en France, les ressentiments et les espérances de tous les partis ; ils avaient même des intelligences dans les hautes régions du pouvoir. Deux hommes entre autres, Talleyrand et Fouché, ne craignaient pas d'être leurs complices (12). De son côté, l'Angleterre préparait dans ses ports une grande expédition, dont la destination était tenue secrète. De cette conjuration devait sortir une guerre générale, dont l'Autriche donnerait le signal.

Déjà celle-ci avait organisé sourdement ses levées en masse, et, appuyée sur une armée de cent cinquante mille hommes, y compris les landwher, elle se disposait à secouer le joug humiliant qui pesait sur elle depuis le traité de Presbourg. Chose étrange ! cette puissance, dont on ne compte plus les défaites, a toujours su regagner ce qu'elles lui ont fait perdre. Patiente, obstinée, immuable dans sa politique, quels que soient les coups dont la fortune l'accable, elle épie longuement, lentement, dans une humble et silencieuse attitude, l'occasion de les réparer, et n'éclate que lorsqu'elle a cru la trouver. C'est ainsi qu'après trois campagnes où elle avait payé pour la coalition, elle allait s'engager témérairement une quatrième fois. Cependant, à voir la situation des choses, il semblait que l'Autriche avait plus à espérer qu'à craindre. De ce qu'elle avait été vaincue, en effet, il ne s'ensuivait pas qu'elle le serait encore; elle pouvait reconquérir ce qu'elle avait perdu, se replacer au rang dont la dernière guerre l'avait fait déchoir; et d'ailleurs la résistance des Espagnols, l'irritation de l'Allemagne, les dispositions du continent, enfin, lui offraient des chances de succès qu'elle n'avait pas eues dans ses précédentes entreprises.

L'Angleterre, se voyant chassée de la Péninsule, avait su habilement exploiter ces dispositions de l'Autriche; elle lui avait révélé le but de l'expédition qu'elle préparait, et s'était engagée à lui fournir cent millions de subsides et un corps de troupes auxiliaires; ce qui, joint aux illusions du cabinet autrichien, avait achevé de le séduire. Il s'était, en outre, assuré de la neutralité ou plutôt de l'appui secret de la Prusse et de la Russie, et comptait sur toutes les nations mécontentes. Il avait organisé ses troupes à la française, et fait travailler l'esprit public dans toute l'Allemagne, où, depuis longtemps, on supportait impatiemment le fardeau de la guerre et de l'occupation. Il saisit donc le moment où Napoléon était encore en Espagne, « pour faire une campagne de peuples contre le despote, et l'enlacer d'insurrections. »

Mais déjà l'Empereur était revenu à Paris. « Qu'est-ce que cela signifie? dit-il à l'ambassadeur d'Autriche, M. de Metternich; voulez-vous encore mettre le monde en combustion? Comment! lorsque j'avais mon armée en Allemagne, vous ne trouviez pas votre existence menacée, et c'est à présent qu'elle est en Espagne que vous la trouvez compromise! Voilà un étrange raisonnement. Que va-t-il résulter de cela? C'est que je vais armer puisque vous armez, car enfin je dois craindre, et je suis payé pour être prudent. » Et comme M. de Metternich se défendait : « Monsieur, reprit Napoléon en l'interrompant, j'ai toujours été dupe dans toutes mes transactions avec votre cour; il faut parler net : elle fait trop de bruit pour la continuation de la paix, et trop peu pour la guerre. »

C'était la première fois que Napoléon se voyait pris si fort au dépourvu; il n'avait pas encore à sa disposition les premiers éléments de son armée, que l'Autriche avait déjà rassemblé les siennes. Il ne revenait pas de cette guerre. « Il faut, disait-il à ses familiers, qu'il y ait quelque projet que je n'aperçois pas, car il y a de la folie à me faire la guerre. Ils me croient mort, nous allons voir comment cela ira cette fois. Et puis ils diront que c'est moi qui ne puis rester en repos, que j'ai de l'ambition, lorsque ce sont leurs bêtises qui me forcent d'en avoir ! »

Napoléon se flattait, d'après ce que lui avait mandé son ambassadeur, M. de Caulincourt, que la Russie ne s'en tiendrait pas à observer la neutralité. « Nous allons voir, disait-il, si la Russie est une puissance et si elle marchera pour moi comme elle a marché pour les Autrichiens, en 1805. Je suis son allié, on m'attaque; je réclame son secours, nous verrons comment je serai secouru. » Il ne le vit que trop, mais pour apprendre à ne compter que sur lui; car Alexandre, « faux comme un Grec du Bas-Empire, » n'avait souscrit le traité de Tilsitt que pour éloigner à tout prix la guerre. Un de ses aides-de-camp, le colonel Boutourlin, en a fait l'aveu : « Il s'agissait surtout, dit-il dans son *Histoire militaire de la campagne de Russie*, de gagner le temps nécessaire pour se préparer à soutenir convenablement la lutte que l'on savait bien être dans le cas de se renouveler un jour. »

Dans cette extrémité, Napoléon s'adressa au sénat; il chargea Régnauld de Saint-Jean-d'Angély de lui demander une levée de trente mille hommes, auxquels l'Empereur avait jugé convenable d'en joindre dix mille pris par quart sur les classes de 1806, 1807, 1808 et 1809. « Vous connaissez, Messieurs, dit Régnauld, cette colonne de granit que rien ne put ébranler à Marengo; ces intrépides qui, menés par le maréchal Bessières, culbutèrent les Russes à Austerlitz; ces vainqueurs de tous les climats, ces gardiens de tout ce que le monde a de plus grand, de ce que la France a de plus cher; c'est dans ces phalanges immortelles, qui sont aux armées françaises ce que fut le bataillon sacré chez les anciens, c'est dans sa garde glorieuse et fidèle, que l'Empereur veut placer ces dix mille hommes choisis. »

Cela obtenu, on appela sur-le-champ la nouvelle conscription, on l'équipa à la hâte, et on la fit partir en voiture. En même temps, la garde impériale, qui était encore à Burgos, eut ordre de se rendre en Allemagne.

Jamais l'Autriche n'avait mis sur pied des forces aussi imposantes : soixante-deux régiments de ligne, dix-huit régiments de frontière, quatre corps francs ou légions, portés au grand complet, cent cinquante-quatre bataillons de landwher ou de garde nationale mobile, quarante mille Hongrois, enfin soixante mille hommes de troupes de cavalerie, d'artillerie et de génie, tel était l'ensemble de ses forces : elles formaient cinq corps d'armée : celui d'Allemagne, sous l'archiduc Charles, comptait cent soixante-quinze mille hommes; celui du Tyrol, sous Jellachich, vingt-cinq mille; celui d'Italie, sous l'archiduc Jean, cinquante mille; celui de Dalmatie, sous Giulay, vingt mille; celui de Pologne, sous l'archiduc Ferdinand, quarante mille; enfin les landwher, les troupes hongroises et les dépôts de régiments de ligne, comptant deux cent vingt-quatre mille hommes, formaient la réserve.

A toutes ces forces, Napoléon n'avait à opposer en Allemagne que les corps de Davoust et d'Oudinot, formant environ quatre-vingt mille hommes ; quinze mille hommes en Dalmatie sous Marmont, et quelques divisions en Italie, sous le prince Eugène ; ce qui, joint aux trente mille Bavarois sous Lefebvre, aux dix mille Wurtembergeois sous Vandamme, aux dix mille Saxons sous Bernadotte, et aux troupes du grand-duché de Varsovie sous Poniatowski, présentait une masse de cent quatre-vingt mille hommes. Or, ces forces étaient non-seulement insuffisantes, mais elles n'étaient point toutes en mesure d'opérer immédiatement. Il fallait, en outre, que les corps de Lannes, de Masséna et d'Augereau eussent le temps de rejoindre. Après avoir donné provisoirement à Berthier le commandement en chef de la grande armée française en Allemagne, Napoléon le fit partir avec cet ordre : « Si les ennemis n'entreprennent rien, vous laisserez les troupes dans leurs positions jusqu'à mon arrivée ; mais si elles commencent les hostilités, vous réunirez bien vite l'armée derrière le Lech. »

Napoléon était en pleine sécurité à Paris, lorsque, le 12 avril au soir, il apprit par un courrier du roi de Bavière, que les Autrichiens avaient passé l'Inn. Deux heures après, il était sur la route d'Allemagne. Arrivé le 17 à Donawerth, il donna ses ordres à ses maréchaux, et parla ainsi à son armée :

« Soldats !

« Le territoire de la Confédération a été violé. Le général autrichien veut que nous fuyions à l'aspect de ses armes, et que nous lui abandonnions nos alliés. J'arrive avec la rapidité de l'éclair.

« Soldats ! j'étais entouré de vous lorsque le souverain de

l'Autriche vint à mon bivouac en Moravie ; vous l'avez entendu implorer ma clémence et me jurer une amitié éternelle. Vainqueurs dans trois guerres, l'Autriche a dû tout à notre générosité ; trois fois elle a été parjure ! Nos succès passés nous sont un sûr garant de la victoire qui nous attend. Marchons donc, et qu'à notre aspect l'ennemi reconnaisse son vainqueur. »

Cependant, Berthier n'ayant pas compris l'ordre de l'Empereur, avait laissé Davoust à Ratisbonne et Lefebvre à Abensberg, de sorte que, loin d'être concentrée et d'avoir une attitude offensive, l'armée était disséminée pendant quarante lieues sur les deux rives du Danube, et ne présentait nulle part une forte résistance. Napoléon, en un clin-d'œil, répara les fautes de Berthier. Il ordonna à Davoust de quitter Ratisbonne et de marcher sur Neustadt ; à Masséna, qui occupait l'extrême droite de l'armée, de se porter sur Pfaffenhofen. Son plan était de refuser sa gauche aux Autrichiens, en avançant sa droite. « Douze ou quinze mille hommes de cette canaille, écrivait-il à Masséna, doivent être attaqués par six mille de nos gens. » Il fut servi à souhait. Masséna culbuta une partie de la gauche de l'ennemi à Pfaffenhofen, et Davoust fit sa jonction à Abensberg, après avoir passé, à Tann, sur le corps de vingt mille Autrichiens. Pendant ce temps, Napoléon avait joint Lefebvre à Abensberg. Jugeant qu'il lui serait facile de traverser le centre de la ligne ennemie, il laissa Davoust dans ses positions, et, s'adressant aux Bavarois et aux Wurtembergeois qu'il électrisa par ses paroles, il marcha avec eux sur la route de Roor à Landshut, qui séparait les deux ailes de l'armée autrichienne, se jeta sur sa gauche que commandait Hiller, la culbuta, et la mit dans une déroute complète. Cette affaire, qui eut lieu le 20, fut appelée la bataille d'Abensberg. Hiller se retira pendant la nuit sur Landshut, ville située en partie entre deux bras de l'Iser; mais le lendemain, de très-bonne heure, on recommença à le poursuivre, et l'on entra pêle-mêle avec lui dans Landshut. Il voulut en défendre le pont; une fusillade s'engagea d'un bord de l'Iser à l'autre. Alors le général Mouton arriva, et enleva le pont de vive force. Hiller se sauva dans les rues, mais il ne put s'y défendre longtemps. Voyant Masséna qui arrivait par la rive droite, il s'enfuit sur l'Inn, en laissant dix mille prisonniers et tous ses bagages. Napoléon lança Bessières avec trois divisions à sa poursuite. Puis, faisant volte-face, il se rabattit sur l'archiduc Charles, par la route de Ratisbonne.

Il le trouva appuyé avec son armée au bourg d'Eckmühl, et couvert par la petite rivière du Laber. Sans perdre de temps, il fit commencer l'attaque. Alors, assailli en arrière par Napoléon, en même temps que Davoust, par une manœuvre savante et hardie, arrivait sur son flanc, Charles s'enfuit sur Ratisbonne, laissant cinq mille morts, vingt mille prisonniers, seize pièces de canon et quinze drapeaux. Cette victoire, que trois heures de combat avaient décidée, ouvrit aux Français la route de Vienne, et acheva la délivrance de la Bavière (22 avril).

Ratisbonne est ceinte de vieilles murailles, et ses portes sont flanquées de tours. Les Autrichiens avaient garni les unes et les autres de soldats d'infanterie, ce qui en rendait l'approche dangereuse. A peine Napoléon venait d'ordonner l'escalade, qu'il fut blessé au talon, d'une balle tirée de la muraille de la ville. Il y eut, à cette nouvelle, un moment de trouble et d'anxiété dans l'armée. Aussitôt, Napoléon monta à cheval, et se montra aux troupes qui le saluèrent des plus vives acclamations [1]. Après cet accident, l'ouverture faite à la muraille

---

[1] « Quoique sa botte n'eût pas été entamée, la blessure était très-douloureuse;

ayant été reconnue praticable, on disposa l'assaut ; enfin la ville fut enlevée, et l'on y fit un grand nombre de prisonniers ; mais l'archiduc était parvenu à passer le Danube. L'histoire n'offre pas d'exemple d'une « manœuvre aussi hardie, menée à point nommé d'aussi loin, et exécutée le douzième jour du départ de Paris, avec une armée dont la moitié des soldats étaient encore, un mois auparavant, dans leurs champs, la pioche à la main, et ne comprenant rien à tout ce qu'ils avaient fait depuis si peu de temps [1]. » —
« Soldats ! leur dit Napoléon, vous avez justifié mon attente, vous avez suppléé au nombre par votre bravoure. En peu de jours, nous avons triomphé dans les trois batailles de Tann, d'Abensberg et d'Eckmühl, et dans les trois combats de Feissing, de Landshut et de Ratisbonne. Cent pièces de canon, quarante drapeaux, cinquante mille prisonniers, trois équipages de pont, trois mille voitures attelées portant les bagages, toutes les caisses des régiments, voilà les résultats de la rapidité de vos marches et de votre courage.

« L'ennemi, enivré par un cabinet parjure, paraissait ne plus conserver un souvenir de vous. Vous lui avez apparu plus terribles que jamais ; naguère il a traversé l'Inn et envahi le territoire de nos alliés ; naguère il se promettait de porter la guerre dans le sein de notre patrie ; aujourd'hui, défait, épouvanté, il fuit en désordre. Déjà mon avant-garde a passé l'Inn ; avant un mois nous serons à Vienne. »

Or, comme si la fortune eût pris plaisir à justifier toutes ses paroles, après avoir passé la Saltza le 30, enlevé le 3 mai la position inexpugnable d'Ebersberg, traversé cette

cependant il fit bonne contenance ; mais la nature ne perdit pas ses droits. Rentré après cette courte promenade dans une petite maison qui était à quelques portées de fusil du lieu où il avait été blessé, son courage fut à bout, et il s'évanouit tout-à-fait. Cette blessure n'eut heureusement aucune suite fâcheuse. »

Meneval, *Napoléon et Marie-Louise*, t, I.

[1] *Mémoires du duc de Rovigo*, t. IV, p. 94.

ville en flammes et jonchée de cadavres ennemis, après avoir rejeté les Autrichiens sur la rive gauche du Danube, il arriva, en effet, le 10, devant la capitale de l'Autriche, « à la même heure, le même jour, disait le bulletin officiel, et un mois juste après que l'armée autrichienne avait passé l'Inn pour envahir la Bavière[1]. » Mais cette fois la ville était disposée à se défendre. On avait armé les remparts, et l'archiduc Maximilien s'y était renfermé avec quinze mille hommes de troupes. On envoya parlementaire sur parlementaire à l'archiduc; mais les envoyés français non-seulement ne furent pas accueillis, mais furent maltraités. Alors on bombarda la ville. On a dit à tort que la jeune archiduchesse Marie-Louise était restée malade au palais impérial, et que Napoléon, l'apprenant, avait fait cesser le feu. Après quatre jours de résistance, la garnison évacua secrètement la ville, qui ouvrit enfin pour la seconde fois ses portes aux Français (13 mai). Napoléon, dans son ordre du jour du 14, recommanda à ses soldats d'avoir les plus grands égards pour les habitants de Vienne. « Soyez bons pour les pauvres paysans, leur dit-il, pour ce bon peuple qui a tant de droits à notre estime; ne conservons aucun

---

[1] Bourrienne rapporte que, « quelques journées avant Vienne, l'Empereur se faisant expliquer par un guide le nom de tous les villages et de la moindre ruine qu'il trouvait sur son chemin, son guide lui montra sur une éminence les restes presqu'entièrement détruits d'un ancien château fort : « Voilà, lui dit le guide, les restes « du château de Diernstein. » Napoléon s'arrêta tout-à-coup, prit un air rêveur, et resta quelque temps immobile à contempler ces ruines. Puis, se tournant vers le maréchal Lannes qui l'accompagnait à cheval : « Regarde, lui dit l'Empereur, voilà la « prison de Richard Cœur-de-Lion. Lui aussi, il alla comme nous en Syrie et en Pa« lestine. Le Cœur-de-Lion, mon brave Lannes, n'était pas plus brave que toi. Il fut « plus heureux que moi à Saint-Jean-d'Acre. Un duc d'Autriche le vendit à un em« pereur d'Allemagne qui le fit enfermer là. C'était le temps de la barbarie. Quelle « différence avec notre civilisation! On a vu comment j'ai traité l'empereur d'Autri« che, que je pouvais faire prisonnier. Eh bien! je le traiterai encore de même. Ce « n'est pas moi qui veux cela, c'est le temps; il faut respecter les têtes couronnées. »

(*Mémoires de Bourrienne*, t. VIII, p. 189.)

orgueil de nos succès ; voyons-y une preuve de cette justice divine qui punit l'ingrat et le parjure. »

Cependant, chassé de Ratisbonne, l'archiduc Charles s'était jeté par Cham en Bohême ; il avait fait un long circuit et était revenu par Budweiss sur le Danube, après avoir rallié à son armée les troupes de Hiller. Napoléon résolut d'aller à sa rencontre sur la rive gauche ; mais le grand pont de Vienne était brûlé. Napoléon en fit jeter un de cinquante-quatre bateaux à deux lieues au-dessous de la ville. Il avait choisi ce point de préférence pour effectuer son passage : en effet, le Danube y est très-large et s'y divise en trois bras inégaux formant des îles considérables dont l'une, entre autres, celle de Lobau, a huit mille toises de tour : elle était alors toute couverte de bois. Un premier convoi, parti le 19, à la nuit close, alla prendre poste à la rive gauche ; le 20, l'armée commença à passer, se déployant, à mesure qu'elle débouchait, dans la vaste plaine de Marchfeld. Déjà trois divisions, en tout trente mille hommes, s'établissaient dans les villages d'Aspern et d'Essling, quand l'ennemi, reployant le rideau de cavalerie derrière lequel il s'était caché, laissa voir une armée de quatre-vingt-dix mille hommes rangée en bataille. C'est avec ces forces triples qu'il attaqua les trois divisions françaises, au moment même où nos ponts, venant à être rompus par une crue subite du Danube, les laissèrent sans communications avec la rive droite. Dans cette extrémité, elles déployèrent le plus grand courage, et parvinrent, après un combat des plus meurtriers qui ne cessa qu'à la nuit, à se maintenir dans les villages qu'elles occupaient. Napoléon en profita pour réparer ses ponts et faire passer ses troupes sur la rive gauche. C'était le 22 mai ; à la pointe du jour, Napoléon monta à cheval et fit prendre les armes à son armée ;

il avait alors cinquante mille hommes ; il attendait, en outre, Davoust et les parcs qui étaient encore de l'autre côté du Danube. A trois heures du matin, il prit l'offensive. Du premier choc la ligne autrichienne fut rompue. Déjà celle des Français se déployait victorieuse au milieu de l'armée ennemie, quand le Danube croissant toujours (on était dans la saison de la fonte des neiges du Tyrol), au lieu de voir arriver Davoust et ses parcs, Napoléon apprit que les ponts venaient d'être complètement emportés. A ce coup terrible, qui le laissait sans munitions et sans forces suffisantes pour achever sa victoire, Napoléon commanda la retraite. Pendant ce mouvement, nos soldats ne rendaient le terrain que pied à pied. Ils avaient à peine repris leur position de la veille, que l'ennemi les y attaqua de vive force. Alors le plus terrible combat s'engagea : on se prit corps à corps ; ne pouvant répondre, faute de munitions, aux canons de l'ennemi, les Français ne se servaient plus que de la baïonnette. Cinq fois les Autrichiens entrèrent dans les deux villages, cinq fois ils en furent repoussés ; enfin, après une dernière attaque sur Essling, ils parvinrent à s'en emparer. Cependant, le salut de notre retraite était dans la reprise de ce poste. Napoléon donna l'ordre au général Mouton de prendre la brigade des fusiliers de la garde et d'attaquer sur-le-champ. Celui-ci, sans s'inquiéter du nombre de troupes auquel il avait affaire, entra au pas de charge dans le village, l'emporta et sauva, par ce coup de vigueur, la retraite de l'armée française. Ainsi Essling avait été pris et repris jusqu'à treize fois dans les deux journées du 21 et du 22. Alors, l'ennemi voyant ses efforts échouer contre *ce bloc de granit* (c'est ainsi qu'on désignait la garde), n'agit plus que par une canonnade insignifiante : mais un de ses derniers boulets devait finir la glorieuse carrière de Lannes. Napoléon avait à peine quitté le champ de bataille, quand il apprit que son malheureux compagnon venait d'avoir les jambes emportées d'un coup de canon. Il en fut vivement affecté, et versa des larmes. Un moment après, il le vit passer porté par douze vieux grenadiers sur leurs fusils croisés avec quelques branches de chêne : il le fit diriger à l'écart, et voulut être seul auprès de lui ; il l'embrassa en pleurant : « Lannes, lui dit-il, me connais-tu ? C'est moi ! c'est Bonaparte ! Lannes, tu nous seras conservé ! » A ces mots, le maréchal, épuisé par une grande perte de sang, entr'ouvre les yeux, et levant ses bras affaiblis pour les passer autour du cou de Napoléon : « Adieu, Sire, lui dit-il, vivez pour tous, et accordez quelque souvenir à un de vos meilleurs amis, qui, avant une heure, n'existera plus. » Cette scène fut des plus touchantes. Napoléon s'éloigna le cœur brisé. Huit jours après, toute l'armée pleurait avec lui la perte d'un de ses plus dignes enfants. « C'était le brave des braves, disait Napoléon ; son esprit avait grandi au niveau de son courage ; il était devenu un géant[1] ! »

Cependant l'Empereur tint conseil avec ses maréchaux sur la situation de l'armée. Tous étaient d'avis de la mettre à couvert sur la rive droite. « Vous voulez repasser le Danube, dit Napoléon ; il nous faudrait courir jusqu'au Rhin ; car ces alliés, que la victoire et la fortune nous ont donnés, une apparente défaite nous les ôtera et les tournera même contre nous. Il faut rester dans Lobau et y attendre l'armée

---

[1] « Considéré hors de sa sphère d'homme de guerre, dit M. Meneval, le duc de Montebello avait une extrême originalité dans l'esprit. On ferait un recueil des mots piquants, énergiques et toujours si expressifs qui lui échappaient. C'est lui qui disait à M. de Talleyrand, après la bataille d'Austerlitz, que la victoire avait taillé les plumes de la diplomatie à coups de sabre. Il disait de l'impassibilité de ce personnage que, s'il recevait un coup de pied par derrière, son visage n'en dirait rien. Il résumait M. de Talleyrand tout entier dans ce mot, qui sera peut-être trouvé un peu cynique et appartenant à un langage trop militaire, mais dont la concision et la profondeur ne peuvent être surpassées : « C'est de la m.... dans un bas de soie. »

d'Italie. » Alors il donna aux troupes l'ordre de se reployer, et chargea Masséna du commandement de la rive gauche et des îles. « Masséna, lui dit-il, tu achèveras ce que tu as si glorieusement commencé ; il n'y a que toi qui puisses en imposer à l'archiduc. » A la nuit close, on fit passer dans Lobau les blessés, les canons, les débris de la bataille, jusqu'aux fusils et aux cuirasses des morts ; Napoléon ne voulant pas laisser à l'ennemi un seul trophée dont celui-ci pût faire un signe de victoire. A minuit, les troupes évacuèrent les deux villages et s'établirent dans l'île, sans que l'ennemi, contenu par Masséna, osât inquiéter leur retraite. Ces dispositions faites, Napoléon s'embarqua avec Berthier sur une nacelle, qui, par la nuit la plus sombre et la plus orageuse, les conduisit, à travers les flots agités, de l'autre côté du Danube : il est vrai qu'elle portait César et sa fortune.

A la nouvelle de cette retraite des Français, tous les ennemis de la France tressaillirent de joie : la Prusse leva cent mille hommes, et l'Angleterre se disposa à jeter une armée dans le nord de l'Allemagne. Dans ce pays surtout, les populations s'agitèrent ; les chefs des sociétés secrètes, Schill, Dornberg, Brunswick, se jetèrent dans la Westphalie, le Brandebourg, la Saxe, provoquant les populations à la révolte : « Armez-vous, disaient-ils, pour la liberté et pour la délivrance de l'Europe et du genre humain ! » Mais presque tous échouèrent dans leurs expéditions : Schill fut tué dans un combat, et Brunswick, traqué de toutes parts, s'enfuit en Bohême. Dans le Tyrol, pays tout catholique et dévoué à la maison d'Autriche, le peuple, excité par Chasteller, s'était insurgé ; mais sa révolte se ressentit de son caractère sauvage et de son fanatisme religieux : elle eut, en effet, pour chefs un aubergiste et un moine. Andréas Hofer, ainsi s'appelait le premier, avait d'abord chassé les Français et les Bavarois du Tyrol, et était entré à Inspruck à la suite de la statue de la Vierge que l'on promena par la ville sur un char attelé de quatre chevaux blancs. Cependant, la bataille d'Eckmühl ayant forcé les Autrichiens à la retraite, les Tyroliens, attaqués par Lefebvre et ses Bavarois, se soumirent, mais pour éclater plus terribles après la bataille d'Essling. Ils reprirent, en effet, l'offensive, s'emparèrent de Constance, coupèrent les routes d'Allemagne et d'Italie, et s'avancèrent jusqu'aux portes de Vérone.

Pendant ce temps, Napoléon se préparait à rouvrir la campagne. D'immenses travaux avaient été entrepris dans Lobau et sur le Danube. On avait tiré de l'arsenal de Vienne des bois, des cordages, des ferrures pour la construction des ponts, et des pièces d'artillerie pour garnir les épaulements et les embrasures dont on avait bordé le bras du fleuve. Quatre ponts avaient rétabli les communications de l'île avec la rive droite; cinq autres pouvaient être jetés en une heure sur la rive gauche. Jamais campagne n'avait vu construire en si peu de temps de si beaux ouvrages. Napoléon n'avait plus à craindre, comme il le disait lui-même, *le général Danube, le meilleur officier de l'Autriche;* il était parvenu à le dompter, en mettant ses ponts à l'abri d'une rupture, et l'île en état de défense. Il avait, en outre, réorganisé et renforcé son armée; il avait envoyé au prince Eugène, qui commandait en Italie, et à Marmont, qui commandait en Dalmatie, l'ordre de venir le rejoindre sans perdre de temps; ce qui fut fait. Après avoir franchi la Piave, pris Goritz, Trieste, Laybach, écrasé Jellachich à Saint-Michel, et l'archiduc Jean à Raab, Eugène, en effet, opéra sa jonction avec la grande armée, en lui apportant, pour trophées, trente-sept mille prisonniers, douze drapeaux, deux cents canons, cinquante mille fusils et des magasins considérables. A la bataille de

Raab, livrée le 14 juin, il avait, surtout, dignement célébré l'anniversaire de Marengo et de Friedland ; ce qui donna lieu à l'Empereur d'écrire à son fils d'adoption : « Votre victoire est une petite-fille de Marengo. » Quant à Marmont, il n'avait pas été moins heureux en Dalmatie. Parti de Zara, il avait traversé la Save et la Drave ; mais, arrivé à Gratz, les Autrichiens voulurent enlever cette ville pour lui fermer le passage. Un seul régiment français, le 84e, arrêta pendant douze heures, sur ce point, une armée de vingt mille hommes, lui en tua ou prit seize cents, força le reste à la retraite, et assura, par cette action héroïque, la jonction de Marmont. Napoléon ordonna que la devise suivante serait inscrite sur le drapeau de ce régiment : UN CONTRE DIX.

Cependant, on se disposait de part et d'autre, à reprendre les hostilités. Cent cinquante mille hommes d'infanterie, sept cent cinquante pièces de campagne, trois cents escadrons de cavalerie composaient l'armée de l'Empereur. Celle de l'archiduc Charles s'élevait à cent soixante-quinze mille hommes : elle s'appuyait, à droite, sur Aspern, à gauche sur Enzersdorf. Croyant que Napoléon passerait encore le Danube au nord de Lobau, Charles avait fait couvrir les villages de redoutes armées de canons, et s'était tenu sur la défensive ; mais Napoléon avait projeté de passer plus bas, de manière à prendre à revers, et à rendre inutiles les retranchements de l'archiduc. Toutefois, pour le laisser dans son erreur, il fit jeter deux ponts en face d'Aspern et d'Essling.

Tout étant prêt pour le passage, le 5 juillet, à minuit, Napoléon fit commencer le feu. Cent canons foudroyèrent Enzersdorf, pendant que l'artillerie autrichienne couvrait l'île de ses boulets. A ce vacarme effroyable vint se joindre celui d'un orage accompagné d'éclairs et de tonnerre : le vent soufflait avec violence, la pluie tombait par torrents. Pendant ce temps, Napoléon était à pied au bord du fleuve, présidant au passage de ses troupes. Il fit jeter, en quelques minutes, cinq ponts à l'est de l'île, et elles défilèrent rapidement et dans un ordre parfait. Au point du jour, le ciel avait repris son calme et sa sérénité, et toute l'armée se trouvait rangée en bataille sur l'extrême gauche de l'ennemi. Charles se retira alors obliquement sur Wagram. Ainsi, par une manœuvre sans exemple, Napoléon avait surpris son adversaire en rendant tous ses ouvrages inutiles et en l'obligeant à sortir de ses positions pour combattre sur le terrain qu'il avait lui-même choisi. Vers le soir, la canonnade s'engagea au centre des deux armées. Napoléon, qui avait déployé la sienne dans l'immense plaine d'Enzersdorf, voulut enlever les hauteurs de Wagram; mais la nuit étant venue, il ne donna pas de suite à cette attaque, et, renvoyant la bataille au lendemain, il passa une grande partie de la nuit à s'y préparer.

A peine le jour avait paru, les deux armées étaient en présence. Charles avait projeté d'atteindre nos flancs et de nous séparer du Danube. Il commença l'attaque par sa gauche sur notre droite; et pendant que celle-ci, commandée par Davoust, soutenait le combat sur le Russbach, il se jeta sur Aspern, culbuta les Saxons de Bernadotte, et chassa Masséna d'Essling. Déjà notre aile gauche était débordée et nos ponts menacés; l'ennemi se déployait nombreux entre Aspern et Wagram, qu'il couvrait d'une artillerie formidable. Attentif à ce qui se passait sur le Russbach, Napoléon ne s'inquiétait ni des progrès des Autrichiens, ni de l'épouvante qu'ils commençaient à jeter dans son armée; et dès qu'il vit que l'attaque de Davoust avait réussi : « La bataille est gagnée, » s'écria-t-il. Aussitôt, il forma son centre en colonne avec Macdonald en tête, deux divisions de cavalerie sur les ailes et la garde en arrière, et le lança dans la plaine, pendant que cent bouches à feu éclairaient son passage. Rien ne résiste devant cette masse terrible; en vain Charles veut s'opposer à son mouvement offensif: poussé par Masséna qui reprend Essling, et par Davoust qui se précipite sur Wagram, il recule et se met en retraite, en laissant sur le champ de bataille vingt-cinq mille hommes, dix drapeaux, quarante pièces de canon, et un grand nombre d'équipages.

Cette victoire déconcerta la nouvelle coalition, et vengea l'honneur français de la honte de Baylen. Du haut des remparts et des édifices de la ville, l'immense population de Vienne assista à la défaite de son armée. Cependant les résultats sur le champ de bataille avaient été loin de répondre aux laborieux travaux et aux savantes conceptions qui avaient précédé les dispositions de cette journée: vivement disputée, la victoire avait failli nous échapper; notre perte était presque aussi grande que celle des Autrichiens, et il restait encore au prince Charles une armée de cent cinquante mille hommes.

Après avoir passé le nuit à Wagram, Napoléon se mit à la poursuite de l'archiduc qui faisait sa retraite par la route de Bohême. Le 12, il atteignit ce prince à Znaïm. Déjà les deux armées étaient aux prises lorsque des cris de paix suspendirent le combat. Charles avait, en effet, proposé un armistice qui fut accepté et signé dans la nuit. Bientôt des négociations s'ouvrirent à Vienne, pour la conclusion de la paix; mais l'empereur d'Autriche, qui n'avait ratifié l'armistice du 12 juillet qu'avec l'arrière-pensée de continuer la guerre, fit traîner les négociations en longueur: il espérait, pendant ce temps, pouvoir réorganiser ses forces D'un autre côté, le Tyrol résistait toujours, la Suède avait repris les armes, le Pape venait de rompre avec Napoléon, l'insurrection espagnole se rallumait, les Anglais faisaient leur expédition en Belgique, et cette diversion pouvait être avantageuse à l'Autriche : les évènements trompèrent ses espérances.

Dans le Tyrol, l'armistice n'avait pas mis fin à l'insurrection. Napoléon, ne pouvant y envoyer des forces sans s'affaiblir, avait voulu négocier avec les révoltés; mais ceux-ci s'y étaient refusés. Alors, il chargea l'armée d'Italie de les soumettre, ce qui ne tarda pas d'être fait. Ceux qui résistaient encore dans les montagnes, chassés par les neiges, se virent forcés de rentrer dans leurs villages. Hofer lui-même fut pris, conduit prisonnier à Milan, où il fut jugé et fusillé.

Chevalier de toutes les coalitions contre la France, le roi de Suède avait fini par mécontenter son peuple et son armée. Vainement on le supplia, au nom des maux de la patrie, de mettre fin à une lutte qui déjà lui avait fait perdre ses plus belles provinces, il demeura inflexible. Alors, les chefs de l'armée qui l'avaient mis dans l'alternative de céder aux vœux de la nation ou de cesser de régner, s'emparèrent, le 13 mai, de sa personne, et le forcèrent d'abdiquer. Quelques jours après, les états-généraux proclamèrent sa déchéance, et appelèrent au trône le duc de Sundermanie, son oncle, qui régna sous le nom de Charles XIII. Cet évènement changea les dispositions de la Suède et lui fit mettre bas les armes.

Depuis longtemps, la cour de Rome était en froideur avec la France : elle avait espéré vainement qu'on restituerait au domaine ecclésiastique les provinces que le Directoire avait réunies à la République cisalpine, et elle était rentrée dans l'opposition européenne contre-révolutionnaire. De 1807 à 1808, ses États étaient devenus le rendez-vous des émissaires anglais. Napoléon demanda que le Pape entrât dans le système continental, et exclût de ses États les Anglais. Après des négociations sans résultat, il donna l'ordre au général Miollis d'occuper Rome ; le Pape le menaça de ses foudres : Napoléon, pour toute réponse, lui enleva les légations d'Ancône, d'Urbin, de Camérino, etc., qui firent partie du royaume d'Italie.

Dans la Péninsule, la lutte continuait, ardente et terrible. Nos armées soumettaient les villes, s'emparaient des forts, mais les populations restaient indomptables. Contraints de diviser nos forces, soit à cause de la nature de la guerre, soit à cause des dispositions du sol, nous avions à garder les points que nous possédions et que l'ennemi venait nous disputer, pendant qu'il nous fallait combattre pour en conquérir d'autres ; en sorte que dans cette guerre les marches, les contre-marches et les engagements se multipliaient sans avantages pour l'ennemi, mais aussi sans résultat décisif pour nos armes.

Après la conquête de la Galice, Soult avait reçu de l'Empereur l'ordre de chasser les Anglais du Portugal. Ney et Victor devaient l'appuyer au besoin. Il était parti, le 28 janvier, de Santiago avec vingt-cinq mille hommes, se dirigeant sur Oporto par Vigo et Tuy, dont il s'empara. Arrivé sur le Minho, il essaya vainement de le traverser près de son embouchure : le point où il fallait aborder étant gardé par l'ennemi, il remonta la rivière jusqu'à l'Orenze, en chassant devant lui les bandes de la Romana, et pénétra en Portugal par la route de Chavès ; il trouva les villages abandonnés, les campagnes désertes. Après une marche lente à travers des montagnes, par des chemins difficiles et un temps affreux, il arriva, le 10 mars, devant Chavès, mit en déroute l'armée portugaise qui le défendait, et força la ville à se rendre. De Chavès, où il laissa une garnison, Soult se porta sur Braga, que protégeait une armée nombreuse sous les ordres du général Freice. Des milliers de paysans armés étaient venus se joindre à ses troupes, qui, impatientes d'en venir aux mains, et prenant la modération de leur général pour une perfidie, le massacrèrent avec les officiers de son état-major, et élurent à sa place un officier Anglais. Soult ne tarda pas de leur faire expier, à Calho da Este, leur barbarie et leur folle confiance; il marcha ensuite sur Oporto, y arriva le 27, et l'investit. Deux cents pièces de canon montées sur des ouvrages détachés et étendus en avant de la ville, et quarante mille hommes armés réunis dans son enceinte sous les ordres de l'évêque, la défendaient. Soult demanda à négocier, mais les Portugais s'y refusèrent. Pendant la nuit qui précéda la bataille, on se rendit en foule dans les églises: elles retentirent d'imprécations et de menaces contre les Français, ce qui ne les empêcha pas, le lendemain, 29, de s'emparer de la ville. Après un combat sanglant dans les rues, l'ennemi fut rejeté sur le Douro ou dans la mer, et la ville saccagée. Plus de vingt mille hommes tués, blessés ou noyés, de nombreux magasins, des tentes, des munitions de toute espèce, trente bâtiments anglais, furent les trophées de cette journée.

Deux jours avant cette victoire, qui mit entre les mains des Français la seconde ville du Portugal et leur ouvrit un chemin dans les provinces du nord, le maréchal Victor avait mis la frontière du sud à découvert, en battant près Medellin, et en poussant jusqu'à Almandraléjo l'armée espagnole sous les ordres de Cuesta, tandis que Sébastiani dispersait à Ciudad-Réal l'armée de la Manche.

Soult resta environ un mois immobile à Oporto, s'occupant

à rétablir l'ordre dans cette ville. Pendant ce temps, vingt-six mille Anglais, sous les ordres d'Arthur Wellesley, débarquèrent à Lisbonne. Dix jours après, ils se mirent en mouvement pour recouvrer Oporto, passant par Coïmbre et Aveiro, tandis que seize mille Portugais, commandés par lord Beresford, marchaient par Vizas, pour traverser le Douro à Loméqo. Averti trop tard, Soult n'ayant pas de forces suffisantes, ne songea plus qu'à se retirer; mais déjà les Anglais avaient surpris le passage du Douro, il fallut combattre pour s'ouvrir une retraite. Assailli en tête et en queue, il parvint à contenir l'ennemi, et arriva à Orense en bon ordre (18 mai).

Tel fut le résultat de cette seconde expédition contre le Portugal, résultat dû, moins aux obstacles qu'elle eut à combattre, qu'au défaut d'ensemble de ses opérations. Au lieu d'appuyer son mouvement, ainsi que Soult les en avait chargés, Ney et Victor avaient perdu leur temps, l'un à guerroyer dans les Asturies, et l'autre à s'arrêter à Mérida.

Cependant Suchet répara doublement cet échec de nos armes par deux victoires gagnées sur le général espagnol Blake; la première sous les murs de Sarragosse, le 15 juin, et la seconde, le 17, à Belchitte, où il le défit complètement.

Soult se joignit au corps de Ney à Lugo. Après s'être concertés pour opérer un mouvement en Galice, ils marchèrent, l'un sur Menforte, à la poursuite de la Romana, et l'autre dans une direction opposée, sur Vigo. Ni l'un ni l'autre ne furent heureux dans leur expédition, ou plutôt ils ne s'entendirent pas. Après avoir inutilement poursuivi la Romana pendant trois semaines, Soult retourna, le 24 juin, à Sonabria, d'où il s'avança jusqu'à Zamorra pour réorganiser ses troupes et pour se trouver en position d'agir avec les autres armées. Ney, en essayant de passer le Soto-Major au pont de

Pugo, fut repoussé par Murillo, qui commandait un corps espagnol, et obligé de revenir sur ses pas. Alors, se voyant seul dans un pays sans ressources et hérissé d'insurrections, il évacua la Galice et même la Corogne et le Ferrol, et se retira à Astorga.

Après cette équipée dans le Portugal, Arthur Vellesley résolut d'entrer en Espagne. Bien que nos armes l'en eussent chassée, l'Angleterre n'avait pas cessé d'y souffler une guerre qui ne devait finir qu'avec l'Empire. C'était elle qui avait armé et payé toutes les coalitions, ce fut encore elle qui fournit des subsides à l'insurrection de la Péninsule. « Dans l'espace de douze mois, depuis le commencement de la guerre, dit un historien anglais, le colonel sir Jones, elle avait fait passer aux armées espagnoles (outre deux millions de livres sterling) cent cinquante pièces d'artillerie de campagne avec leurs munitions, deux cent mille fusils, soixante-dix mille sabres, soixante-dix-neuf mille piques, vingt-trois millions de balles de plomb, quinze mille barils de poudre à canon, soixante-douze mille habillements complets, trois cent cinquante-six mille équipements de guerre, trois cent dix mille paires de souliers, trente-sept mille paires de bottes, quarante mille tentes, deux cent cinquante mille aunes de drap, cent dix-huit mille aunes de toile, cinquante-quatre mille havresacs, avec une variété d'autres fournitures trop grande pour en faire l'énumération [1]. »

Ainsi, l'Angleterre aidant, on était parvenu à former, en Estramadure, une nouvelle armée de quarante-cinq mille hommes d'infanterie et de huit mille cavaliers dont le commandement fut confié au général Cuesta. Celui-ci se concerta avec Arthur Wellesley, et tous deux convinrent d'opérer pour recouvrer la capitale de l'Espagne et en chasser Joseph.

[1] *Histoire de la guerre d'Espagne et du Portugal*, t. i.

D'après leurs dispositions, ils devaient, après avoir réuni leurs forces, s'avancer par la droite du Tage sur Madrid, pendant que le général Vanegas, avec quatorze mille Espagnols, menaçant Aranjuez, tâcherait de s'emparer de Tolède, et que des postes espagnols couperaient à Pérales et à Banos la communication par ces passages entre les troupes françaises du nord et celles qu'on devait attaquer. Beresford, avec l'armée portugaise, devait concourir à garder ces points importants, et la légion lusitanienne, sous les ordres de sir Robert Wilson, agir sur les flancs ou sur les derrières des Français.

Ces dispositions arrêtées, Wellesley se mit en marche par Salvatierra, et effectua, le 20 juillet, sa jonction avec Cuesta.

A la nouvelle de ce mouvement, Joseph et Jourdan se portèrent en avant dans la vallée du Tage. Victor, qui était sur l'Alberge, et Sébastiani à Consuegra, devaient venir les joindre, pendant que Soult, traversant les montagnes, se jetterait sur les derrières et le flanc de l'ennemi. Joseph et Sébastiani opérèrent leur jonction, ce qui forma une armée de quarante mille hommes; mais Soult était encore fort éloigné, et il avait écrit qu'il ne pouvait arriver que du 3 au 5 août. Alors, au lieu d'attendre sa coopération, ou de se retirer sur la capitale, pour mettre l'ennemi en position d'être coupé par Soult, Joseph prit l'offensive, passa l'Alberge, et s'avança sur Talaveyra de la Reyna : il y trouva l'ennemi rangé en bataille sur une hauteur imposante, qui commandait à une vallée considérable, et qu'il avait fortifiée par des ouvrages de campagne. Joseph commandait en personne, ayant sous ses ordres Jourdan, Victor et Sébastiani. Il fit commencer l'attaque. Deux fois, par un mouvement hardi et rapide, nos troupes parvinrent à atteindre la hauteur sur laquelle était appuyée la gauche des Anglais, mais, essoufflées et sans ordre, deux fois elles furent obligées d'en descendre. Suspendue pendant la nuit, l'attaque fut reprise le lendemain, mais sans plus de succès. Joseph, malgré l'avis contraire de Jourdan, se décida à livrer une bataille générale, et ordonna d'attaquer sur toute la ligne. Après un combat de cinq heures, et des pertes égales de part et d'autre, on se sépara sans résultat décisif. Cependant les Français couchèrent sur le champ de bataille, et prirent, le 28, position derrière l'Alberge. Joseph regagna Madrid avec ses réserves, en laissant Victor devant les Anglais. Bien qu'ils n'eussent fait que conserver leur position, les Anglais se considérèrent comme vainqueurs, et, s'ils « furent incapables de poursuivre leur victoire éclatante, s'ils restèrent immobiles à Talaveyra, c'est, dit le colonel sir Jones, que le manque de vivres était extrême. » C'est-à-dire que sir Arthur Wellesley était trop avisé pour s'aventurer hors de sa position, qu'il devait s'estimer très-heureux d'avoir su garder. Quoi qu'il en soit, Wellesley reçut à cette occasion le titre de duc de Wellington de Talaveyra. Cependan Wellington, sur le bruit de la marche de Soult, se mit en retraite, et, dès qu'il apprit son entrée à Placencia, il se hâta de repasser le Tage. Alors, couvrant sa retraite de Cuesta qu'il laissa battre au pont de l'Arzobispo, il arriva, après plusieurs engagements désastreux à Badajoz, et rentra dans le Portugal. Il perdait l'armée anglaise, et, selon une expression de Napoléon, lord Wellesley fût venu avec son armée en France, prisonnier de guerre, si le roi Joseph eût été moins impatient et eût continué de reculer, au lieu de s'avancer sur Talaveyra.

Tandis que les Anglais n'obtenaient que des succès douteux dans la Péninsule, en Belgique ils ne recueillaient que de la honte de leur entreprise. A la fin de juillet, ils avaient armé et équipé à grands frais une flotte qu'un frère de Pitt, lord Chatam, avait été chargé de conduire. Cette grande *armada* qui avait coûté cinq cents millions, et qui portait plus de cent mille hommes, « une armée superbe, » comme dit le colonel sir Jones, avait débarqué dans Walcheren, pris le fort de Batz, et investi Flessingue, qui se rendit le 15 août, par la lâcheté de sa garnison. A cette nouvelle, il y eut en France une explosion de colère et d'indignation ; tous les départements se levèrent, on mobilisa la garde nationale, on fit partir les dépôts et la gendarmerie d'élite, et en quelques jours cent mille hommes couvrirent la Belgique. Cependant les Anglais remontèrent l'Escaut, dans le but d'attaquer ou plutôt de détruire Anvers, « ce pistolet chargé au cœur de l'Angleterre, » a dit Napoléon ; mais il était trop tard. Pendant que lord Chatam, vieux et malade, s'occupait, dans l'île, à prendre des bouillons de tortue, cette ville s'était mise sur un pied de défense formidable. Il fallut donc battre en retraite et même évacuer Walcheren.

Tel fut le résultat de cette expédition : elle ne servit qu'à faire éclater en France un de ces mouvements dont elle semblait avoir perdu le secret depuis 1792.

Alors l'Autriche se détermina à faire la paix. D'ailleurs, ses armées, quoique nombreuses, n'étaient plus en mesure d'attaquer. Battues sur tous les points, en Italie par le prince Eugène, en Pologne par Poniatowski, en Dalmatie par Marmont, enfin à Wagram par Napoléon, elles étaient divisées et découragées, à tel point qu'à Wagram l'archiduc Jean, campé avec ses dix-huit mille hommes à quatre lieues du champ de bataille, y était resté immobile pendant l'action, et n'avait pris part qu'à la retraite.

Cependant, avant de signer son humiliation, l'Autriche essaya de se venger, en armant contre Napoléon la main d'un jeune fanatique. C'était le 13 octobre : Napoléon passait la revue de quelques régiments de ligne, dans la cour du château de Schœnbrunn. Un étudiant, nommé Frédéric Staps, âgé de dix-huit ans, sortit de la foule et s'avança vers lui, en demandant à lui parler ; et comme il s'expliquait assez mal en français, Napoléon lui dit de s'adresser au général Rapp, qui, surpris de son insistance, le fit arrêter. On trouva sur lui un couteau de cuisine et un portrait de femme. Napoléon, prévenu, fit venir le jeune homme en sa présence : « —Que vouliez-vous faire de votre couteau ? lui demanda-t-il. — Vous tuer. — Pourquoi vouliez-vous me tuer ? — Parce que vous faites le malheur de mon pays. — Qui vous a poussé à ce crime ? — Personne ; c'est l'intime conviction qu'en vous tuant je rendrai le plus grand service à mon pays et à l'Europe, qui m'a mis les armes à la main. — Un crime n'est donc rien pour vous ? — Vous tuer n'est pas un crime, c'est un devoir. — Quel est ce portrait trouvé sur vous ? — Celui de ma meilleure amie, de la fille adoptive de mon vertueux père. — Quoi ! votre cœur est ouvert à des sentiments si doux, et en devenant un assassin, vous n'avez pas craint d'affliger, de perdre les êtres que vous aimez ? — J'ai cédé à une voix plus forte que celle de ma tendresse. — Vous êtes fou, jeune homme, ou vous êtes malade. — Ni l'un, ni l'autre. » Napoléon fit appeler Corvisart et lui ordonna de tâter le pouls du jeune Staps ; ce qu'ayant fait : « Monsieur se porte bien, dit Corvisart. — Je vous l'avais bien dit, » reprit Staps avec une sorte de satisfaction. Napoléon fut stupéfait : « Si je vous faisais grâce, lui dit-il, m'en sauriez-vous gré ?—Je ne vous en tuerais pas moins. » Traduit devant une commission militaire, le jeune Staps fut jugé et condamné à mort. Il ne fit aucun aveu ; et conserva jusqu'au moment fatal son calme et sa fermeté. Arrivé au lieu du supplice, il s'écria : « Vive la liberté ! vive l'Allemagne ! » et il tomba sous les balles.

Après trois mois de négociations, la paix fut enfin signée à Vienne. Par ce traité du 14 octobre, l'Autriche céda aux souverains de la confédération du Rhin, les pays de Saltzbourg, de Berchtolsgaden et une partie de la Haute-Autriche ; à la France, le comté de Goritz, Montefalcone, Trieste, la Carniole, le cercle de Willach, et tous les pays situés à la droite de la Save, à partir du point où cette rivière sort de la Carniole jusqu'à la frontière de la Bosnie ; elle abandonna au duché de Varsovie, Cracovie et la Gallicie occidentale ; à la Russie, une partie de la Gallicie orientale. Ainsi, cette puissance qui avait eu à Tilsitt une part des dépouilles de la Prusse, son alliée, reçut encore à Vienne sa part de celles de l'Autriche, « pour avoir tenu sous les armes, dit Bourrienne, un corps d'observation de trente mille hommes, qui très-probablement aurait marché contre Napoléon s'il eût été battu. » L'Autriche reconnut, en outre, tous les changements survenus et à survenir en Espagne, en Portugal et en Italie, adhéra au système continental, paya quatre-vingt-cinq millions de contributions de guerre, et s'engagea à n'avoir sur pied que cent cinquante mille hommes.

Après avoir fait ses adieux à Vienne en faisant sauter ses remparts, Napoléon quitta la capitale de l'Autriche pour retourner à Paris.

Ainsi finit cette mémorable campagne de 1809. Napoléon dut le résultat qui la couronna, moins à sa victoire de Wagram, qu'à l'immense accroissement de ses forces pendant les négociations ; et il fallait que l'Autriche en eût bien peur ou qu'elle eût, en y souscrivant, conservé une arrière-pensée, pour s'être imposé des sacrifices qui la privaient de trois millions et demi de sujets, coupaient toutes ses communications avec la mer, et l'entamaient sur le Danube et sur les Alpes noriques. Cependant, tout désarmé qu'il était, il restait encore à cet empire assez de forces pour se relever, et Napoléon, qui avait commis, après Austerlitz, la faute de le laisser subsister, en commit une plus grande encore en agissant de même après Wagram. Aussi se la reprocha-t-il aux jours de l'adversité. Il avait appris par expérience à ne plus compter sur l'alliance de l'Autriche, et il n'aurait dû traiter avec elle que sous la séparation préalable des trois couronnes d'Autriche, de Hongrie et de Bohême. Mais dans sa pensée dynastique, Napoléon ne voyait plus que les rois. « Je voulais, a-t-il dit, préparer la fusion des grands intérêts européens, ainsi que j'avais opéré celle des partis au milieu de nous. J'ambitionnais d'arbitrer un jour la grande cause des peuples et des rois ; il me fallait donc me créer des titres auprès des rois, me rendre populaire au milieu d'eux. Il est vrai que ce ne pouvait être sans perdre auprès des peuples, je le sentais bien ; mais j'étais tout-puissant et peu timide ; je m'inquiétais peu des murmures passagers des peuples, bien sûr que le résultat devait me les ramener infailliblement. »

Tel était le nouveau rôle que Napoléon s'était imposé : mais tandis que les rois dont il recherchait l'alliance semblaient, pour mieux le perdre, aller au-devant de ses vœux, à leur tour les peuples qu'il avait fait disparaître de la scène, ne devaient pas tarder d'y rentrer, pour engager avec lui une lutte où il devait finir par succomber.

CHAPITRE VIII.

Conséquences de la paix de Vienne. — Divorce de Napoléon avec Joséphine. — Portrait de cette princesse. — Mariage de Napoléon avec Marie-Louise. — Réunion à l'Empire de la Hollande, de l'Oldembourg, des villes anséatiques, de la république du Valais, etc. — Provinces espagnoles régies par des gouvernements militaires indépendants. — Création du grand-duché de Francfort. — Bernadotte prince royal de Suède. — Nouvelles fondations; grands travaux sur tous les points de l'Empire. — Campagnes de 1810 et de 1811 en Espagne. Conquête de l'Andalousie par Soult. — Victor devant Cadix. Action brillante de six cents prisonniers de la capitulation de Baylen. — Troisième expédition de Portugal. — Masséna devant les lignes de Torrès-Vedras. — Bataille de Fuente-di-Onor. — Retraite de Wellington. — Prise de Tortose, de Lérida. — Siège et prise de Tarragone. — Bataille de Sagonte. — Prise de Valence. — Situation extérieure et intérieure de l'Empire. — Symptômes de décadence. — Naissance et baptême du roi de Rome. — Triomphe du système continental. Détresse de l'Angleterre. — Son rapprochement avec la Russie. — Rupture de la France avec la Russie. — Traité entre la France et la Prusse. — Traité entre la France et l'Autriche. — Traité de la Suède et de la Russie. — Paix de la Turquie avec la Russie. — Armements de la France et de la Russie. But de Napoléon. — Vains efforts de Napoléon pour éviter la guerre. — *Ultimatum* de la Russie. — Départ de Napoléon pour Dresde. — Son séjour dans cette ville. — Dernière ambassade à l'empereur Alexandre à Wilna. — La guerre est déclarée.

Tout ce que le génie d'un seul homme peut concevoir et réaliser, Napoléon, en moins de quinze ans, l'avait conçu et réalisé. Né humble et obscur, il s'était élancé, du fond de son île, dans une révolution qui, après avoir tout renversé, tout subjugué, devait s'arrêter, étonnée, devant lui comme devant une puissance inconnue. Pareil à l'aigle dont il avait adopté l'emblème, il avait grandi dans la région des tempêtes ; il s'était élevé à ces hauteurs d'où il pouvait embrasser d'un regard le monde entier, et au-delà desquelles il n'y a plus que l'infini. Avec son système fédératif, il avait résolu ce grand problème de monarchie universelle tant rêvé par les philosophes ; mais, au sein de cette grandeur, de cette puissance qui l'environnaient, il éprouvait comme ce vague ennui qui suit l'ambition satisfaite et que fait naître l'incertitude de l'avenir. Il avait créé un empire, fondé une dynastie ; mais cette dynastie, cet empire lui survivraient-ils ? Où était la garantie de leur durée, l'héritier qui devait continuer son œuvre dynastique, et conserver cet édifice qu'il avait élevé avec tant d'efforts ? D'un autre côté, il ne pouvait se dissimuler que cette suite de guerres continuelles qu'on lui suscitait n'avait d'autre but que de le renverser, et avec lui cet empire qu'il avait fondé. « Ils se sont tous donné rendez-vous sur ma tombe, disait-il ; mais c'est à qui n'y viendra pas le premier. » Or, soit qu'il voulût le consolider à jamais, soit qu'il craignît de le laisser après lui livré à des ambitions rivales, il résolut de chercher dans une nouvelle alliance une postérité qu'il ne pouvait plus attendre de Joséphine.

C'était à la fin de 1809, au retour de la campagne de Wagram. Tandis que Paris se livrait aux fêtes et aux plaisirs, que les rois de Saxe, de Bavière et de Wurtemberg, empressés de remercier le héros qui les avait élevés au rang suprême, venaient assister à son lever, et ajoutaient, par l'éclat de leur présence, à la splendeur de la cour impériale, une femme, sortie du peuple pour devenir impératrice, après avoir vu le monde à ses pieds, allait lui donner un grand exemple d'humilité et de résignation. Déjà Napoléon avait laissé soupçonner à Joséphine la séparation qu'il méditait. Un soir, après un repas des plus tristes et des plus silencieux, il lui révéla enfin toute sa pensée. Après avoir donné un libre cours à sa douleur, Joséphine envisagea son sacrifice avec courage, et se résigna à un malheur sans remède.

Joséphine n'était pas régulièrement belle ; mais elle était pleine de grâce, de douceur et de bonté. Créole, son mol abandon, ses mouvements souples et élégants, son humeur toujours égale, son exquise politesse, avaient un charme irrésistible. Compagne de Napoléon, associée à ses hautes destinées, elle n'avait point été au-dessous de sa merveilleuse fortune. Amie dévouée, elle lui avait gagné les cœurs et concilié les partis. Aussi, le sacrifice fut aussi pénible pour lui qu'il fut sensible pour elle.

Il y eut, le 15 décembre, à neuf heures du soir, dans le cabinet de l'Empereur, assemblée de tous les rois, princes et princesses de la famille impériale, et des dignitaires de l'Empire. Napoléon y avait appelé, par lettres closes, l'archi-chancelier (Cambacérès) et le secrétaire de l'état civil de la maison impériale (le comte Régnauld). « La politique de ma monarchie, dit-il, l'intérêt et le besoin de mes peuples, qui ont constamment guidé toutes mes actions, veulent qu'après moi je laisse à des enfants, héritiers de mon amour pour mes peuples, ce trône où la Providence m'a placé. Cependant, depuis plusieurs années, j'ai perdu l'espérance d'avoir des enfants de mon mariage avec ma bien-aimée épouse l'impératrice Joséphine ; c'est ce qui me porte à sacrifier les plus douces affections de mon cœur, à n'écouter que le bien de l'État, et à vouloir la dissolution de notre mariage. Parvenu à l'âge de quarante ans, je puis concevoir l'espérance de vivre assez pour élever, dans mon esprit et dans ma pensée, les enfants qu'il plaira à la Providence de me donner... Ma bien-aimée épouse a embelli quinze ans de ma vie ;... elle a été couronnée de ma main... Je veux qu'elle conserve le rang et le titre d'impératrice... » Joséphine parla ensuite. « Je me plais, dit-elle, à donner à notre auguste et cher époux la plus grande preuve d'attachement et de dévouement qui ait jamais été donnée sur la terre ; je tiens tout de ses bontés : c'est sa main qui m'a couronnée, et, du haut de ce trône, je n'ai reçu que des témoignages d'affection et d'amour du peuple français. Je crois reconnaître tous ces sentiments, en consentant à la dissolution d'un mariage qui, désormais, est un obstacle au bien de la France, qui la prive du bonheur d'être un jour gouvernée par les descendants d'un grand homme... » Acte fut donné à l'Empereur et à l'Impératrice de leurs déclarations ; on dressa un procès-verbal, et, le lendemain, 16, le sénat déclara, par un sénatus-consulte, que le mariage entre Napoléon et Joséphine était dissous. Après quelques difficultés, l'officialité de Paris annula le lien religieux ; mais cette sentence, confirmée par le métropolitain, fut condamnée par le Pape.

Joséphine descendit du rang suprême sans regret, mais brisée dans ses plus chères affections. « C'est pour l'Empereur que je tremble, disait-elle. Qui sait où va le porter son ambition ? C'est à qui lui donnera une femme. Encore, s'il prenait une Française ! La dernière des bourgeoises serait plus agréable à la nation qu'une princesse étrangère... Je ne puis me défendre de tristes pressentiments. Une étrangère livrera les secrets de l'État, le trahira peut-être !... » Joséphine se retira à la Malmaison (13) ; elle emporta les regrets du peuple, qui l'aimait et la regardait comme le bon ange de Napoléon.

Son premier mariage rompu, Napoléon, pour couronner son œuvre dynastique, chercha une alliance qui, en couvrant son origine révolutionnaire, achevât cette fusion qu'il avait déjà commencée entre sa maison et celles des rois. Il fut question d'une princesse saxonne et de la fille aînée de l'empereur d'Autriche. Cependant, les vues politiques et le penchant de Napoléon pour l'empereur Alexandre, qu'il affectionnait véritablement, l'avaient fait d'abord songer à une princesse russe. Des ouvertures furent faites à Alexandre. Ce prince, qui n'avait pas oublié l'offre faite à Erfurth, en témoigna une grande joie. Mais la négociation éprouvant quelques retards, Napoléon, en attendant la réponse de l'empereur de Russie, fit sonder indirectement la légation autrichienne à Paris. Déjà l'on s'était entendu avec l'ambassadeur d'Autriche, M. Schwartzemberg. On commençait à soupçonner que les hésitations de la Russie cachaient un refus déguisé : on prétextait, en effet, l'extrême jeunesse de la princesse; on soulevait des difficultés de religion. « Les idées de ma mère, écrivait Alexandre à Napoléon, ne sont pas toujours d'accord avec mes vœux, ni avec la politique, ni même avec la raison. » Et il demanda du temps. Napoléon, ne voulant pas compromettre sa dignité ni celle de la nation, à attendre la décision de l'empereur et de sa mère, prit l'initiative du refus, se tourna du côté de l'Autriche, et signifia son choix à son conseil. Le lendemain, le prince Schwartzemberg vint faire officiellement l'offre de la main de l'archiduchesse Marie-Louise. Ce mariage fut proposé, conclu et signé le même jour, et sous les mêmes formes et conditions que celui de Marie-Antoinette, dont le contrat fut adopté pour modèle.

Dès que la jeune princesse apprit son union projetée avec Napoléon, elle se regarda comme une victime dévouée; elle avait grandi dans l'inimitié que sa famille portait à l'homme qui lui avait fait tant de mal[1]. Cependant elle

---

[1] « Les jeux habituels de son frère et de ses sœurs, dit M. Meneval, consistaient

se résigna, sachant que le sort des princesses autrichiennes est d'être sacrifiées à la politique de leur maison et de conjurer les orages qui la menacent. L'acte des fiançailles fut signé le 16 février 1810. Napoléon envoya Berthier, prince de Neufchâtel, en ambassade extraordinaire à Vienne, pour épouser en son nom l'archiduchesse. Il chargea en même temps Caroline, sa sœur, d'aller, avec un service d'honneur, la recevoir sur la frontière; et, après avoir prescrit les mêmes dispositions que pour le mariage du Dauphin avec Marie-Antoinette, il alla lui-même à Compiègne attendre l'arrivée de la nouvelle impératrice.

On sut dissimuler, à la cour de Vienne, le dépit secret qu'on y éprouvait de cette union : Berthier fut traité avec une distinction inaccoutumée, et reçut de magnifiques présents.

Le 9 mars, l'archiduchesse renonça solennellement, selon l'usage, à la succession impériale, et prêta serment. Ce même jour, l'acte civil du mariage fut signé. Le 11 eut lieu la cérémonie religieuse, l'archevêque de Vienne officiant. Le 14, après avoir reçu les adieux de sa famille, Marie-Louise quitta la capitale de l'Autriche au bruit des cloches et du canon. Le 16, elle fut remise, à Brunau, entre les mains de Berthier, représentant l'Empereur.

Napoléon venait d'apprendre l'arrivée de Marie-Louise à Soissons. Aussitôt, déroutant toute l'étiquette convenue, il partit incognito de Compiègne, et alla au-devant de l'Impératrice. Il la rencontra à quelques lieues au-delà de Sois-

ranger en ligne une troupe de petites statuettes en bois ou en cire, qui représentaient l'armée française, à la tête de laquelle ils avaient soin de mettre la figure la plus noire et la plus rébarbative. Ils la lardaient à coups d'épingles, et l'accablaient d'outrages, se vengeant ainsi, sur ce chef inoffensif, des tourments que faisait éprouver à leur famille le chef redouté contre lequel les efforts des armées autrichiennes et les foudres du cabinet de Vienne étaient impuissants. »

(*Napoléon et Marie-Louise, Souvenirs historiques*, t. I, p. 222.)

sons ; elle fut agréablement surprise quand elle vint à le connaître. Une foule immense s'était portée sur le passage du cortège, qui arriva à Compiègne à dix heures du soir, au bruit des salves d'artillerie et à la lueur des flambeaux. Se rappelant que Henri IV avait agi de la sorte envers Marie de Médicis, dans une pareille circonstance, Napoléon, cette nuit-là, ne quitta point le palais, laissant le champ libre aux conjectures. Deux jours après (1er avril), la cour partit pour Saint-Cloud, où le mariage civil fut célébré. Le lendemain, les deux époux firent leur entrée solennelle à Paris. Le cardinal Fesch, grand-aumônier, leur donna la bénédiction nuptiale. Napoléon avait ordonné que l'Impératrice porterait, pendant cette cérémonie, la couronne du sacre : la cérémonie religieuse achevée, cette couronne fut, ainsi que le manteau impérial, reportée à Notre-Dame où ils restaient déposés. Des fêtes magnifiques signalèrent cet évènement, que tous les poètes, sur la recommandation de Fouché, s'évertuèrent à chanter.

Après lui avoir formé une maison nombreuse, Napoléon, dans l'enivrement de son bonheur et de sa puissance, voulut montrer sa jeune épouse à ce qu'il appelait ses peuples. Tous deux partirent de Compiègne à la fin d'avril : ils visitèrent Saint-Quentin, Anvers, Bar-le-Duc, Berg-op-Zoom, Bade, Middelbourg, Flessingue et l'île de Walcheren ; revinrent à Anvers par le North et le Sud-Beveland, en remontant l'Escaut; passèrent trois jours au château de Lacken ; traversèrent Gand, Bruges, Ostende, Dunkerque, Lille, Calais, Boulogne, Dieppe, le Hâvre, et revinrent à Paris par Rouen. Ce voyage n'avait été qu'une suite de fêtes et de triomphes : on célébra le retour des deux époux par de nouvelles réjouissances publiques. A Paris et dans tous les départements, elles se succédèrent pendant plusieurs jours.

Cependant, l'incendie qui termina le bal donné par le prince Schwartzemberg à l'Empereur et à l'Impératrice, fit une triste diversion à ces fêtes : on se souvint de la catastrophe qui affligea les fêtes du mariage de Louis XVI avec Marie-Antoinette, et de fâcheux pressentiments saisirent tous les esprits.

Ce mariage (14) ne fut populaire ni en France ni en Autriche. On crut voir en Marie-Louise une autre Marie-Antoinette : on disait que les princesses d'Autriche avaient toujours porté malheur à la France ; on craignait qu'elle ne la trahît ; on regarda comme un piège perfide tendu par la coalition, l'entrée de Napoléon dans la famille des rois absolus. A Vienne, le lendemain du départ de l'Impératrice, il y eut des rassemblements sur les places publiques et dans les rues ; on se plaignait du sacrifice qu'on avait, disait-on, exigé de l'empereur d'Autriche. On sévit contre ces manifestations, mais elles suffisaient pour révéler l'état de l'opinion publique en Autriche. Quant à la cour, elle fut plus clairvoyante : elle n'avait livré la victime que comme un gage trompeur pour couvrir ses desseins et endormir ses ennemis. Selon elle, la politique avait fait ce mariage, la politique pouvait le défaire. « Ils l'ont avoué, disait Napoléon à Sainte Hélène, c'est sous le masque des alliances, du sang même, et sous celui de l'amitié, qu'ils ont ourdi ma chute !... Un fils de Joséphine m'eût été nécessaire : mon divorce n'aurait pas eu lieu ; je serais encore sur le trône ; je n'aurais pas mis le pied sur l'abîme couvert de fleurs qui m'a perdu ! »

Après la paix de Vienne et le grand évènement qui la couronna, il semblait qu'il n'y avait plus pour Napoléon qu'à suivre l'exemple d'Auguste après la conquête du monde. Depuis vingt ans que la révolution ou la guerre travaillaient les peuples, n'était-il pas temps, en effet, de remettre l'épée dans le fourreau, et, tout en jouissant lui-même des fruits qu'elles lui avaient rapportés, de laisser les semences de civilisation qu'elles avaient déposées dans leur sein, germer et se développer en repos? Mais Napoléon ne comprit pas son rôle de conquérant pacificateur ; il ne crut ni aux besoins moraux des peuples, ni aux grands principes que la révolution avait proclamés. Né de la guerre, il devait vivre et périr par la guerre. Il n'avait qu'un but, dominer ; et, en cela, il ne fit qu'obéir à sa nature : destinée fatale qui devait faire tomber à ses pieds ou soulever contre lui toute l'Europe! Venu après la Convention, sous laquelle il avait fait ses premières armes, il avait hérité de son énergie, de son activité, de sa politique inflexible, et, comme cette grande assemblée, il ne recula devant aucune considération pour assurer sa dictature. « Il fallut, dit Mignet, que tout se soumit, ses alliés comme ses ennemis, le chef de l'Église comme les rois, ses frères comme les étrangers. »

Oubliant dans quel but et dans quel esprit il les avait faits rois, ses frères avaient pris leur dignité au sérieux, et, loin de se regarder comme les feudataires du grand empire, ils tendaient, au contraire, chaque jour, à se séparer de ses intérêts pour épouser ceux de leurs peuples et même ceux de la coalition. « Nommais-je un roi, a dit Napoléon, aussitôt il se croyait roi par la grâce de Dieu, tant le mot est épidémique. Ce n'était pas un lieutenant sur lequel je pouvais me reposer : c'était un ennemi de plus dont je devais m'occuper ; ses efforts n'étaient pas de me seconder, mais bien de se rendre indépendant. Tous avaient aussitôt la manie de se croire adorés, préférés à moi ; c'était moi qui les gênais, qui les mettais en péril. Si, au lieu de cela, chacun d'eux eût imprimé une impulsion commune aux diverses masses que je leur avais confiées, nous eussions marché jusqu'aux pôles, tout se fût abaissé devant nous, nous eussions changé la face du monde, l'Europe jouirait d'un système nouveau ! »

Placée entre la France et l'Angleterre, la Hollande était également froissée dans ses intérêts commerciaux, et elle était devenue, à cause de ses besoins, un entrepôt de marchandises anglaises. Napoléon en fit de vifs reproches à son frère Louis : « Votre royaume est une province anglaise, lui dit-il ; mais sous aucun prétexte la France ne souffrira que la Hollande se sépare de la cause continentale. » Mais Louis n'en tint pas compte, et pendant qu'il méditait de s'allier à l'Angleterre, Napoléon envoya des troupes pour occuper la Hollande. « C'était, dit-il, compléter son système de guerre, de politique, de commerce ; d'ailleurs ce pays était réellement une portion de la France, puisqu'il n'était que l'alluvion du Rhin, de la Meuse et de l'Escaut, c'est-à-dire des grandes artères de l'Empire ; enfin, c'était un pas nécessaire à la restauration de notre marine, et un coup mortel porté à l'Angleterre. » Après avoir essayé vainement de résister, Louis abdiqua le 3 juillet en faveur de son fils, mais Napoléon rejeta cette abdication, et, le 9, réunit la Hollande à l'Empire. « Venez, mon fils, dit-il ensuite à son neveu le grand-duc de Berg, je serai votre père ; vous n'y perdrez rien. La conduite de votre père afflige mon cœur. Quand vous serez grand, vous paierez sa dette et la vôtre. N'oubliez jamais, dans quelque position que vous placent ma politique et l'intérêt de mon Empire, que vos premiers devoirs sont envers moi, vos seconds envers la France : tous vos autres devoirs, même ceux envers les peuples que je pourrais vous confier, ne viennent qu'après. »

Jérôme, Murat, Joseph, étaient animés du même esprit

d'indépendance. Roi d'un pays pauvre et chargé de vingt millions de dotations, Jérôme, prodigue et frivole, vivait magnifiquement dans sa Westphalie, et ne répondait aux remontrances de l'Empereur que par des menaces d'abdication. Napoléon, en réunissant la Hollande à l'Empire, y ajouta toutes les côtes depuis l'Ems jusqu'à l'Elbe[1], avec les villes anséatiques; ce qui enlevait à la Westphalie cinq cent mille ames.

Murat, dans son royaume de Naples, s'avisa également de séparer ses intérêts de ceux de la France, et voulut forcer tous les Français qui l'avaient suivi à se faire naturaliser Napolitains. Napoléon lui rappela rudement ses devoirs de *grand feudataire:* « La France, lui dit-il, en plaçant à Naples un grand dignitaire de l'Empire, a entendu créer un roi qui ne cesserait pas d'être Français. » Murat se soumit.

A l'exemple de Louis, Joseph méditait de se lier à l'Angleterre pour achever de pacifier l'Espagne. Napoléon, pour préparer, disait-il, la réunion à la France de la rive gauche de l'Ebre, et peut-être aussi du pays jusqu'au Douro, fit de la plupart des provinces espagnoles des gouvernements indépendants sous les ordres de ses généraux.

Après la révolution qui avait mis Charles XIII sur le trône de Suède, ce prince ayant perdu son fils, Bernadotte avait été élu, par les états-généraux, prince héréditaire de Suède. Il demanda à Napoléon des lettres d'émancipation. Bien qu'il ne fût pas très-content de ce prince, l'Empereur avait une vieille amitié pour tous ses compagnons d'armes, et, loin de contredire le choix de la Suède, qui était une sorte d'hommage rendu à l'armée française dans les rangs de la-

---

[1] C'est-à-dire une partie du duché de Berg, tout le duché d'Aremberg, la principauté de Salm, le duché d'Oldembourg, les villes de Brême, de Hambourg, de Lubeck, etc.

quelle elle venait choisir un roi, il l'agréa. « On vous offre donc la couronne de Suède, dit-il à Bernadotte ; je vous permets de l'accepter. J'avais un autre désir, vous le savez ; mais enfin c'est votre épée qui vous fait roi, et vous comprenez que ce n'est pas à moi à m'opposer à votre fortune. » Napoléon fit plus, il lui donna généreusement deux millions de son trésor pour qu'il pût arriver en Suède d'une manière convenable au rang qu'il allait occuper. Celui-ci alla prendre possession de son nouveau titre sous le nom de Charles-Jean. Bientôt la Suède déclara la guerre à l'Angleterre, et admit le système continental.

Ainsi l'influence française semblait s'étendre chaque jour sur le continent. Napoléon compléta le système de ses possessions par la création du grand-duché de Francfort en faveur du prince Eugène, et la réunion à l'Empire de la république du Valais.

Pendant qu'à l'extérieur Napoléon ajoutait encore à l'étendue et à la puissance de l'Empire, à l'intérieur, il poursuivait son système d'organisation et de travaux qui devaient en changer la face. Déjà le canal de Saint-Quentin était achevé ; « Deux lieues d'un souterrain imposant, disait le ministre de l'intérieur dans un exposé présenté le 12 décembre 1809 au corps législatif, ouvrent la communication entre les fleuves et les mers du nord de l'Empire, les fleuves et les mers du centre et du midi. Sept mille ouvriers n'ont cessé de travailler au canal du nord, et près de huit lieues de cette voie nouvelle ouverte au Rhin et à la Meuse, pour faire arriver leurs eaux réunies à Anvers, sans quitter un instant le sol de la France actuelle, sont exécutées. Ce canal, si important pour le commerce, ne sera pas un moindre bienfait pour l'agriculture : des landes, égales en superficie à plusieurs départements, seront peuplées et fertilisées ;

conquêtes paisibles de l'industrie, elles augmenteront bientôt et nos richesses et notre prospérité. Deux millions ont été utilement dépensés en 1809 au canal Napoléon, qui unit le Rhône au Rhin. Marseille, Cologne, Anvers, paraîtront baignées par les mêmes eaux. Ce canal sera mis en communication avec la Seine par celui de Bourgogne, dont les travaux, abandonnés par l'ancien gouvernement, viennent de recevoir la plus grande impulsion. Déjà la navigation a lieu de Dôle à Dijon, on travaille aujourd'hui entre Dijon et le pont de Pany, entre l'Yonne et Saint-Florentin. Plusieurs écluses importantes sur la Seine, sur l'Aube, sur la Somme, ont été achevées en 1809. Partout les projets qui tendent à améliorer les navigations anciennes, à les prolonger, à en créer de nouvelles, ont été entrepris ou suivis avec activité. Les travaux maritimes ont fait de grands progrès, ceux de Cherbourg offrent déjà à l'œil étonné un immense port creusé dans le roc ; des revêtements de granit donnent au port et à ses quais extérieurs le caractère le plus imposant de grandeur et de durée. L'écluse de chasse du Hâvre est à peu près terminée ; à Dunkerque, une écluse octogone qui doit dessécher des terrains précieux, et assurer une navigation facile, a été achevée cette année. Le bassin d'Anvers est creusé dans toute sa partie antérieure, et l'écluse à la mer s'élève au-dessus de ses fondations. Le port de Cette a été approfondi, il a donné asyle à des vaisseaux de haut-bord. Le port de Marseille offre un mouillage plus facile qu'il n'a jamais été. Les routes du Mont-Cenis, du Simplon, celles qui traversent dans tous les sens les Alpes, les Apennins, les Pyrénées, ont reçu un nouveau degré d'avancement ou de perfection. Des chemins aussi beaux que faciles conduisent d'Alexandrie à Savone, des bords du Tanaro et du Pô aux rivages les plus prochains de la Méditerranée. Les grands dessèchements de Bourgoin, ceux de Cotentin, de Rochefort, ont déjà changé en terres fertiles de stériles marais. Paris devient chaque jour plus digne, par ses monuments, d'être la métropole d'un de ces empires autour desquels se groupe, dans l'histoire des temps, tout ce qui fut contemporain. A ses abords, les ponts de Bezons, de Choisy, de Sèvres, viennent d'être commencés ; celui de Charenton a été rétabli; celui de Saint-Cloud se restaure. Dans son intérieur, le beau pont d'Iéna a été conduit jusqu'à la naissance des arches, celui de Saint-Michel a été débarrassé des maisons qui l'obstruaient. Les quais Napoléon et du Louvre ont été terminés, celui d'Iéna dépasse l'esplanade des Invalides; le port de la Rapée s'exécute sur de grands et beaux alignements ; des greniers d'abondance sont fondés; un établissement provisoire, mais convenable, a reçu la Bourse, jusqu'au moment où sera achevé le magnifique édifice qui lui est destiné, et qui déjà s'élève au-dessus du sol ; le Temple de la Gloire occupe un grand nombre d'ouvriers, il sera digne de sa noble destination. Quatre massifs revêtus d'une pierre égale, pour la dureté et pour le grain, au plus beau marbre, attendent, à la barrière de Neuilly, les dernières assises qui recevront les voûtes de l'arc-de-triomphe de l'Étoile ; la colonne d'Austerlitz est revêtue, jusqu'à la moitié de sa hauteur, de bronzes qui éterniseront les faits d'armes de nos guerriers; l'arc du Carrousel, terminé, réunit le goût et la magnificence ; le Louvre développe de nouvelles beautés dans la marche rapide de sa restauration ; la galerie qui doit compléter sa réunion avec les Tuileries, étonne, par ses progrès, les habitants mêmes de cette cité; déjà elle jouit d'une partie des eaux que doit lui amener le canal de l'Ourcq ; le bassin de la Villette, la fontaine des Innocents, offrent à la capitale des créations aussi belles qu'elles sont utiles. Quarante-deux dépôts de mendicité ont été établis, l'Empereur a assuré les fonds nécessaires à leur entretien : ainsi se guérira peu à peu une des plus hideuses plaies des États policés, ainsi les mœurs publiques et l'industrie profiteront d'un travail qui arrachera au malheur et à la dépravation tant d'êtres condamnés, en apparence, à ne pouvoir s'y soustraire. Plusieurs de ces établissements ont été mis en activité. L'Université impériale est entrée en fonctions ; les académies se forment, les facultés s'établissent, les lycées continuent de fournir de nombreux sujets à l'École Polytechnique et à celle de Saint-Cyr. Tous les genres d'encouragements sont donnés aux sciences, aux lettres et aux arts : les honneurs, les récompenses, d'utiles travaux confiés aux artistes qui se distinguent, rien n'est négligé. Les prix décennaux vont être décernés. Le Muséum d'histoire naturelle a été agrandi, celui des arts a reçu de nouvelles richesses par l'acquisition des chefs-d'œuvre de la galerie Borghèse. Le cadastre se poursuit, on en recueille les fruits dans la sous-répartition d'un grand nombre de cantons et de communes ; on ne tardera pas à lui devoir l'amélioration générale du système de l'impôt foncier, et la juste proportion de la contribution avec les produits. Les religions chrétiennes fondées sur la morale de l'Évangile, sont toutes utiles à la société. Les luthériens du faubourg Saint-Antoine, dont le nombre s'élève à plus de six mille, n'avaient pas de temple, et, de temps immémorial, c'était dans la chapelle de Suède qu'ils exerçaient leur culte : leur église a été reconnue, leurs ministres ont été nommés par l'Empereur, et sont entretenus aux frais de l'État. Une école de théologie calviniste a été établie à Montauban. Quant à la religion qui est celle de l'Empereur, de la famille impériale et de l'immense majorité des Français, elle a été, de la part du gouvernement, l'objet des soins les plus assidus. De nouveaux séminaires ont été formés, les édifices du culte réparés, le nombre des succursales augmenté, » etc.

Cependant la guerre de la Péninsule poursuivait son cours. Il fallait disputer le terrain pied à pied, prendre les villes de vive force ; à peine détruites, les armées espagnoles se reformaient comme par enchantement ; le pays était difficile et couvert de guérillas qui enlevaient nos convois, interceptaient nos communications, inquiétaient nos cantonnements ; c'était, en un mot, comme une Vendée nouvelle que nous avions à combattre dans le midi.

« Quand je paraîtrai au-delà des Pyrénées, avait dit Napoléon à l'ouverture de la session législative de 1809, le léopard épouvanté cherchera l'Océan pour éviter la honte, la défaite et la mort. » Or, soit l'effet de son mariage, soit lassitude de cette guerre où les avantages ne compensaient pas les sacrifices, soit les craintes que lui inspirait la Russie, il n'avait point marché en Espagne, et le léopard continuait à s'y montrer. Napoléon eut tort, car sa présence aurait imprimé au commandement et aux opérations cette unité qui leur manquait pour en assurer le succès. Il avait fait de chaque province autant de gouvernements militaires qu'il avait confiés à ses généraux : ainsi rendus indépendants les uns des autres, des divisions, de graves mésintelligences n'avaient pas tardé d'éclater entre eux. De là, souvent, des résultats indécis, des campagnes compromises, des expéditions manquées.

Déjà Soult s'était ouvert l'Andalousie par la victoire d'Ocana (19 novembre 1809). Il avait résolu, de concert avec Joseph, de conquérir cette province, centre du gouvernement insurrectionnel, et de s'emparer de Cadix, clef de toute la guerre. En conséquence, dès les premiers jours de janvier 1810, il s'était mis en mouvement, ayant sous ses ordres Mortier, Victor et Sébastiani. Après avoir franchi les défilés de la Sierra-Moréna, et battu deux armées espagnoles, il arriva devant Séville et s'en empara; mais pendant que Joseph perdait du temps à y faire le roi, au lieu de marcher sur Cadix, cette ville, qui n'avait pas même de garnison, se pourvut, et quand Victor se présenta pour l'occuper, il la trouva à l'abri de toute surprise. Cependant, l'apparition des Français devant cette place donna lieu, le 26 mai, à une action brillante dans la rade. Six cents prisonniers de la capitulation de Baylen, détenus sur les pontons, s'emparèrent d'un mauvais navire, traversèrent, sous le feu de l'ennemi, les escadres anglaises et espagnoles, et rejoignirent l'armée de Victor sur le rivage.

Soult, en possession de l'Andalousie, laissa Victor devant Cadix, poussa Sébastiani sur Malaga, et se jeta lui-même avec vingt mille hommes dans l'Estramadure. Il prit Olivenza après onze jours de siège, passa la Guadiana, joignit une armée espagnole, et la dispersa après lui avoir pris huit mille hommes, ses canons et ses drapeaux. Puis il alla investir Badajoz, qui se rendit le 11 mars 1811. Apprenant que l'Andalousie était inquiétée par des bandes sorties du Portugal, de la Murcie et de l'Estramadure, il marcha au secours de cette province, dont Napoléon lui avait donné le commandement supérieur : en peu de temps, Soult parvint à la délivrer et à s'en faire une véritable souveraineté.

De son côté, Masséna reçut l'ordre d'envahir le Portugal. Depuis huit mois, Wellington y était resté dans l'inaction, ne voulant rien tenter en Espagne avant de s'être assuré un refuge. Il se prépara néanmoins à y recevoir Masséna. Il s'était emparé de l'administration militaire de ce royaume : il y établit quelque ordre, disciplina et arma les Portugais, se renforça et s'établit sur les frontières avec une armée de soixante-cinq mille hommes. Masséna avait sous ses ordres Ney, Junot et la cavalerie de Montbrun, environ cinquante-cinq mille hommes. Après s'être ouvert le Portugal par la prise d'Astorga (6 mai) et celle de Ciudad-Rodrigo (10 juillet 1810), il se porta contre Alméida et en fit le siège. Bientôt maître de cette place, il continua son mouvement, chassant devant lui Wellington, qui, passant le Mondego, alla se poster sur le plateau de Busaco. Masséna l'attaqua de front dans cette position formidable ; mais, assailli par un grand feu de mitraille, il recula, laissant sur le champ de bataille quatre mille hommes (27 septembre), et marcha dès le lendemain sur Coïmbre. Alors Wellington évacua sa position et se retira, pour couvrir Lisbonne, vers les lignes de Torrès-Védras, ordonnant sur son passage la dévastation des villes et villages, l'incendie des récoltes, l'enlèvement des vivres, la destruction des routes. Malheur à ceux qui résistaient! ils étaient pendus ou fusillés. Nos troupes eurent donc à traverser un pays désert et ravagé. Après des marches pénibles et des privations sans nombre, elles arrivèrent devant les lignes de Torrès-Védras. C'était un camp retranché, flanqué à droite par le Tage, à gauche par la mer, couvert par trois lignes de redoutes armées de canons, et défendu par cent trente mille hommes. Pendant cinq mois, Masséna et Wellington restèrent en présence, sans que ni l'un ni l'autre osât tenter les chances d'une bataille. Cependant, les Anglo-Portugais nous étaient trois fois supérieurs en nombre. De son côté, Masséna n'avait plus cette audace et cette habileté qu'il avait déployées à Essling : se voyant seul, sans renforts, sans ressources, obligé, pour faire vivre son armée, de la disséminer, mal servi par ses lieutenants, il résolut de se retirer. Alors, trompant l'ennemi par ses manœuvres, il prit la route de Coïmbre ; mais poursuivi par Wellington, il fut forcé de se rabattre sur Miranda, et de là sur Celerico. Après cette pénible retraite, que Ney protégea par sa bravoure, il arriva enfin à Ciudad-Rodrigo, d'où il se porta sur Alméida, que les Anglais venaient d'investir. Il les trouva dans une belle position, sur des hauteurs, selon leur habitude, sur le plateau de Fuente-di-Onor. Masséna ordonna l'attaque. Déjà ils étaient culbutés sur plusieurs points, leur cavalerie mise en déroute, leur centre même entamé ; encore un effort, et c'en était fait de l'armée anglaise : mais, mal secondé par ses troupes mécontentes, Masséna ne put achever sa victoire. Cependant, il ne se retira point sans avoir délivré les Français renfermés dans Alméida. Il avertit Brenier qui les commandait : celui-ci fit sauter pendant la nuit les remparts de la ville, sortit en colonne serrée, traversa au pas de charge l'armée anglaise, et rejoignit Masséna, qui l'attendait en bataille (10 mai 1811). Alors Masséna se retira à Salamanque.

Cependant, une autre armée anglaise, sous les ordres de Beresford, avait repris Olivenza et investissait Badajoz. Soult accourut en toute hâte. A son approche, les Anglais levèrent le siège de cette ville et allèrent prendre position à Albuéra. Quoique inférieur en forces, Soult les attaqua, mais n'ayant pu les déposter, il se retira. Wellington rejoignit Beresford, et Badajoz fut de nouveau investi. Après deux attaques, les Anglais furent repoussés (16 juin). Alors, apprenant la marche de Marmont sur cette ville, Wellington se retira en Portugal. « Ainsi, disait Napoléon, cette lutte contre Carthage, qui paraissait devoir se décider sur le champ de bataille de l'Océan ou au-delà des mers, le sera donc désormais dans les plaines des Espagnes ! Lorsque l'Angleterre sera épuisée, qu'elle aura enfin ressenti les maux qu'avec tant de cruauté elle verse depuis vingt ans sur le continent, que la moitié de ses familles seront couvertes du voile funèbre, un coup de tonnerre mettra fin aux affaires de la Péninsule, aux destinées de ses armées, et vengera l'Europe et l'Asie en terminant cette seconde guerre punique[1]. »

En attendant, Suchet, dans la Catalogne, couronnait glorieusement la campagne de 1811, par des sièges savants, en enlevant les places les plus fortes, et en dispersant les bandes espagnoles. Déjà maître de Lérida et de Tortose, il alla mettre le siège devant Tarragone : située au bord de la mer, sur un rocher escarpé couvert par deux forts, le fort Royal et celui de l'Olivo, et armé de trois cents bouches à feu, Tarragone, par sa position, semblait défier toutes les attaques. De plus, sa garnison était nombreuse et soutenue par une escadre anglaise, sous les ordres de Codrington. Suchet commença l'attaque par le fort de l'Olivo; mais on ne pouvait ouvrir la tranchée, le sol étant du roc pur. Alors des hommes s'attelèrent à des canons et les conduisirent pendant la nuit, en bravant le feu des remparts. Dès que la brèche fut formée, on donna l'assaut, et nos soldats l'ayant emporté, il y eut entre eux et les hommes de la garnison une lutte horrible, où périrent plus de deux mille Espagnols. On fit ensuite le siège du fort Royal. Après plusieurs assauts, il fut enlevé; la flotte anglaise prit le large, et les Français entrèrent dans la ville. Mais là comme à Sarragosse, il fallut conquérir chaque rue, faire le siège de chaque maison. Nos soldats furieux se jetèrent dans la ville, passant au fil de l'épée tout ce qu'ils rencontraient. Tel fut ce siège, « dont le souvenir, disait le bulletin, ne s'effacera de longtemps de la mémoire des Espagnols. Quatre mille hommes ont été tués dans les rues : parmi dix ou douze

---

[1] Session de 1811. Discours de l'Empereur.

mille qui essayaient de se sauver en passant par dessus les murailles, mille ont été sabrés ou noyés ; nous avons fait dix mille prisonniers, y compris cinq cents officiers, et il reste dans les hôpitaux quinze cents blessés qu'on a épargnés. »

Après la prise de Tarragone, Suchet alla ensuite assiéger Sagonte. A peine maître de la ville, il apprit que Blake s'avançait de Valence avec vingt-cinq mille hommes. Aussitôt il marcha à sa rencontre, le battit et le rejeta dans cette ville (26 octobre). Un mois après il avait franchi le Guadalaviar, et renouvelé les prodiges d'Ulm par la prise de Valence. Cette ville était devenue le dépôt général de toutes les forces et de tous les approvisionnements des insurgés ; elle se rendit avec sa garnison, ses canons et ses magasins. Napoléon récompensa dignement Suchet : il lui donna le bâton de maréchal et le titre de duc d'Albuféra.

Ainsi, tout semblait concourir à l'éclat et à la stabilité de l'Empire. Augmenté de seize départements, de cinq millions de population, de cent millions de revenu, de trois cents lieues de côtes, il s'étendait depuis Hambourg et Dantzig jusqu'à Trieste et Corfou. Napoléon pouvait se confier dans sa fortune. Il avait chassé les Bourbons de trois trônes ; la Savoie ne faisait plus partie de la Sardaigne ; la maison de Naples était réduite à la Sicile ; celle de Bragance au Brésil ; les princes d'Orange, de Hesse, de Brunswick avaient cessé de régner ; il n'y avait plus de Républiques de Gênes, de Venise, de Hollande, plus d'empire germanique, plus d'États romains ; l'Autriche était devenue une puissance de second ordre ; la monarchie prussienne ne s'était pas relevée de sa chute d'Iéna ; l'Espagne était conquise ; l'Angleterre, traquée de tous côtés par le système continental, était aux abois. Au milieu de cet abaissement général de toutes les puissances de l'Europe, le grand Empire s'élevait, avec ses cent trente départements, sa population de quarante millions d'habitants, ses quarante millions d'ames des États fédératifs, son système d'administration, ses royaumes secondaires, ses grands fiefs, ses cours spéciales, ses lycées, sa noblesse héréditaire, sa discipline civile et son chef suprême.

Arrivé à ce faîte, Napoléon ne pouvait plus que descendre : il avait rendu la France glorieuse et toute-puissante, mais aux dépens de sa liberté et de ses conquêtes révolutionnaires ; il avait vaincu les rois, mais il ne les avait pas soumis ; il avait voulu, en dépouillant le Pape de sa souveraineté temporelle, rappeler le successeur de saint Pierre à sa mission primitive ; mais, frappé par lui d'anathème, il avait perdu, aux yeux des catholiques, son caractère auguste et sacré ; il avait affamé l'Angleterre, mais il avait mécontenté tous les peuples ; et tandis qu'au-dehors, les rois, les peuples, le sacerdoce, le commerce s'alliaient contre *l'ennemi commun*, au-dedans, des symptômes de décadence commençaient à se manifester. On se lassait de ces guerres continuelles entreprises pour satisfaire l'ambition d'un seul homme ; la nation n'était pas consolée, par la gloire, du sacrifice de ses enfants. De 1805 à 1810, elle avait envoyé sur les champs de bataille près de six cents mille hommes ; cette même année 1811, elle avait huit cent mille hommes sous les armes, dont trois cent cinquante mille employés en Espagne. Chaque nouvelle conscription jetait le désespoir dans les familles ; les mères ne voyaient croître qu'avec crainte leurs enfants ; devant l'éclat des prospérités impériales, les souffrances intérieures s'effaçaient ; condamnée au silence, la tribune n'osait les faire parler, ou, si elle faisait entendre encore quelques accents, c'était pour flatter servilement le maître qui l'opprimait; il en était de même de la presse. Le nombre des journaux avait été réduit : un décret impérial du 3 août 1810 avait décidé que dans les départements autres que celui de la Seine, il n'y aurait qu'un seul journal; encore le gouvernement s'en attribua-t-il la propriété. La liberté individuelle était soumise aux caprices de la police. Huit prisons d'État avaient été instituées, où le pouvoir faisait renfermer sans jugement et à sa volonté les prévenus politiques. C'était rétablir, sous un nouveau nom, les lettres de cachet. Parmi tous les grands corps de l'État, c'était à qui serait le plus servile. Tous les fruits de la révolution semblaient perdus ; les vieillards qui avaient vu l'ancien régime, le trouvaient plus libre que le nouveau. D'un autre côté, les finances commençaient à s'embrouiller ; non que Napoléon ne se montrât rigide administrateur des deniers de l'État, mais les contributions de guerre qu'il employait soit à l'entretien de ses armées, soit aux gratifications, soit aux monuments, devant cesser avec la paix, le moment était venu où il serait obligé de suffire, avec les seuls revenus de l'Empire, aux grandes dépenses qu'il nécessitait.

Cependant, quoique le présent fût pénible à supporter, on le préférait à l'avenir; on regardait l'Empereur comme le symbole vivant de la nation, on l'admirait et on l'aimait, et quand, à la fin de novembre 1810, un message apprit au sénat la grossesse de l'Impératrice, cette nouvelle excita dans tout l'Empire un intérêt général. Des prières publiques furent prescrites, et le clergé appela les bénédictions du ciel sur cette heureuse fécondité.

C'était le 20 mars 1811, la France et l'Europe étaient dans l'attente du grand évènement qui allait s'accomplir. « Cent un coups de canon devaient saluer la naissance d'un prince, et vingt-un seulement la naissance d'une princesse. On se ferait difficilement une idée, dit M. Meneval, de l'anxiété avec laquelle les premiers coups de canon furent comptés. Un profond silence régna jusqu'au vingt-unième, mais quand le vingt-deuxième éclata, il se fit une explosion d'applaudissements et d'acclamations qui retentirent simultanément dans tous les quartiers de Paris. »

Tout se fit, dans cette circonstance, avec les cérémonies en usage dans l'ancienne cour : le nouveau-né fut ondoyé dans la chapelle des Tuileries, par le cardinal grand-aumônier, et on lui donna les noms de Napoléon François-Charles-Joseph, prince impérial, roi de Rome. Tous les corps de l'État, le sénat, les autorités, le corps diplomatique, la cour, vinrent féliciter Napoléon, qui les reçut assis sur son trône. De là, poussant la flatterie jusqu'au ridicule, ils se rendirent chez le roi de Rome, et lui adressèrent des révérences et des discours; le grand-chancelier de la Légion-d'Honneur et le grand-chancelier de la Couronne de Fer, déposèrent sur son berceau le grand-cordon de ces ordres. Des réjouissances de toute espèce, une illumination générale, des fêtes improvisées par des corporations, signalèrent cet évènement, qui, en comblant les vœux de l'Empereur, sembla ranimer les espérances de la nation. On crut voir dans cet enfant l'ange de la paix, et on se livra à l'avenir avec joie et sécurité. Des félicitations arrivèrent à l'Empereur de toutes les cours de l'Europe avec lesquelles on était en relation. Les rois d'Espagne, de Naples et de Westphalie, se rendirent en personne à Paris.

La plus grande magnificence présida à la cérémonie du baptême : elle eut lieu à Notre-Dame, en présence des trois grands corps de l'État, du sénat, du conseil d'État et du corps législatif, des cours et tribunaux, du corps municipal et des députations des cinquante bonnes villes, ainsi que du corps diplomatique.

Depuis les Tuileries jusqu'à Notre-Dame, on avait tendu la façade des maisons de riches tapisseries, et des drapeaux flottaient aux fenêtres. Un concours immense de peuple se pressait sur le passage du cortège, qui s'avançait à travers une double haie de troupes sous les armes ; leur belle tenue, la splendeur et la marche triomphale du cortège, les acclamations universelles qui saluaient l'enfant impérial, tout donnait à cette fête un éclat imposant. Pendant la cérémonie, le silence et le recueillement régnèrent ; mais quand Napoléon, prenant son fils dans ses bras, le montra aux assistants, malgré la sainteté du lieu toutes les mains applaudirent, toutes les voix éclatèrent. De même qu'à Paris, il n'y eut, dans tous les départements, qu'un même cri de joie, qu'un même sentiment de bonheur. On eût dit qu'à la venue de cet enfant le monde allait enfin respirer. Vain espoir! la nature ne l'avait enfanté qu'à regret (15), et déjà se préparait dans le Nord la tempête qui devait l'emporter, et avec lui cet Empire qui lui était promis.

Après trois ans de souffrances et de rigueurs, le système continental semblait avoir porté ses fruits, un nouveau droit public régissait la France et l'Europe ; l'Angleterre jetait des cris de détresse ; le crédit qui soutenait sa puissance s'était ébranlé, ses finances se trouvaient dans le plus triste état, sa dette augmentée de 9 milliards ; et, au milieu de l'encombrement de ses manufactures, elle était contrainte, ne pouvant en échanger les produits, de recourir à l'établissement d'un papier-monnaie ; elle voulait la guerre, le monopole du commerce, la domination des mers, et déjà chassée du continent, après avoir entassé emprunt sur emprunt, taxe sur taxe, assiégée de plaintes, menacée de troubles, elle se voyait réduite à lutter contre elle-même. Déjà ses ouvriers criaient famine, brisant les métiers et attaquant les propriétés. Le gouvernement s'effrayait des dispositions du peuple. Dans cette position désespérée, l'Angleterre s'inspirant de sa haine contre la France, se rapprocha de la Russie et réveilla son inimitié, que Tilsitt et Erfurth semblaient avoir endormie. Après l'avoir cherché vainement dans l'Autriche et dans la Prusse, l'Angleterre avait enfin trouvé l'instrument de sa vengeance !

Depuis longtemps, en effet, Napoléon et Alexandre semblaient se mesurer du regard. D'immenses préparatifs, des amas de vivres et de munitions, des levées d'hommes, des prises d'armes, tout annonçait en Occident et en Orient l'approche d'une de ces guerres fatales qui changent la fortune des empires. Bien que la France eût tout fait pour désarmer sa grande ennemie, celle-ci voyait avec un secret ombrage sa rivale s'arroger une suprématie à laquelle elle aspirait elle-même depuis Pierre Ier. Jusque là elle n'avait essayé ses forces contre elle que pour défendre ses alliés ; quoique deux fois vaincue, elle allait se présenter seule dans la lutte. C'est donc en vain que Napoléon avait compté sur son ami d'Erfurth ! Tenté par l'Angleterre, Alexandre n'avait pas tardé de se donner à elle en rouvrant ses ports à son commerce. Comment, d'ailleurs, en eût-il été autrement ? En adhérant au système continental, la Russie s'était condamnée à souffrir dans ses intérêts ; en s'alliant avec la France, elle avait blessé ses idées et ses principes. Depuis Tilsitt, elle supportait donc impatiemment le joug que Napoléon lui avait imposé. Si, dans la guerre de 1809, elle n'avait pas pris parti pour l'Autriche, c'est qu'elle ne l'avait pu, « à cause de l'éloignement de ses armées, occupées en Suède et en Turquie. » Ainsi, déjà la rupture était arrêtée dans les conseils du cabinet russe ; il n'attendit plus qu'un prétexte pour éclater.

Au commencement de 1810, une convention avait été signée à Saint-Pétersbourg par notre ambassadeur ; en voici les dispositions principales :

« 1° Le royaume de Pologne ne sera *jamais* rétabli.

« 2° Les noms de Pologne et de Polonais ne figureront désormais dans aucun acte public.

« 3° Toute réunion au grand-duché de Varsovie d'une partie de territoire qui aurait appartenu à l'ancien royaume de Pologne, est interdite. »

Cette convention, ratifiée par Alexandre, fut transmise à Paris pour recevoir la ratification de Napoléon. Celui-ci, qui n'avait donné à son ambassadeur aucune instruction spéciale pour conclure ce traité ; dont les termes absolus et la forme étaient d'ailleurs blessants pour sa dignité, ne le considéra que comme un projet, et lui en substitua un autre, qui contenait l'engagement, de la part de la France, de ne favoriser aucune entreprise tendant à rétablir la Pologne, de ne donner aucune assistance à toute puissance qui aurait cette vue, ni appui direct ou indirect à toute insurrection des provinces composant ce royaume. Bien que cette rédaction ne fût que trop claire, Alexandre la rejeta, et persista dans sa formule ; il y revint même avec une insistance et une aigreur poussées jusqu'à la colère et l'insulte. « Que prétend la Russie par un pareil langage ? disait Napoléon. Veut-elle la guerre ? Pourquoi ces plaintes, ces soupçons injurieux ? Si j'avais voulu rétablir la Pologne, je l'aurais dit, et je n'aurais pas retiré mes troupes d'Allemagne. Veut-elle me préparer à sa défection ? Je serai en guerre avec elle le jour où elle sera en paix avec l'Angleterre. Je ne veux pas rétablir la Pologne ; je ne veux pas aller finir mes destinées dans les sables de ses déserts ; je me dois à la France et à ses intérêts ; et je ne prendrai pas les armes, à moins qu'on ne m'y force, pour des intérêts étrangers à mes peuples. Mais je ne veux pas me déshonorer en déclarant que le royaume de Pologne ne sera jamais rétabli, me rendre ridicule en parlant le langage de la divinité, flétrir ma mémoire en mettant le sceau à cet acte d'une politique machiavélique; car c'est plus qu'avouer le partage de la Pologne, que de déclarer qu'elle ne sera jamais rétablie. Non, je ne puis prendre l'engagement de m'armer contre des gens qui ne m'ont rien fait, qui m'ont, au contraire, bien servi, qui m'ont témoigné une bonne volonté constante et un grand dévouement. Non, je ne me déclarerai pas leur ennemi, et je ne dirai pas aux Français : Il faut que votre sang coule pour mettre la Pologne sous le joug de la Russie. »

Alexandre ne répondit rien ; mais il en garda un profond ressentiment. Bientôt la réunion à l'empire de la Hollande, des villes anséatiques, en un mot des bouches du Rhin, de l'Escaut, du Weser, de l'Elbe et du duché d'Oldembourg, vint lui fournir de nouveaux sujets de plaintes. Il crut son empire menacé dans l'avenir, et il protesta. Toute l'année 1811 se passa en négociations et en échanges de notes diplomatiques. Pendant ce temps, la Russie faisait secrètement ses préparatifs pour commencer la guerre. Elle rassembla la majeure partie de ses forces sur la frontière occidentale. Boutourlin avoue qu'elle voulait attaquer au printemps de l'année 1811, mais qu'elle reconnut qu'elle n'était pas alors en mesure. « Vous faites des préparatifs de guerre, écrivait Napoléon à Alexandre : ce ne peut être que contre moi. Mais je défends contre l'Angleterre nos intérêts communs. Je n'ai donc pas envie de vous attaquer. Vous m'obligez à vous imiter : la guerre pourra en résulter, quoique je ne la veuille pas, et que vous-même, peut-être, ne la désiriez point. N'y a-t-il aucun moyen de s'entendre ? »

Dans le mois de février 1812. « Napoléon, ajoute Boutourlin, expédia le général Czernicheff à Pétersbourg, avec la proposition de travailler à faire disparaître les griefs des deux parties. Ces griefs étaient principalement, de la part de la Russie, la prise de possession du duché d'Oldembourg ; mais l'empereur Alexandre sentait trop bien que les griefs avoués ne portaient que sur des accessoires. On n'eût pas avancé grand' chose, en obtenant le redressement des griefs susmentionnés ; car la question principale, celle du pouvoir dictatorial de la France sur toutes les autres puissances, n'était susceptible d'être résolue que par la voie des armes [1]. »

Czernicheff ne revint pas ; il avait emporté avec lui l'*état effectif* des armées françaises, qu'il s'était fait livrer à prix d'or par un commis de la guerre, qui paya de sa tête la séduction du général russe.

Alexandre gardait le silence et continuait ses préparatifs. Jugeant la guerre inévitable, Napoléon, avant de s'y engager, commença par s'assurer des alliances.

Sentant que dans cette lutte elle ne pourrait rester neutre ou notre ennemie sans s'exposer à une ruine certaine, la Prusse offrit elle-même de lier irrévocablement son sort à celui de la France. Napoléon n'accepta qu'avec défiance l'offre d'un cabinet qui ne s'alliait à lui que par l'impuissance de le combattre. Aussi ne conclut-il avec lui qu'une alliance purement défensive. Par un traité du 26 février 1812, la Prusse s'engagea à fournir contre la Russie un contingent de vingt mille hommes ; mais un des articles secrets portait qu'elle ne pourrait faire aucune levée, aucun rassemblement de troupes, aucun mouvement militaire, pendant

[1] *Histoire militaire de la campagne de Russie.*

que l'armée française occuperait son territoire ou serait sur le territoire ennemi.

Napoléon se montra plus facile avec l'Autriche. A la demande de son alliance, celle-ci s'était empressée de la donner. Son contingent devait être de trente mille hommes. Si, par suite de la guerre, le royaume de Pologne venant à être rétabli, il entrait dans les convenances de l'Autriche de céder la Gallicie, pour être réunie à ce royaume, en échange des provinces illyriennes, la France s'engageait, dès à présent, à y consentir, et à procurer, en outre, à son alliée, dans le cas d'une heureuse issue de la campagne, des indemnités et des augmentations de territoire qui, non-seulement, compenseraient les charges de sa coopération dans cette guerre, mais qui seraient *un monument de l'union intime et durable qui existait entre les deux souverains.*

Telles étaient les deux alliées sur lesquelles Napoléon avait le droit de compter, tant qu'il serait victorieux. Les deux plus importantes lui échappèrent : la Suède et la Turquie.

La Suède, par sa position géographique, en menaçant la Russie d'une diversion redoutable, couvrait la gauche de notre armée : il devait en être autrement. « Dans cette grande guerre de la démocratie contre l'aristocratie, dit Ségur, celle-ci se recruta de l'un de ses ennemis les plus acharnés. Bernadotte, jeté presque seul au milieu des noblesses et des cours anciennes, ne songea qu'à s'en faire adopter. Il réussit. Mais ce succès dut lui coûter cher. Pour l'obtenir, il lui fallut d'abord abandonner, au moment du danger, les anciens compagnons et les auteurs de sa gloire. Plus tard, il fit plus : on l'a vu marcher sur leurs corps sanglants, s'unir à tous leurs ennemis, naguère les siens, pour écraser son ancienne patrie, et, par là, mettre sa patrie adoptive à la merci du premier czar ambitieux de régner sur la Baltique[1]. »

A peine arrivé en Suède, en effet, Bernadotte, circonvenu par l'Angleterre et la Russie, avait cherché à s'affranchir du système continental. Cependant, il s'offrit secrètement à l'Empereur, si celui-ci voulait lui donner la Norwège et un subside. « Il m'ose proposer une infamie ! s'écria Napoléon. Un homme qui tient tout de ma bonté ! Quelle ingratitude ! Je devais m'y attendre. Il a toujours tout sacrifié à ses intérêts ! Quand il n'espérait que dans le désordre, il s'est opposé au 18 brumaire ! C'est lui qui a conspiré dans l'Ouest contre le rétablissement de la justice et de la religion ! Son envieuse et perfide inaction n'a-t-elle pas déjà trahi l'armée française à Auerstaedt ? Que de fois, par égard pour Joseph[2], j'ai pardonné à ses intrigues et dissimulé ses fautes ! Pourtant, je l'ai fait général en chef, maréchal, duc, prince, et roi, enfin ! Mais que font à un ingrat tant de bienfaits et le pardon de tant d'injures ? Depuis un siècle, si la Suède, à demi dévorée par la Russie, existe encore indépendante, c'est grâce à l'appui de la France. Mais il n'importe. Il faut à Bernadotte le baptême de l'ancienne aristocratie ! un baptême de sang, et de sang français ! Et vous allez voir que, pour satisfaire son envie et son ambition, il va trahir à la fois et son ancienne et sa nouvelle patrie. » Depuis longtemps le Danemark était notre allié ; son attachement à la France lui avait coûté sa flotte, et avait amené l'incendie de sa capitale. Napoléon ne voulut pas payer sa fidélité par une perfidie, en lui arrachant la Norwège pour la donner à la Suède. Quant au subside, il répondit « que, s'il fallait faire la guerre avec de l'argent, l'Angleterre renchérirait toujours sur lui. »

[1] *Histoire de Napoléon et de la grande armée pendant l'année* 1812, t. I, p. 40.
[2] Bernadotte était son beau-frère.

Celle-ci, en effet, chercha à attirer à elle Bernadotte par la promesse de ce que Napoléon lui refusait. De son côté, Alexandre le sollicita vivement, et, le 24 mai, par un traité avec la Russie, il s'engagea à combattre contre nous. Il fit plus : il alla chercher, au fond de l'Amérique, un complice de sa défection (le général Moreau), et se fit céder, non-seulement la Norwège, mais même la Guadeloupe, qui ne fut restituée à la France qu'en 1814.

Dans la Turquie, tout avait changé depuis trois ans : Sélim, l'ami de Napoléon, n'était plus ; une révolution l'avait renversé. Mustapha IV, qui l'avait remplacé, avait éprouvé le même sort, et c'est Mahmoud qui occupait le trône des sultans. Depuis le meurtre de Sélim, Napoléon, désespérant de faire de la Turquie une puissance militaire pour l'opposer à la Russie, s'était éloigné d'elle, et lorsque, sentant tout le prix de son alliance, il voulut y revenir, déjà l'or et les intrigues de l'Angleterre l'avaient prévenu dans les conseils du divan.

Déjà la Russie avait fait descendre du nord des armées nombreuses ; cent mille hommes étaient sur le Niémen. De son côté, Napoléon ordonna à la grande armée de s'avancer sur la Vistule ; cent vingt mille conscrits furent appelés sous les drapeaux ; on distribua la garde nationale en trois bans pour le service de l'intérieur : le premier ban, composé des hommes de vingt à vingt-six ans, était destiné à la garde des frontières ; le second ban, formé de tous les hommes valides de vingt-six à quarante ans, à la garde des départements ; l'arrière-ban, comprenant tous les hommes valides de quarante à soixante, à celle des communes ; cent cohortes du premier ban (près de cent mille hommes) furent mises à la disposition du ministre de la guerre.

Ainsi qu'on l'a vu, Napoléon, dans son traité avec l'Autriche, avait prévu le rétablissement de la Pologne. Il se proposait, en effet, « l'organisation de ce royaume, avec tout ou portion de son ancien territoire; » il voulait « réduire la Russie par la création du royaume de Pologne, comme il avait réduit l'Autriche en formant les royaumes de Bavière et de Wurtemberg, après Austerlitz, et la Prusse, en organisant ceux de Saxe et de Westphalie, après Iéna. » Dans ce but, il avait donné à son ambassadeur à Pétersbourg des pouvoirs très-étendus, et envoyé à Vienne un négociateur chargé d'offrir aux principales puissances, de la part de la France, « de grands sacrifices en territoire, comme indemnité des cessions à faire pour le rétablissement du royaume de Pologne. » Il ne se dissimulait point les difficultés de cette entreprise, où la France devait lutter également contre ses amis et contre ses ennemis. Voici un fragment des instructions qu'il donna, à ce sujet, le 18 avril, à son chargé d'affaires à Varsovie : Napoléon y expose les motifs et les vues de son expédition de Russie, au moment même de l'entreprendre.

«....Vous devez donner au gouvernement du grand-duché, une impulsion propre à préparer les grands changements que l'Empereur se propose d'opérer en faveur de la nation polonaise.

« Il faut que les Polonais secondent les desseins de l'Empereur, et qu'ils coopèrent eux-mêmes à leur régénération. *Ils ne doivent considérer les Français que comme de puissants auxiliaires.*

« Avant le refroidissement avec la Prusse, une première pensée de l'Empereur avait été de faire une alliance solide avec le roi de Prusse, et de poser sur sa tête la couronne de Pologne. Il y avait moins d'obstacles à vaincre, puisque déjà la Prusse possédait le tiers de ce royaume. On aurait laissé à la Russie ce qu'elle aurait voulu absolument garder ; on aurait donné des indemnités à l'Autriche.

« Après ses revers, la Prusse avait trop de haine contre nous pour ne pas chercher à modérer sa puissance; c'est dans cette vue qu'a été organisé le grand-duché de Varsovie. On lui a donné pour souverain le roi de Saxe, prince dont la vie entière a été employée à faire le bonheur de ses sujets. On a cherché à satisfaire les Polonais par des institutions qui leur plaisaient et qui convenaient à leurs mœurs et à leur caractère. On a mal agi en tous sens...

« Dans ces circonstances, les dangers sont imminents. Ce n'est pas sans périls que l'on porte des armées à cinq cents lieues de leur territoire; et la Pologne doit attendre autant de ses propres forces, que de l'appui de l'Empereur. Si la guerre s'engage, les Polonais ne doivent la considérer que comme un moyen ajouté à leurs propres ressources. Ils doivent se rappeler les temps où, par leur patriotisme et par leur courage, ils résistèrent aux nombreuses armées qui attaquaient leur indépendance.

« Les peuples du grand-duché veulent le rétablissement de la Pologne; c'est à eux qu'il appartient de préparer les voies par lesquelles les provinces usurpées pourront arriver à prononcer leur volonté. Le gouvernement du grand-duché doit, aussitôt que les évènements le permettront, faire confédérer sous les bannières de l'indépendance les démembrements de leur malheureuse patrie. S'il est des Polonais sous la domination de la Russie ou sous celle de l'Autriche qui se refusent à retourner à la mère-patrie, il faut renoncer à les y contraindre. La Pologne doit tirer sa force de son esprit public, de son patriotisme, autant que des institutions qui constitueront son nouvel état social.

« L'objet de votre mission est donc d'éclairer, d'encourager, de diriger dans leurs opérations les patriotes polonais...

« Les malheurs et la faiblesse de la République de Pologne ont été causés par une aristocratie qui n'avait ni règle, ni mesure. A cette époque, comme aujourd'hui, la noblesse était puissante, la bourgeoisie soumise, et le peuple n'était rien. Mais au milieu de ces désordres, il y avait dans cette nation un amour pour la liberté et pour l'indépendance, qui soutint sa débile existence. Ces sentiments doivent avoir crû par le temps et par l'oppression. Le patriotisme est un sentiment naturel aux Polonais, même aux individus des grandes maisons. L'Empereur tiendra sans restrictions la promesse qu'il a faite par l'art. 25 du traité du 9 juillet 1807, de faire régir le grand-duché par des constitutions qui assurent sa liberté et les privilèges des peuples, se conciliant avec la tranquillité des États voisins. Il y aura pour la Pologne *indépendance et liberté...* »

Tel était le but de Napoléon. Il se représentait ce grand empire moscovite assis sous le pôle, adossé à des glaces éternelles, avec sa nombreuse population sédentaire, brave, endurcie, dévouée, passive, et ses immenses peuplades que la misère et le vagabondage semblent pousser vers le midi. « On ne peut s'empêcher de frémir, disait-il, à l'idée d'une telle masse, qu'on ne saurait attaquer ni par les côtés ni sur les derrières, qui déborde impunément sur vous, inondant tout si elle triomphe, ou se retirant au milieu des glaces, au sein de la désolation, de la mort, devenues ses réserves, si elle est défaite; le tout avec la facilité de reparaître aussitôt, si le cas le requiert. N'est-ce pas là la tête de l'hydre, l'Antée de la fable, dont on ne saurait venir à bout qu'en le saisissant au corps et l'étouffant dans ses bras? Mais où trouver l'Hercule? Il n'appartenait qu'à nous d'oser y prétendre... Cette guerre, ajoutait-il, eût dû être la plus populaire des temps modernes : c'était celle du bon sens et des vrais intérêts, celle du repos et de la sécurité de tous; elle était purement pacifique et conservatrice, tout-à-fait européenne et continentale. Son succès allait consacrer une balance, des combinaisons nouvelles, qui eussent fait disparaître les périls des temps, pour les remplacer par un avenir tranquille; et l'ambition n'entrait pour rien dans mes vues. En relevant la Pologne, cette véritable clef de toute la voûte, j'accordais que ce fût un roi de Prusse, un archiduc d'Autriche ou tout autre qui en occupât le trône. Je ne prétendais rien acquérir ; je ne me réservais que la gloire du bien et les bénédictions de l'avenir. Croirait-on que ce dût être là où j'échouerais et trouverais ma perte? Jamais je n'avais mieux fait, jamais je ne méritai davantage... »

Bien que depuis longtemps l'opinion publique reconnût l'utilité sociale de cette expédition, elle ne laissait pas que d'en redouter les approches. De sombres pressentiments préoccupaient les esprits ; on s'effrayait de ce peuple, de ces nouveaux Barbares qu'on allait combattre, de cet empire sans fin, attaquable seulement pendant un quart de l'année, et qui n'offrait aux assaillants que des forêts et des marécages, « que les rigueurs, les souffrances, les privations d'un sol désert, d'une nature morte et engourdie[1]. » Napoléon ne voyait que sa grande pensée de réformation européenne. « L'Empire français, disait-il, jouit actuellement de toute l'énergie de son existence ; s'il ne termine en cet instant la constitution politique de l'Europe, demain il peut perdre les avantages de sa position et succomber dans ses entreprises. » Vainement on lui représentait la France, laissée, par son départ, seule, déserte, sans armée et sans chef. Quand on lui demandait qui la défendrait : — « Ma renommée ! répondait-il. D'ailleurs, pourquoi menacer mon absence des différents partis encore existants dans l'intérieur de l'Empire ? Où sont-ils ? Je n'en vois qu'un seul contre moi, celui

---

[1] *Mémorial de Sainte-Hélène.*

de quelques royalistes, la plupart de l'ancienne noblesse, vieux et sans expérience : une poignée contre des masses ! mais qu'ai-je besoin d'eux ? Quand je les soutiens, je me fais tort à moi-même dans l'esprit du peuple ; car, que suis-je, moi ? roi du tiers-état. N'est-ce point assez ? » A ceux qui lui parlaient de ses périls dans cette guerre : « Ai-je donc accompli les volontés du destin ? Je me sens poussé vers un but que je ne connais pas. Quand je l'aurai atteint, dès que je n'y serai plus utile, alors un atôme suffira pour m'abattre ; mais, jusque-là, tous les efforts humains ne pourront rien contre moi. Paris ou l'armée, c'est donc une même chose. Quand mon heure sera venue. une fièvre, une chute de cheval à la chasse, me tueront aussi bien qu'un boulet : les jours sont comptés ! »

Cependant, Napoléon n'avait pas perdu l'espoir d'éviter la guerre. Il se flattait qu'il pourrait ramener Alexandre à son ancienne amitié ; il affectionnait véritablement ce prince, et avait dans ses sentiments personnels une foi que l'évènement ne justifiait guère. « Aucun de nos débats ne vaut un coup de canon, disait-il ; » et il ne voyait, dans toute cette affaire, que le doigt de l'Angleterre. Alexandre, en effet, n'était plus le maître ; elle s'était tout-à-fait emparée de lui [1]. Il fallait que le plus épouvantable désastre la vengeât du système continental et de ses défaites en Espagne. Napoléon demanda au czar une explication définitive. Celui-

---

[1] « Il n'y avait pas d'intrigues, dit M. Meneval, qu'elle n'employât pour exalter ses passions contre l'empereur Napoléon : supposition de pièces, falsification d'écritures et de signatures, tout lui était bon. A la fin de 1811, une cabale, dont le principal agent était le baron d'Armfeldt, dès longtemps soudoyé par l'Angleterre, supposa des preuves d'une correspondance dont l'empereur Napoléon aurait été le principal acteur, et le secrétaire du cabinet russe, Speranski, le complice. Ce dernier entretenait avec le secrétaire-général du conseil d'État français une correspondance relative à des objets d'administration intérieure, qui avait été ordonnée par l'empereur Alexandre et autorisée par le gouvernement français. Ces communications, tout-à-fait étrangères à la politique, furent transformées en complot. Speranski fut brusque-

ci lui répondit par un *ultimatum* où il exigeait, avant tout, l'évacuation de la Prusse et la retraite des armées françaises derrière le Rhin. Napoléon vit qu'Alexandre avait pris son parti, et qu'il était engagé trop avant avec l'Angleterre pour reculer. « Quel langage ! dit-il ; c'est tout au plus celui que Catherine pouvait tenir au dernier roi de Pologne ! » Aussitôt, il quitta Paris, accompagné de l'Impératrice, et partit pour Dresde, où l'empereur d'Autriche, le roi de Prusse et tous les princes de l'Allemagne vinrent saluer sa fortune. Des fêtes magnifiques signalèrent son séjour dans cette capitale de la Saxe. Jamais il n'avait paru plus grand ni plus heureux. Assis, avec la fille des Césars, au milieu de cette assemblée brillante de souverains, on eût dit ce roi des rois chanté par Homère. « Des peuples entiers s'étaient déplacés pour se précipiter sur ses pas ; riches et pauvres, nobles comme plébéiens, amis et ennemis, tous accouraient. On voyait leur foule curieuse, attentive, se presser dans les rues, sur les routes, dans les places publiques ; ils passaient des jours, des nuits entières, les yeux fixés sur la porte et sur les fenêtres de son palais. Ce n'est point sa couronne, son rang, le luxe de sa cour, c'est lui seul qu'ils viennent contempler ; c'est un souvenir de ses traits qu'ils cherchent à recueillir. Ils veulent pouvoir dire à leurs compatriotes, à leurs descendants, moins heureux, qu'ils ont vu Napoléon [1]. »

Ainsi, ce grand concours de peuples et de rois, cet ébranlement de toutes les forces du continent, tout semble déclarer que la guerre de Russie est européenne. Napoléon s'y sent

---

ment disgracié et exilé sans avoir été entendu.... C'était par des artifices de ce genre que l'Angleterre agissait sur l'esprit soupçonneux de l'empereur Alexandre, et qu'elle le conduisait à s'engager par un traité qu'on convint de tenir secret jusqu'au moment où éclateraient les hostilités. »

[1] Ségur.

poussé, il l'avoue, « par une puissance invisible, dont il reconnaît les droits et l'empire, et qui a décidé de cette affaire comme de tant d'autres [1]... Après cette guerre, le système européen sera fondé, la cause du siècle gagnée, et la révolution accomplie. »

Cependant, la grande armée s'avançait de la Vistule sur le Niémen. Napoléon quitta Dresde le 29 mai, traversa Posen, visita Dantzig, et s'arrêta à Kœnigsberg. Alexandre était à son quartier-général à Wilna. Napoléon lui avait envoyé une dernière ambassade ; elle ne fut même pas reçue. A cette nouvelle, il adressa à son armée la proclamation suivante :

« Soldats !

« La seconde guerre de Pologne est commencée. La première s'est terminée à Friedland et à Tilsitt. A Tilsitt, la Russie a juré éternelle alliance à la France, et guerre éternelle à l'Angleterre ; elle viole aujourd'hui ses serments ! Elle ne veut donner aucune explication de son étrange conduite, que les aigles françaises n'aient repassé le Rhin, laissant, par là, nos alliés à sa discrétion ! La Russie est entraînée par la fatalité ; ses destins doivent s'accomplir ! Nous croirait-elle donc dégénérés ? Ne serions-nous donc plus les soldats d'Austerlitz ? Elle nous place entre le déshonneur et la guerre : le choix ne saurait être douteux. Marchons donc en avant ! Passons le Niémen ! Portons la guerre sur son territoire ! La seconde guerre de Pologne sera glorieuse aux armes françaises comme la première ; mais la paix que nous conclurons portera avec elle sa garantie, et mettra un terme à cette orgueilleuse influence que la Russie a exercée depuis cinquante ans sur les affaires de l'Europe. »

[1] Lettre à Alexandre du 28 juin 1812.

CHAPITRE IX.

Campagne de Russie. — Position respective des armées françaises en Russie. — Plan de campagne de Napoléon. — Passage du Niémen. — L'armée française entre à Wilna. Séjour dans cette ville. — La diète de Varsovie déclare le rétablissement du royaume de Pologne. — Organisation d'un gouvernement provisoire à Wilna. Ce gouvernement adhère à la déclaration de la diète. — Députation polonaise à Napoléon à Wilna. — Discours du président et réponse de l'Empereur. — Mission du général Balachoff. Napoléon part de Wilna. — Retraite des Russes sur la Dwina. — Combats d'Ostrowno et de Mohilow. — Napoléon à Witepsk. — Jonction des deux armées russes. — Proclamation de l'empereur Alexandre. Nouvelle face de la guerre. — Les Russes prennent l'offensive. Napoléon change sa ligne d'opérations. — Marche sur Smolensk. — Passage du Borysthène. — Bataille de Smolensk. — Entrée des Français dans cette ville. — Napoléon et un vieux pope. — Bataille de Pololsk. — Bataille de Valoutina. — Revue sur le champ de bataille de Valoutina. — Napoléon marche sur Moskow. — Bataille de la Moskowa. — Entrée des Français à Moskow. — Incendie de cette ville. — Négociations pour la paix. — Combat de Winkowno. — Départ de Moskow. — Batailles de Malo-Iaroslawetz et de Wiasma. — Commencement de l'hiver. — Arrivée à Smolensk. — Retraite des Français sur la Bérézina. — Bataille de Krasnoï. — Héroïsme du maréchal Ney; il soutient la retraite de l'armée française. — Passage de la Bérézina. — Départ de Napoléon pour Paris. — L'armée française repasse le Niémen.

AUCUNE époque on n'avait vu d'armements aussi considérables que ceux qui signalèrent cette fatale année 1812. Toute l'Europe était sur pied. Napoléon entraînait à sa suite en Russie plus de cinq cent mille hommes français et étrangers. A l'extrême droite, sortant de la Gallicie sur Drogiczin, Schwartzemberg avec trente mille Autrichiens ; à droite, vers Pilony, Eugène avec soixante-sept mille Italiens et Bavarois ; plus loin, marchant sur Grodno, le roi de Westphalie avec soixante-sept mille Westphaliens, Polonais et Saxons ; au centre, devant Kowno, l'Empereur avec les corps de Davoust, d'Oudinot et de Ney ; la garde sous Lefebvre, Mortier et Bessières ; la réserve de cavalerie sous Murat, le tout formant environ deux cent mille hommes ; à l'extrême gauche, devant Tilsitt, Macdonald avec vingt mille Prussiens et dix mille Français ; entre l'Oder et la Vistule, Victor avec trente-deux mille hommes ; enfin, en réserve sur l'Elbe, Augereau avec cinquante mille : telle était la position de la grande armée au moment de franchir le Niémen. En outre, elle traînait avec elle six équipages de siège, plus de douze cents canons, trois mille voitures d'artillerie, quatre mille voitures d'administration, d'innombrables troupeaux de bœufs, plusieurs milliers de fourgons de vivres et d'ambulance, d'équipages des chefs, le tout occupant deux cent mille chevaux.

De son côté, Alexandre avait à nous opposer trois armées, dites armée d'Occident, armée d'Orient, et armée de réserve : la première de cent trente mille hommes, sous Barclay de Tolly, s'étendait de Wilna et Kowno jusqu'à Lida et Grodno, s'appuyant à droite à la Wilia, à gauche au Niémen ; la seconde de cinquante mille hommes, sous Bagration, était au sud de Grodno, vers Wolkovitz ; au nord de Kowno, à Rossieny, était Wittgenstein avec trente mille hommes ; la troisième de quarante mille hommes, sous Tormasof, était à Lutsk, devant le Haut-Bug ; elle devait être renforcée par l'armée de Moldavie de cinquante mille hommes ; il y avait à Wilna un corps d'armée de soixante-dix mille hommes ; à Lida, un autre de trente mille, sous Doctoroff ; plus, en seconde ligne, en réserve, quatre-vingt mille hommes et des troupes de Cosaques ; en troisième ligne, les levées qui s'opéraient dans tout l'empire ; enfin un vaste camp retranché s'élevait devant Drissa, dans un repli de la Dwina.

Ainsi, de part et d'autre, les forces étaient à peu près balancées. Napoléon jugea que l'armée russe, ainsi éparpillée derrière le Niémen sur une ligne de soixante lieues, pouvait être surprise, dispersée ; que Barclay et Bagration, couvrant les marais de la Bérézina au lieu de s'en couvrir, pourraient y être refoulés et pris, ou, du moins, qu'en se portant sur Kowno, et de là sur Wilna, il les couperait de leur ligne d'opération. Il partagea donc ses forces en cinq armées, et se dirigea sur Kowno pour y passer le Niémen. Dans la nuit du 23 au 24 juin, il arriva aux avant-postes près de cette ville, et, après avoir reconnu le fleuve russe, il ordonna que trois ponts fussent jetés pour opérer le passage.

« A trois cents pas du fleuve, sur la hauteur la plus élevée, dit Ségur, on apercevait la tente de l'Empereur. Autour d'elle, toutes les collines, leurs pentes, les vallées, étaient couvertes d'hommes et de chevaux. Dès que la terre eut présenté au soleil toutes ces masses mobiles, revêtues d'armes étincelantes, le signal fut donné, et aussitôt cette multitude commença à s'écouler en trois colonnes vers les trois ponts. On les voyait serpenter en descendant la courte plaine qui les séparait du Niémen, s'en approcher, gagner les trois passages, s'allonger et se rétrécir pour les traverser, et atteindre ce sol étranger qu'ils allaient dévaster, et qu'ils devaient bientôt couvrir de leurs vastes débris...

« On croyait entendre gronder le canon. Nous écoutions, en marchant, de quel côté le combat s'engageait. Mais, à l'exception de quelques troupes de Cosaques, ce jour-là, comme les suivants, le ciel seul se montra notre ennemi.

En effet, à peine l'Empereur avait-il passé le fleuve, qu'un bruit sourd avait agité l'air. Bientôt le jour s'obscurcit, le vent s'éleva et nous apporta les sinistres roulements du tonnerre. Ce ciel menaçant, cette terre sans abri nous attrista. Quelques uns même, naguère enthousiastes, en furent effrayés comme d'un funeste présage. Ils crurent que ces nuées enflammées s'amoncelaient sur nos têtes, et s'abaissaient sur cette terre pour nous en défendre l'entrée. »

Napoléon entra à Kowno en chassant les avant-gardes russes, passa la Wilia, et se dirigea sur Wilna. A son approche, Barclay évacua cette ville, et s'enfuit dans la direction de Drissa pour y rallier toute son armée. Napoléon lança Murat et Ney à sa poursuite, et entra le 28 à Wilna. Il avait, par ce mouvement, atteint son but : il avait jeté le désordre dans la grande armée russe, en la forçant à se diviser, à marcher par corps isolés ; il avait, enfin, coupé le corps de Doctoroff et l'armée de Bagration de celle de Barclay.

Wilna offrait à Napoléon une position avantageuse : il y séjourna quelque temps, afin de la mettre à profit. Des hôpitaux, des magasins furent organisés ; on construisit quelques ouvrages de défense, on établit un camp retranché. Sur la rive droite de la Wilia, on jeta sur pilotis les ponts qui n'étaient qu'en radeaux, et l'ancien palais des Jagellons, situé sur la rive gauche, fut entouré d'une forte citadelle.

Cependant, la retraite des Russes et la présence de Napoléon en Lithuanie y avaient excité un enthousiasme universel. De toutes parts on se félicitait et on s'embrassait ; les rues, les places publiques retentissaient de chants patriotiques ; « les vieillards parurent vêtus de leur ancien costume, qui rappelait les idées de gloire et d'indépendance ; ils pleuraient de joie à la vue des bannières nationales qu'on venait enfin de relever. » Déjà, en effet, tout semblait disposé en Pologne pour tenter un mouvement. Napoléon y comptait, et l'on se souvient qu'il l'avait même provoqué. Il voyait que les Russes, fuyant leur climat glacé et leurs steppes arides, aspiraient, depuis Pierre Ier, vers le ciel plus doux et les contrées plus fertiles de l'Europe méridionale. Il voulait donc les refouler dans l'ancienne Moscovie, et rétablir le royaume de Pologne pour servir de frontière aux États de l'Allemagne, et de boulevart à l'empire contre leurs envahissements. Ce grand projet, réalisé, devait compléter son système continental. Mais c'est là qu'était son danger et qu'il trouva sa ruine. Il était évident que le jour où la victoire l'abandonnerait, il aurait pour ennemies les deux puissances co-partageantes dont les troupes formaient les deux ailes de son armée.

Le 26 juin, la diète de Varsovie s'était réunie, et avait nommé le prince Adam Czartoriski son président. Après s'être constituée en confédération générale, son premier acte fut de déclarer le rétablissement du royaume de Pologne; elle invita ensuite tous les Polonais à se confédérer.

De son côté, Napoléon, soit pour favoriser ce grand mouvement, soit pour se préparer, dans cette province, les ressources d'une seconde campagne contre le non-succès de la première, s'il avait lieu, chercha à organiser la Lithuanie. Il établit à Wilna un gouvernement provisoire, composé de sept membres appartenant aux familles les plus considérables de la Lithuanie, savoir : le comte Soltan, le prince Alexandre Sopieha, le comte Potocki, le comte Sierakowski, le comte Prozor, le comte Tysenhaus, et M. Sniadecki, président de l'université de Wilna. Ce gouvernement publia son adhésion à l'acte de la confédération générale.

Le 14 juillet, la diète de Varsovie envoya une députation à Napoléon. Le sénateur Wibecki la présidait. « Sire, dit-il à l'Empereur, nation libre et indépendante, nous n'avons été soumis ni par des traités, ni par des conquêtes, mais par la perfidie et la trahison. Or, la trahison n'a jamais constitué des droits. Nous avons vu notre dernier roi traîné à Saint-Pétersbourg, où il a péri, et notre nation déchirée en lambeaux par des princes avec qui nous n'avions pas de guerre, et qui ne nous ont pas conquis.

« Devant Dieu comme devant les hommes, nous sommes donc libres de droit ; nous, Polonais, nous avons le droit de déclarer le rétablissement du trône des Jagellons et des Sobieski, de ressaisir notre indépendance nationale, de rassembler nos membres divisés, de nous armer nous-mêmes pour notre pays natal, et de prouver, en nous battant pour lui, que nous sommes les dignes descendants de nos ancêtres.

« Ce qui constitue nos droits constitue en même temps nos devoirs. Quatre millions de Polonais sont déjà libres et gouvernés par les lois polonaises ; mais nos frères les Lithuaniens, formant la plus grande partie de la population de la Pologne, sont encore esclaves ! Nous osons réclamer leurs droits, et les comprendre dans la réunion de la grande famille polonaise.

« Sire, la Pologne est proclamée de ce jour ; elle existe par les lois de l'égalité ; mais elle doit exister par le fait ! Dieu ne l'a-t-il pas assez punie de ses divisions ? Veut-il perpétuer nos malheurs ? Non, Sire ; la confédération nous a députés pour soumettre l'acte fédératif à votre suprême sanction, et requiert votre puissante protection pour le royaume de Pologne.

« Dites, Sire, *Que le royaume de Pologne existe!* et ce décret sera, pour le monde, équivalent à la réalité. Nous sommes seize millions de Polonais, parmi lesquels il n'y en a pas un dont le sang, les bras, la fortune, ne soient dévoués à Votre Majesté. Chaque sacrifice nous paraîtra léger, s'il a pour effet le rétablissement de notre patrie, de la Dwina au Dniester, du Borysthène à l'Oder. Si le démembrement de la Pologne fut le signal de la décadence de la monarchie française, que son rétablissement soit la preuve de la prospérité où Votre Majesté a élevé la France ! Depuis trois siècles, la Pologne, dans ses malheurs, n'a cessé de tourner les yeux vers la grande nation ; mais le destin en a réservé le terme au chef de la quatrième dynastie... Nous présentons à Votre Majesté l'acte de la confédération par lequel nous réclamons l'existence de la Pologne. Nous renouvelons devant vous, au nom de tous nos frères, le serment de persévérer dans cet engagement solennel jusqu'à la fin, en y concourant de toutes nos facultés morales, de tous nos moyens, et, s'il le fallait, avec tout le sang qui coule dans nos veines, afin d'achever une entreprise qui n'aura pas été formée en vain, si Votre Majesté veut daigner l'appuyer. »

Quelle que fût sa résolution bien arrêtée de faire du rétablissement de la Pologne la première condition de la paix, Napoléon, en présence de l'Autriche et de la Prusse, ses alliées dans cette guerre, dut tenir un langage prudent et réservé. D'ailleurs, il devait, avant tout, s'assurer si les vœux de la grande majorité des Polonais étaient pour le rétablissement de la patrie, et l'heureuse issue de la guerre pouvait seule les déterminer à les manifester. Voici ce qu'il répondit :

« Gentilshommes, députés de la confédération de Pologne, j'ai entendu avec intérêt ce que vous venez de me dire.

« Polonais, j'aurais pensé et agi comme vous dans l'assemblée de Varsovie. L'amour de son pays est le premier devoir de l'homme civilisé.

« Dans ma situation, j'ai beaucoup d'intérêts à concilier

NEY
(Michel)
Maréchal de France

et beaucoup de devoirs à remplir. Si j'avais régné pendant le premier, le second ou le troisième partage de la Pologne, j'aurais armé mes peuples pour la défendre. Aussitôt que la victoire m'eut mis en état de rétablir vos anciennes lois dans votre capitale et une partie de vos provinces, je le fis sans chercher à prolonger la guerre, qui aurait continué à répandre le sang de mes sujets.

« J'aime votre nation. Pendant seize ans, j'ai vu vos soldats à mes côtés dans les champs de l'Italie et dans ceux de l'Espagne.

« J'applaudis à ce que vous avez fait; j'autorise les efforts que vous voulez faire; je ferai tout ce qui dépendra de moi pour seconder vos résolutions.

« Si vos efforts sont unanimes, vous pouvez concevoir l'espoir de réduire vos ennemis à reconnaître vos droits; mais, dans des contrées si éloignées et si étendues, c'est entièrement dans l'unanimité des efforts de la population qui les couvre que vous pouvez trouver l'espoir du succès.

« Je vous ai tenu le même langage dès ma première entrée en Pologne; je dois y ajouter que j'ai garanti à l'empereur d'Autriche l'intégrité de ses domaines, et que je ne puis sanctionner aucune manœuvre ou aucun mouvement qui tende à troubler la paisible possession de ce qui lui reste des provinces de Pologne.

« Faites que la Lithuanie, la Samogitie, Witepsk, Polotsk, Mohilow, la Wolhynie, l'Ukraine, la Podolie, soient animées du même esprit que j'ai vu dans la grande Pologne, et la Providence couronnera votre bonne cause par des succès. Je récompenserai ce dévouement de vos contrées, qui vous rend si intéressants et vous acquiert tant de titres à mon estime et à ma protection, par tout ce qui pourra dépendre de moi dans les circonstances. »

Napoléon, en surprenant les Russes, les avait divisés; il ne voulut pas lâcher prise et perdre son avantage; il continua donc à les poursuivre. Tout-à-coup le temps vint à changer : d'une extrême chaleur il passa subitement à un froid très-vif; il plut à verse pendant deux jours consécutifs, ce qui rendit les chemins impraticables, et retarda la marche de nos convois. Déjà nous avions perdu beaucoup de chevaux avant le passage du Niémen ; il en périt un plus grand nombre par l'effet de cette transition subite. Bientôt la disette commença à se faire sentir dans l'armée, non faute de prévoyance, car elle avait été abondamment pourvue avant d'entrer en campagne : on a vu, en effet, que d'immenses convois de bœufs suivaient l'armée ; mais ceux qui les conduisaient, ennuyés de leur marche trop lente, les assommaient ou les laissaient périr d'inanition. D'un autre côté, de nombreux magasins avaient été établis depuis Dantzig jusqu'à Varsovie ; mais les marches forcées, les mauvais chemins, le manque de fourrage, la pauvreté du pays, le système de destruction adopté par les Russes, la Wilia desséchée, tout semblait s'opposer aux transports de vivres. Par suite de cette pénurie, le soldat fut obligé de se livrer à la maraude pour se nourrir. Déjà, dès Wilna, de grands désordres avaient eu lieu : de nombreux traînards s'éparpillaient dans la campagne, bouleversant les cabanes et les châteaux, et cherchant partout de quoi pouvoir apaiser leur faim. « Il y en eut, dit Ségur, qui se tuèrent avant d'en venir à ces extrémités ; d'autres après, c'étaient les plus jeunes ! Ils s'appuyaient le front sur leurs fusils, et se faisaient sauter la cervelle au milieu des chemins. » Napoléon n'ignora point ces malheurs; mais il était engagé. « Du Niémen à la Wilia, lui disait Mortier, il n'avait vu que des maisons dévastées, que charriots et caissons abandonnés. On les trouvait dispersés sur les chemins et dans les champs ; ils étaient renversés, ouverts, et les effets répandus çà et là, et pillés comme s'ils avaient été pris par l'ennemi. Il avait cru suivre une déroute. Dix mille chevaux avaient été tués par les froides pluies d'orage, et par les seigles verts, leur nouvelle et seule nourriture. Ils gisaient sur la route qu'ils embarrassaient ; leurs cadavres exhalaient une odeur méphitique, insupportable à respirer ; c'était un nouveau fléau que plusieurs comparent à la famine. Mais celui-ci est bien plus terrible. Déjà plusieurs soldats de la jeune garde sont morts de faim. » — « C'est impossible ! s'écria Napoléon. Où sont leurs vingt jours de vivres ? Des soldats bien commandés ne meurent jamais de faim ! » Puis il ajouta « qu'il fallait bien supporter la perte des chevaux, de quelques équipages, celle même de quelques habitations ! C'est un torrent qui s'écoule ; c'est le mauvais côté de la guerre, un mal pour un bien. » Cependant, Napoléon ne négligea rien pour changer cette situation ; il fit de Wilna un grand centre d'approvisionnements, de communications avec ses derrières. Les vivres arrivèrent à Wilna, mais déjà l'armée en était partie ; et ainsi elle se trouva toujours en avant de ses magasins.

Déjà Napoléon était au cœur de la Lithuanie ; toute communication paraissait rompue entre les deux puissances, lorsqu'arriva au quartier-général un officier russe, porteur d'une lettre autographe de l'empereur Alexandre. Ce prince déclarait « que, si Napoléon consentait à retirer ses troupes du territoire russe, il regarderait ce qui s'était passé comme non avenu, et qu'un accommodement serait encore possible. » Napoléon, se rappelant le refus qu'avait fait l'empereur Alexandre de recevoir notre ambassadeur, fut étrangement surpris de cette tardive communication, et du choix du négociateur (c'était le ministre de la police russe, dont la mission était sans doute toute d'observation). Il lui demanda s'il avait des pouvoirs; mais celui-ci n'avait ni instructions ni pouvoirs; sa mission se bornait à demander l'évacuation du territoire. Napoléon ne vit, dans cette démarche de l'empereur Alexandre, qu'une sommation humiliante, et il lui répondit que « le sort en était jeté. »

Cependant, nos avant-postes étaient sur la Dwina. Presque toute la Lithuanie était conquise. Le soleil avait rétabli les chemins; la chaleur commençait à être très-forte. Parti de Wilna le 16 juillet, Napoléon était, le 18, à Glubokoï. Apprenant ce mouvement, Barclay craignit que Napoléon n'arrivât avant lui à Witepsk. Aussitôt il abandonna son camp de Drissa, et se dirigea en toute hâte sur Witepsk, où il espérait se joindre à Bagration. Napoléon, devinant son projet, marcha dans cette direction, et atteignit, vers Beszinckowiczi, son arrière-garde, que conduisait Doctoroff. Dans ce moment, ses armées arrivaient à Beszinckowiczi par les routes du nord et de l'ouest. « Ses ordres de mouvements avaient été exécutés avec une telle précision, que tous ces corps, partis du Niémen à des époques et par des routes différentes, malgré des obstacles de tout genre, après un mois de séparation, et à cent lieues du point où ils s'étaient quittés, se trouvèrent à la fois réunis à Beszinckowiczi. » Napoléon, n'ayant pu prévenir les Russes dans Witepsk, voulut les y forcer. Vainement ceux-ci essayèrent d'en défendre les approches à Ostrowno. Après trois combats [1] dans des défilés qui avaient plusieurs lieues, ils furent repoussés.

---

[1] « A l'un de ces combats, dit le bulletin, l'Empereur était sur une hauteur, tout près de deux cents voltigeurs qui, seuls, en plaine, avaient attaqué la droite de la cavalerie ennemie. Frappé de leur belle contenance, il envoya demander de quel corps ils étaient; ils répondirent: « *Du neuvième, et les trois quarts enfants de Paris.* » — « *Dites-leur*, dit l'Empereur, *que ce sont de braves gens; ils méritent tous la croix!* »

Six mille hommes tués ou blessés, quinze cents prisonniers, dix pièces de canon, vingt caissons de munitions, tels furent les résultats de ces premiers engagements avec l'armée russe. Barclay se retira derrière la Laczissa. Séparé seulement de l'armée française par cette rivière, il menaçait de s'y défendre; mais le lendemain, à la pointe du jour, les Français ayant passé la Laczissa, trouvèrent la vaste plaine que les Russes occupaient la veille, vide et abandonnée : pas un soldat, pas une arme, pas un effet, aucune trace, rien, enfin, qui pût indiquer la route qu'avait suivie l'ennemi. Barclay avait été informé, pendant la nuit, que Bagration, arrêté à Mohilow par Davoust, et rejeté derrière le Dniéper, après un combat sanglant, se dirigeait, par Mitislaw, sur Smolensk ; et, reculant encore devant une bataille générale, il avait abandonné en secret sa position pour rétrograder sur cette ville.

Napoléon entra à Witepsk. Apprenant que Barclay avait fait sa jonction avec Bagration, dans l'intervalle de la Bérézina et du Borysthène, il s'arrêta dans cette ville pour donner quelque repos à son armée, passer les corps en revue, approvisionner les magasins et organiser les hôpitaux. L'armée campa sur les bords de la Dwina et du Borysthène, et dans l'intervalle ; Poniatowski à Mohilow, Davoust et Junot le long du Dniéper, Murat, Ney et la garde entre Orcha et Witepsk. A la gauche, Oudinot et Saint-Cyr étaient campés à Pototsk et à Bieloé, sur la route de Saint-Pétersbourg; à l'extrême gauche, Macdonald devant Riga ; Schwartzemberg et Régnier, à la tête des corps saxons et autrichiens, occupaient, vers Slonim, l'intervalle du Niémen au Bug, couvrant les derrières de la grande armée que Tormasof inquiétait ; Victor partait de la Vistule avec sa réserve, pendant qu'Augereau rassemblait une onzième armée à Stettin.

Depuis deux mois, nous marchions dans un pays désert, par des routes affreuses et une chaleur excessive. Ces marches pénibles et le manque de vivres avaient déjà beaucoup réduit l'armée, et cependant la guerre semblait à peine commencée. Dispersées d'abord par une première attaque, les deux ailes de l'armée russe venaient de se réunir. D'un autre côté, Alexandre, pour se créer de nouvelles ressources, parcourait les provinces de son empire, excitant, par des proclamations, les passions nationales et religieuses, et appelant les serfs à défendre « l'indépendance de la patrie et la sûreté de l'Église contre le tyran universel et ses légions d'esclaves. — Chassons, disait-il, cette race de sauterelles. Portons la croix dans nos cœurs, le fer dans nos mains ; arrachons les dents à cette tête de lion, et renversons ce Moloch qui veut détruire la terre ! » C'est par de tels moyens qu'Alexandre préparait ses sujets aux plus grands sacrifices. Jusque-là, dans des provinces nouvellement acquises et qui n'avaient pas oublié l'indépendance, soit précipitation, soit calcul, on avait tout ménagé en se retirant ; mais dans la vieille Russie, ce pays de la superstition et de la servitude, la guerre allait prendre une autre face. Déjà des ordres secrets avaient été donnés pour l'incendie des villes, la dévastation des routes et la destruction des vivres sur le passage des Français. De toutes parts, les gouvernements décrétaient la levée des milices. A Moskow, dans une assemblée qui eut lieu le 27 août, les deux ordres de la noblesse et des marchands votèrent, dans ce seul gouvernement, la levée de quatre-vingt mille hommes et celle de quinze cent mille roubles pour les équiper. En moins d'un mois, une armée de cinq cent mille hommes pouvait être sur pied. D'un autre côté, la paix avec la Turquie ayant été signée à Bucharest, désormais libre dans ses mouvements, l'armée de Moldavie put se mettre en marche pour renforcer la grande armée russe.

Après avoir opéré leur jonction et refait leur armée, Barclay et Bagration résolurent de prendre l'offensive. Voulant nous surprendre, ils s'avancèrent sur trois colonnes vers Rudnia, et attaquèrent nos avant-postes. Dans ces circonstances, Napoléon tint conseil avec les principaux chefs de l'armée sur la suite des opérations militaires. Quelques généraux, dit-on, furent d'avis de s'arrêter; le plus grand nombre, que l'on continuât les opérations. Quoi qu'il en soit, il fut décidé que l'on marcherait sur Smolensk. Napoléon fit ses dispositions. Oudinot venait d'être rejeté derrière la Drissa par Wittgenstein : Napoléon renforça le général français de Saint-Cyr et lui ordonna de se lier avec Macdonald; puis, changeant sa ligne d'opération de Witepsk contre celle de Minsk, il donna à ses troupes l'ordre de mouvement. « Si l'ennemi tient à Smolensk, comme je suis fondé à le penser, écrivit-il à Davoust, ce sera une affaire décisive, et nous ne saurions être trop de monde. Orcha deviendra le point central de l'armée. Tout porte à penser qu'il y aura une grande bataille à Smolensk. » Son projet était de se porter rapidement sur la rive gauche du Dniéper, et, en remontant ce fleuve, de prévenir les Russes à Smolensk. Parti de Witepsk le 13 août, il traversa ce même jour, à Rassasna, le Borysthène. C'était pour la première fois que ce fleuve, connu des Romains par leurs défaites, venait de porter une armée française. Quatre jours suffirent à Napoléon pour opérer son mouvement, « le plus beau, dit Batturlin, qu'il ait peut-être fait dans cette campagne. » En effet, pendant que l'ennemi surpris nous cherchait vainement devant lui, nous étions rassemblés, au nombre de cent vingt-quatre mille hommes, sur son flanc gauche et sur ses derrières, menaçant de couper l'armée russe, non-seulement de Moskow, mais de tout le centre et du midi de l'empire, et de la rejeter dans le nord.

Napoléon arriva le 16 devant Smolensk, après avoir passé sur un corps de dix mille Russes qui s'était dévoué pour défendre les approches de cette ville. C'est alors seulement que Barclay et Bagration apprirent le danger qui les menaçait ; il ne fut plus question d'attaquer, mais de marcher au secours de Smolensk.

Bâti sur deux collines escarpées qui resserrent le Borysthène, et environné d'épaisses murailles flanquées de tours, Smolensk, une des plus belles et des plus fortes villes de la Russie, est considéré comme le boulevart de Moskow. « Quand Smolensk sera pris, dit un vieux proverbe russe, le czar sera détrôné. » Cependant Barclay et Bagration s'avançaient rapidement vers cette ville. Parvenu sur la hauteur, Napoléon vit avec joie ce mouvement des deux généraux russes. « *Je les tiens !* » s'écria-t-il ; et aussitôt il fit ses dispositions. Il plaça Ney à la gauche, Davoust au centre, Poniatowski à la droite ; la garde fut mise en réserve au centre, Eugène en réserve à la droite, et la cavalerie, sous les ordres de Murat, à l'extrême droite.

Dans ce moment, les deux généraux russes arrivèrent sur les hauteurs de la rive droite. Ils avaient ordre de livrer bataille pour sauver la ville. A la vue des cent quarante mille Français qui se déployaient devant eux, ils ne songèrent plus à la défendre que pour protéger leur retraite. Barclay envoya Bagration vers Elnia pour s'assurer de la route de Moskow, et se chargea de la défense de la ville. Il jeta dans la place et dans les faubourgs environ quarante mille hommes ; le reste de son armée se forma sur les belles positions de la rive droite. Voyant que l'ennemi se refusait obstinément de livrer bataille devant la ville, Napoléon se décida à faire attaquer.

Aussitôt la canonnade s'engagea. Sous le feu terrible des Russes, nos troupes s'avancèrent dans les faubourgs retranchés et les enlevèrent. On se battit avec acharnement aux portes, pendant que notre artillerie foudroyait les ponts et abattait les murailles. Après une résistance opiniâtre, l'ennemi fut rejeté dans ses murs. A une heure après minuit, il repassa sur la rive droite, mais après avoir mis le feu à la ville, ne voulant nous abandonner que ses cendres. Bientôt des tourbillons de flammes et de fumée témoignèrent de sa résolution barbare. « Au milieu d'une belle nuit d'août, dit le bulletin, Smolensk offrait aux Français le spectacle qu'offre aux habitants de Naples une éruption du Vésuve. » A cinq heures du matin, la grande armée fit son entrée dans la ville; elle traversa, à la lueur de l'incendie, « ces décombres fumants et ensanglantés, avec son ordre, sa musique guerrière et sa pompe accoutumés; triomphante sur ces ruines désertes et n'ayant qu'elle-même pour témoin de sa gloire. »

Un vieux pope, le seul qu'on trouva dans Smolensk, ignorant que c'étaient les Russes eux-mêmes qui avaient réduit la ville dans cet état, vint le reprocher à Napoléon. Après l'avoir écouté attentivement, Napoléon lui demanda si son église avait été brûlée. « Non, sire, répondit le pope; Dieu sera plus puissant que vous! il la protégera, car je l'ai ouverte à tous les malheureux que l'incendie de la ville laisse sans asyle! » Touché de cette réponse : « Vous avez raison, lui dit Napoléon; oui, Dieu veillera sur les victimes innocentes de la guerre; il vous récompensera de votre courage. Allez, bon prêtre, retournez à votre poste. Si tous vos popes eussent imité votre exemple, s'ils n'eussent pas trahi lâchement la mission de paix qu'ils ont reçue du ciel, s'ils n'eussent pas abandonné les temples que leur seule présence rend sacrés, mes soldats auraient respecté vos saints asyles ; car nous sommes tous chrétiens, et votre Bog est notre Dieu. »

Après lui avoir donné des secours, Napoléon renvoya le prêtre à son temple avec une escorte. A la vue de nos soldats, les malheureux qui s'étaient réfugiés dans cet asyle poussèrent un cri déchirant et se pressèrent, effarés, autour de l'autel ; mais le pope se hâta de les rassurer. « J'ai vu Napoléon, leur dit-il ; je lui ai parlé. Oh ! comme on nous avait trompés, mes enfants ! l'empereur de France n'est point tel qu'on vous l'a représenté. Apprenez que lui et ses soldats connaissent et adorent le même Dieu que nous. La guerre qu'il apporte n'est point religieuse ; c'est un démêlé politique avec notre empereur. Ses soldats ne combattent que nos soldats ! Ils n'égorgent point, comme on nous l'avait dit, les femmes et les enfants. Rassurez-vous donc, et remercions Dieu d'être délivrés du pénible devoir de les haïr comme des païens, des impies et des incendiaires. »

Tandis que Napoléon, à Smolensk, venait de forcer Barclay à se retirer ; ce même jour, 18, Saint-Cyr repoussait Wittgenstein à Pototsk. « Depuis le point du jour jusqu'à cinq heures du soir, il trompa l'ennemi par la proposition d'un accord pour retirer les blessés, et surtout par des démonstrations de retraite. En même temps, il ralliait en silence tous ses combattants ; il les disposait en trois colonnes d'attaque, et les cachait derrière le village de Spas et dans des plis de terrain.

« A cinq heures, tout étant prêt, et Wittgenstein endormi, il donne le signal : aussitôt son artillerie éclate et ses colonnes se précipitent. Les Russes surpris résistent vainement; d'abord leur gauche est enfoncée; bientôt leur centre fuit en déroute; ils abandonnent mille prisonniers, vingt pièces de canon, un champ de bataille couvert de morts, et l'offensive, dont Saint-Cyr, trop faible, ne pouvait feindre d'user que pour mieux se défendre[1]. »

A la nouvelle de cette victoire, Napoléon envoya au général Saint-Cyr le bâton de maréchal.

Dès que les ponts furent rétablis, Ney traversa le Dniéper pour marcher à la suite de l'ennemi; il le rejoignit à Valoutina, à quelque distance de Smolensk, sur la route de Moskow. Barclay s'étant retiré par des chemins de traverse, il n'y avait sur cette route, pour retarder notre marche, que quatre régiments de cosaques que Bagration y avait laissés : Ney les attaqua et les poussa vivement. Alors, sentant le danger dont il était menacé, Barclay se hâta de leur envoyer des secours et marcha lui-même dans cette direction. Ney vit bientôt des forces supérieures se déployer devant lui; il demanda des renforts. Napoléon lui envoya la division Gudin; en même temps il ordonna à Junot, qui marchait en avant des Russes sur la rive gauche, de passer le fleuve et de les couper. Napoléon ne croyait qu'à une affaire d'avant-garde : c'était une bataille qui allait se livrer.

Vers les quatre heures du soir, la division Gudin arriva, et, s'étant formée en colonnes, elle s'avança sur l'ennemi qui occupait une hauteur qu'il regardait comme inexpugnable, et qu'il appelait *le champ sacré*. Cette position était, en outre, couverte par un ruisseau marécageux sur lequel était un petit pont en bois qu'il fallait passer pour l'aborder. « Le 7ᵉ d'infanterie légère, ayant l'arme au bras et en tête le général Gudin, marcha le premier pour forcer ce passage. Chaque peloton, en franchissant le ruisseau, répondait aux

[1] Ségur, *Histoire de Napoléon et de la grande armée pendant l'année 1812.*

nombreux coups de canon des Russes, par le cri mille fois répété de *vive l'Empereur!* Ce régiment fut suivi du 12e, du 21e et du 127e; mais, en cet instant, le brave général Gudin eut les deux jambes fracassées par un boulet. Il fut remplacé par le comte Gérard. Le combat devint extrêmement vif. Cependant, les Français atteignirent la hauteur opposée. Quatre fois les colonnes russes se précipitèrent sur eux, quatre fois Gérard les repoussa[1]. » Cette victoire achevée par le mouvement ordonné à Junot, c'en était fait de toute l'armée russe; elle était enveloppée et le sort de la campagne décidé; mais Junot n'obéit point; la route resta libre, et les Russes se retirèrent après avoir perdu plus de huit mille hommes (19 août).

Napoléon se transporta le lendemain sur le champ de Valoutina. Après l'avoir passé en revue : « Quatre Russes pour un Français! Voilà, dit-il au général Gérard, comme j'aime un champ de bataille! » Puis, il distribua des décorations et des grades à tous les régiments qui s'étaient distingués. On dit qu'à la vue de ces braves dont les vêtements et le visage portaient encore l'empreinte du terrible choc de la veille, il s'écria, plein d'enthousiasme : « Poursuivons nos succès; avec de pareilles troupes on doit aller au bout du monde! » Parmi les régiments qui furent magnifiquement récompensés, on remarqua ceux de Gudin : c'étaient le 12e, 21e, 127e de ligne et le 7e léger[2]. Le 127e n'avait point encore d'aigle, ne s'étant trouvé jusque-là à aucune bataille; Napoléon lui en remit un de ses mains. Il satisfit aussi le corps de Ney. « Ces récompenses données sur le champ

[1] Gourgaud.
[2] Arrivé devant ce régiment, il fit former le cercle par tous les capitaines, et leur dit : « Désignez-moi le meilleur officier du régiment. — Sire, ils sont tous bons. — Voyons, désignez-moi le meilleur. — Sire, ils sont tous bons. — Allons, ce n'est pas répondre. Dites-moi comme Thémistocle: Le premier, c'est moi; le second, c'est mon voisin. »

d'honneur, au milieu des morts, des mourants, des débris et des trophées de la victoire, offraient un spectacle vraiment militaire et imposant [1]. » Elles furent grandes en elles-mêmes et par la manière dont Napoléon les distribua. « On le vit, dit Ségur, s'entourer successivement de chaque régiment comme d'une famille. Là, il interpellait à haute voix les officiers, les sous-officiers, les soldats, demandant les plus braves entre ces braves, ou les plus heureux, et les récompensant aussitôt. Les officiers désignaient, les soldats confirmèrent, l'Empereur approuva. Ainsi, comme il l'a dit lui-même, les choix furent faits sur-le-champ, en cercle, devant lui, et confirmés avec acclamation par les troupes.

« Ces manières paternelles, qui faisaient du simple soldat le compagnon de guerre du maître de l'Europe, ces formes qui reproduisaient les usages toujours regrettés de la République, les transportèrent. C'était un monarque, mais c'était celui de la révolution, et ils aimaient un souverain parvenu qui les faisait parvenir. »

Ainsi, cette victoire décisive que poursuivait Napoléon venait encore de lui échapper. Après lui avoir livré sans bataille Wilna, Witepsk et Smolensk, cette clef de la vieille Russie, l'ennemi fuyait, mais comme le Parthe, en laissant la mort et la dévastation après lui. Napoléon ne pouvait pas s'arrêter à Smolensk; « Il n'était pas venu si loin, disait-il, pour conquérir une masure. » Il fallait marcher sur Moskow. C'est là que Barclay et Bagration se retiraient, là qu'il devait rencontrer la grande armée russe, et frapper enfin le grand coup qui devait décider de la Russie; car il était certain que, cette fois, l'ennemi livrerait bataille pour défendre sa capitale. Tout d'ailleurs semblait engager Na-

[1] Quatorzième bulletin.

poléon à prendre ce parti : Davoust à Mohilow, Schwartzemberg à Molodusna, Ney à Valoutina, étaient vainqueurs ; à sa droite, sa ligne d'opérations paraissait couverte ; devant lui, l'ennemi fuyait ; à sa gauche, à Pototsk, Saint-Cyr venait d'assurer ses communications. Napoléon n'était éloigné de Moskow que d'un dizaine de marches. Witepsk et Smolensk, fortifiés, allaient devenir deux grandes places de dépôt, deux points d'appui. A huit marches en arrière se trouvaient les magasins de Minsk et de Wilna ; en troisième ligne ceux de Kowno, de Grodno et de Bialistock ; ceux de quatrième ligne étaient à Elbing, Marienverder, Thorn, Varsovie, etc.; plus en arrière encore, ceux de Dantzig, Bromberg, Posen ; enfin, en sixième ligne, sur l'Oder, les magasins établis dans les places fortes que nous occupions. Des stations militaires et des relais de poste assuraient la route jusqu'à Wilna. D'un autre côté, qu'avait-il à craindre pour la Lithuanie, la Dwina et le Dniéper ? Ils étaient gardés : par Victor à Witepsk, Smolensk et Mohilow ; par Macdonald à Riga et Dunabourg ; par Saint-Cyr vers Pototsk ; par Schwartzemberg et Régnier sur le Bug. Victor devait servir de point d'appui à l'armée de Moskow, et maintenir ses communications avec la Lithuanie ; Dombrowski, avec les levées lithuaniennes et polonaises, se tenait en observation sur la Bérézina. De plus, cinquante mille hommes de renfort, sous Augereau, s'étaient mis en marche ; les cent cohortes de gardes nationales devaient se tenir prêtes à passer le Rhin, et la conscription de 1813 fut appelée.

Barclay ayant rejoint Bagration, avait reculé sans résistance, quand Murat et Davoust, qui le poursuivaient, l'atteignirent, le 23, auprès de Doregoboui. Toute l'armée russe était rangée en bataille : l'étendue de ses lignes, ses préparatifs, le choix du terrain, tout faisait croire à une bataille.

Aussitôt Murat et Davoust dépêchèrent vers l'Empereur pour l'en prévenir et le presser d'arriver. A cette nouvelle, Napoléon accourut avec sa garde, et fit douze lieues sans s'arrêter ; mais déjà l'ennemi avait disparu : Napoléon ne trouva, comme à Smolensk, qu'une ville en cendres. Après s'y être arrêté le temps nécessaire pour attendre son armée, il en repartit le 24, et se dirigea vers Moskow. L'armée marchait sur trois colonnes : l'Empereur au centre, avec Murat, Ney et Davoust ; Poniatowski à droite, et l'armée d'Italie à gauche.

Suivant la même route que les Russes, la colonne du centre y trouvait peu de ressources. Voici la description que fait M. de Ségur de la manière de vivre des soldats :

« A Smolensk, l'ordre avait été donné, comme à Witepsk, de prendre en partant pour plusieurs jours de vivres. L'Empereur n'en ignorait pas la difficulté, mais il comptait sur l'industrie des chefs et des soldats : ils étaient avertis, cela suffisait ; ils sauraient bien pourvoir eux-mêmes à leurs besoins. L'habitude en était prise : et réellement c'était un spectacle curieux que celui des efforts volontaires et continuels de tant d'hommes, pour suivre un seul homme à de si grandes distances. L'existence de l'armée était un prodige, que renouvelait chaque jour l'esprit actif, industrieux et avisé des soldats français et polonais, et leur habitude de vaincre toutes les difficultés, et leur goût pour les hasards et les irrégularités de ce jeu terrible d'une vie aventureuse.

« Il y avait à la suite de chaque régiment une multitude de ces chevaux nains dont la Pologne fourmille, un grand nombre de charriots du pays qu'il fallait sans cesse renouveler, et un troupeau. Les bagages étaient conduits par des soldats, car ils se prêtaient à tous les métiers. Ceux-là manquaient dans les rangs, il est vrai, mais ici le défaut de vivres, la nécessité de tout traîner avec soi, excusaient cet attirail ; il fallait, pour ainsi dire, une seconde armée pour porter ou conduire ce qui était indispensable à la première.

« Dans cette organisation prompte et faite en marchant, on s'était plié aux usages et à toutes les difficultés des lieux ; le génie des soldats avait admirablement tiré le meilleur parti possible des faibles ressources du pays. Quant aux chefs, comme les ordres généraux supposaient toujours des distributions régulières qui ne se faisaient jamais, chacun d'eux, suivant le degré de son zèle, de son intelligence et de sa fermeté, s'était plus ou moins emparé de la maraude...

« Car ce n'était que par des excursions sur ses flancs, et au travers d'un pays inconnu, qu'on pouvait se procurer quelques vivres. Chaque soir, la marche arrêtée et les bivouacs établis, des détachements, commandés rarement par divisions, quelquefois par brigades, et le plus souvent par régiments, allaient à la découverte et s'enfonçaient dans la campagne...

« En attendant leurs détachements, les soldats restés autour de leurs aigles vivaient de ce qu'ils trouvaient sur la route militaire ; le plus souvent, c'étaient des graines de seigle nouveau qu'ils écrasaient et faisaient bouillir. La viande manqua moins que le pain, à cause des bestiaux qui suivirent ; mais la longueur, et surtout la rapidité des marches, fit perdre beaucoup de ces animaux : la chaleur et la poussière les suffoquaient ; quand, alors, ils rencontraient de l'eau, ils s'y précipitaient avec une telle fureur, que beaucoup s'y noyèrent ; d'autres s'en remplissaient si immodérément, qu'ils enflaient et ne pouvaient plus marcher.

« On remarqua, comme avant Smolensk, que les divisions

du premier corps restaient les plus nombreuses : leurs détachements, plus disciplinés, rapportaient plus et faisaient moins de mal aux habitants. Ceux qui étaient restés au drapeau vivaient de leurs sacs, dont la bonne tenue reposait les yeux, fatigués d'un désordre presque universel.

« Chacun de ces sacs, réduit au strict nécessaire quant aux vêtements, contenait deux chemises, deux paires de souliers avec des clous et des semelles de rechange, un pantalon et des demi-guêtres de toile, quelques ustensiles de propreté, une bande à pansement, de la charpie, et soixante cartouches.

« Dans les deux côtés étaient placés quatre biscuits de seize onces chacun; au-dessous, et dans le fond, un sac de toile, long et étroit, était rempli de dix livres de farine. Le sac entier ainsi composé, ses bretelles et la capote roulée et attachée par-dessus, pesait trente-trois livres douze onces.

« Chaque soldat portait encore en bandoulière un sac de toile contenant deux pains, chacun de trois livres. Ainsi, avec son sabre, sa giberne garnie, trois pierres à feu, son tourne-vis, sa banderolle et son fusil, il était chargé de cinquante-huit livres, et avait pour quatre jours de pain, pour quatre jours de biscuit, pour sept jours de farine, et soixante coups à tirer.

« Derrière lui, des voitures traînaient encore pour six jours de vivres ; mais on ne pouvait guère compter sur ces transports, pris sur les lieux, qui eussent été si commodes dans un autre pays, avec une moindre armée, et dans une guerre plus régulière.

« Quand le sac de farine était vide, on l'emplissait de grain qu'on trouvait, et qu'on faisait moudre au premier moulin, s'il s'en rencontrait, sinon par des moulins à bras qui suivaient les régiments ou qu'on trouvait dans les villages ; car ces peuples n'en connaissent guère d'autres. Il fallait seize hommes et douze heures pour moudre, dans chacun d'eux, le grain nécessaire, pour un jour, à cent trente hommes.

« Dans ce pays, chaque maison ayant un four, ils manquèrent peu : les boulangers abondaient ; car les régiments du premier corps renfermaient des ouvriers de toute espèce, de sorte que vivres et vêtements, tout s'y confectionnait ou s'y réparait en marchant. C'étaient des colonies à la fois civilisées et nomades. »

Le 28, la grande armée traversa les vastes plaines de Wiasma ; l'avant-garde repoussa les Russes jusque dans cette ville ; mais pendant la nuit, ils se retirèrent en y mettant le feu. On parvint à l'éteindre, et on trouva dans la ville quelques ressources échappées au pillage des Russes. Napoléon y séjourna pour reconnaître sa nouvelle conquête et le parti qu'il en pouvait tirer. C'est là que, par des lettres interceptées, il apprit que le gouvernement russe s'appropriait nos succès, et s'efforçait de faire croire que la perte de tant de provinces était l'effet d'un plan général adopté d'avance. « Quand nos villes brûlent, disaient-elles, nous n'entendons ici que le son des cloches, que des chants de reconnaissance et des rapports triomphants. Il semble qu'on veuille nous faire remercier Dieu de la victoire des Français. Ainsi, l'on ment dans l'air, on ment par terre, on ment en paroles et par écrit, on ment au ciel et à la terre, on ment partout. Nos grands hommes traitent la Russie comme un enfant ; mais il y a de la crédulité à nous croire si crédules. »

Ainsi, villes, habitations, routes, ponts, magasins, récoltes, richesses, les Russes sacrifiaient tout pour retarder notre marche ; ils mettaient la faim, le feu, le désert entre eux et nous. Ce n'était pas seulement une guerre de rois, c'était encore une guerre nationale et religieuse qu'il nous fallait soutenir. Depuis Wilna jusqu'à Smolensk, nos opérations militaires n'avaient été qu'une marche coupée par de sanglants combats d'arrière-garde. Harcelé par nos troupes, l'ennemi s'était retiré, refusant la bataille qui lui était offerte. Après avoir tenu deux jours à Smolensk et mis le feu à cette ville en l'abandonnant ; après avoir échappé à Valoutina, grâce à l'inconcevable inaction de Junot, incendié Wiasma et Gjatz en les traversant, il s'arrêta enfin sur la Kalogha à Borodino, en avant de Moskow, résolu d'y livrer bataille. Dans l'intervalle, tout avait changé dans le camp des Russes : l'armée s'était indignée de cette retraite qui la déshonorait, et Barclay avait été remplacé par Kutusow; Alexandre ayant voulu, par ce choix, nationaliser la guerre. Cher au clergé par ses pratiques superstitieuses, à la vieille noblesse moscovite par un air de nationalité qui rappelait Suwarow, plus adroit courtisan qu'habile général, Kutusow, en flattant la nation entière, depuis l'empereur jusqu'au simple soldat, était parvenu à se faire un parti formidable, et sa nomination avait été accueillie en Russie avec une joie universelle.

Cependant, parti le 30 de Wiasma, Napoléon était arrivé à Gjatz le 1er septembre. Il s'y arrêta deux jours pour donner du repos à ses troupes. Le 4, l'armée française se remit en mouvement, marchant toujours sur trois colonnes ; elle campa ce jour-là près du village de Gridewna ; le lendemain, au point du jour, elle continua sa marche ; à deux heures de l'après-midi, elle arriva en vue de l'armée russe. Celle-ci, forte de cent trente mille hommes, était partagée en deux masses : sa droite sous Barclay, du côté de la Moskowa, et couverte par un grand retranchement; sa gauche sous Bagration, sur les hauteurs de la rive gauche de la Kalogha, petite rivière qui coule dans un ravin et qui va se jeter dans la Moskowa, à quelque distance de Moskow.

Devant la gauche, sur un mamelon situé entre le village de Schwardino et le bois qui couvre la vieille route de Smolensk à Moskow, s'élevait une redoute formidable, armée de canons ; en arrière et sur ses flancs, on apercevait de fortes colonnes russes, infanterie, artillerie et cavalerie, formant plus de quinze mille hommes. Cette position couvrait le centre gauche de la ligne de bataille des Russes. Napoléon, l'ayant reconnue, ordonna sans différer de l'enlever.

A quatre heures, l'attaque commença : le général Compans, à la tête des 57e et 61e régiments, se porta sur le mamelon où était la redoute ; elle fut enlevée d'un seul élan et à la baïonnette par le 61e, qui, malgré les efforts des Russes pour la reprendre, s'y maintint tout sanglant et mutilé[1]. Après un combat meurtrier, ils furent chassés du bois et mis en fuite. A sept heures du soir, le feu cessa.

On passa la journée du 6 à se reconnaître. Aux premières lueurs du crépuscule, Napoléon s'avança entre les deux lignes, et parcourut, de hauteur en hauteur, tout le front de l'armée russe : il la vit se déployant sur un vaste demi-cercle de deux lieues de développement, depuis la Moskowa jusqu'à la vieille route de Moskow. Sa droite bordait la Kalogha depuis son embouchure sur la Moskowa jusqu'à Borodino, et était appuyée à deux mamelons fortement retranchés et armés de batteries. Sa gauche, plus accessible depuis que la redoute enlevée la veille n'en défendait plus les approches, était adossée à un grand bois, soutenue par un

---

[1] Quand, le lendemain, Napoléon passa ce régiment en revue, il demanda où était son troisième bataillon : « Il est dans la redoute, » répartit le colonel.

mamelon couronné d'une redoute armée de vingt-un canons. Deux autres mamelons armés de redoutes, à cent pas l'un de l'autre, protégeaient sa ligne jusqu'au grand village de Semenofskoï, que l'ennemi avait détruit pour couvrir le plateau d'artillerie et d'infanterie et y appuyer son centre.

Sa reconnaissance faite, Napoléon disposa son armée en bataille; elle comptait cent vingt mille hommes. Il plaça Eugène à gauche, devant Borodino, sur la Kalogha; au centre Davoust et Ney; en seconde ligne Murat et Junot, et en réserve la garde. A droite, Poniatowski, s'avançant sur la vieille route de Smolensk, devait tourner le bois sur lequel s'appuyait la gauche ennemie. « D'après l'ordre général de la bataille, le prince Eugène devait, par une attaque sur Borodino, attirer l'attention des ennemis sur leur centre et leur aile droite, afin 1° de favoriser le mouvement que le prince Poniatowski devait faire dans la direction de la vieille route de Smolensk à Moskow; 2° d'empêcher l'ennemi de dégarnir toute sa droite, pour renforcer l'extrémité de son aile gauche, que devait attaquer le maréchal Davoust [1]. »

De son côté, Kutusow fit ses dispositions : il ne négligea rien pour exalter le courage et le fanatisme de ses soldats. Entouré de toutes les pompes religieuses et militaires, il fit promener par ses popes, devant le front de son armée sous les armes, les signes révérés de la religion, et surtout l'image de saint Serge, évêque moscovite, qu'il disait s'être miraculeusement soustraite, à Smolensk, aux mains sacrilèges des Français. Puis, élevant la voix, il parla à ses soldats du ciel, de cette image sacrée, objet de leur vénération, de leurs sanctuaires souillés de sang, de leurs autels renversés « par ce despote universel, ce tyrannique perturbateur du monde,

[1] Gourgaud.

ce vermisseau, cet archi-rebelle qui exposait la vraie arche du Seigneur, représentée par la sainte image, aux profanations des hommes, aux intempéries des saisons. Ne craignez donc pas, ajouta-t-il, que ce Dieu qu'il a insulté ne veuille point être avec vous, qu'il ne veuille point placer son bouclier en avant de vos rangs, et qu'il ne combatte pas son propre ennemi avec l'épée de l'archange Michel.

« C'est dans cette croyance que je vais combattre et vaincre ; c'est dans cette croyance que je combattrais et mourrais, sûr que mes yeux expirants verraient la victoire. Soldats ! je vous le dis, pensez au sacrifice de vos cités consumées par les flammes ; pensez à vos femmes, à vos enfants, qui réclament votre protection ; songez à votre empereur, à vos seigneurs, et demain, avant le coucher du soleil, tracez sur le sol de votre patrie les caractères de votre foi et de votre fidélité avec le sang de l'agresseur et de ses guerriers. »

« Ce spectacle solennel, ce discours, les exhortations de leurs officiers, les bénédictions de leurs prêtres, achevèrent, dit Ségur, de fanatiser leur courage. Tous, jusqu'aux moindres soldats, se crurent dévoués par Dieu lui-même à la défense du ciel et de leur sol sacré. »

Kutusow venait d'invoquer le fanatisme de ses soldats : Napoléon ne s'adressa qu'à la raison des siens. « Soldats ! leur dit-il, voilà la bataille que vous avez tant désirée ! Désormais la victoire dépend de vous ; elle nous est nécessaire, elle nous donnera l'abondance, de bons quartiers d'hiver, et un prompt retour dans la patrie ! Conduisez-vous comme à Austerlitz, à Friedland, à Witepsk, à Smolensk, et que la postérité la plus reculée cite avec orgueil votre conduite dans cette journée ; que l'on dise de vous : Il était à cette grande bataille sous les murs de Moskow. »

Napoléon passa le reste de la nuit à recevoir des rapports ou à prescrire des dispositions. Au point du jour, il était à cheval et en avant de la redoute conquise le 5, position centrale d'où il pouvait suivre tous les évènements de la bataille. A cinq heures et demie, le soleil se leva sans nuages ; la veille il avait plu. « C'est le soleil d'Austerlitz ! » dit l'Empereur. L'armée française accepta l'augure. Au même instant, un coup de canon, parti de la batterie de notre droite, se fit entendre. A ce signal, cent vingt bouches à feu, placées à notre extrême droite, commencèrent l'action. Davoust et Ney attaquèrent les redoutes de Semenofskoï ; ils s'y jetèrent avec tant d'impétuosité, qu'ils ne laissèrent même pas aux Russes le temps de retirer leurs canons. Vainement Bagration accourut avec des renforts pour les défendre ; ses attaques furent impuissantes, et lui-même blessé à mort. Alors Murat s'élança, avec la rapidité de l'éclair, dans la plaine que l'attaque de Ney et de Davoust [venait] d'ouvrir. Déjà il était sur les hauteurs, quand l'ennemi, y reparaissant pour reprendre sa position, jeta un moment de trouble parmi les Français. Se voyant enveloppé, Murat se réfugie dans la redoute, et, combattant d'une main, de l'autre élevant et agitant son panache, il appelle tous les siens et les ranime par son exemple. Mais déjà Ney a reformé ses divisions ; il s'élance, dégage Murat, et arrache de nouveau les redoutes à l'ennemi. A peine échappé à ce péril, Murat court à un autre ; il se précipite sur l'ennemi, et, par des charges opiniâtres et réitérées, il renverse les lignes russes, les pousse, les rejette sur leur centre, et termine avant une heure la défaite entière de leur aile gauche.

Cependant, il restait à l'ennemi ses redoutes de droite : le général Morand y marche et les enlève ; mais, attaqué de tous côtés, il ne peut s'y maintenir. Alors Kutusow fit avancer toutes ses réserves, et jusqu'à la garde russe, pour un dernier effort ; il attaque notre centre, sur lequel avait pivoté notre droite. Déjà il menace de reprendre Semenofskoï ; mais le général Friand s'y porte avec son infanterie : quatre-vingts pièces de canon soutiennent son mouvement. En vain Kutusow lance sa cavalerie ; elle vient se briser contre cette ligne d'airain. A son tour, son infanterie s'avance ; ses masses épaisses tombent foudroyées et écrasées par notre artillerie. Alors Napoléon ordonne à Murat de faire une grande charge avec sa cavalerie en pivotant sur son aile gauche. Tout cède devant cette masse redoutable, et l'ennemi est partout repoussé sur notre droite.

Pendant ce temps, Barclay était aux prises avec le prince Eugène. Celui-ci, après s'être emparé de Borodino et de la grande redoute, n'avait pu s'y maintenir ; mais Napoléon lui avait ordonné d'attaquer de nouveau et de la reprendre. Dès quatre heures, les Français luttaient sur le penchant de ce volcan et sous cette pluie de fer et de plomb, quand les cuirassiers de Caulincourt arrivent, culbutent tout ce qui leur résiste, entrent par la gorge dans la redoute sanglante, s'en emparent ; mais elle devient le tombeau de leur général.

Il était quatre heures quand cette dernière victoire fut remportée ; mais, si elle décida du sort de la bataille, elle ne la finit pas. Après s'être battus pour la victoire, les Russes se battirent pour leur retraite. «On les voyait se pelotonner devant nos rangs avec opiniâtreté : sans cesse vaincus, ils sont sans cesse ramenés au combat par leurs généraux, et ils viennent mourir au pied de ces ouvrages qu'eux-mêmes avaient élevés.

« On ne put poursuivre leurs débris : de nouveaux ravins, et derrière eux des redoutes armées, protégeaient leurs attaques et leur retraite. Ils s'y défendirent avec rage jusqu'à la nuit, couvrant ainsi la grande route de Moskow, leur ville sainte, leur magasin, leur dépôt, leur refuge [1]. »

Ils se retirèrent enfin sur la Moskowa, laissant sur le champ de bataille cinquante mille hommes tués, blessés ou pris, parmi lesquels trente-cinq généraux, et soixante canons. Du côté des Français, la perte ne s'éleva pas à moins de vingt mille hommes hors de combat.

Telle fut cette mémorable bataille. Depuis longtemps, il ne s'en était pas livré de plus sanglante. Notre artillerie y tira près de quatre-vingt-douze mille coups de canon. Napoléon aurait pu, en faisant donner la garde, en finir avec l'armée russe. On assure même que les excitations ne lui manquèrent pas. Mais, à cinq cents lieues de sa capitale, et avec une armée d'étrangers qui n'avaient d'autre lien que sa fortune, il ne voulut pas s'exposer à un revers; il aima mieux se contenter d'une demi-victoire, et se conserver ce corps d'élite qui était comme une place de guerre à l'abri de laquelle l'armée, dans un moment de péril, pouvait se rallier. D'ailleurs, il s'attendait à une autre bataille sous les murs de Moskow.

De la Moskowa, Kutusow se retira sur Moskow, poursuivi par la grande armée victorieuse. Il était parvenu à mettre quelque ordre dans sa retraite. Arrivé, le 13 septembre, sous les murs de cette ville, il fit dire au gouverneur Rostopchin qu'il était prêt à la défendre *jusqu'à la dernière goutte de son sang*. Déjà, celui-ci avait fait afficher la veille cette étrange proclamation :

« Dans deux ou trois jours, je donnerai le signal. Armez-vous bien de haches et de piques, et, si vous voulez faire mieux, prenez des fourches à trois dents : le Français n'est pas plus lourd qu'une gerbe de blé.

[1] Ségur.

« Demain j'irai voir les blessés à l'hôpital Sainte-Catherine ; j'y ferai dire une messe et bénir l'eau pour leur prompte guérison. Pour moi, je me porte bien ; j'avais mal à un œil, mais maintenant je vois très-bien des deux.

« Je me rendrai ensuite auprès de S. A. le prince Kutusow, pour prendre, conjointement avec lui, des mesures pour exterminer nos ennemis.

« Nous renverrons au diable ces hôtes, et nous leur ferons rendre l'ame. »

Cependant, à l'approche des Français, Kutusow abandonna, pendant la nuit, sans combat, cette capitale, entraînant avec lui la population. Il écrivit à son souverain « qu'il venait d'être forcé d'abandonner Moskow, mais vide du peuple qui en est la vie ; que partout le peuple est l'ame d'un empire ; que là où est le peuple russe, là est Moskow et tout l'empire de Russie. » Alors Rostopchin dévoua aux flammes, au pillage et à la dévastation cette antique cité des czars. Par son ordre, les cachots s'ouvrirent, et, tous les criminels qu'ils renfermaient délivrés, il les rassembla, les appela enfants de la Russie, leur donna ses instructions, et les dispersa dans la ville, ivres de vin et d'une joie barbare.

« Cette capitale, justement nommée par ses poètes Moskow aux coupoles dorées, était un vaste et bizarre assemblage de deux cent quatre-vingt-quinze églises, et de quinze cents châteaux avec leurs jardins et leurs dépendances. Ces palais de brique, et leurs parcs entremêlés de jolies maisons de bois et même de chaumières, étaient disposés sur plusieurs lieues carrées d'un terrain inégal ; ils se groupaient autour d'une forteresse élevée et triangulaire, dont la vaste et double enceinte, d'une demi-lieue de pourtour, renfermait encore, l'une, plusieurs palais, plusieurs églises et des espaces incultes et rocailleux ; l'autre, un vaste bazar, ville de marchands, où les richesses des quatre parties du monde brillaient réunies.

« Ces édifices, ces palais, et jusqu'aux boutiques, étaient tous couverts d'un fer poli et coloré ; les églises, chacune surmontée d'une terrasse et de plusieurs clochers que terminaient des globes d'or : puis, le croissant, enfin la croix, rappelaient l'histoire de ce peuple : c'était l'Asie et sa religion, d'abord victorieuse, ensuite vaincue, et enfin le croissant de Mahomet dominé par la croix du Christ [1]... »

Quand, des hauteurs de la montagne du Salut, qui domine Moskow, nos soldats virent cette immense ville, avec ses palais, ses jardins, ses églises, ses clochers, ses coupoles dorées et étincelantes au soleil, transportés de joie, ils s'écrièrent : « Moskow ! Moskow ! » et ils y entrèrent en chantant *la Marseillaise*. Napoléon alla prendre séjour au Kremlin, antique demeure des czars et des anciens patriarches grecs. A la vue du trône et de l'image de Pierre Ier, sa conquête, il était loin de songer aux désastres de Charles XII.

Déjà nos soldats avaient pris possession de la ville, ils se livraient au repos, quand tout-à-coup, vers minuit, des flammes s'élevèrent dans toutes les directions : les ordres de Rostopchin venaient d'être exécutés ! Bientôt la ville, presqu'entièrement bâtie en bois, ne fut plus qu'un océan de feu. Quel réveil pour Napoléon ! De ses fenêtres, il contemplait, triste et rêveur, cet effroyable spectacle. « Voilà donc, dit-il, comme ils font la guerre ! La civilisation de Saint-Pétersbourg nous a trompés : ce sont toujours des Scythes ! » Vainement nos soldats essayèrent de disputer cette malheureuse ville aux flammes qui la dévoraient : cinq jours après, l'ancienne capitale de l'empire russe n'existait plus ! Napoléon, avec sa garde, ne parvint à en sortir qu'à

[1] Ségur.

travers la fumée et les ruines. Il se retira à une lieue de Moskow, au château impérial de Pétrowski. Un moment, il eut la pensée de marcher sur Saint-Pétersbourg. Déjà son plan de campagne était tracé ; mais ses généraux le détournèrent de cette entreprise, et l'engagèrent à rester à Moskow, et à y négocier. Napoléon céda et fit des propositions de paix à Alexandre. Il rentra au Kremlin, qu'on était parvenu à sauver des flammes. Quelques maisons éparses, restées debout au milieu des ruines, des monceaux de cendres, et, de distance en distance, des pans de muraille ou des piliers à demi écroulés, quelques hommes et quelques femmes russes errants çà et là dans ces décombres, voilà ce qu'il retrouva de cette grande cité, qui, la veille encore, retentissait du bruit des équipages, de l'éclat des fêtes et des festins, et semblait montrer avec orgueil ses seigneurs si fiers de leurs antiques privilèges et de leurs vastes possessions ; ses marchands, dont le costume rappelait le luxe et la forme asiatiques ; son peuple avec ses costumes grecs ; ses palais, ses jardins magnifiques, ses vastes bazars, ses richesses.

Cependant, il restait encore quelques ressources dans la ville. Napoléon y rétablit l'ordre, et y rappela une partie des habitants ; il leur fit ouvrir des lieux d'asyle et distribuer des vivres et de l'argent ; sa sollicitude s'étendit également aux blessés russes, aux établissements et aux églises que les flammes avaient respectés. Puis, il ne s'occupa plus, pendant un mois, qu'à laisser reposer son armée et à la mettre en état de commencer sa retraite. Du Kremlin, comme des Tuileries, il gouvernait son empire : dans les intervalles de temps que lui laissaient les revues et les soins de la guerre, il travaillait à l'expédition des affaires administratives ; chaque jour, il recevait ses dépêches et rendait des décrets.

C'est ainsi qu'il s'occupa, sur les ruines de Moskow, d'un réglement de la Comédie-Française.

A la faveur du désordre produit par l'incendie de Moskow, Kutusow, à notre insu, s'était porté de la route de Kolomna, en suivant la Palkra, sur la route de Kalogha, au sud-ouest de Moskow. Il menaçait de là nos communications avec Mojaïsk : il fut repoussé à Winkowno par Murat, qui, au lieu de continuer à le poursuivre, resta dix jours dans l'inaction, attendant le résultat des négociations pour la paix.

Pendant ce temps, Kutusow renforçait son armée, ses recrues arrivaient de toutes parts; tous les paysans étaient sur pied, « les uns en armes, écrivait-il à Alexandre, les autres en observation sur le sommet des clochers ou dans nos camps, se glissant même dans nos demeures et jusque dans le Kremlin. »

Dominé par le parti qui avait tué son père et brûlé Moskow, Alexandre ne daigna même pas répondre aux ouvertures de Napoléon. Voyant que l'hiver, le plus puissant allié de la Russie, approchait, il se décida à continuer la guerre. « Qu'importe, disait-il dans ses proclamations, que l'ennemi soit dans Moskow, il est au sein du désert ; il est au centre de la Russie, et pas un Russe n'est à ses pieds. Cependant nos forces s'accroissent et l'entourent. Il est au milieu d'une population puissante, environné d'armées qui l'arrêtent et l'attendent. Bientôt, pour échapper à la famine, il lui faudra fuir à travers les rangs serrés de nos soldats intrépides. Reculerons-nous donc, quand l'Europe nous encourage de ses regards ! »

Alors, Kutusow résolut de prendre l'offensive devant Moskow : il avait cent soixante-et-dix mille hommes. Il parla à ses troupes, leur peignit le danger de Napoléon : « Que Moskow soit sa prison, son tombeau et celui de sa

grande armée! s'écria-t-il. Prenons la France en Russie. »
A son tour il surprit Murat et le battit à Winkowno.

A cette nouvelle, Napoléon donne à son armée l'ordre de mouvement. « Marchons sur Kalogha, dit-il, et malheur à ceux qui se trouveront sur mon passage! » Son projet était de regagner les frontières de Pologne par Kalogha et Smolensk. Pendant son séjour à Moskow, il s'était préparé à la retraite ; il avait réorganisé et renforcé son armée, refait son artillerie, augmenté ses munitions, disposé des masses d'approvisionnements à Smolensk, à Witepsk, à Wilna, protégé le rétablissement ou la retraite de ses nombreux blessés et malades sur Smolensk. Déjà, aux premières neiges, il en avait fait partir la plus grande partie. Après avoir fait sauter le Kremlin, il sortit de Moskow avec quatre-vingt mille combattants ; l'infanterie était bien refaite, mais la cavalerie et l'artillerie se traînaient plutôt qu'elles ne marchaient.

Néanmoins, ces quatre-vingt mille combattants marchant à la tête avec leurs sacs, leurs armes, plus de six cents canons et deux mille caissons, « rappelaient encore cet appareil terrible de guerriers vainqueurs du monde. » A leur suite venaient pêle-mêle un grand nombre de charriots et d'équipages chargés de vivres, de trophées et de butin ; des paysans russes, des femmes, des enfants, des malades, etc.; immense attirail qui embarrassait, retardait la marche de l'armée. Ainsi, tout un jour fut sacrifié au passage de la Narew, ce qui donna aux Russes le temps de nous prévenir.

Arrivée à Malo-Jaroslawetz, notre avant-garde, que commandait Eugène, trouva la route de Kalogha barrée par l'armée russe. Il était nuit : il fallait avancer. Bien qu'il eût affaire à des forces triples, Eugène ordonna l'attaque.

Bâtie sur un penchant rapide entrecoupé de ressauts à pic, sept fois la ville fut prise et reprise par les Français ; enfin, après un dernier effort, où le prince Eugène s'engagea lui-même avec sa réserve, ils parvinrent à forcer les Russes à la retraite. Notre avant-garde était victorieuse, mais la route de Kalogha n'en resta pas moins fermée.

Dans cette extrémité, Napoléon tint conseil avec ses généraux. Smolensk était le but. Y marcherait-on par Kalogha, Medyn ou Mojaïsk ?

Telle était la question à résoudre ; elle allait décider du sort de l'armée. Le premier, Murat se lève et dit « que s'arrêter est impossible, fuir dangereux ; qu'il faut donc poursuivre. Qu'importe cette attitude menaçante des Russes, et leurs bois impénétrables ? il les méprise. Qu'on lui donne seulement les restes de sa cavalerie et celle de la garde, et il va s'enfoncer dans leurs forêts, dans leurs bataillons, renverser tout, et rouvrir à l'armée la route de Kalogha. » Napoléon lui observa « que c'était assez de témérité ; qu'on n'avait que trop fait pour la gloire ; qu'il était temps de ne plus songer qu'à sauver les restes de l'armée. » Alors Davoust proposa de se retirer par Medyn et Smolensk : « C'était, disait-il, un sol fertile, une route vierge, nourricière, grasse, intacte, couverte de villages encore debout, en un mot, le chemin le plus court. » — « Pourquoi, observa Murat, l'armée irait-elle se traîner sans guides et incertaine sur une route inconnue, à portée de Kutusow, offrant son flanc à tous les coups de l'ennemi ? Quand, derrière nous, Borowsk et Véréia nous conduisent sans danger à Mojaïsk, ne vaut-il pas mieux choisir cette voie où des vivres nous attendent, où tout nous est connu ? »

Napoléon se décida pour l'avis de Murat, et il se dirigea sur Mojaïsk au moment même où Kutusow, ébranlé par le choc de Malo-Jaroslawetz, et redoutant une seconde bataille, se retirait, à la hâte et en désordre, au-delà de Kalogha ; au moment enfin où, le plus grand effort étant fait, il n'y avait plus qu'à marcher pour disperser cette armée qui fuyait (26 octobre).

Telle fut la principale cause des désastres de la retraite. Napoléon, dans cette circonstance, manqua de cette témérité qui l'avait si bien inspiré dans tant d'autres occasions.

Cependant, la grande armée continuait sa retraite, marchant sur quatre colonnes : Napoléon et la garde en avant, Ney et Eugène, Davoust enfin. Elle revit Mojaïsk le 28, traversa la Kalogha et le champ de bataille de la Moskowa, qu'elle trouva encore couvert de cadavres, s'arrêta à la grande abbaye de Kolotzkoï pour y reprendre les malades et les blessés qu'elle y avait laissés ; le soir, elle atteignit Gjatz ; de Gjatz elle regagna Wiasma en deux marches. Napoléon y laissa Ney pour attendre Eugène et Davoust, et se porta sur Smolensk. Ces derniers, à deux lieues de Wiasma, trouvèrent la route coupée par l'ennemi. Après s'être fait jour à travers quarante mille Russes, ils poursuivirent leur marche. Ney releva Davoust et forma l'arrière-garde.

On était au commencement de novembre. Jusque-là, le temps semblait avoir favorisé notre retraite; un soleil brillant, des combats heureux, l'espoir d'arriver bientôt à Smolensk, avaient soutenu tous les courages. Tout-à-coup, le 6, le ciel se voila ; de sombres et froides vapeurs enveloppèrent notre armée ; la neige tomba par flocons, et un vent glacial s'étant levé, la poussa sous les pieds et devant le visage de nos soldats. Bientôt la terre disparaît à leurs regards. Quelques arbres seuls, chargés de frimas, s'en détachent. Le soldat ne voit plus son chemin ; il marche et s'engouffre dans les profondeurs que la neige dérobe sous ses pas.

Sur cette neige qui couvrait tout, où s'arrêter, où s'asseoir, où se reposer, où trouver un abri contre l'âpreté de la bise, quelques racines pour se nourrir et du bois sec pour allumer du feu? Cependant, succombant à la fatigue, on s'arrêtait, on cherchait à s'établir ; mais la tempête dispersait les premiers apprêts des bivouacs. Parvenait-on à les allumer? on préparait le repas : « comme il était impossible de se procurer de l'eau, parce que la glace couvrait toutes les sources et tous les marais, on faisait fondre dans une marmite une quantité suffisante de neige pour produire le volume d'eau dont on avait besoin. On délayait ensuite dans cette eau, qui était noire et bourbeuse, une portion de la farine plus ou moins grossière dont on était pourvu, et on faisait épaissir ce mélange jusqu'à consistance de bouillie ; ensuite, on l'assaisonnait avec du sel, ou, à son défaut, on y jetait deux ou trois cartouches, qui, en lui donnant le goût de la poudre, lui ôtaient son extrême fadeur, et la teignaient d'un noir foncé qui la faisait ressembler beaucoup, pour sa couleur, au brouet noir des Spartiates [1]. »

Après le repas, chacun se plaçait autour du feu, et s'endormait, souvent pour ne plus se réveiller.

A la pointe du jour, sans qu'aucun instrument militaire donnât le signal, ceux que la mort n'était pas venue surprendre pendant la nuit, levaient spontanément leur bivouac, et reprenaient leur mouvement.

Il fallut jeter dans un lac nos dépouilles de Moskow. Nos trophées nous étaient à charge : on ne songeait qu'à se sauver. Plus d'ordre, plus de discipline : généraux, officiers, soldats, marchaient confondus ; le malheur avait fait disparaître tous les rangs. Cavalerie, artillerie, infanterie, tout était pêle-mêle ; les soldats jetaient leurs armes, ou plutôt

---

[1] Relation de René Bourgeois.

elles tombaient d'elles-mêmes de leurs bras engourdis. Quelques uns « avaient sur leurs épaules une besace remplie de farine, et portaient, pendu à leur côté, un pot attaché avec une corde ; d'autres traînaient par la bride des ombres de chevaux, sur lesquels étaient chargés l'attirail de la cuisine et les chétives provisions.

« Nous cheminions péniblement, abandonnés à nous-mêmes, au milieu des neiges, sur des routes à peine tracées, à travers des déserts et d'immenses forêts de sapins.

« On se précipitait dans les maisons, les granges, les hangars et tous les bâtiments qu'on rencontrait...

« Très-souvent, quand on ne pouvait y entrer, on y mettait le feu pour en faire sortir ceux qui s'y trouvaient ; c'est surtout ce qui arrivait quand des officiers-généraux s'en étaient emparés, après en avoir expulsé les premiers occupants [1]. »

« L'ennemi, qui voyait sur les chemins les traces de cette affreuse calamité qui frappait l'armée française, chercha à en profiter. Il enveloppait toutes les colonnes par ses cosaques, qui enlevaient, comme les Arabes dans les déserts, les trains et les voitures qui s'écartaient [2]. »

Ainsi, harcelés le jour, nos malheureux soldats n'avaient pas même la nuit pour se reposer : le vent, la neige, la famine, les chassaient des feux ; ils erraient à l'aventure, cherchant un asyle et du pain, et ne rencontrant le plus souvent que des cosaques qui, après les avoir dépouillés, les abandonnaient tout nus sur la neige. Chaque jour voyait augmenter le nombre des isolés, et périr ces braves qui avaient échappé à tant de combats, à tant de périls.

Un homme, en ces jours de calamité, s'éleva par son cou-

---

[1] Relation de René Bourgeois.
[2] Vingt-neuvième bulletin.

rage à la hauteur de nos dangers : cet homme, c'est Ney ! Dans son héroïsme, il les accepta tout entiers et se dévoua au salut de l'armée. Seul avec l'arrière-garde qu'il commandait, il avait, depuis Wiasma, soutenu notre retraite. Après avoir sacrifié ses bagages, ses canons, il se voyait obligé de reculer précipitamment derrière le Dniéper. Assaillis par les Russes, ses soldats, à qui le froid, la faim et la fatigue arrachaient leurs armes, lâchaient prise : déjà même ils fuyaient, quand, se jetant au milieu d'eux, et saisissant un de leurs fusils, il les ramène au feu qu'il recommence. Redevenu soldat, il combattit dix jours entiers, contint l'ennemi, et donna ainsi à l'armée le temps de s'écouler vers Smolensk.

Arrivés dans cette ville, nos soldats n'y trouvent point d'asyles : point de quartiers d'hiver préparés, point de bois; les malades, les blessés restent dans les rues, sur les charrettes qui les ont apportés. C'est encore, c'est toujours la fatale grande route passant au travers d'un vain nom ; c'est un nouveau bivouac dans de trompeuses ruines, plus froides encore que les forêts qu'ils viennent de quitter.

Napoléon ne put s'arrêter à Smolensk. « Quelque dur qu'il lui parût de se mettre en mouvement dans une si cruelle saison, le nouvel état des choses le nécessitait; il espérait arriver à Minsk, ou du moins sur la Bérézina, avant l'ennemi. Il partit le 13 de Smolensk ; le 16, il coucha à Krasnoï. Le froid, qui avait commencé le 7, s'accrut subitement, et, du 14 au 15 et au 16, le thermomètre marqua seize et dix-huit degrés au-dessous de glace; les chemins furent couverts de verglas. Les chevaux de cavalerie, d'artillerie, de train, périssaient toutes les nuits, non par centaines, mais par milliers, surtout les chevaux de France et d'Allemagne; plus de trente mille chevaux périrent en peu de jours. Notre cavalerie se trouva toute à pied ; notre artillerie et nos transports se trouvaient sans attelage. Il fallut abandonner et détruire une bonne partie de nos pièces et de nos munitions de guerre et de bouche.

« Cette armée, si belle le 6, était bien différente dès le 14, presque sans cavalerie, sans artillerie, sans transports ; sans cavalerie, nous ne pouvions pas nous éclairer à un quart de lieue ; sans artillerie, nous ne pouvions pas risquer une bataille et attendre de pied ferme. Cependant, il fallait marcher pour ne pas être contraints à une bataille, que le défaut de munitions nous empêchait de désirer ; il fallait occuper un certain espace pour ne pas être tournés, et cela, sans cavalerie qui éclairât et liât les colonnes. Cette difficulté, jointe à un froid excessif subitement venu, rendit notre situation fâcheuse. Les hommes que la nature n'a pas trempés assez fortement pour être au-dessus de toutes les chances du sort et de la fortune, parurent ébranlés, perdirent leur gaieté, leur bonne humeur, et ne rêvèrent que malheurs et catastrophes ; ceux qu'elle a créés supérieurs à tout conservèrent leur gaieté et leurs manières ordinaires, et virent une nouvelle gloire dans les difficultés différentes à surmonter [1]. »

Cependant, la nouvelle de notre retraite avait mis en mouvement toute la Russie. De toutes parts, elle avait repris l'offensive. Wittgenstein s'était jeté sur Pototsk, où Saint-Cyr ne put se maintenir ; Tchichagow sur Schwartzemberg, et tous deux, l'un descendant du nord, l'autre s'élevant du sud, s'étaient efforcés de se joindre vers Borisow. C'était le passage le plus difficile de notre retraite, et déjà ils y touchaient. De son côté, Kutusow s'était emparé de la route d'Elnia, et s'avançait de Wiasma sur Krasnoï. Ainsi, nous

---

[1] Vingt-neuvième bulletin.

allions avoir à nous faire jour au travers de toute l'armée russe.

A deux lieues de Krasnoï, la colonne impériale découvrit une rangée de cosaques en travers de la grande route. Sept à huit tirailleurs suffirent pour percer ce rideau. Alors la colonne s'avança en bon ordre : sa ferme contenance imposa à l'ennemi, qui n'osa l'attaquer que par ses canons. Napoléon, à son tour, au milieu des grenadiers de sa vieille garde, passa au travers des feux ennemis, et, comme ils devenaient importuns, il les envoya éteindre. Deux heures après, il atteignit Krasnoï. Après le passage de l'Empereur et de sa garde, les Russes s'enhardirent, et s'établirent fortement, au nombre de vingt-cinq mille, au travers de la grande route, séparant de Napoléon, par ce mouvement, Eugène, Davoust et Ney.

Parti de Smolensk avec six mille soldats suivis de douze mille traîneurs, Eugène voulut passer à son tour, quand il s'aperçut qu'il avait devancé son corps d'armée, et qu'il n'avait près de lui qu'environ quinze cents hommes de tous grades, de toutes nations, sans organisation, sans chefs, sans ordre, la plupart sans armes. Sommé de se rendre, il n'y répond qu'en se précipitant au-devant de ses divisions pour les amener au combat ou pour périr avec elles. Alors la faible troupe qu'il vient de laisser s'organise; elle se proclame un chef et se partage en pelotons; puis, un contre dix, elle s'avance sous le feu des Russes ; mais, obligée de prendre position pour se défendre, elle les tient en respect pendant une heure. Cependant, Eugène ne paraissait pas : la position n'était pas tenable. Si l'on voulait du secours, il n'y en avait pas à attendre; il fallait l'aller chercher. On était trop loin de Krasnoï. On se décida pour aller rejoindre le prince Eugène.

Aussitôt, la colonne se serra en une seule masse, et se précipita, tête baissée, au travers de dix mille fusils et canons ennemis. Vainement, des deux côtés de la route que bordent les Russes, on leur crie de se rendre ; nos soldats, s'avançant toujours, ne leur répondent « que par un silence farouche et la pointe de leurs armes. » Alors tous les feux russes éclatent à la fois, à bout portant, et la moitié de la colonne héroïque tombe blessée ou morte ; le reste alla rejoindre Eugène, qui s'avançait avec ses divisions, que les Russes arrêtaient depuis une heure. On essaya de percer. Accablé par le nombre, et cependant ne désespérant point, Eugène tint bon jusqu'à la nuit. Alors, trompant l'ennemi par ses feux, il s'en écarte, se jette entre la route et le Dniéper, et parvient à s'échapper avec ses divisions. « Au milieu de cette marche hasardeuse, dit Ségur, il y eut un moment terrible. Dans l'instant le plus critique, quand ces hommes, restes de tant de combats, s'écoulaient, en retenant leur haleine et le bruit de leurs pas, le long de l'armée russe ; quand tout pour eux dépendait d'un regard ou d'un cri d'alarme, tout-à-coup la lune, sortant brillante d'un nuage épais, vint éclairer leurs mouvements. En même temps, une voix russe éclate, leur crie d'arrêter, et leur demande qui ils sont. Ils se crurent perdus ! Mais Klisky, un Polonais, court à ce Russe, et, lui parlant dans sa langue, sans se troubler : « Tais-toi, malheureux ! lui dit-il à voix basse. « Ne vois-tu pas que nous sommes du corps d'Ouwaroff, et « que nous allons en expédition secrète ? » Le Russe, trompé, se tut. » Après deux heures de marche, Eugène arriva enfin à Krasnoï.

Déjà, pour donner à ce prince le temps de le rejoindre, Napoléon, à Cherkowa et à Maliewo, avait arrêté, par une attaque nocturne, le mouvement de l'armée russe. Mais la

joie de revoir son fils adoptif fut troublée par l'inquiétude
sur le sort de Davoust et de Ney. Résolu de les arracher au
sein de cette Russie qui s'est refermée sur eux, il envoie ses
ordres, et, saisissant son épée : « J'ai assez fait l'empereur,
dit-il ; il est temps que je fasse le général ! » Alors, revenant
sur ses pas, il s'avance à pied, à la tête de sa vieille garde,
phalange héroïque réduite à dix mille hommes, s'enfonce au
milieu de quatre-vingt mille ennemis, et dégage Davoust. On
vit ce maréchal reparaître avec quatre mille combattants,
restes de soixante mille. « Il était sans linge et exténué de
faim ; il se jeta sur un pain qu'un de ses compagnons d'armes lui offrit, et le dévora. On lui donna un mouchoir pour
qu'il put essuyer sa figure, couverte de fumée. » Cependant,
l'ennemi débordait de toutes parts ; Kutusow se portait sur
Lyadi pour nous fermer le retour. Napoléon ne pouvait pas
se résoudre à sacrifier Ney. D'un autre côté, il n'y avait pas
un moment à perdre ; il laissa Davoust et Mortier à Krasnoï,
en leur recommandant d'y tenir jusqu'à la nuit, et, plein du
désespoir d'abandonner son compagnon d'armes, il se retira
à Orcha.

Cependant, Ney, qui commandait l'extrême arrière-garde,
n'était parti de Smolensk que le 17. Averti la veille du combat
livré près de Krasnoï, il avait été invité, de la part de Davoust,
à se mettre en mouvement sans délai ; mais alors, Ney lui
avait fait répondre que « ses instructions lui prescrivant de
ne quitter Smolensk que le 17, à huit heures du matin, il
ne partirait pas plus tôt. » Il s'était donc mis en marche
avec environ six mille combattants, autant de traîneurs, une
douzaine de pièces de canons, et une grande quantité de
bagages qui étaient restés en arrière. Il se heurta, avec cette
faible troupe, contre l'armée russe. Seul et séparé de l'armée française, dans cette circonstance critique, il ne se

manqua point à lui-même ni à ses compagnons d'infortune. Un Russe, envoyé par Kutusow, vint le sommer de se rendre. Il n'avait point achevé sa sommation, que tout-à-coup cinquante bouches à feu vomissent la mitraille sur les Français. « Un maréchal ne se rend point, lui dit Ney; on ne parlemente pas sous le feu; vous êtes mon prisonnier! » Cependant le feu redouble, Ney s'en exalte : il voit « d'un côté, quatre-vingt mille hommes, des rangs entiers, pleins, profonds, bien nourris, des lignes redoublées, de nombreux escadrons, une artillerie immense sur une position formidable, enfin tout, et la fortune qui, à elle seule, tient lieu de tout. De l'autre côté, cinq mille soldats, une colonne traînante, morcelée, une marche incertaine, languissante, des armes incomplètes, sales, la plupart muettes et chancelantes dans des mains affaiblies[1]. » Alors, grand comme le péril qui le menace, il s'élance pour s'ouvrir un passage. Trois fois, sous le feu des Russes, il parvient à se faire un jour, et trois fois il le voit se refermer. « Ney reconnaît qu'il a tenté l'impossible, il attend que la fuite des siens ait mis entre eux et l'ennemi le ravin qui désormais est sa seule ressource : là, sans espoir et sans crainte, il les reforme. Il range deux mille hommes contre quatre-vingt mille ; il répond au feu de six cents bouches avec six canons, et fait honte à la fortune d'avoir pu trahir un si grand courage[2]. »

Déjà la nuit était venue ; il avait, dans ce combat qu'un général anglais, Wilson, a nommé *la bataille des héros*, perdu presque tous les siens. Poursuivi par l'ennemi, il se jette à travers champs avec trois mille soldats, les seuls qui avaient pu échapper. Un paysan qu'il découvre le conduit sur le Dniéper. Point d'équipage de pont pour le traverser

[1] Ségur.
[2] Idem.

le fleuve est pris et la glace est mobile, excepté sur un point où le cours des glaçons s'était arrêté. Ney pouvait tenter le passage ; mais, dans sa marche de nuit et sans ordre, il avait laissé en arrière la moitié des siens. Il s'arrête pour les rallier, et, s'enveloppant dans son manteau, oubliant que l'ennemi pouvait le surprendre, il passa trois heures à attendre et à dormir sur la neige. Sa troupe ralliée, vers minuit, elle commença à passer le fleuve. Beaucoup périrent dans ce passage, la glace pliant sous leurs pas. D'autres, n'ayant pu traverser le fleuve, restèrent sur la rive gauche avec les traîneurs, les bagages et le train d'artillerie. Cependant, la petite armée se remet en marche. Arrivée dans un grand village, elle s'y reposait, quand tout-à-coup des milliers de cosaques sous les ordres de Platow, sortant des forêts voisines, fondent sur elle. Ney les contient ; puis, la nuit venue, il en profite pour décamper ; mais ses premiers pas ont donné l'éveil à l'ennemi. Celui-ci s'élance à sa poursuite, et pendant trois jours, Ney, avec sa troupe réduite à quinze cents hommes armés, sans canons, sans cavalerie, se retira lentement devant six mille cosaques qui tenaient sa petite colonne comme assiégée ; « disparaissant devant ses sorties pour reparaître aussitôt comme les Scythes, leurs ancêtres ; mais avec cette funeste différence qu'ils maniaient leurs canons montés sur des traîneaux, et lançaient, en fuyant, leurs boulets, avec la même agilité que jadis leurs pères maniaient leurs arcs et lançaient leurs flèches[1]. »

Ainsi, pendant deux jours et vingt lieues, Ney, avec une poignée d'hommes faibles ou blessés, tous épuisés par le froid, par la fatigue et par la faim, sans canons, sans cavalerie, conquit pied à pied sa glorieuse retraite, s'avançant de

[1] Ségur.

bois en bois, profitant des moindres accidents du sol, tenant l'ennemi en respect, et combattant à chaque pas.

Après mille traverses, Ney arriva enfin à la vue d'Orcha. Napoléon et toute l'armée le croyaient perdu. Déjà on s'attachait aux souvenirs, on épuisait toutes les conjectures, quand soudain ce cri se fit entendre : « Ney est sauvé ! il reparaît ! voici des cavaliers polonais qui l'annoncent ! » A cette nouvelle, le prince Eugène rassembla quelques milliers d'hommes, et marcha au secours de Ney. Rien ne saurait peindre leur joie en se revoyant. Soldats, officiers, généraux, se mêlèrent et confondirent leurs embrassements. Napoléon ne pouvait croire à ce retour inespéré ; dans le transport de sa joie, il s'écria : « J'aurais donné le trésor qui est dans mes caves du palais des Tuileries, pour racheter la perte d'un tel homme ! »

C'est ainsi que, par ce mouvement, l'un des plus beaux et des plus hardis qu'un corps d'armée ait pu tenter, Ney sauva les débris de douze régiments français, l'honneur des armes, un grand nombre de blessés, de traîneurs, et fit voir tout ce qu'une grande ame et un grand génie peuvent déployer de courage et de ressources dans l'adversité.

Depuis Moskow, nous avions perdu tous nos bagages, cinq cents canons, trente et une aigles, vingt-sept généraux, quarante mille prisonniers, soixante mille morts : il ne nous restait que quarante mille traîneurs sans armes, et huit mille combattants. Ce n'était plus cette grande colonne conquérante de Moskow, « c'était, dit Ségur, une traînée de spectres couverts de lambeaux, de pelisses de femme, de morceaux de tapis, ou de sales manteaux roussis et troués par les feux, et dont les pieds étaient enveloppés de haillons de toute espèce : le visage terreux et hérissé d'une barbe hideuse, sans armes, sans honte, » ils marchaient « confusément, la tête basse, les yeux fixés vers la terre, et en silence... Ce n'était plus que l'ombre d'une armée, mais c'était l'ombre de la grande armée. »

Cependant, elle n'était pas arrivée au terme de ses cruelles épreuves ; elle avait pour la troisième et dernière fois passé le Dniéper, et contraint Kutusow à s'arrêter devant ce faible obstacle ; elle comptait, pour se rétablir et s'arrêter, sur Vitepsk et Minsk : ces deux places venaient d'être prises par les Russes. A cette nouvelle, Napoléon s'écrie : « Il ne nous reste plus qu'à nous faire jour avec nos baïonnettes. » Mais pour joindre ce nouvel ennemi, que Schwartzemberg avait laissé passer en se reportant des bords du Bug sur Slonim et en s'arrêtant tout-à-coup, et pour échapper en même temps à Kutusow et à Wittgenstein, il fallait traverser la Bérézina à Borisow.

Napoléon écrivit à Victor : « Votre armée est notre unique ressource : maintenant elle doit fournir au plus pressé, à l'avant-garde comme à l'arrière-garde, devant nous pour nous ouvrir le chemin, derrière nous pour le fermer. » C'est pourquoi il lui ordonna de diriger Oudinot sur Borisow pour s'assurer du pont de la Bérézina, joindre Dombrowski et reprendre Minsk, et de couvrir lui-même le mouvement d'Oudinot.

Oudinot marcha sur Borisow ; mais arrivé à Bohr, Napoléon apprit que déjà Tchichagow en était maître. Ainsi resserré, dans un espace de quinze lieues, entre les trois armées ennemies, Napoléon ne s'oublia pas dans ce nouveau péril ; il résolut de marcher droit à Tchichagow et de lui enlever Borisow ; ce qui fut fait : mais l'ennemi, en se retirant, brûla le pont. C'en était fait, toute voie de retraite nous semblait fermée : enveloppés par cent vingt mille Russes, n'ayant devant nous qu'une rivière fort large, sans ponts, charriant des glaçons, presque inabordable à cause de ses marais, et dont l'ennemi occupait tous les passages, nous n'avions à lui opposer que quarante mille combattants. Nos généraux les plus déterminés disaient « que si l'Empereur sortait de ce péril, il faudrait décidément croire à son étoile. »

Dans cette situation, la plus périlleuse où il se soit jamais trouvé, Napoléon ne désespéra point de sa fortune : il osa, dit Butturlin, mesurer le danger de l'œil du génie, et, avec son calme et son activité ordinaires, il fit tout pour y échapper. Dès le 23, il se prépara à passer le fleuve. Dix-huit cents cavaliers de sa garde étaient démontés : il les rallia en deux bataillons ; il ne restait de notre cavalerie que des débris : des officiers de cette arme encore montés, il forma quatre compagnies de cent cinquante hommes chacune. Dans ces compagnies, qu'il appela son *escadron sacré*, les généraux faisaient les fonctions de capitaines, et les colonels celles de sous-officiers. Il en donna le commandement au général Grouchy. Ensuite, il fit faire en avant de Borisow des démonstrations pour tromper et déplacer l'ennemi ; et, pendant que Tchichagow était persuadé que nous marchions sur Minsk, on préparait secrètement à Studzianka des moyens de passage. On y avait découvert un gué, à trois lieues en amont de Borisow, et le général d'artillerie Éblé y avait été envoyé avec des sapeurs et des pontonniers pour y construire deux ponts. De Borisow dont il céda l'occupation à Napoléon, Oudinot alla prendre position à Studzianka, et s'établit avec Dombrowski sur les hauteurs dominantes du passage, d'où il protégea la construction des ponts. Dans la nuit du 25 au 26, un premier chevalet fut enfoncé dans le lit de la rivière ; mais elle était fangeuse, et, pour comble de malheur, une crue subite avait fait disparaître le gué. « Il fallut des efforts inouïs, et que nos malheureux sapeurs, plongés dans les flots jusqu'à la bouche, combattissent les glaces que charriait le fleuve. Plusieurs périrent de froid, ou submergés par ces glaçons que poussait un vent violent. »

C'était le 26 novembre. Déjà, dans leur impatience d'aller prendre possession de l'autre rive, quelques cavaliers polonais, portant en croupe des voltigeurs, avaient passé le fleuve à la nage, et un premier engagement avait eu lieu, sur l'autre rive, avec les avant-postes russes. Vers les quatre heures, les ponts étant achevés, Napoléon ordonna le passage. Oudinot traversa, s'assura de la route de Zembin, et poussa l'ennemi vers Borisow. Ney passa avec six mille hommes pour soutenir Oudinot. Napoléon attendait, à Studzianka, Victor, Eugène et Davoust. Pendant ce temps, il faisait passer les bagages et les traîneurs. Ses trois corps d'armée arrivés, Napoléon passa avec la garde ; Eugène et Davoust le suivirent : en même temps Victor prit position sur les hauteurs de Studzianka.

On mit deux jours et deux nuits à effectuer le passage, à cause des nombreux accidents qui rompaient les ponts. Celui des voitures s'étant brisé une troisième fois, le 27, les traîneurs, les bagages et l'artillerie cherchèrent à se frayer une route sur l'autre. On vit en un moment une masse confuse d'hommes, de chevaux et de charriots assiéger cet étroit passage. Tous se pressaient, se culbutaient, voulaient passer à la fois : chacun, emporté par l'instinct de la conservation, poussait vers son but avec fureur, sourd aux cris de désespoir, indifférent au sort de son compagnon. Il y en eut qui s'ouvrirent un passage à coups de sabre ; d'autres qui frayèrent à leurs voitures un chemin plus cruel encore. On était écrasé, foulé aux pieds ou précipité dans la rivière. « Beaucoup de ceux qui s'étaient lancés les premiers dans cette foule de désespérés, ayant manqué le pont, voulurent l'escalader par ses côtés; mais la plupart furent repoussés dans le fleuve. Ce fut là qu'on aperçut des femmes au milieu des glaçons, avec leurs enfants dans leurs bras, les élevant à mesure qu'elles s'enfonçaient; déjà submergées, leurs bras roidis les tenaient encore au-dessus d'elles [1]. » Tous les efforts de Napoléon et ceux de ses lieutenants pour rétablir l'ordre et sauver ces malheureux, furent inutiles.

Cependant Wittgenstein et Tchichagow avaient opéré leur jonction. Alors ces deux généraux concertèrent une attaque. Ils prétendaient enfermer les Français à Studzianka par les deux rives de la Bérézina. Ils avaient, le premier, quarante-six mille hommes, et le second vingt-sept mille. Du côté des Français on comptait à peine dix-huit mille combattants. Napoléon, prévenu, fit ses dispositions : Victor gardait la tête du pont sur la rive gauche ; Oudinot, et derrière lui toute l'armée, étaient sur la rive droite. Tchichagow voulut déborder notre droite ; il fut arrêté par Ney et Oudinot : huit mille hommes suffirent contre vingt-sept mille Russes. Alors Napoléon, se portant sur Zembin avec Davoust et Eugène, rejeta Tchichagow sur Borisow, pendant que Victor, avec dix mille hommes, contenait Wittgenstein sur les hauteurs de Studzianka.

Ainsi, dix-huit mille Français à demi-nus, mal armés, mourant de faim, séparés par une rivière, environnés de marais, enfin embarrassés par plus de cinquante mille traîneurs malades ou blessés, et par une énorme masse de bagages, soutinrent victorieusement le choc de plus de soixante mille Russes, bien vêtus, bien nourris et complètement armés, leur firent près de sept mille prisonniers, leur prirent deux drapeaux et six pièces de canon.

Victor tint jusqu'à la dernière extrémité ; mais à la fin,

[1] Ségur.

réduit à cinq mille hommes et écrasé par le nombre, il se replia vers le pont; mais les traîneurs et les bagages en obstruaient encore les avenues. Charriots, fourgons, blessés, malades, femmes, enfants, traîneurs, entassés pêle-mêle, y formaient un épouvantable encombrement. Bientôt les boulets ennemis et l'arrivée de Victor vinrent mettre le comble à la désolation. Victor s'ouvrit au milieu de ces malheureux un horrible chemin, et voyant les Russes s'approcher, il mit le feu aux ponts. Quinze mille traîneurs restaient encore sur la rive gauche. Victor ayant laissé une arrière-garde à Studzianka, soit que le froid les eût engourdis, soit qu'ils fussent trop attachés à leurs bagages, ils s'étaient refusés à profiter de cette dernière nuit pour passer sur la rive opposée. « On les vit errer par troupes désolées sur les bords du fleuve. Les uns s'y jetèrent à la nage, d'autres se risquèrent sur les pièces de glaces qu'il charriait; il y en eut qui s'élancèrent tête baissée au milieu des flammes du pont, qui croûla sous eux : brûlés et gelés tout à la fois, ils périrent par deux supplices contraires. Bientôt on aperçut les corps des uns et des autres s'amonceler et battre avec les glaçons contre les chevalets : le reste attendit les Russes [1]. » Ils parurent, et, sans avoir remporté la victoire, ils en recueillirent les fruits.

Après le passage de la Bérézina, Napoléon marcha par Zembin sur Wilna. Alors, les restes de la grande armée, qui avaient encore conservé quelque apparence d'organisation, se débandèrent complètement. C'étaient encore soixante mille hommes, mais sans ensemble. Tous marchaient pêle-mêle, cavalerie, fantassins, artilleurs, Français et Allemands, Polonais et Italiens : il n'y avait plus ni aile, ni centre. Bientôt on ne distingua plus les corps d'armée qui avaient agi

[1] Ségur.

sur la Dwina de ceux qui venaient de faire la retraite de Moskow. La garde impériale elle-même vit éclaircir ses rangs : elle ne comptait plus que trois cents vétérans armés, marchant encore en bon ordre pour la garde de leurs aigles.

Dans cette désastreuse retraite, Napoléon ne fut pas au-dessous de lui-même. A ses yeux et au milieu de ces déserts de boue et de glace, cette poignée de braves était toujours la grande armée, et lui le grand empereur. Il marchait à pied au milieu d'eux, partageant avec sérénité toutes leurs privations, et le cœur navré de douleur chaque fois qu'il voyait tomber quelques uns de ces glorieux débris.

Arrivé à Smorgoni, Napoléon résolut de partir pour Paris. Son armée était détruite ; devait-il assister à son agonie ? D'ailleurs, Murat et Eugène suffiraient pour la diriger, et Ney pour la couvrir. Pour lui, « il était indispensable, disait-il, qu'il retournât en France pour la rassurer, pour l'armer, pour contenir de là tous les Allemands dans leur fidélité ; enfin, pour revenir avec des forces nouvelles au secours de sa grande armée. » Ayant fait appeler ses généraux, il leur exposa les raisons de son départ. Il ajouta que tout se réorganisait à Wilna, qu'on y trouverait le corps d'Augereau, des renforts, des vivres et des munitions de toute espèce, et en arrière, les immenses ressources de Kœnigsberg et de Dantzig ; qu'ensuite on prendrait des quartiers d'hiver derrière le Niémen. « Je laisse, dit-il en les quittant, le commandement de l'armée au roi de Naples ; j'espère que vous lui obéirez comme à moi, et que le plus grand accord régnera entre vous. » Alors, il leur serra affectueusement la main, les embrassa tous, et partit dans la nuit pour Paris.

Bien qu'elle eût perdu depuis longtemps son existence militaire, l'armée, à la nouvelle du départ de son chef, tomba dans le plus absolu découragement : la personne de Napoléon avait toujours été pour elle un point de ralliement; elle ne vit plus désormais aucun espoir de salut ; il n'y eut plus d'opérations militaires, plus de discipline, plus de drapeaux ; on jeta les armes ; on se rua en cohue sur la route. D'un autre côté, le froid, qui descendit à trente degrés, vint achever de ruiner l'armée. Chaque bivouac abandonné ressemblait à un champ de bataille. « Le jour même qui suivit le départ de Napoléon, dit Ségur, le ciel se montra plus terrible encore. On vit flotter dans l'air des molécules glacées ; les oiseaux tombèrent raidis et gelés. L'atmosphère était immobile et muette ; il semblait que tout ce qu'il y avait de mouvement et de vie dans la nature, que le vent même fût atteint, enchaîné, et comme glacé par une mort universelle. Alors, plus de paroles, aucun murmure, un morne silence, celui du désespoir et les larmes qui l'annoncent.

« On s'écoulait dans cet empire de la mort comme des ombres malheureuses. Le bruit sourd et monotone de nos pas, le craquement de la neige, et les faibles gémissements des mourants, interrompaient seuls cette vaste et lugubre taciturnité ! Alors, plus de colère ni d'imprécations, rien de ce qui suppose un reste de chaleur ; à peine la force de prier restait-elle ; la plupart tombaient même sans se plaindre; soit faiblesse ou résignation, soit que l'on ne se plaigne que lorsqu'on espère attendrir, et qu'on croit être plaint.

« Ceux de nos soldats jusque-là les plus persévérants se rebutèrent. Tantôt la neige s'ouvrait sous leurs pieds ; plus souvent, sa surface miroitée ne leur offrant aucun appui, ils glissaient à chaque pas et marchaient de chute en chute ; il semblait que ce sol ennemi refusât de les porter, qu'il s'échappât sous leurs efforts, qu'il leur tendît des embûches comme pour embarrasser, pour retarder leur marche, et les livrer aux Russes qui les poursuivaient, ou à leur terrible climat.

« Et réellement, dès qu'épuisés ils s'arrêtaient un instant, l'hiver, appesantissant sur eux sa main de glace, se saisissait de cette proie. C'était vainement qu'alors ces malheureux, se sentant engourdis, se relevaient, et que, déjà sans voix, insensibles et plongés dans la stupeur, ils faisaient quelques pas tels que des automates; leur sang se glaçant dans leurs veines, comme les eaux dans le cours des ruisseaux, allanguissait leur cœur, puis il refluait vers leur tête; alors, ces moribonds chancelaient comme dans un état d'ivresse. De leurs yeux rougis et enflammés par l'aspect continuel d'une neige éclatante, par la privation du sommeil, par la fumée des bivouacs, il sortait de véritables larmes de sang; leur poitrine exhalait de profonds soupirs; ils regardaient le ciel, nous et la terre d'un œil consterné, fixe et hagard; c'étaient leurs adieux à cette nature barbare qui les torturait, et leurs reproches peut-être. Bientôt ils se laissaient aller sur les genoux, ensuite sur les mains : leur tête vaguait encore quelques instants à droite et à gauche, et leur bouche béante laissait échapper quelques sons agonisants; enfin, elle tombait à son tour sur la neige, qu'elle rougissait aussitôt d'un sang livide, et leurs souffrances avaient cessé.

« Leurs compagnons les dépassaient sans se déranger d'un pas, de peur d'allonger leur chemin, sans détourner la tête, car leur barbe, leurs cheveux étaient hérissés de glaçons, et chaque mouvement était une douleur. Ils ne les plaignaient même pas, car enfin qu'avaient-ils perdu en succombant? que quittaient-ils? On souffrait tant! On était encore si loin de la France ! si dépaysé par les aspects, par le malheur, que tous les doux souvenirs étaient rompus, et l'espoir presque détruit ; aussi le plus grand nombre était devenu indifférent sur la mort, par nécessité, par habitude de la voir, par ton, l'insultant même quelquefois ; mais, le plus souvent, se contentant de penser, à la vue de ces infortunés étendus et aussitôt raidis, qu'ils n'avaient plus de besoins, qu'ils se reposaient, qu'ils ne souffraient plus !..

« Tels furent les derniers jours de la grande armée. Les dernières nuits furent plus affreuses encore ; ceux qu'elles surprirent ensemble loin de toute habitation, s'arrêtèrent sur la lisière des bois ; là, ils allumèrent des feux, devant lesquels ils restaient toute la nuit droits et immobiles comme des spectres. Ils ne pouvaient se rassasier de cette chaleur; il s'en tenaient si proches, que leurs vêtements brûlaient, ainsi que les parties gelées de leur corps que le feu décomposait. Alors, une horrible douleur les contraignait à s'étendre, et le lendemain ils s'efforçaient en vain de se relever.

« Cependant, ceux que l'hiver avait laissés presque entiers et qui conservaient un reste de courage, préparaient leurs tristes repas. C'étaient, comme dès Smolensk, quelques tranches de cheval grillées et de la farine de seigle délayée et bouillie dans de l'eau de neige, ou pétrie en galettes, et qu'ils assaisonnaient, à défaut de sel, avec la poudre de leurs cartouches.

« A la lueur de ces feux, accouraient toute la nuit de nouveaux fantômes, que repoussaient les premiers venus. Ces infortunés erraient d'un bivouac à l'autre, jusqu'à ce que, saisis par le froid et le désespoir, ils s'abandonnassent. Alors, se couchant sur la neige, derrière le cercle de leurs compagnons plus heureux, ils y expiraient. Quelques uns, sans moyens et sans forces pour abattre les hauts sapins de la forêt, essayèrent vainement d'en enflammer le pied ;

mais bientôt la mort les surprit autour de ces arbres dans toutes les attitudes.

« On vit sous les vastes hangars qui bordent quelques points de la route, de plus grandes horreurs. Soldats et officiers, tous s'y précipitaient, s'y entassaient en foule. Là, comme des bestiaux, ils se serraient les uns contre les autres autour de quelques feux ; les vivants ne pouvant écarter les morts du foyer, se plaçaient sur eux pour y expirer à leur tour, et servir de lit de mort à de nouvelles victimes. Bientôt, d'autres foules de traîneurs se présentaient encore, et, ne pouvant pénétrer dans ces asyles, ils les assiégeaient.

« Il arriva souvent qu'ils en démolirent les murs de bois sec pour en alimenter leurs feux. D'autres fois, repoussés et découragés, ils se contentaient d'en abriter leurs bivouacs. Bientôt, les flammes se communiquaient à ces habitations, et les soldats qu'elles renfermaient, à demi-morts par le froid, y étaient achevés par le feu. Ceux de nous que ces abris sauvèrent, trouvèrent le lendemain leurs compagnons glacés et perclus autour de leurs feux éteints. Pour sortir de ces catacombes, il fallait que, par un horrible effort, ils gravissent par-dessus les monceaux de ces infortunés, dont quelques uns respiraient encore...

« C'était là cette armée sortie de la nation la plus civilisée de l'Europe, cette armée naguère si brillante, victorieuse des hommes jusqu'à son dernier moment, et dont le nom régnait encore dans tant de capitales conquises !...

« Alors, comme les peuples superstitieux, nous eûmes nos présages, nous entendîmes parler de prédictions. Quelques uns prétendirent qu'une comète avait éclairé de ses feux sinistres notre passage de la Bérézina.

« Il y en eut d'autres qui citèrent d'anciennes prédic-

tions : « Elles avaient, disaient-ils, annoncé pour cette épo-
« que une invasion de Tartares jusque sur les rives de la
« Seine. Et les voilà en effet libres de passer sur l'armée
« française abattue, pour l'accomplir. »

« D'autres se rappelaient entre eux ce grand et meurtrier
orage qui avait marqué notre entrée sur les terres russes.
« Alors le ciel avait parlé ! Voilà le malheur qu'il prédi-
« sait ! La nature avait fait effort pour repousser cette ca-
« tastrophe. Pourquoi notre incrédulité obstinée ne l'avait-
« elle pas comprise ! » Tant cette chute simultanée de
quatre cent mille hommes, évènement qui, dans le fait,
n'était pas plus extraordinaire que cette foule d'épidémies et
de révolutions qui ravagent sans cesse le monde, leur paraissait un évènement unique, étrange, et qui avait dû occuper toutes les puissances du ciel et de la terre[1] !.... »

Ainsi, en trois jours, plus de vingt mille hommes périrent
de faim et de froid[2] ; le reste, qui se montait encore à cinquante mille, se précipita dans Wilna, espérant enfin y
trouver un terme à ses maux. Vain espoir ! ils avaient fait
le dernier effort, ils y succombèrent. Il y avait à Wilna
quatre millions de rations de farine, trois millions six cent
mille rations de viande, neuf millions de rations de vin et
d'eau-de-vie; mais les soldats étaient affamés, et les distributions ne se faisaient que lentement, à cause du mode régulier qu'on avait adopté. Beaucoup d'entre eux, n'ayant pu

[1] *Histoire de Napoléon et de la grande armée pendant l'année* 1812.
[2] « Au milieu de ce dépérissement, il se passa une action d'une énergie antique. Deux marins de la garde venaient d'être coupés de leur colonne par une bande de Tartares qui s'acharnaient sur eux. L'un perdit courage et voulut se rendre ; l'autre, tout en combattant, lui cria que s'il commettait cette lâcheté il le tuerait; et en ef- fet, voyant son compagnon jeter son fusil et tendre les bras à l'ennemi, il l'abattit d'un coup de feu entre les mains des Cosaques; puis, profitant de leur étonnement. il rechargea promptement son arme, dont il menaça les plus hardis. Ainsi il les con- tint, et d'arbre en arbre il recula, gagna du terrain, et parvint à rejoindre sa troupe. »
SÉGUR.

trouver d'asyle, restèrent dans les rues, et y périrent. Ceux qui avaient rencontré un toit qu'ils croyaient hospitalier, n'y trouvèrent souvent que l'abandon ou la mort. « On les voyait, gisant à la place où, pour la première fois depuis longtemps, ils avaient reposé à l'abri des injures de l'air, hors d'état de se mouvoir pour chercher de tardifs secours, et dévoués à la pitié ou à l'inhumanité de ceux qui les entouraient[1]. » Il y en eut qui furent jetés vivants dans les rues; d'autres que l'on dépouilla avant de les assassiner; mais si quelques Lithuaniens, et surtout les juifs se souillèrent par ces lâches cruautés, quels soins les patriotes polonais, ces compagnons fidèles des Français, ne rendirent-ils pas à ceux qui eurent le bonheur de se réfugier dans leurs maisons! C'est là enfin que nos malheureux soldats trouvèrent ce repos tant désiré.

Ils ne devaient pas en jouir longtemps! A peine étaient-ils dans la ville, que le canon de l'ennemi se fit entendre; c'étaient les trois armées russes qui arrivaient, Wittgenstein par la rive droite de la Wilia, Tchichagow par Smorgoni, Kutusow par Minsk. On essaya d'abord de résister; le général de Wréde venait de joindre l'armée; Murat lui enjoignit de se rendre à Ruckoni avec ses Bavarois. Attaqué dans cette dernière position par les corps de cosaques qui précédaient l'avant-garde russe, le général bavarois fut rejeté dans Wilna, après un noble effort; ce qui remplit la ville d'une nouvelle confusion. On battit la générale. De Wréde, l'épée à la main, se rendit chez Ney. « Maréchal, lui dit-il, l'ennemi me suit. Je viens vous offrir de vous conduire en sûreté sur la route de Kowno. » Ney le rassura; mais de Wréde, insistant, lui objecta que s'il restait plus longtemps à Wilna, il risquerait de tomber

[1] Mémoires du général Guillaume de Vaudoncourt.

au pouvoir de l'ennemi. « Non, non, général, répliqua Ney, ne craignez rien pour moi ; j'ai ici, dans ma maison, cinquante grenadiers français, et tous les cosaques de la terre ne me feront pas déloger avant demain huit heures. »

Cependant le désordre était à son comble dans la ville. Bientôt le cri : « Voilà les cosaques ! » se fit entendre ; et la déroute recommença. Ney se mit à la tête de quatre mille hommes de la division Loison et donna le temps à la foule de s'écouler. Après s'être encore chargé volontairement de l'arrière-garde, il sortit de la ville, le 10, et aussitôt les cosaques y entrèrent, massacrant nos malades et nos blessés qui n'avaient pu suivre et que les juifs jetèrent sur leur passage.

Au milieu de ces scènes de carnage, tout-à-coup un piquet de trente Français apparut, venant du pont de la Wilia où il avait été oublié. Aussitôt des milliers de cosaques accourent en poussant de grands cris ; déjà ils croient tenir leur nouvelle proie. Sans se déconcerter, l'officier français range ses soldats en cercle et leur commande le feu, puis, la baïonnette en avant, il marche au pas de charge. Tout fuit devant lui, et, en un moment, la ville est évacuée. Alors, profitant de la lâcheté des cosaques, il tourne brusquement sur lui-même et parvient à rejoindre, sans perte, l'arrière-garde.

A deux lieues de Wilna, nos fuyards s'arrêtèrent devant la hauteur et le défilé de Ponari. Tous leurs efforts s'étant brisés contre cette muraille de glace, elle retint tout, bagages, trésor, blessés. Cinq à six millions furent perdus. On parvint seulement à sauver la cassette de l'Empereur ; Ney la fit distribuer à la garde, qui, longtemps après, et quand on fut hors de danger, rapporta fidèlement le dépôt qui lui avait été confié.

Après quarante-six jours d'une marche mortelle, nos malheureux débris arrivèrent enfin à Kowno : c'était la dernière ville de l'empire russe ; mais là comme à Wilna, comme à Smolensk, Ney protégea encore la retraite.

La grande armée n'existait plus. Tout fuyait devant l'ennemi. Murat lui-même, désespérant du salut de la retraite au moment où elle touchait à son terme, avait traversé Kowno, comme Wilna, en fuyant. Cependant, les Russes menacent la ville. Déjà même une de leurs colonnes a passé le Niémen et pris pied sur les terres prussiennes ; elle marche au pont de Kowno pour fermer à Ney cette issue et lui couper toute retraite. Ney entre dans la ville ; tout avait disparu ou succombé autour de lui. Quatre fois l'arrière-garde qu'il commandait s'était fondue entre ses mains. Seul et n'ayant pour soldats que ses aides-de-camp, il parvient à rassembler une trentaine d'hommes. Alors, un fusil à la main, il court avec sa poignée de braves, défend le pont, traverse Kowno et le Niémen, en reculant, mais en combattant, et sort, le dernier de la grande armée, de cette fatale Russie, après lui avoir porté le dernier coup. A huit heures du soir, il était sur la rive alliée.

Commencée le 18 octobre, la retraite finit le 13 décembre. Alors vinrent les défections, les perfidies, les trahisons. Le général Yorck, commandait les Prussiens qui formaient l'arrière-garde du corps de Macdonald : il traita avec les Russes, et entra dans leurs rangs avec son corps d'armée. Alors Macdonald repassa le Niémen et se retira à Kœnigsberg avec ses cinq à six mille Français. De son côté, Murat, après avoir laissé vingt mille hommes dans les plaines de la Vistule, et conduit la retraite jusqu'à Posen, abandonna l'armée et en remit le commandement à Eugène.

Ce prince déploya une grande activité ; il arrêta le mouvement rétrograde, rétablit la discipline, tira de ses derrières des armes, des munitions, approvisionna les places de l'Oder, et donna le temps aux troupes de se reposer et de se refaire.

Cependant, le 18 janvier, les Russes franchirent la Vistule. Bien que réduite à dix-huit mille hommes, l'armée française parvint à contenir les Russes ; mais une nouvelle défection vint rendre ses efforts inutiles. Schwartzemberg abandonna aux Russes Varsovie ; après avoir fait une trêve avec eux, il se retira avec ses Autrichiens dans la Gallicie. Ainsi tombèrent, avec notre fortune, notre aile gauche et notre aile droite. Alors Eugène quitta Posen ; le 21 février il occupait Berlin, après avoir brûlé les ponts de Crossen et de Francfort-sur-l'Oder. Cependant, les cosaques étaient aux portes de Berlin : Eugène évacua cette ville, et se retira sur l'Elbe.

Ainsi finit l'expédition de Russie. De cinq cent mille hommes qui avaient passé le Niémen, trois cent trente mille étaient restés morts ou prisonniers sur ce funeste territoire. Jamais la France n'avait eu à pleurer sur tant de pertes, et l'antiquité n'a rien à comparer à ce grand désastre. Que sont, en effet, auprès de cette immense infortune, et la disparition des soldats de Cambyse dans les sables de la Libye, et l'expédition de Darius contre les Scythes, et la défaite de Varus dans les forêts de la Germanie ? Et cependant, qui oserait la reprocher à Napoléon ? De toutes ses entreprises, celle de Russie n'était-elle pas la plus grande, la plus généreuse ? Quels qu'en aient été le motif et le résultat, son but était d'arracher la Pologne à la Russie, de prévenir un nouvel envahissement des hommes du Nord en les rejetant au-delà du Borysthène et en leur opposant une nouvelle barrière. Et que lui a-t-il manqué pour arriver à ce but? Vainqueur de l'Europe, elle s'était levée à sa voix : l'Autriche, la Prusse, l'Allemagne, la Suisse, l'Italie, marchaient sous les aigles françaises pour repousser la Russie dans ses anciennes limites : « Napoléon ne devait-il pas croire le moment arrivé de consolider l'immense édifice qu'il avait élevé, mais sur le sommet duquel la Russie pèserait de tout le poids de sa puissance aussi longtemps qu'elle pourrait, à son gré, porter ses nombreuses armées sur l'Oder [1]? » Il avait passé le Niémen, et planté ses aigles jusque dans Moskow. « Cependant, disait-il à Sainte-Hélène, sont-ce les Russes qui m'ont anéanti?.. Non, c'est une capitale incendiée en dépit de ses habitants, et par des intrigues étrangères ; c'est un hiver, une congélation dont l'apparition subite et l'excès furent une espèce de phénomène ; ce sont les fausses manœuvres, les contre-marches du corps autrichien, de faux rapports, de sottes intrigues, de la trahison, de la bêtise, bien des choses enfin qu'on saura peut-être un jour, et qui pourront atténuer ou justifier la seule faute grossière, en diplomatie et en guerre, qu'on ait le droit de m'attribuer, celle de m'être livré à une telle entreprise en laissant sur mes ailes, devenues bientôt mes derrières, deux cabinets dont je n'étais pas le maître, et deux armées alliées que le moindre échec devait rendre ennemies. » Néanmoins, à travers tous ces obstacles, il serait parvenu à regagner sa position sur la Dwina, « si, comme l'a dit un Anglais lui-même, Robert Wilson, le froid ne fût survenu. » Il avait vaincu l'ennemi, il n'a pu dompter la nature. Dans toute cette guerre, en effet, les Russes n'ont pas même su profiter des avantages que les éléments leur donnaient contre nous. « D'homme à homme, de général à général, d'une armée à l'autre, la supériorité, dit M. Bignon, n'a pas cessé d'être aux Français. Dans la lutte de

---

[1] Mémoires de Napoléon.

statrégie, la palme est toujours restée à Napoléon; l'hiver seul a été plus fort que lui [1]! » Comme les soldats de Timoléon obligés, par la peste, de lever le siège de Syracuse, les soldats de la grande armée ont pu dire : « Nous sommes revenus vainqueurs des Syracusains, mais nous avons été défaits par le fléau. »

[1] Après la retraite de Moskow, les officiers russes disaient, en plaisantant, que ce n'était pas le général *Kutusow* qui avait vaincu les Français, mais bien le général *Morosow* (la gelée).

CHAPITRE X.

Retour de Napoléon à Paris. — Douleur de la France à la nouvelle du désastre de Moskow. — Conspiration de Mallet. Son jugement et son exécution. — Campagne de 1812 en Espagne. — Prise de Badajoz par les Anglais. — Assemblée des Cortès à Séville. — Nouvelle constitution espagnole. — Négociations secrètes avec Joseph. — Bataille de Salamanque. — Rupture des négociations. — Wellington à Madrid. — Soult marche sur cette capitale et en chasse les Anglais. — Siège de Burgos. Retraite de Wellington en Portugal. — Napoléon s'efforce de réparer ses revers. — Sa popularité. — Concordat de Fontainebleau. — Ouverture du corps législatif. — Situation de l'Empire. — Travaux de la session. Règlement des finances. — Nouveaux préparatifs de Napoléon. — Sixième coalition. — Traité d'alliance entre la Prusse et la Russie. — Convention de Breslaw. — Dissolution de la confédération du Rhin. — Médiation armée de l'Autriche. — Mouvement des armées russe et prussienne. — Napoléon confie la régence à Marie-Louise et part pour l'armée. — Campagne de 1813. Combat de Weissenfels. Mort de Bessières, Bataille de Lutzen. Retraite de alliés. Napoléon à Dresde. — Bataille de Bautzen. Mort de Duroc. — Les Français en Silésie. — Armistice de Plesswitz. — Traité de Reichembach. Adhésion secrète de l'Autriche à la coalition. — Napoléon et M. de Metternich à Dresde. — Congrès de Prague. — Ultimatum des puissances. Rupture du congrès. — Déclaration de guerre de l'Autriche. — Moreau au camp des alliés. — Bataille de Dresde. — Mort de Moreau. — Défection de la Bavière. — Napoléon marche sur Berlin. — Bataille de Leipzig. Retraite de l'armée française. — Dernière entrevue de Napoléon et du roi de Saxe. — Mort de Poniatowski. — Bataille de Hanau. — Napoléon repasse le Rhin. — Affaires d'Espagne. Bataille de Vittoria. — Arrivée de Napoléon à Saint-Cloud. Il se prépare à une nouvelle campagne. Nouvel ultimatum des alliés. — Ouverture du corps législatif. Son opposition au gouvernement impérial. — Allocution de Napoléon aux députés. — Invasion de la France. Napoléon pourvoit au gouvernement de l'Empire, réorganise la garde nationale et part pour la Champagne.

APOLÉON arriva à Paris vingt-quatre heures après la publication du vingt-neuvième bulletin. Bien qu'elle fût loin de faire connaître toute la vérité, elle avait justifié le silence de la grande armée, et jeté une vive lumière sur les malheurs de la retraite. Napoléon trouva la nation surprise d'un désastre aussi inaccoutumé. Pour lui, il l'envisagea avec le calme d'une ame ferme et au-dessus des coups de la fortune. Tous les corps de l'État s'empressèrent de venir saluer son retour : « Sire, lui dit le président du sénat, nous venons présenter *aux pieds du trône* de Votre Majesté impériale et royale, l'hommage de ses félicitations sur l'heureuse arrivée de Votre Majesté au milieu de *ses peuples.*

« L'absence de Votre Majesté, Sire, est toujours une calamité nationale; sa présence est un bienfait qui remplit de joie et de confiance tout le peuple français, » etc.

Après le sénat vint le conseil d'État :

« Sire, dit-il, le premier besoin qu'éprouvent, avec tous *vos fidèles sujets*, les membres de votre conseil d'État, est d'apporter au pied du trône de Votre Majesté leurs félicitations sur son heureux retour, et de lui exprimer les sentiments de reconnaissance dont ils ont été pénétrés en apprenant que Votre Majesté venait combler, par sa présence, les vœux et les espérance *de ses peuples*, » etc.

Ainsi, Napoléon venait de perdre son armée, et il recevait des félicitations; on était encore sous l'impression de ce funeste évènement, et les corps officiels n'avaient pas d'autres consolations à offrir qu'une plate attitude et de basses flatteries ! Plus sévère, l'opinion publique fit peser sur le chef de l'État la responsabilité de ce grand désastre, et l'accusa d'avoir abandonné son armée au moment où elle avait plus que jamais besoin de lui. Cependant, Napoléon n'avait rien fait en cela que de raisonnable. « Napoléon, dit Butturlin[1], n'était pas seulement le chef de l'armée qu'il quittait; mais, puisque les destinées de la France entière reposaient sur sa tête, il est clair que, dans cette circonstance, il était moins impérieux d'assister à l'agonie de

---

[1] Il ne faut pas oublier que c'est un Russe qui parle.

son armée, que de veiller à la sûreté du grand empire qu'il gouvernait. » Napoléon se justifiait encore mieux : « Je suis plus fort, disait-il, en parlant du haut de mon trône aux Tuileries, qu'à la tête de mon armée que le froid a détruite. »

Pendant son absence, une conspiration avait failli le renverser du trône. Un général républicain, Mallet, avait conçu le projet de changer seul le gouvernement. C'était « un ancien gentilhomme de la Franche-Comté. Avant la révolution, il avait servi dans les mousquetaires de la maison du roi. Il entra de bonne foi dans la révolution, et en professa les principes avec une grande ferveur. Il était républicain par conscience, et avait pour les conspirations un caractère semblable à ceux dont l'antiquité grecque et romaine nous a transmis les portraits [1]. »

Tout son plan reposait sur cette supposition : « L'Empereur est mort ! » Une série d'actes en était la conséquence. Une proclamation du sénat au peuple ; un sénatus-consulte qui déclarait Napoléon et sa famille déchus du trône, et nommait un pouvoir exécutif provisoire ; l'épuration des autorités, de fausses lettres de service, Mallet avait tout prévu, tout préparé. Depuis longtemps, on était sans nouvelles de l'armée : Mallet crut le moment favorable, et se décida à agir. Il avait fixé l'exécution de son plan à la nuit du 22 au 23 octobre. Par une étrange coïncidence, c'était le moment où commençait la retraite de Moskow.

A onze heures du soir, il se rendit, à cheval, en uniforme de général, et accompagné d'un de ses complices, le caporal Rateau, qui lui servait d'aide-de-camp, aux quartiers du 2e régiment d'infanterie de la garde de Paris, et de la 10e cohorte des gardes nationales, s'adressa aux deux chefs,

[1] Mémoires du duc de Rovigo, t. IV, p. 17.

Rabbe et Soulier, qui, sur le vu de ses fausses pièces, mirent leurs corps à sa disposition. A la tête de ces troupes, Mallet s'empara des postes du Trésor, de l'Hôtel-de-Ville, mit en prison le ministre de la police Savary, le préfet de police Pasquier, et les remplaça par deux aides-de-camp de Moreau. Jusque-là tout allait bien ; mais cette audacieuse entreprise reposait sur une erreur, et il aurait fallu tromper trop de monde pour réussir. Arrivé à l'état-major de la place, Mallet voulut employer la force contre le général Hullin et le chef de bataillon Laborde : il fut désarmé et arrêté. A neuf heures du matin, tout était fini et rentré dans l'ordre, avant que dans Paris on eût soupçonné l'existence du complot. L'autorité se borna à le faire connaître au public par un avis insignifiant. On se dédommagea de son silence et de sa réserve par des suppositions et des calembourgs sur Savary et Pasquier, qui avaient *fait,* disait-on, un fameux *tour de force* (prison).

Mallet et ses complices furent traduits devant une commission militaire. On dit que « dans le cours des débats, Mallet ne démentit point son caractère, qu'il se montra constamment calme, ferme et réservé, et qu'à la décharge de ses coaccusés, il assuma sur lui toute la responsabilité du complot. Il répondit au président, qui lui demandait s'il avait des complices : « Toute la France, vous-même, si j'avais réussi [1]. »

Mallet fut condamné et fusillé à la plaine de Grenelle, avec treize de ses compagnons, dont tout le crime fut d'avoir été trop crédules.

Napoléon fut stupéfait, moins de cette tentative, que de la faible défense qu'on lui avait opposée. « Cette idée le frappa, et ramenait son esprit à de tristes réflexions sur ce qu'il

[1] Thibaudeau.

croyait avoir déjà donné de solidité à son système[1]. » — « Au premier mot de ma mort, dit-il, sur l'ordre d'un inconnu, des officiers mènent des régiments forcer les prisons, se saisir des premières autorités ! Un concierge enferme les ministres sous les guichets ! Un préfet de la capitale, à la voix de quelques soldats, se prête à faire arranger sa grande salle d'apparat pour je ne sais quelle assemblée de factieux, tandis que l'Impératrice est là, le roi de Rome, mes ministres, et tous les grands pouvoirs de l'État ! Un homme est-il donc tout ici ? les institutions, les serments, rien ? »

De son côté, l'Angleterre avait profité de notre guerre avec la Russie pour faire dans la Péninsule de nouvelles tentatives. Au commencement de 1812, Wellington s'était emparé de Ciudad-Rodrigo. Puis, après y avoir laissé garnison, il était allé assiéger Badajoz. Il avait cru surprendre la place et l'enlever par un coup de main, mais il fut lui-même surpris et repoussé. Cependant il revint à la charge, et, après un siège de vingt jours, il parvint à se rendre maître de la ville, un bataillon de Nassau laissé dans la citadelle, l'ayant livrée aux Anglais. Arrêtés par l'impossibilité de la reprendre, les Français n'avaient plus songé qu'à obtenir une capitulation honorable, ce qui leur fut accordé.

Cependant, le peuple espagnol commençait à se lasser de cette guerre : le gouvernement s'était constitué ; les Cortès, convoquées par la junte de Séville, s'étaient assemblées à Cadix vers la fin de 1810. Agissant comme assemblée nationale et souveraine, à l'exemple de la Constituante, elles abolirent le régime féodal et préparèrent une constitution qui fut proclamée le 19 mars 1812. Quoiqu'on eût reconnu Ferdinand VII, on entama avec Joseph des négociations secrètes :

---

[1] Mémoires du duc de Rovigo.

la cause française allait triompher, quand la bataille de Salamanque vint lui porter un coup fatal.

Après la prise de Badajoz, Wellington avait continué l'offensive; il avait fait enlever le pont d'Almaraz, le seul point par où Soult et Marmont pussent communiquer (22 mai). De là il s'était avancé sur Salamanque. Outre les Portugais, Wellington avait une armée espagnole que les Cortès avaient mise sous ses ordres; ce qui portait ses forces à cinquante mille hommes. Celles des Français étaient de beaucoup inférieures en nombre. Par suite des renforts que Napoléon avait tiré de ses armées d'Espagne pour les diriger vers le Rhin, le corps de Marmont avait été réduit à vingt-deux mille hommes. Il ne put défendre Salamanque contre les Anglais, et se replia sur le Douro. Alors, renforcé de huit mille hommes, Marmont prit l'offensive, déboucha par Tordesillas sur l'extrême droite des Anglais, et les culbuta. Wellington forma son armée en masse et recula. Il s'établit sur les hauteurs des Arapiles près de Salamanque. Marmont l'attaqua dans cette position : il fut blessé dès le premier choc, et son armée battue. Clauzel, qui commandait l'aile droite, rallia sur elle les débris de la gauche, et se replia jusqu'à Burgos. Alors Wellington marcha sur Madrid : il y entra sans obstacle. Joseph n'ayant pas assez de forces pour s'y défendre, s'était retiré sur Valence. A cette nouvelle, Soult, qui observait Cadix, se mit en marche : il évacua l'Andalousie dont il s'était fait une véritable souveraineté, et se replia dans le royaume de Valence où il opéra sa jonction avec Joseph. Alors, reprenant l'offensive, il marcha sur Madrid et en chassa les Anglais. Wellington se concentra à Burgos et essaya de s'emparer du château; mais il fut arrêté par le général Dubreton, qui s'y était enfermé avec une garnison de dix-huit cents hommes. Après trente-cinq jours de siège et cinq assauts, Wellington fut forcé de se retirer Il alla reprendre position aux Arapiles (22 octobre); mais cette fois, menacé d'y être attaqué avec des forces égales, il décampa, à la faveur d'un brouillard, et rentra en Portugal, après avoir sacrifié son arrière-garde.

Toutefois, ce retour de fortune ne changea rien aux dispositions des Cortès : elles rompirent les négociations avec Joseph, et firent alliance avec l'empereur de Russie qui reconnut la constitution espagnole.

Cependant, loin de se laisser abattre par ses revers, Napoléon s'occupa sans relâche des moyens de les réparer. On le vit travaillant jour et nuit, multipliant les conseils, rendant décrets sur décrets, ordonnant des dispositions civiles, des mouvements de troupes, et se créant de nouvelles ressources. Bientôt il annonça « que, dans le courant de février, une réserve de trois cent mille hommes viendrait se réunir à la grande armée, et que la campagne prochaine s'ouvrirait avec des forces doubles de celles qui avaient combattu la campagne dernière. » Sentant toute leur nécessité, la nation, quoique déjà cruellement éprouvée, sembla aller au-devant des nouveaux sacrifices qu'il lui demandait. Ce grand désastre n'avait pas affaibli sa puissance, et la situation dans laquelle il la plaçait ne servit qu'à faire éclater son énergie et la vigueur d'esprit de son chef. Napoléon refit en peu de temps, avec sa prodigieuse activité, une nouvelle armée, et se trouva prêt à tenir la promesse qu'il avait faite à ses malheureux compagnons en les quittant.

A l'intérieur comme à l'extérieur, Napoléon pourvut à tout: il activa les grands travaux, et, comme s'il n'eût pas douté de l'avenir, il s'occupa d'améliorations. Il alla visiter les établissements publics ; il se rendit avec l'Impératrice à l'hôtel des Invalides, passa en revue ces vieux soldats et s'informa de leurs besoins. Il parcourut ensuite les faubourgs, s'arrêtant dans les ateliers, s'entretenant avec les ouvriers, et exaltant leur enthousiasme par sa simplicité et la familiarité de ses manières ; enfin il ne négligea rien pour s'assurer la faveur de ce peuple dont il était l'œuvre et l'idole. Aussi sa popularité était immense. « Partout, disait-il au conseil d'État, partout le peuple m'aime et m'estime ; son gros bon sens l'emporte sur la métaphysique des salons et la métaphysique des niais. Il me suivrait en opposition de vous tous ; c'est qu'il ne connaît que moi ; c'est par moi qu'il jouit sans crainte de tout ce qu'il a acquis ; c'est par moi qu'il voit ses frères, ses fils, indistinctement avancés, décorés, enrichis ; c'est par moi qu'il voit ses bras facilement et toujours employés, ses sueurs accompagnées de quelques jouissances. »

Napoléon chercha, en même temps, à faire sa paix avec l'Église. Il se rendit à Fontainebleau, où le pape avait été transféré en 1812 ; il eut avec lui plusieurs conférences particulières, à la suite desquelles un concordat fut signé (25 janvier). D'après cette convention, qui fut publiée comme loi de l'État, le 13 février, le pape devait résider à Avignon, devenu siège de la chrétienté. Cependant, Pie VII ne tarda pas à se repentir. Il exposa à l'Empereur ses scrupules et les raisons qu'il avait de s'opposer à l'exécution de ce concordat, « signé inconsidérément et par fragilité humaine. » Napoléon crut que les conseillers du souverain pontife, initiés aux secrets de nos ennemis, avaient intéressé sa conscience à revenir sur des concessions qu'il avait librement faites dans un esprit de concorde et d'union, et il regarda sa rétractation comme non-avenue.

Napoléon ouvrit, le 14 février, la session du corps législatif. Il prononça le discours suivant :

« Messieurs les Députés,

« La guerre, rallumée dans le nord de l'Europe, offrait une occasion favorable aux projets des Anglais sur la Péninsule; ils ont fait de grands efforts. Toutes leurs espérances ont été déçues; leur armée a échoué devant la citadelle de Burgos, et a dû, après avoir essuyé de grandes pertes, évacuer le territoire de toutes les Espagnes.

« Je suis moi-même entré en Russie. Les armes françaises ont été constamment victorieuses aux champs d'Ostrowno, de Polotsk, de Mohilow, de Smolensk, de la Moskowa, de Malo-Jaroslawetz; nulle part les armées russes n'ont pu tenir devant nos aigles. Moskow est tombé en notre pouvoir.

« Lorsque les barrières de la Russie ont été forcées, et que l'impuissance de ses armes a été reconnue, un essaim de Tartares ont tourné leurs mains parricides contre les plus belles provinces de ce vaste empire, qu'ils avaient été appelés à défendre. Ils ont, en peu de semaines, malgré les larmes et le désespoir des infortunés Moscovites, incendié plus de quatre mille de leurs plus beaux villages, plus de cinquante de leurs plus belles villes, assouvissant ainsi leur ancienne haine, et sous le prétexte de retarder notre marche en nous environnant d'un désert.

« Nous avons triomphé de tous ces obstacles. L'incendie même de Moskow, où, en quatre jours, ils ont anéanti le fruit des travaux et des épargnes de quarante générations, n'avait rien changé à l'état prospère de mes affaires.

« Mais la rigueur excessive et prématurée de l'hiver a fait peser sur mon armée une affreuse calamité. En peu de nuits, j'ai vu tout changer.

« A la vue des maux qui nous ont frappés, la joie de l'Angleterre a été grande ; ses espérances n'ont pas eu de bornes. Elle offrait nos plus belles provinces pour récompense à la trahison ; elle mettait pour condition à la paix le déchirement de ce bel empire : c'était, sous d'autres termes, proclamer *la guerre perpétuelle.*

« L'Angleterre voudrait voir le continent entier en proie à la guerre civile et à toutes les fureurs de l'anarchie ; mais la Providence l'a elle-même désignée pour être la première victime de l'anarchie et de la guerre civile.

« La dynastie française règne et *régnera* en Espagne.

« Je désire la paix ; elle est nécessaire au monde. Quatre fois, depuis la rupture qui a suivi le traité d'Amiens, je l'ai proposée dans des démarches solennelles. Je ne ferai jamais qu'une paix honorable et conforme aux intérêts et à la grandeur de mon empire.

« J'ai besoin de grandes ressources pour faire face à toutes les dépenses qu'exigent les circonstances ; mais, moyennant différentes mesures que vous proposera mon ministre des finances, je ne devrai imposer aucune nouvelle charge à mes peuples. »

A la seconde séance, qui eut lieu le 25, Napoléon fit présenter au corps législatif un magnifique exposé de la situation de l'Empire : on y voyait « que, malgré les grandes armées que l'état de guerre maritime et continentale obligeait de tenir sur pied, notre population avait continué de s'accroître[1] ; que notre industrie avait fait de nouveaux progrès ; que jamais les terres n'avaient été mieux cultivées, les manufactures plus florissantes, la richesse plus répandue dans les diverses classes de la société.

« Aujourd'hui, y disait-on, le simple cultivateur connaît

---

[1] D'après les derniers recensements, elle était de quarante-deux millions sept cent mille ames, dont vingt-huit millions sept cent mille pour les départements de l'ancienne France.

les jouissances qui lui furent jusqu'à présent étrangères : il achète, au plus haut prix, les terres qui sont à sa convenance ; ses vêtements sont meilleurs, sa nourriture est plus abondante et plus substantielle ; il reconstruit ses maisons plus commodes et plus solides. Les nouveaux procédés dans l'agriculture, dans l'industrie, dans les arts utiles, ne sont plus repoussés par cela même qu'ils sont nouveaux; partout on tente des essais, et ce que l'expérience démontre préférable est utilement substitué aux anciennes routines. Les prairies artificielles se sont multipliées ; le système des jachères s'abandonne ; des arrosements mieux entendus, de nouvelles cultures, augmentent le produit de nos terres; les bestiaux se multiplient, les races s'améliorent ; de simples laboureurs ont acquis les moyens de se procurer, à de hauts prix, les béliers de race espagnole, les étalons de nos meilleures espèces de chevaux : éclairés sur leurs vrais intérêts, ils n'hésitent pas à faire ces utiles achats : ainsi, les besoins de nos manufactures, de notre agriculture et de nos armées sont chaque jour mieux assurés. Ce degré de prospérité est dû à la suppression de la féodalité, des dîmes, des main-morte, des ordres monastiques, suppression qui a constitué et affranchi ce grand nombre de propriétés particulières, aujourd'hui le patrimoine libre d'une multitude de familles jadis prolétaires ; il est dû à l'égalité des partages, à la clarté, à la simplification des lois sur la propriété et sur les hypothèques. »

On y portait les produits de l'agriculture à 5,031,000,000 f. ; ceux des manufactures à 1,300,000,000 fr. ; ceux des nouvelles industries à 65,000,000 fr. ; enfin, en ajoutant la valeur de la main-d'œuvre à celle des produits bruts agricoles, on montrait que le travail livrait chaque année à nos consommations, une valeur égale à 7,035,600,000 fr.

Après l'examen des bénéfices du commerce, on rendait compte des grands travaux publics, des routes, des ponts, des canaux, des embellissements achevés ou entrepris, et qui avaient, en douze ans, coûté un milliard, savoir : palais impériaux, soixante-deux millions; fortifications, cent quarante-quatre millions; ports, cent dix-sept millions; routes, deux cent vingt-sept millions; ponts, trente-un millions; canaux et dessèchements, cent vingt-trois millions; travaux de Paris, cent deux millions; édifices publics des départements, cent quarante-neuf millions. C'était enfin l'histoire générale de l'administration de l'Empire.

Dans cette session, le corps législatif s'occupa de régler les finances. Il avait à pourvoir à la fois aux besoins extraordinaires de l'année actuelle et au déficit des deux années précédentes. C'est pourquoi il fixa le budget de 1813 à un milliard cent cinquante millions, et décréta la mise en vente, pour cent soixante-dix millions, des biens des communes. Celles-ci reçurent, en échange, des inscriptions de rentes sur le grand-livre. Puis, les députés allèrent présenter une adresse à l'Empereur, dans laquelle ils lui promettaient une *assistance sans bornes*.

Napoléon leur répondit :

« Appelé, par la Providence et la volonté de la nation, à constituer cet Empire, ma marche a été graduelle, uniforme, analogue à l'esprit des évènements et à l'intérêt de mes peuples. Dans peu d'années ce grand œuvre sera terminé, et tout ce qui existe complètement consolidé.

« Tous mes desseins, toutes mes entreprises n'ont qu'un but, la prospérité de l'Empire, que je veux soustraire à jamais aux lois de l'Angleterre.

« J'irai bientôt me mettre à la tête de mes troupes, et confondre les promesses fallacieuses de nos ennemis. Dans aucune négociation, l'intégrité de l'Empire n'est ni ne sera mise en question. »

Tout s'organisait, en effet, pour une nouvelle campagne. Déjà six cents canons, deux mille caissons, soixante-dix compagnies de canonniers tirées des régiments de marine, et six régiments d'artillerie, avaient été envoyés sur l'Elbe. Napoléon s'était servi des conscrits levés et organisés l'année précédente, pour former les premiers éléments de sa nouvelle armée; il les avait encadrés entre de vieux sous-officiers et des officiers expérimentés qu'il avait appelés d'Espagne. La gendarmerie fournit les officiers et sous-officiers nécessaires pour reformer la cavalerie. Par un sénatus-consulte du 11 janvier, les cent cohortes du premier ban de la garde nationale, organisées depuis un an, furent mises à la disposition du ministre de la guerre; le sénat ordonna, en outre, la levée de cent mille conscrits de 1809 à 1812; enfin, il appela cent cinquante mille conscrits de 1814; ce qui, joint à la conscription de 1813 qui était en marche, formait environ cinq cent mille hommes. De plus, la ville de Paris offrit cinq cents hommes de cavalerie tout armés et tout équipés. Son exemple fut suivi dans tous les départements. De toutes parts arrivaient à Napoléon des adresses où on lui déclarait qu'on « était résolu à tous les sacrifices, pour qu'il achevât la grande œuvre qui lui avait été confiée par la Providence. »

Outre ces cinq cent mille hommes, Napoléon en obtint encore du sénat cent quatre-vingt mille, pour augmenter ses armées actives, savoir : quatre-vingt-dix mille hommes de la conscription de 1814, destinés à la défense des frontières de l'Ouest et du Midi ; quatre-vingt mille hommes de garde nationale ; enfin dix mille hommes de gardes d'honneur à cheval qui devaient s'habiller, s'équiper et se monter à leurs frais. Cette dernière levée « fit beaucoup crier la noblesse et la bourgeoisie. C'était sur elle que s'appesantissait l'impôt du sang que le peuple acquittait depuis si longtemps, et dont elle rachetait ses enfants en payant à prix d'or (15 ou 20 mille francs) des remplaçants. La levée des gardes d'honneur appelait aux armées les remplacés eux-mêmes. C'est ainsi qu'on régularisa les offres que les autorités avaient faites au nom de leurs villes et de leurs cantons. Ce furent leurs fils qui furent chargés de les acquitter [1]. »

Pendant ce temps, l'Angleterre agissait avec activité. Dans son implacable haine, elle avait juré de ne poser les armes qu'après la défaite de la France : le temps approchait où elle allait recueillir les fruits de sa politique. Profitant de notre rupture avec la Russie, elle resserra son alliance avec elle, traita avec la Suède, travailla les populations de l'Allemagne, et sollicita vivement la Prusse et l'Autriche d'entrer dans la coalition.

Décidée à tenter un nouvel effort pour rentrer dans ses limites de 1806, la Prusse chercha à gagner du temps, et ne négligea rien pour endormir la prudence de Napoléon : elle désavoua la défection du général Yorck, offrit même, si on lui donnait un subside, de lever cinquante ou soixante mille hommes au service de la France, et lui laissa entrevoir le désir de cimenter l'alliance politique des deux pays par une alliance de famille, le mariage d'une nièce de Napoléon avec le prince royal de Prusse ; elle fit plus : elle proposa sa médiation entre les deux puissances belligérantes, pour obtenir une trêve d'après laquelle les Français se retireraient derrière l'Elbe, et les Russes resteraient der-

---

[1] Buchez et Roux, *Histoire parlementaire de la Révolution française*, t. XXXIX, p. 404.

rière la Vistule. Napoléon rejeta cette proposition, et ce fut peut-être un tort, car, en l'acceptant, il se serait donné le temps nécessaire pour se réorganiser. Alors, le roi de Prusse se lia secrètement avec Alexandre : ils signèrent, le 22 février, un traité d'alliance offensive et défensive : la Russie devait mettre sur pied cent cinquante mille hommes, la Prusse quatre-vingt mille, sans compter ses levées en masse.

Cependant, la Prusse continua à négocier avec la France ; mais, tout-à-coup, jetant le masque, elle lui déclara la guerre. De son côté, Alexandre jura « de ne point poser les armes que l'Allemagne ne fût délivrée du joug des Français. » Alors fut conclue la convention de Breslaw, par laquelle tous les princes allemands étaient appelés à concourir à l'affranchissement de leur patrie, sous peine d'être privés de leurs Etats. Bientôt une proclamation annonça que la confédération du Rhin était dissoute, et appela aux armes tous les Allemands : « Que chacun, y disait-on, prince, noble ou de bas étage, seconde de son bien et de son sang, de son corps et de sa vie, de cœur et d'esprit, les projets d'Alexandre et de Frédéric ! » On menaça de la puissance des armes les princes parjures à la cause de l'Allemagne ; un conseil fut créé pour administrer, au profit des alliés, les provinces conquises, et organiser une armée de ligne, une milice et une levée en masse dans les États de la confédération.

Depuis longtemps, l'Allemagne souffrait de notre occupation : c'est donc avec joie qu'elle vit le moment venu de la secouer ; mais, en s'armant contre la France, elle espérait conquérir la liberté. Aussi son mouvement fut-il à la fois national et révolutionnaire. De leur côté, les rois l'exploitèrent habilement ; ils promirent des constitutions, et parlèrent, dans leurs manifestes, le langage de 93. « Peuples, y disaient-ils, soyez libres ! venez à nous ! Dieu est à nos côtés, et nous affronterons l'enfer et ses alliés ! Toute distinction de rang, de naissance, de pays, est bannie de nos légions ; nous sommes tous des hommes libres ! — Allemands ! nous vous ouvrons nos rangs : vous y trouverez le fils du laboureur à côté du fils du prince. — Allemands ! à partir de 1812, nos arbres généalogiques ne comptent plus pour rien. Les exploits de nos aïeux sont effacés par l'avilissement de leurs descendants. La régénération de l'Allemagne peut seule produire de nouvelles familles nobles, et rendre leur éclat à celles qui le furent jadis. » Ainsi, c'est au nom de la liberté et de l'égalité que les rois insurgeaient les peuples contre nous ; c'est avec les armes que la révolution française avait employées contre eux, qu'ils allaient combattre cette même révolution ! Quel plus grand témoignage de sa force et de leur propre faiblesse ! Mais déjà son esprit s'était retiré de Napoléon, et, dans cette lutte suprême, c'est lui seul qui devait succomber.

Pendant que la Russie et la Prusse se déclaraient ouvertement contre la France, l'Autriche protestait de nouveau de son amitié : elle déclarait « qu'elle restait inébranlable dans son système ; que l'alliance était fondée sur les intérêts les plus naturels, les plus permanents, les plus essentiellement salutaires ; qu'elle devait être éternelle, comme les motifs qui l'avaient fait naître ; c'était l'Autriche qui l'avait recherchée : elle avait bien réfléchi avant. Si elle désirait la paix, c'était moins pour la France, dont la position était toujours brillante, que pour elle-même, et pour l'Europe. Les progrès de la Russie, la prépondérance que cette puissance s'efforçait de saisir, l'alarmaient, et son système politique l'attachait plus étroitement encore à l'alliance après nos revers. La France, de son côté, avait aussi besoin de repos : son bonheur intérieur, celui de l'Impératrice, altéré par les inquiétudes de la guerre, étaient des considérations qu'un même intérêt rendait communes aux deux souverains. L'Autriche désirait donc ardemment la paix, qui la laisserait dans la seule position qu'elle enviait en Europe, et qui ne pouvait que consolider la puissance de son alliée. Si on voulait qu'elle agît officieusement, elle était prête, non qu'elle prétendît influer par son importance propre, mais par la force que donne un esprit de conciliation *aussi désintéressé que le sien*. L'empereur Napoléon n'avait qu'à faire connaître ses vues, elle les ferait valoir : lui seul était intact, lui seul était en mesure de dicter la paix. Tout ce qu'on lui demandait, c'était de *ne pas faire connaître les bases très-généreuses qu'il proposait*, de laisser faire le cabinet autrichien, et de *presser les préparatifs pour une nouvelle campagne*. Nous nous engageons, disait-elle, à n'agir que comme il conviendra à l'empereur Napoléon, à ne point faire un pas à son insu, et, si les Russes se refusent à la paix, à employer contre eux toutes les forces de la monarchie. »

Au sujet de l'Angleterre, l'Autriche déclara « qu'elle n'aurait avec elle de relations directes que quand la France l'y autoriserait. » Poussant plus loin la confidence, elle ajouta : « Outre les sept millions sterling qu'elle donne à la Russie, elle nous offre dix millions pour changer de système. *Nous avons repoussé son offre avec mépris*, quoique nos finances soient dans le plus grand délabrement. » Vaines protestations ! Napoléon n'en était pas dupe : seulement il laissait dire, et prenait ses mesures. Depuis longtemps, en effet, l'Autriche avait pris son parti : Napoléon l'avait trop abaissée pour qu'elle ne cherchât point à se relever; et tandis qu'elle se présentait comme son alliée, elle traitait avec ses ennemis, adhérait secrètement à la convention de Breslaw, et, à l'exemple de la Prusse, ordonnait l'insurrection nationale par la levée de sa landwehr. Bientôt, changeant d'attitude et de langage vis-à-vis de la France, elle déclara à Napoléon qu'elle devait borner son intervention à une médiation armée.

Cependant, les Russes s'avançaient toujours. Déjà ils avaient occupé Hambourg. De leur côté les Prussiens s'étaient emparés de Dresde. De l'Elbe, qu'il n'avait pu garder, Eugène s'était retiré sur la Saale. Napoléon vit qu'il était temps de prendre l'offensive, s'il ne voulait pas être prévenu. Après avoir confié la régence à Marie-Louise, il quitta Saint-Cloud, le 15 avril, et arriva le 19 à Mayence : il y passa ses troupes en revue et eut plusieurs conférences avec les princes de la confédération. De Mayence, il se rendit à Erfurth. Son armée était divisée en quatre corps ; ils avaient pour chefs Ney, Marmont, Bertrand et Oudinot; Soult, Mortier, Bessières commandaient la garde. Tandis qu'Eugène manœuvrait pour opérer sa jonction avec la grande armée, celle-ci se dirigeait sur Leipzig. De son côté, Wittgenstein s'avançait avec des forces considérables. Ney, à l'avant-garde, passa la Saale à Kosen, rencontra l'ennemi à Weissenfels, le repoussa, enleva, le lendemain 1er mai, le défilé de Rippach, et fraya à toute l'armée la route par où elle vint s'établir dans les plaines de Lutzen.

« Quinze mille hommes de cavalerie, disait le bulletin, ont donc été chassés de ces belles plaines, à peu près par un pareil nombre d'infanterie. C'est le général Wintzingerode qui commandait ces trois divisions, dont l'une était celle du général Lanskoi ; l'ennemi n'a montré qu'une division d'infanterie. Devenu plus prudent par le combat de Weissenfels, et étonné du bel ordre et du sang-froid de notre marche, l'ennemi n'a osé aborder d'aucune part l'infanterie, et il a été écrasé par notre mitraille. Notre perte se monte à trente-trois hommes, et cinquante-cinq blessés, dont un chef de bataillon. Cette perte pourrait être considérée comme extrêmement légère, en comparaison de celle de l'ennemi qui a eu trois colonels, trente officiers et quatre cents hommes tués ou blessés, outre un grand nombre de chevaux; mais, par une de ces fatalités dont l'histoire de la guerre est pleine, le premier coup de canon qui fut tiré dans cette journée, coupa le poignet au duc d'Istrie (Bessières), lui perça la poitrine, et le jeta raide mort. Il s'était avancé à cinq cents pas du côté des tirailleurs pour bien reconnaître la plaine. Ce maréchal, qu'on peut à juste titre nommer brave et juste, était recommandable autant par son coup-d'œil militaire, par sa grande expérience de l'arme de la cavalerie, que par ses qualités civiles et son attachement à l'Empereur. Sa mort sur le champ d'honneur est la plus digne d'envie.... Il est peu de pertes qui pussent être plus sensibles au cœur de l'Empereur. »

Dans la nuit du 1er au 2 mai, Napoléon établit son quartier général à Lutzen.

Cependant l'ennemi résolut d'attaquer l'armée pour la déposter des positions qu'elle avait prises. Apprenant qu'il débouchait et passait l'Elster aux ponts de Zwenkau, Pigau et Zeist, Napoléon résolut « de le prévenir dans son mouvement, et, pensant qu'il ne pourrait attaquer que le 3, ordonna au général Lauriston, dont le corps formait l'extrémité de la gauche, de se porter sur Leipzig, afin de déconcerter les projets de l'ennemi, et de placer l'armée française, pour la journée du 3, dans une position toute différente de celle où ils avaient compté la trouver, et où elle était effectivement le 2, et de porter ainsi la confusion et le désordre dans leurs colonnes. »

Ce jour-là, dès le matin, Napoléon ayant entendu une canonnade du côté de Leipzig, s'y porta au galop. Nos troupes venaient d'attaquer les ponts en avant de cette ville. Napoléon « n'attendait que le moment où ces dernières positions seraient enlevées, pour mettre en mouvement toute son armée dans cette direction, la faire pivoter sur Leipzig, passer sur la droite de l'Elster, et prendre l'ennemi à revers ; mais à dix heures du matin, l'armée ennemie déboucha vers Kaïa, sur plusieurs colonnes d'une noire profondeur ; l'horizon en était obscurci. L'ennemi présentait des forces qui paraissaient immenses. L'Empereur fit sur-le-champ ses dispositions. Le vice-roi reçut l'ordre de se porter sur la gauche du prince de la Moskowa ; mais il lui fallait trois heures pour exécuter ce mouvement. Le prince de la Moskowa prit les armes, et, avec ses cinq divisions, soutint le combat, qui au bout d'une demi-heure devint terrible. Sa Majesté se porta elle-même à la tête de la garde derrière le centre de l'armée, soutenant la droite du prince de la Moskowa. Le duc de Raguse, avec ses trois divisions, occupait l'extrême droite. Le général Bertrand eut ordre de déboucher sur les derrières de l'armée ennemie, au moment où la ligne se trouverait le plus fortement engagée. La fortune se plut à couronner du plus brillant succès toutes ces dispositions. L'ennemi, qui paraissait certain de la réussite de son entreprise, marchait pour déborder notre droite et gagner le chemin de Weissenfels. Le général Compans, général de brigade du premier mérite, à la tête de la première division du duc de Raguse, l'arrêta tout court. Les régiments de marine soutinrent plusieurs charges avec sang-froid, et couvrirent le champ de bataille de l'élite de la cavalerie ennemie ; mais les grands efforts d'infanterie, d'artillerie et de cavalerie étaient sur le centre. Quatre des cinq divisions du prince de la Moskowa étaient déjà engagées. Le village de Kaïa fut pris et repris plusieurs fois. Ce village était resté au pouvoir de l'ennemi. Le comte de Lobau dirigea le général Ricard pour reprendre le village ; il fut repris.

« La bataille embrassait une ligne de deux lieues, couverte de feu, de fumée et de tourbillons de poussière. Le prince de la Moskowa, le général Souham, le général Girard, étaient partout, faisaient face à tout. Blessé de plusieurs balles, le général Girard voulut rester sur le champ de bataille ; il déclara vouloir mourir en commandant et dirigeant ses troupes, puisque le moment était arrivé, pour tous les Français qui avaient du cœur, de vaincre ou de mourir[1]. »

Placés sur la hauteur, l'empereur de Russie et le roi de Prusse contemplaient le combat ; Napoléon, au contraire, y prenait une part active. Jamais il ne s'exposa davantage. Il sentait la nécessité de frapper ce coup de tonnerre qui devait pulvériser les espérances de ses ennemis, et venger la France de ses malheurs. Au milieu du feu, il animait ses jeunes soldats : « C'est la journée de la France, leur criait-il ; en avant ! La patrie vous regarde ! sachez mourir pour elle ! »

« Cependant, on commençait à apercevoir dans le lointain la poussière et les premiers feux du corps du général Bertrand. Au même moment, le vice-roi entrait en ligne sur la gauche, et le duc de Tarente attaquait la réserve de l'ennemi, et abordait au village où l'ennemi appuyait sa droite. Dans ce moment, il redoubla ses efforts sur le centre ; le village de

[1] Bulletins de la grande armée.

Kaïa fut emporté de nouveau ; notre centre fléchit, quelques bataillons se débandèrent ; mais cette valeureuse jeunesse, à la vue de l'Empereur, se rallia en criant : *Vive l'Empereur !* Sa Majesté jugea que le moment de crise qui décide du gain ou de la perte des batailles était arrivé ; il n'y avait plus un moment à perdre. L'Empereur ordonna au duc de Trévise de se porter avec seize bataillons de la jeune garde au village de Kaïa, de donner tête baissée, de culbuter l'ennemi, de reprendre le village, et de faire main-basse sur tout ce qui s'y trouvait. Au même moment, Sa Majesté ordonna à son aide-de-camp le général Drouot, officier d'artillerie de la plus grande distinction, de réunir une batterie de quatre-vingts pièces, et de la placer en avant de la vieille garde, qui fut disposée en échelons comme quatre redoutes, pour soutenir le centre ; toute notre cavalerie, rangée en bataille derrière. Les généraux Dulauloy, Drouot et Devaux partirent au galop avec leurs quatre-vingts bouches à feu placées en un même groupe. Le feu devint épouvantable. L'ennemi fléchit de tous côtés. Le duc de Trévise emporta sans coup férir le village de Kaïa, culbuta l'ennemi, et continua à se porter en avant en battant la charge. Cavalerie, infanterie, artillerie de l'ennemi, tout se mit en retraite.

« Notre perte se monte à dix mille hommes tués ou blessés ; celle de l'ennemi peut être évaluée de vingt-cinq à trente mille hommes. La garde royale de Prusse a été détruite. Les gardes de l'empereur de Russie ont considérablement souffert : les deux divisions de dix régiments de cuirassiers russes, ont été écrasées...

« Nos jeunes soldats ne considéraient pas le danger. Ils ont, dans cette circonstance, révélé toute la noblesse du sang français[1]. »

---

[1] Bulletins de la grande armée.

Telle fut cette mémorable journée : elle fit voir à l'Europe que les vieux soldats de la grande armée n'étaient pas morts tout entiers dans le grand désastre de Moskow, et qu'ils respiraient encore dans leurs enfants. « Depuis vingt ans que je commande les armées françaises, dit Napoléon, je n'ai jamais vu plus de bravoure et de dévouement. » Peu nombreuse, et composée en grande partie de conscrits, notre armée, en effet, sans cavalerie, et avec une artillerie à peine suffisante, venait de triompher, en bataille rangée, de forces numériquement supérieures, et soutenues par une cavalerie et une artillerie formidables.

Napoléon témoigna, en ces termes, sa satisfaction à son armée :

« Soldats !

« Je suis content de vous ! Vous avez rempli mon attente. Vous avez suppléé à tout par votre bonne volonté et par votre bravoure. Vous avez, dans la célèbre journée du 2 mai, défait et mis en déroute l'armée russe et prussienne, commandée par l'empereur Alexandre et par le roi de Prusse. Vous avez ajouté un nouveau lustre à la gloire de mes aigles ; vous avez montré tout ce dont est capable le sang français. La bataille de *Lutzen* sera mise au-dessus des batailles d'Austerlitz, d'Iéna, de Friedland et de la Moskowa.

« Dans la campagne passée, l'ennemi n'a trouvé de refuge contre nos armes, qu'en suivant la méthode féroce des barbares ses ancêtres ; des armées de Tartares ont incendié ses campagnes, ses villes, la sainte Moskow elle-même !

« Aujourd'hui, ils arrivaient dans nos contrées. Ils voulaient allumer un incendie moral entre la Vistule et le Rhin, pour, selon l'usage des gouvernements despotiques, mettre des déserts entre nous et eux !

« Dans une seule journée, vous avez déjoué tous leurs complots. Nous rejetterons ces Tartares dans leurs affreux climats, qu'ils ne doivent pas franchir. Qu'ils restent dans leurs déserts glacés, séjour d'esclavage, de barbarie et de corruption, où l'homme est ravalé à l'égal de la brute ! Soldats ! vous avez bien mérité de l'Europe civilisée. »

Cette victoire ouvrit aux Français les portes de Leipzig et de Dresde. Napoléon fit son entrée dans cette dernière capitale, le 8 mai. Il rétablit le roi de Saxe, qui lui resta fidèle dans la mauvaise comme dans la bonne fortune. Alexandre et Frédéric se dirigèrent, par Bautzen, sur la Silésie.

A la nouvelle du succès de Napoléon, l'Autriche renouvela ses protestations amicales : « L'alliance existait, disait-elle, elle n'était que suspendue ; c'était pour conserver les dehors de l'impartialité qu'elle ne fournissait plus son contingent ; un congrès pouvait seul mettre fin à la guerre. » Napoléon, voulant donner une nouvelle preuve de son désir pour la paix, accepta l'offre de l'Autriche, quoiqu'il fût convaincu de ses mauvaises dispositions à son égard. « Toutefois, écrivait-il à son beau-père, comme tous les Français généreux, je préférerais mourir les armes à la main à me soumettre, si l'on voulait me dicter des conditions. »

Cependant, l'empereur de Russie et le roi de Prusse avaient pris position à Bautzen ; ils avaient renforcé leur armée, et paraissaient disposés à recevoir la bataille. Napoléon partit de Dresde. Ney marchait de Torgau sur Berlin : Napoléon lui prescrivit de rétrograder sur Bautzen. Ney, par ce mouvement, devait tomber, avec soixante mille hommes, sur les derrières de l'ennemi, pendant que Napoléon l'attaquerait lui-même de front. Déjà Marmont, Macdonald, Bertrand, étaient sous les murs de Bautzen. Napoléon y arriva, le 19, dans la matinée. Sur-le-champ, il fit reconnaître la position de l'ennemi. On lui rapporta que c'était celle-là même qu'avait autrefois occupée le grand Frédéric. « Cela est vrai, répondit Napoléon, mais Frédéric n'y est plus. » C'était une position formidable. A gauche, l'ennemi s'appuyait aux montagnes des Géants; au centre, à la ville, crénelée, retranchée et couverte par des redoutes ; à droite, aux mamelons fortifiés de Krekewitz, qui dominaient la Sprée ; en outre, il occupait, en arrière, une double position beaucoup plus forte que la première ; c'était un vaste camp retranché, garni de nombreux ouvrages liés entre eux par des ravins et un ruisseau marécageux, et appuyé sur trois villages, « où l'on avait fait tant de travaux, dit le bulletin, qu'on pouvait les considérer comme des places fortes. » Tout le front de l'ennemi était couvert sur la Sprée ; il s'étendait sur une lieue et demie de terrain.

Prévoyant sans doute les suites fatales de la médiation de l'Autriche, quel que fût le résultat de la bataille, Napoléon tenta d'y échapper en s'adressant directement à Alexandre. Dans ce but, il lui envoya un parlementaire chargé de lui proposer un armistice. « Oui, disait-il en attendant la réponse d'Alexandre, oui, je veux m'entendre avec les Russes pour me débarrasser des Autrichiens. Si nous étions d'un mois plus vieux, je ne demanderais jamais une plus belle occasion pour finir, les armes à la main, les affaires du monde ; car j'aurais de la cavalerie. Sans cela, je ne lui proposerais pas l'armistice. Ils sont loin de s'attendre à ce qui va leur tomber sur le corps (les soixante mille hommes de Ney); jamais je n'ai eu une plus belle chance de succès. Ce serait sur les bords de la Vistule que je leur dicterais mes conditions, et que mon beau-père me supplierait d'oublier le passé. »

Alexandre ne répondit point. Alors Napoléon fit ses dispositions. C'était le 20 mai. « Il donna ordre au duc de Reggio, dit le bulletin, de passer la Sprée, et d'attaquer les montagnes qui appuyaient la gauche de l'ennemi ; au duc de Tarente, de jeter un pont sur chevalets sur la Sprée, entre Bautzen et les montagnes ; au duc de Raguse, de jeter un autre pont sur chevalets sur la Sprée, dans l'enfoncement que forme cette rivière sur la gauche, à une demi-lieue de Bautzen ; au duc de Dalmatie, auquel Sa Majesté avait donné le commandement supérieur du centre, de passer la Sprée pour inquiéter la droite de l'ennemi ; enfin, au prince de la Moskowa, sous les ordres duquel étaient le troisième corps, le comte Lauriston et le général Régnier, de s'approcher sur Klix, de passer la Sprée, de tourner la droite de l'ennemi, et de se porter sur son quartier-général de Wurtchen, et de là sur Weissemberg.

« A midi, la canonnade s'engagea. Le duc de Tarente n'eut pas besoin de jeter son pont sur chevalets ; il trouva devant lui un pont de pierre dont il força le passage. Le duc de Raguse jeta son pont : tout son corps d'armée passa sur l'autre rive de la Sprée. Après six heures d'une vive canonnade et plusieurs charges que l'ennemi fit sans succès, le général Compans fit occuper Bautzen ; le général Bonnet occupa le village de Niedkayn, et enleva au pas de charge un plateau qui le rendit maître de tout le centre de la position de l'ennemi ; le duc de Reggio s'empara des hauteurs, et, à sept heures du soir, l'ennemi fut rejeté sur sa seconde position. Le général Bertrand passa un des bras de la Sprée ; mais l'ennemi conserva les hauteurs qui appuyaient sa droite, et, par ce moyen, se maintint entre le corps du prince de la Moskowa et notre armée.

« L'Empereur entra à huit heures du soir à Bautzen, et

fut accueilli, par les habitants et les autorités, avec les sentiments que devaient avoir des alliés heureux de se voir délivrés des Stein, des Kotzbue et des cosaques. Cette journée, qu'on pourrait appeler, si elle était isolée, *la bataille de Bautzen,* n'était que le prélude de la bataille de Wurtchen.

« Cependant, l'ennemi commençait à comprendre la possibilité d'être forcé dans sa position. Ses espérances n'étaient plus les mêmes, et il devait avoir, dès ce moment, le présage de sa défaite. Déjà toutes ses dispositions étaient changées. Le destin de la bataille ne devait plus se décider derrière ses retranchements. Ses immenses travaux et trois cents redoutes devenaient inutiles. La droite de sa position, qui était opposée au quatrième corps, devenait son centre, et il était obligé de jeter sa droite, qui formait une bonne partie de son armée, pour s'opposer au prince de la Moskowa, dans un lieu qu'il n'avait pas étudié et qu'il croyait hors de sa portée.

« Le 21, à cinq heures du matin, l'Empereur se porta sur les hauteurs, à trois quarts de lieue en avant de Bautzen.

« Le duc de Reggio soutenait une vive fusillade sur les hauteurs que défendait la gauche de l'ennemi. Les Russes, qui sentaient l'importance de cette position, avaient placé là une forte partie de leur armée, afin que leur gauche ne fût pas tournée. L'Empereur ordonna aux ducs de Reggio et de Tarente d'entretenir le combat, afin d'empêcher la gauche de l'ennemi de se dégarnir, et de lui masquer la véritable attaque, dont le résultat ne pouvait pas se faire sentir avant midi ou une heure.

« A onze heures, le duc de Raguse marcha à mille toises en avant de sa position, et engagea une épouvantable canonnade devant les redoutes et tous les retranchements ennemis.

« La garde et la réserve de l'armée, infanterie et cavalerie, masquées par un rideau, avaient des débouchés faciles pour se porter en avant par la gauche ou par la droite, selon les vicissitudes que présenterait la journée. L'ennemi fut tenu ainsi incertain sur le véritable point d'attaque.

Pendant ce temps, le prince de la Moskowa culbutait l'ennemi au village de Klix, passait la Sprée, et menait battant ce qu'il avait devant lui jusqu'au village de Preilitz. A dix heures, il enleva le village ; mais les réserves de l'ennemi s'étant avancées pour couvrir le quartier-général, le prince de la Moskowa fut ramené, et perdit le village de Preilitz. Le duc de Dalmatie commença à déboucher à une heure après midi. L'ennemi, qui avait compris tout le danger dont il était menacé par la direction qu'avait prise la bataille, sentit que le seul moyen de soutenir avec avantage le combat contre le prince de la Moskowa, était de nous empêcher de déboucher. Il voulut s'opposer à l'attaque du duc de Dalmatie. Le moment de décider la bataille se trouvait, dès lors, bien indiqué. L'Empereur, par un mouvement à gauche, se porta, en vingt minutes, avec la garde, les quatre divisions du général Latour-Maubourg et une grande quantité d'artillerie, sur le flanc de droite de la position de l'ennemi, qui était devenu le centre de l'armée russe.

« La division Morand et la division wurtembergeoise enlevèrent le mamelon dont l'ennemi avait fait son point d'appui.

« Le général Devaux établit une batterie, dont il dirigea le feu sur les masses qui voulaient reprendre sa position. Les généraux Dulauloy et Drouot, avec soixante pièces de batterie de réserve, se portèrent en avant. Enfin, le duc de Trévise, avec les divisions Dumoutier et Barrois de la jeune garde, se dirigea sur l'auberge de Klein-Buschwitz, coupant le chemin de Wurtchen à Bautzen.

« L'ennemi fut obligé de dégarnir sa droite pour parer à cette nouvelle attaque. Le prince de la Moskowa en profita, et marcha en avant. Il prit le village de Preisig, et s'avança, ayant débordé l'armée ennemie, sur Wurtchen. Il était trois heures après midi ; et, lorsque l'armée était dans la plus grande incertitude de succès, et qu'un feu épouvantable se faisait entendre sur une ligne de trois lieues, l'Empereur annonça que la bataille était gagnée. »

Bientôt, en effet, rompu au centre par Napoléon, débordé à droite par le duc de Raguse, à gauche par la garde, menacé à revers par le prince de la Moskowa, l'ennemi se mit en retraite sur Gorlitz ; mais il ne laissa en notre pouvoir que le champ de bataille. On le poursuivit : il fallut le chasser en combattant de Weissemberg, de Schoppen et de Reichembach.

Napoléon, le lendemain de cette bataille, fit une perte cruelle. Duroc venait de le quitter pour donner un ordre relatif à son service, quand un boulet perdu le frappa mortellement.

« Dès que les postes furent placés, et que l'armée eut pris ses bivouacs, ajoute le bulletin, l'Empereur alla voir le duc de Frioul. Il le trouva avec toute sa connaissance, et montrant le plus grand sang-froid. Le duc serra la main de l'Empereur, qu'il porta sur ses lèvres. « Toute ma vie, lui
« dit-il, a été consacrée à votre service, et je ne la regrette
« que pour l'utilité dont elle pouvait vous être encore ! » —
« Duroc, lui dit l'Empereur, il est une autre vie ! C'est là
« que vous irez m'attendre, et que nous nous retrouverons
« un jour ! » — « Oui, Sire ; mais ce sera dans trente ans,
« quand vous aurez triomphé de vos ennemis, et réalisé
« toutes les espérances de notre patrie... J'ai vécu en hon-
« nête homme ; je ne me reproche rien. Je laisse une fille :
« Votre Majesté lui servira de père. »

« L'Empereur, serrant de la main droite le grand-maréchal, resta un quart d'heure, la tête appuyée sur la main gauche, dans le plus profond silence. « Ah ! Sire, allez vous-« en ! ce spectacle vous peine ! » L'Empereur, s'appuyant sur le duc de Dalmatie et sur le grand-écuyer, quitta le duc de Frioul sans pouvoir lui dire autre chose que ces mots : « Adieu donc, mon ami ! » Sa Majesté rentra dans sa tente, et ne reçut personne pendant toute la nuit. »

Douze heures après, Duroc expira. C'est ainsi que Napoléon voyait tomber chaque jour ses plus vieux amis. Ne semblait-il pas que la fortune voulût l'avertir, par ces coups rapides, de celui qu'elle lui préparait? Napoléon chargea M. Villemain de composer l'oraison funèbre du grand-maréchal Duroc. Cet éloge, ainsi que celui de Bessières, devait être prononcé en présence de l'Empereur dans l'église des Invalides ; mais les évènements qui suivirent ne lui permirent pas de donner cette marque d'estime et de regret à la mémoire de ses deux fidèles compagnons d'armes.

Cependant, l'ennemi se retirait en bon ordre, brûlant ses bagages, détruisant ses parcs, ravageant les routes. Notre armée continua à le poursuivre ; elle entra dans Gorlitz, passa la Neiss, la Queiss, le Bober, la Katsbach. Mais, au lieu de repasser l'Oder et de gagner Breslau, l'ennemi sacrifia ses communications par ce fleuve et la Pologne pour aller s'appuyer sur la Bohême. Cette singulière marche prouvait suffisamment qu'il était en intelligence avec l'Autriche. Napoléon le suivit dans son mouvement de retraite. Le 1er juin, sa droite, sous Macdonald, Marmont et Bertrand, était à Glogau ; sa gauche, sous Victor et Sébastiani, devant Schweidnitz ; son centre, sous Régnier, Ney et Lauriston, à Breslaw. En quelques jours, il avait délivré la Saxe et conquis la moitié de la Silésie. Alors, se voyant sur le point d'être acculés sur les montagnes, et sentant la nécessité de gagner du temps, les souverains alliés acceptèrent les propositions qu'ils avaient repoussées. Napoléon crut que cette trêve pourrait amener un rapprochement, et consentit à un armistice au moment où il pouvait, dans une seule bataille, refouler sur eux-mêmes les alliés, et leur fermer la route de la France. Qu'étaient devenus ces coups d'audace qui, à Marengo, à Austerlitz, à Friedland, le rendirent trois fois maître de l'Europe? Ne semblait-il pas que son génie se ressentît de la fatigue commune? D'un autre côté, accusé de ne vouloir que la guerre, il lui fallait montrer qu'il ne faisait que se défendre, et qu'il n'avait d'autre désir que la paix. « Quelles n'étaient pas mes tribulations, a-t-il dit à Sainte-Hélène, en parlant de cette époque de sa vie, de me trouver tout seul à juger de l'imminence du danger et à y pourvoir; de me voir placé entre les coalisés, qui menaçaient notre existence, et l'esprit de l'intérieur, qui, dans son aveuglement, semblait faire cause commune avec eux; entre nos ennemis, qui s'apprêtaient à m'étouffer, et les harassements de tous les miens, de mes ministres mêmes, qui me pressaient de me jeter dans les bras de ces mêmes ennemis! »

Après six jours de débats, l'armistice fut signé le 5 juin à Plesswitz; il devait durer jusqu'au 28 juillet. C'était donner le temps aux coalisés de se réorganiser, de réparer leurs échecs. Aussi, Napoléon disait-il, en partant pour Dresde, que « si les alliés n'étaient pas de bonne foi, cet armistice pouvait nous devenir bien fatal. »

Dix jours après, en effet, les 14 et 15 juin, la Russie et la Prusse conclurent une alliance offensive et défensive avec l'Angleterre, et signèrent, à Reichembach, deux traités par lesquels cette dernière puissance leur accordait un subside, à l'une de 1,333,334 livres sterling ; à l'autre de 666,666 livres sterling. Quant à l'Autriche, elle devait entrer dans la coalition, mais n'étant pas encore en mesure de se déclarer, elle proposa, pour gagner du temps, l'ouverture du congrès, et offrit sa médiation. Or, telle était la situation que les évènements et ses intrigues lui avaient faite, qu'elle se trouvait, dans ce moment, l'arbitre du sort de l'Europe, et qu'elle devait faire pencher la balance du côté où elle jetterait son épée.

Voyant le but de l'armistice, et soupçonnant les engagements pris, au nom de l'Autriche, par M. de Metternich envers la coalition, Napoléon voulut lui-même négocier avec ce ministre. Celui-ci étant venu le trouver à Dresde : « Vous voilà donc, Metternich, lui dit Napoléon; votre médiation devient hostile ; il ne vous convient plus de garantir l'intégrité de l'empire français... Je gagne deux batailles ; mes ennemis sont au moment de revenir de leurs illusions, et vous venez me parler de médiation, d'armistice ! Sans votre intervention, la paix était faite. Quel résultat de l'armistice ? Je n'en connais pas d'autre que les deux traités de Reichembach. On parle aussi d'un traité avec une *troisième* puissance ; mais vous en êtes mieux informé que moi. Vous avez voulu gagner du temps; aujourd'hui vos deux cent mille hommes sont prêts. Schwartzemberg les réunit derrière le rideau de la Bohême. Votre cabinet veut profiter de mes embarras pour recouvrer ce qu'il a perdu. La question est de savoir si vous pouvez me rançonner sans combattre. Voyons, traitons ; que voulez-vous ? »

M. de Metternich parla de l'influence que l'empereur, son maître, était jaloux d'acquérir, du nouvel ordre qu'il voulait établir par la sage répartition des forces... « Parlez clair, dit Napoléon en l'interrompant; mais n'oubliez pas que je suis un soldat qui sait mieux rompre que plier. Je vous offre l'Illyrie pour rester neutre ; cela vous convient-il ? Mon armée est suffisante pour amener les Russes et les Prussiens à la raison. Votre neutralité est tout ce que je demande. — Il ne tient qu'à vous, dit Metternich, de disposer de nos forces ; les choses en sont au point que nous ne pouvons rester neutres ; il faut que nous soyons pour ou contre vous. » Alors, le ministre autrichien fit ses propositions. « Quoi ! s'écria Napoléon, non-seulement l'Illyrie, mais la moitié de l'Italie, le retour du Pape à Rome, la Pologne, et l'abandon de l'Espagne, de la Hollande, de la Suisse, de la confédération du Rhin ! Voilà donc ce que vous nommeriez de la modération ? Vous n'êtes occupés qu'à transporter votre alliance d'un camp à l'autre. Au fait, vous voulez l'Italie, la Russie veut la Pologne, la Prusse veut la Saxe, la Suède veut la Norwège, l'Angleterre veut la Hollande et la Belgique. Le mot de paix n'est qu'un prétexte : vous n'aspirez tous qu'au démembrement de l'Empire français. Docile à votre politique, il me faudrait ramener mes légions, la crosse en l'air, derrière le Rhin, les Alpes et les Pyrénées ; me livrer à mes ennemis, m'en remettre à la générosité de ceux dont je suis vainqueur. Et c'est quand mes drapeaux flottent aux bouches de la Vistule et sur les rives de l'Oder, quand mon armée triomphante est aux portes de Berlin et de Breslau, quand je suis ici à la tête de trois cent mille hommes, que l'Autriche, sans coup férir, sans même tirer l'épée, se flatte de me faire souscrire à de telles conditions ! Et c'est mon beau-père qui accueille un tel projet ! c'est lui qui vous envoie ! Ah ! Metternich, combien l'Angleterre vous paie-t-elle pour jouer ce rôle ? »

Blessé au cœur, M. de Metternich garda le silence. « Dans la colère qui l'animait, dit l'auteur des *Mémoires d'un*

Homme d'État, Napoléon avait laissé tomber son chapeau ; le ministre autrichien l'eût respectueusement relevé en tout autre moment ; il ne le fit pas alors ; et l'Empereur le repoussa sans le fouler aux pieds. » Bientôt M. de Metternich se retira. On ne tarda pas à s'apercevoir que la médiation qu'il offrait n'était qu'un masque pour couvrir et achever ses armements, et que l'Autriche avait depuis longtemps pris son parti. Cependant, Napoléon ne pouvait croire que l'empereur François sacrifierait une alliance qui reposait sur des intérêts si chers aux ennemis de son gendre. Il accepta donc sa médiation, ainsi que l'ouverture du congrès, et consentit à proroger l'armistice jusqu'au 10 août.

Ce congrès devait se tenir à Prague : il s'ouvrit le 29 juillet. Après de longs débats, il fut arrêté que l'Autriche demanderait au nom des puissances : 1° La dissolution du duché de Varsovie, qui serait partagé entre la Russie, l'Autriche et la Prusse ; 2° le rétablissement des villes de Hambourg, Brême, Lubeck, etc., dans leurs anciennes franchises et dans leur indépendance ; 3° la renonciation de Napoléon aux titres de *médiateur de la confédération du Rhin* et de *protecteur de la confédération suisse;* 4° la reconstitution de la Prusse ; 5° la cession à l'Autriche de l'Illyrie ; 6° l'indépendance de la Hollande et de l'Espagne. Ces propositions furent signifiées à Napoléon par l'Autriche, le 7 août. Si le 10, au soir, au moment où devait expirer l'armistice, Napoléon n'avait pas accepté, le congrès devait être rompu, et les hostilités reprises dès le lendemain.

Napoléon hésita. Jusque-là vainqueur, sa fierté se révolta à l'idée de subir les conditions des vaincus. Il se décida cependant, mais il ne fit connaître sa réponse que le 10 assez tard. Déjà le congrès s'était dissous : l'Autriche déclara qu'il n'était plus temps, et qu'elle était entrée dans la coalition. Alors Napoléon vit l'abîme où il était tombé, et s'écria que le cabinet de Vienne « venait d'abuser de ce qu'il y a de plus sacré pour les hommes, un médiateur, un congrès et le nom de la paix ! »

Pendant les négociations, les coalisés avaient mis le temps à profit. Une réunion avait eu lieu, le 9 juillet, à Trachemberg : l'Autriche y avait envoyé deux représentants. On y avait fixé les contingents de chaque puissance, le subside que l'Autriche devait recevoir de l'Angleterre (13 millions par mois), et arrêté le plan de campagne. D'après ce plan, auquel Moreau, qu'on avait fait venir des États-Unis, ne fut pas, dit-on, étranger, Schwartzemberg avec cent mille Autrichiens, et Wittgenstein avec cent mille Russes et Prussiens, devaient marcher ensemble sur Dresde, pendant que deux autres armées, commandées par Bernadotte et Blücher, tiendraient les Français en échec, reculant toujours devant Napoléon et n'acceptant la bataille que de ses lieutenants.

A la reprise des hostilités, la coalition avait cinq cent vingt mille hommes sous les armes, savoir : cent cinquante-cinq mille Russes, cent quatre-vingt mille Prussiens, cent trente mille Autrichiens, vingt-cinq mille Suédois, trente mille hommes fournis par quelques princes allemands. Ces cinq cent vingt mille combattants étaient divisés en trois armées : celle *du Nord*, sous Bernadotte, campait sur le Hamel ; celle *de Silésie*, sous Blücher, occupait l'Oder; celle *de Bohême*, sous Schwartzemberg, était à Prague.

Napoléon n'avait à opposer à cette masse d'ennemis que deux cent trente mille combattants, Français et étrangers : quatre-vingt-dix mille hommes, commandés par Oudinot, devaient opérer sur Berlin ; cent vingt mille, sous son commandement direct, étaient destinés à agir contre Blücher ;

les vingt mille restants, sous Saint-Cyr, devaient garder Dresde, centre de toutes les opérations.

Napoléon marcha sur Breslaw. Il venait de forcer Blücher à abandonner toutes ses positions entre l'Elbe et l'Oder, quand il apprit la marche d'Alexandre et de Frédéric sur Dresde, à la tête de deux cent mille combattants. Jusqu'alors restés en Bohème, ces deux souverains s'étaient décidés à ce mouvement d'après le conseil de Moreau. Aussitôt Napoléon revint sur ses pas, abandonnant Blücher à Macdonald, et arriva à Dresde avec la rapidité de l'éclair. Il était temps ; car déjà les alliés avaient attaqué cette ville, et Saint-Cyr, avec ses vingt mille conscrits, n'opposait plus qu'une résistance désespérée. La présence de Napoléon changea la fortune du combat. Assaillis partout avec furie, les alliés se mirent en pleine retraite, laissant le terrain couvert de morts et de blessés. Ce fut alors qu'un boulet, tiré par une batterie de la jeune garde, tua Moreau pendant que ce général indiquait une manœuvre à l'empereur Alexandre (27 août).

Tandis que Napoléon remportait ce nouvel avantage sur les coalisés, autour de lui ses lieutenants n'éprouvaient que des échecs. Vandamme, rejeté et enfermé dans Kulm par un ennemi cinq fois supérieur en nombre, avait été contraint, après une lutte désespérée, de poser les armes. Macdonald venait d'être attaqué, battu et chassé de la Silésie par Blücher, avec des pertes considérables. Oudinot, dans son mouvement sur Berlin, n'avait pas été plus heureux. Après un violent combat à Gross-Béeren, Bernadotte l'avait forcé à se replier sur Wittemberg. Ney, qui était venu remplacer Oudinot, avait essayé vainement de déposter l'ennemi de la route de Wittemberg. Battu à Dennevitz, il s'était retiré derrière l'Elbe.

A cette nouvelle, Napoléon retrouve tout son génie et toute son activité. Il se jette de nouveau sur Blücher et le repousse jusqu'en Silésie ; Schwartzemberg sort de la Bohême et reprend le chemin de Dresde. A peine vainqueur de Blücher, Napoléon revient sur ses pas, et force le général autrichien à rentrer dans ses montagnes. Après deux défaites, Blücher se présente de nouveau : Napoléon court à lui, et, pour la troisième fois, Blücher disparaît. Mais, pendant que Napoléon se défend seul contre deux armées, Bernadotte force tout-à-coup sa gauche sur l'Elbe. D'un autre côté, la Bavière vient de déserter sa cause : cette désertion compromet la retraite de l'armée. Alors, il se décide à abandonner Dresde, dont la position n'est plus tenable, pour se rabattre sur Berlin, que le mouvement de Bernadotte sur l'Elbe a laissé à découvert : il y établira son quartier-général, et en fera le centre de ses nouvelles opérations. C'était tenter un effort digne de son génie. Il en fut détourné par ses généraux.

« Un coup de tonnerre pouvait seul nous sauver, disait-il à Sainte-Hélène, et chaque jour, par une fatalité ou une autre, nos chances diminuaient : la fatigue, le découragement gagnaient le plus grand nombre ; mes lieutenants devenaient mous, gauches, maladroits, et conséquemment malheureux ; ce n'étaient plus les hommes du début de notre révolution, ni ceux de mes beaux moments ; je les avais gorgés de trop de considérations, de trop d'honneurs, de trop de richesses. Ils avaient bu à la coupe des jouissances, et eussent acheté du repos à tout prix. Je voyais donc arriver l'heure décisive. Je sentais les rênes m'échapper, et je n'y pouvais rien. »

Napoléon arrêta son mouvement sur Berlin, et, traversant la Moldaw, alla prendre position à Leipzig, qui se trouvait placée au centre des deux grandes armées des coalisés. Ceux-ci, conseillés et dirigés par Bernadotte, avaient suivi Napoléon dans sa marche sur cette ville.

Benigsen, pour les appuyer, s'y était rendu, de son côté, avec soixante mille hommes, Russes, Tartares et Baskirs.

Pendant trois jours, plus d'un demi-million d'hommes s'entrechoquèrent dans cet étroit espace, au milieu du fracas de trois mille bouches à feu. Nos soldats, moins d'un contre deux, y firent des prodiges de valeur. Déjà, dans les deux premiers jours, ils avaient perdu et repris jusqu'à six fois leurs positions, quand Napoléon se décida à livrer, le lendemain, une nouvelle bataille : elle fut terrible. C'était le 18 septembre. A deux heures du matin, Napoléon replia ses postes, et plaça son armée, la droite à Connewitz, le centre à Probstheyda, la gauche à Stœtteritz; la vieille garde était rangée en réserve sur la hauteur.

Après avoir fait ses dispositions et assuré ses communications, il attendit l'ennemi de pied ferme. Bientôt, les coureurs annoncèrent qu'il marchait sur toute la ligne. Renfermé dans un immense demi-cercle de troupes serrées en masse et couvertes par quinze cents pièces de canon, Napoléon, avec ses cent quarante mille Français, fit face à tout. Déjà Bernadotte et Blücher pliaient, nos troupes se précipitaient, au pas de course et les baïonnettes en avant, sur les masses ennemies; « La victoire, dit le bulletin, était pour nous de ce côté, contre l'armée de Silésie, comme du côté où était l'Empereur contre la grande armée; mais, en ce moment, l'armée saxonne, infanterie, cavalerie et artillerie, et la cavalerie wurtembergeoise, passèrent tout entières à l'ennemi. Il ne resta, de l'armée saxonne, que le général Zaschau, qui la commandait en chef, et cinq cents hommes. Cette trahison, non-seulement mit le vide dans nos lignes, mais livra à l'ennemi le débouché important confié à l'armée saxonne, qui poussa l'infamie au point de tourner sur-le-champ ses quarante pièces de canon contre la division Durutte. Un moment de désordre s'ensuivit; l'ennemi passa la Partha et marcha sur Reidnitz, dont il s'empara : il ne se trouvait plus qu'à une demi-lieue de Leipzig.

« L'Empereur envoya sa garde à cheval, commandée par le général Nansouty, avec vingt pièces d'artillerie, afin de prendre en flanc les troupes qui s'avançaient le long de la Partha, pour attaquer Leipzig. Il se porta lui-même avec une division de la garde au village de Reidnitz. La promptitude de ces mouvements rétablit l'ordre : le village fut repris, et l'ennemi repoussé fort loin. »

A la nuit, le carnage avait cessé : soixante mille hommes jonchaient le champ de bataille. Napoléon prenait de nouvelles dispositions pour le lendemain, quand il apprit que ses munitions et ses réserves étaient épuisées. On avait tiré deux cent vingt mille coups de canon pendant ces trois jours, et il n'en restait plus que seize mille; ce qui suffisait à peine pour entretenir le feu pendant deux heures. Il fallut songer à la retraite.

Napoléon fit partir sur-le-champ les bagages, les parcs, l'artillerie, par la route de Lindenau. » Cette circonstance, ajoute le bulletin, obligea l'armée française à renoncer aux fruits des deux victoires où elle avait, avec tant de gloire, battu des troupes de beaucoup supérieures en nombre, et les armées de tout le continent.

« Mais ce mouvement n'était pas sans difficultés. De Leipzig à Lindenau, il y a un défilé de deux lieues, traversé par cinq ou six ponts. On proposa de mettre six mille hommes et soixante pièces de canon dans la ville de Leipzig, qui a des remparts; d'occuper cette ville comme tête de défilé, et d'incendier ses vastes faubourgs, afin d'empêcher l'ennemi de s'y loger, et de donner jeu à notre artillerie placée sur les remparts.

« Quelque odieuse que fût la trahison de l'armée saxonne, l'Empereur ne put se résoudre à détruire une des belles villes de l'Allemagne, de la livrer à tous les genres de désordres inséparables d'une telle défense, et cela sous les yeux du roi, qui, depuis Dresde, avait voulu accompagner l'Empereur, et qui était si vivement affligé de la conduite de son armée. L'Empereur aima mieux s'exposer à perdre quelques centaines de voitures que d'adopter ce parti barbare.

« A la pointe du jour, tous les parcs, les bagages, toute l'artillerie, la cavalerie, la garde et les deux tiers de l'armée avaient passé le défilé...

« A neuf heures, l'Empereur monta à cheval, entra dans Leipzig et alla voir le roi. Il a laissé ce prince maître de faire ce qu'il voudrait, et de ne pas quitter ses États, en les laissant exposés à cet esprit de sédition qu'on avait fomenté parmi les soldats. Un bataillon saxon avait été formé à Dresde et joint à la jeune garde. L'Empereur le fit ranger à Leipzig devant le palais du roi, pour lui servir de garde et pour le mettre à l'abri du mouvement de l'ennemi.

« Une demi-heure après, l'Empereur se rendit à Lindenau, pour y attendre l'évacuation de Leipzig, et voir les dernières troupes passer les ponts avant de se mettre en marche. »

Après avoir présidé au défilé de ses têtes de colonne et laissé dans Leipzig une forte arrière-garde sous les ordres de Macdonald et de Poniatowski, Napoléon quitta cette ville et franchit l'Elster sur le grand pont qui est entre Leipzig et Lindenau.

Alors les alliés attaquèrent la ville avec fureur. Seuls contre leurs masses imposantes, Poniatowski et Macdonald soutinrent vaillamment leur choc. On se battit dans les faubourgs, sur les remparts, dans les rues, dans les maisons. Déjà la plus grande partie de l'armée avait passé Lindenau; encore un effort, et tout était sauvé; mais tout-à-coup un grand bruit se fait entendre : c'est le pont qui vient de sauter. Aux premiers coups de fusil tirés des remparts de la ville, croyant le moment venu, nos sapeurs avaient mis le feu à la mine. Alors, l'épouvante se répandit dans nos rangs, chacun crut que le pont était au pouvoir de l'ennemi, et ne songea plus qu'à mourir en combattant ou à se sauver par la fuite; les uns se réfugièrent dans les maisons, les autres se jetèrent à la nage. Beaucoup périrent, emportés par le courant. Macdonald parvint à gagner la rive opposée; Poniatowski, moins heureux, se lança dans la rivière et y fut tué; le vieux roi de Saxe et un grand nombre de généraux furent faits prisonniers.

Telle fut l'une des plus terribles batailles des temps modernes. Rivale des sanglantes journées de Poitiers, de Crécy et d'Azincourt, les Allemands l'appellent *la bataille des nations*. Tous les peuples de l'Europe, moins les Anglais et les Espagnols, s'y trouvèrent, en effet, représentés; elle coûta à l'humanité environ cent trente-cinq mille hommes, tant tués que blessés, dont cinquante mille du côté des Français, et quatre-vingt-cinq mille du côté des alliés.

Si la retraite de Moskow avait commencé la ruine de l'Empire, le désastre de Leipzig l'acheva : il enleva à Napoléon tous les alliés qui lui restaient encore, et mit l'Europe entière contre lui. « C'est le coup de cloche de l'agonie de Bonaparte, disait alors un royaliste de la cour d'Hartwell, et un second doit l'achever. »

Napoléon ne songea plus qu'à aller abriter les débris de

son armée derrière le Rhin. Arrivé, le 29 octobre, près de Hanau, il apprit que l'avant-garde ennemie était déjà dans cette ville et prétendait lui fermer le passage. Celle-ci avait placé, en effet, six bataillons au village de Ruchingen afin de couper toutes les routes qui pouvaient conduire sur le Rhin. Quelques coups de canon et une charge de cavalerie suffirent pour les faire reculer précipitamment. Arrivé sur les lisières du bois, à deux lieues de Hanau, Napoléon découvrit une ligne de quarante mille Bavarois, nos alliés la veille, rangés en bataille, et couverts par quatre-vingts bouches à feu. Napoléon n'avait avec lui que quinze mille hommes et pas d'artillerie : il accula l'ennemi « dans le bois, jusqu'au point de jonction de la vieille et de la nouvelle route. Ne pouvant rien opposer à la supériorité de notre infanterie, il essaya de tirer parti de leur grand nombre ; il étendit le feu sur sa droite. Une brigade de deux mille tirailleurs du deuxième corps, commandée par le général Dubreton, fut engagée pour le contenir, et le général Sébastiani fit exécuter avec succès, dans l'éclairci du bois, plusieurs charges sur les tirailleurs ennemis. Nos cinq mille tirailleurs continrent ainsi toute l'armée ennemie, en gagnant insensiblement du temps, jusqu'à trois heures de l'après-midi[1]. »

Bientôt l'artillerie arriva, Napoléon fit un geste, et elle ouvrit un feu terrible. Culbuté sur tous les points, l'ennemi fut mis en pleine retraite. A six heures du soir, il avait repassé en déroute la petite rivière de Kintzig, après avoir perdu dix mille hommes, plusieurs drapeaux et plusieurs canons (31 octobre).

Napoléon continua son mouvement : le 2 novembre, il avait franchi le Rhin.

Ainsi finit la campagne de 1813. Cette campagne « sera, dit

---

[1] Bulletins de la grande armée.

Napoléon, le triomphe du courage inné dans la jeunesse française, celui de l'intrigue et de l'astuce dans la diplomatie anglaise, celui de l'impudeur dans le cabinet autrichien ; elle marquera l'époque de la désorganisation des sociétés politiques, celle de la grande séparation des peuples avec leurs souverains, enfin la flétrissure des premières vertus militaires, la fidélité, la loyauté, l'honneur. »

Tandis qu'au-delà du Rhin la fortune, ou plutôt la trahison, nous faisait expier nos succès passés, au delà des Pyrérées nous n'avions pas été plus heureux. Après la retraite des Anglais en Portugal, Burgos, Valladolid, Madrid, le royaume de Valence, l'Aragon et la Catalogne, étaient restés en notre pouvoir ; mais, comme si Napoléon eût été assuré de sa conquête, il n'avait laissé, pour la garder, que quatre-vingt mille hommes dans toute la Péninsule. De ces quatre-vingt mille hommes il avait formé une seule armée, sous le commandement de Joseph, prince incapable du rôle politique et militaire qu'il lui avait imposé. D'un autre côté, il semblait qu'un mauvais génie avait soufflé sur la direction de nos armes dans ce pays-là. Au lieu de s'occuper de l'armée anglaise, devant laquelle on aurait dû être campé à vue, ou bien ne pas la combattre, chacun alla reprendre sa petite vice-royauté, ou perdit son temps à faire la chasse aux guérillas.

Alors Wellington, voyant nos troupes disséminées, en profita pour agir. Ayant porté son armée à cent vingt mille combattants, il reprit l'offensive, et, débouchant par Salamanque, se dirigea vers Zamora et Toro. Il s'avança tranquillement, comme s'il n'avait point eu d'ennemis devant lui. Quand Joseph fut informé de la marche du général anglais, il était déjà trop tard pour s'y opposer. Cependant, il évacua Madrid, et essaya de concentrer ses troupes à Burgos; mais voyant Wellington prolonger sa droite, sur laquelle il avait de l'avance, il se retira sur l'Èbre. Il était parvenu à mettre ce fleuve entre son armée et celle du général anglais, quand il apprit que ce dernier l'avait franchi. Il se dirigea sur Vittoria, où il comptait rallier les troupes qui devaient venir le joindre. Vain espoir! Wellington y arriva avant lui. Alors, contre l'avis de Jourdan, qui proposait de descendre l'Èbre et de se retirer sur Saragosse, Joseph se décida à livrer bataille. C'était le 21 juin. Battu sur tous les points, il ne sut pas commander la retraite, et laissa Wellington s'emparer de la route de Bayonne. Alors, chacun ne songea plus qu'à son bagage, et en un instant la déroute fut complète : canons, caissons, voitures, tout fut pris ; cinq mille Français restèrent sur le champ de bataille. « Voilà, dit le duc de Rovigo, comment des troupes qui, quelques années auparavant, étaient supérieures à ce que furent jamais les armées romaines, perdirent, par la licence et le peu de soin que l'on eut d'elles, cette discipline et cette élévation de courage sans laquelle les peuples les plus belliqueux ne parviendraient jamais à la supériorité qu'ils obtiennent sur les autres. »

Ce nouveau désastre nous enleva l'Espagne sans retour, et plaça la France entre deux invasions. Notre armée se retira en désordre sur Tolosa, où le général Foy, à la tête de seize mille hommes, parvint à arrêter les Anglais.

Napoléon arriva à Paris le 14 novembre. « Il y a un an, dit-il au sénat, toute l'Europe marchait avec nous ; aujourd'hui, toute l'Europe marche contre nous : c'est que l'opinion du monde est faite par la France ou par l'Angleterre. Nous aurions donc tout à redouter sans l'énergie et la puissance de la nation. » Et il commença par donner l'exemple : la plus grande activité présida à tous ses préparatifs de défense. Reculant toujours devant la nécessité de frapper le peuple de nouveaux impôts, il eut recours au trésor, fruit des contributions de guerre, et qu'il tenait depuis longtemps en réserve dans les caves des Tuileries, et y puisa trente millions qu'il consacra aux dépenses publiques. A l'aide de ce secours, il put pourvoir aux besoins les plus pressants, réorganiser des services à l'intérieur, et former de nouveaux corps de troupes. Après avoir obtenu du sénat une levée de trois cent mille hommes sur les conscriptions de 1813 à 1814, il convoqua le corps législatif et l'appela à concourir à la défense commune.

Cependant, arrivés au Rhin, les alliés s'étaient arrêtés, comme si l'aspect de nos frontières militaires et le souvenir de ces armées nombreuses qui, depuis 1792, les avaient si souvent franchies pour aller vaincre l'Europe, les eussent frappés de crainte. Dans ce premier moment d'hésitation, ils chargèrent M. de Saint-Aignan, ministre de France près la cour de Weimar, de transmettre au gouvernement impérial de nouvelles propositions d'accommodement. « Personne n'en veut à la dynastie de l'empereur Napoléon, » lui dit M. de Metternich.—« L'Angleterre, ajouta lord Aberdeen, est disposée à rendre à pleines mains. » M. de Nesselrode et le prince de Schwartzemberg renchérirent sur ces protestations. M. de Saint-Aignan partit pour Paris, porteur d'une note qu'il devait remettre lui-même à Napoléon.

Il ne s'agissait plus, comme à Prague, de laisser à Napoléon toutes les conquêtes de la République et la plus grande partie des possessions territoriales de l'Empire ; on ne lui accordait plus que « les frontières naturelles du Rhin, c'est-à-dire le Rhin, les Alpes et les Pyrénées ; l'indépendance de l'Allemagne, celle de l'Espagne, et le rétablissement de son ancienne dynastie, étaient une condition *sine qua non ;* le gouvernement de l'Italie devait, comme celui de l'Allemagne, rester complètement en dehors de celui de la France. Après l'acceptation de ces bases, on pourra, disait-on, neutraliser, sur la rive droite du Rhin, tel lieu qu'on jugera convenable, et où les plénipotentiaires de toutes les puissances belligérantes se rendront sur-le-champ, sans cependant que les négociations suspendent le cours des opérations militaires. »

Tel était le nouvel *ultimatum* des alliés. Quelque dur qu'il fût, Napoléon y répondit, et proposa la ville de Manheim pour la réunion du congrès proposé par les souverains.

Napoléon ouvrit, le 19 décembre, la session du corps législatif. Voici les passages les plus importants de son discours :

« Je n'ai jamais été séduit par la prospérité. L'adversité me trouverait au-dessus de ses atteintes.

« J'ai plusieurs fois donné la paix aux nations lorsqu'elles avaient tout perdu. D'une part des conquêtes, j'ai élevé des trônes pour des rois qui m'ont abandonné.

« J'avais conçu et exécuté de grands desseins pour la prospérité et pour le bonheur du monde !... Monarque et père, je sens ce que la paix ajoute à la sécurité du trône et à celle des familles. Des négociations ont été entamées avec les puissances coalisées. J'ai adhéré aux bases préliminaires qu'elles ont présentées. J'avais donc l'espoir qu'avant l'ouverture de cette session, le congrès de Manheim serait réuni ; mais de nouveaux retards, qui ne sont pas attribués à la France, ont différé ce moment, que presse le vœu du monde.

« J'ai ordonné qu'on vous communiquât toutes les pièces originales qui se trouvent au portefeuille de mon département des affaires étrangères. Vous en prendrez connaissance par l'intermédiaire d'une commission. Les orateurs de mon conseil vous feront connaître ma volonté sur cet objet.

« Rien ne s'oppose, de ma part, au rétablissement de la paix. Je connais et je partage tous les sentiments des Français : je dis des Français, parce qu'il n'en est aucun qui désirât la paix au prix de l'honneur.

« C'est à regret que je demande à ce peuple généreux de nouveaux sacrifices ; mais ils sont commandés par ses plus nobles et ses plus chers intérêts. J'ai dû renforcer mes armées par de nombreuses levées ; les nations ne traitent avec sécurité qu'en déployant toutes leurs forces. Un accroissement dans les recettes devient indispensable. Ce que mon ministre des finances vous proposera, est conforme au système des finances que j'ai établi. Nous ferons face à tout sans emprunt, qui consomme l'avenir, et sans papier-monnaie, qui est le plus grand ennemi de l'ordre social...

« Sénateurs, conseillers d'État, députés des départements au corps législatif, vous êtes les organes naturels de ce trône ; c'est à vous de donner l'exemple d'une énergie qui recommande notre génération aux générations futures. Qu'elles ne disent pas de nous : ils ont sacrifié les premiers intérêts du pays ! Ils ont reconnu les lois que l'Angleterre a cherché en vain, pendant quatre siècles, à imposer à la France !... »

Par un décret du 21 décembre, le corps législatif et le sénat furent autorisés à nommer les commissions extraordinaires, composées de cinq membres non compris les présidents, qui devaient recevoir les communications annoncées. Le sénat fit choix de MM. de Talleyrand, de Fontanes, de Saint-Marsan, de Barbé-Marbois et du général Beurnonville ; le corps législatif, de MM. Raynouard, Lainé, Gallois, Flaugergues et Maine de Biran.

Aussitôt des conférences s'établirent. La commission du

sénat confia la rédaction de son rapport à M. de Fontanes. qui le présenta dans la séance du 27. A la suite de cette lecture, le sénat vota une adresse à l'Empereur.

« La paix, y disait-on, est le vœu de la France et le besoin de l'humanité. Si l'ennemi persiste dans son refus, eh bien ! nous combattrons pour la patrie entre les tombeaux de nos pères et les berceaux de nos enfants ! »

Si la commission du sénat alla au-devant des vœux de Napoléon, un certain esprit de sédition présida au travail de la commission du corps législatif. Dans sa nouvelle organisation du gouvernement, Napoléon avait fait du corps législatif, une assemblée, non pour proposer, mais pour voter silencieusement tous les projets de lois qu'on daignait lui soumettre. Cette position inférieure, ce rôle de muet, il le lui avait rappelé d'une façon assez insolente, à propos d'une réponse de Joséphine à une adresse du corps législatif. Quelques journaux avaient fait dire à l'Impératrice : « Le corps législatif qui représente la nation… » Le lendemain, on lisait ce qui suit dans le *Moniteur* :

« S. M. l'Impératrice n'a point dit cela ; elle connaît trop bien nos constitutions ; elle sait trop bien que le premier représentant de la nation, c'est l'Empereur ; car tout pouvoir vient de Dieu et de la nation.

« Dans l'ordre de nos constitutions, après l'Empereur est le sénat ; après le sénat est le conseil d'État ; après le conseil d'État est le corps législatif ; après le corps législatif viennent chaque tribunal et fonctionnaire public, dans l'ordre de ses attributions ; car s'il y avait dans nos constitutions un corps représentant la nation, ce corps serait souverain ; les autres corps ne seraient rien, et ses volontés seraient tout.

« La Convention, même le corps législatif, ont été représentants ; telles étaient nos constitutions alors ; aussi le président disputa-t-il le fauteuil au roi, se fondant sur ce principe que le président de l'assemblée de la nation était avant les autorités de la nation. Nos malheurs sont venus en partie de cette exagération d'idées. Ce serait une prétention chimérique et même criminelle, que de vouloir représenter la nation avant l'Empereur.

« Le corps législatif, improprement appelé de ce nom, devrait être appelé *conseil législatif*, puisqu'il n'a pas la faculté de faire des lois, n'en ayant pas la proposition. Le conseil législatif est donc la réunion des *mandataires des collèges électoraux*; on les appelle *députés des départements*, parce qu'ils sont nommés par les départements.

« Dans l'ordre de notre hiérarchie constitutionnelle, le premier représentant de la nation est l'Empereur, et les ministres, organes de ses décisions ; la seconde autorité représentante est le sénat ; la troisième, le conseil d'État, qui a de véritables attributions législatives ; le *conseil législatif* a le quatrième rang.

« Tout rentrerait dans le désordre, si d'autres idées constitutionnelles venaient pervertir les idées de nos constitutions monarchiques. »

Blessé profondément, le corps législatif se contint, résolu de saisir la première occasion de venger son offense. Cette occasion lui était enfin offerte. Après lui avoir imposé silence si longtemps, Napoléon venait à lui : conseillé par le malheur, pressé par ses ennemis, en l'appelant autour de son trône, en l'initiant au secret de ses différends avec l'Europe, il révélait le danger de sa situation. Aussi le corps législatif en profita-t-il. Triste courage de cette assemblée ! Courbée depuis longtemps devant l'idole, c'est seulement quand elle la vit sur le point de tomber que, poussée par un sentiment personnel, et non par un esprit de patriotisme, elle osa relever la tête. Napoléon lui avait donné pour président Régnier, duc de Massa. Ce choix d'un président non député, et pris parmi les agents de la cour, acheva de l'indisposer; ce que cette assemblée lui fit voir par le choix de ses commissaires, « qui représentaient, non pas ses passions ou ses opinions politiques, car elle n'avait ni opinions ni passions de cette nature, mais les rancunes et les griefs de sa majorité[1]. » Ceux-ci, en effet, ne se livrèrent à l'examen des pièces diplomatiques qu'avec un parti pris d'opposition. Dans la séance du 28, ils présentèrent leur rapport au corps législatif. Après avoir exposé les négociations, d'où il résultait, disaient-ils, « que toutes les puissances belligérantes avaient exprimé hautement le désir de la paix, ils ajoutaient :

« Comme le corps législatif attend de sa commission des réflexions propres à préparer une réponse digne de la nation française et de l'Empereur, nous nous permettrons de vous exposer quelques uns de nos sentiments.

« Le premier est celui de la reconnaissance, pour une communication qui appelle en ce moment le corps législatif à prendre connaissance des intérêts politiques de l'État.

« On éprouve ensuite un sentiment d'espérance au milieu des désastres de la guerre, en voyant les rois et les nations prononcer à l'envi le nom de paix.

« Les déclarations solennelles et réitérées des puissances belligérantes s'accordent en effet, Messieurs, avec le vœu universel de l'Europe pour la paix, avec le vœu si généralement exprimé autour de chacun de nous dans son département, et dont le corps législatif est l'organe naturel.

« ... Cette paix, qui donc peut en retarder les bienfaits ?

Vaulabelle, *Histoire des deux Restaurations*, t. I, p. 154.

Les puissances coalisées rendent à l'Empereur l'éclatant témoignage qu'il a adopté *des bases essentielles au rétablissement de l'équilibre et de la tranquillité de l'Europe*. Nous avons pour premiers garants de ses desseins pacifiques et cette adversité, conseil véridique des rois, et le besoin des peuples hautement exprimé, et l'intérêt même de la couronne...

« C'est, d'après les lois, au gouvernement à proposer les moyens qu'il croira les plus prompts et les plus sûrs pour repousser l'ennemi et asseoir la paix sur des bases durables. Ces moyens seront efficaces, si les Français sont persuadés que le gouvernement n'aspire plus qu'à la gloire de la paix ; ils le seront, si les Français sont convaincus que leur sang ne sera plus versé que pour défendre une patrie et des lois protectrices. Mais ces mots consolateurs de paix et de patrie retentiraient en vain, si l'on ne garantit les institutions qui promettent les bienfaits de l'une et de l'autre.

« Il paraît donc indispensable à votre commission, qu'en même temps que le gouvernement proposera les mesures les plus promptes pour la sûreté de l'État, Sa Majesté soit suppliée de maintenir l'entière et constante exécution des lois qui garantissent aux Français les droits de la liberté, de la sûreté, de la propriété, et à la nation, le libre exercice de ses droits politiques.

« Cette garantie a paru à votre commission le plus efficace moyen de rendre aux Français l'énergie nécessaire à leur propre défense.

« Ces idées ont été suggérées à votre commission par le désir et le besoin de lier intimement *le trône et la nation*, afin de réunir leurs efforts contre *l'anarchie, l'arbitraire,* et les ennemis de notre patrie.

« ... Si la première pensée de Sa Majesté, en ces graves circonstances, a été d'appeler autour du trône les députés de la nation, leur premier devoir n'est-il pas de répondre dignement à cette convocation, en portant au monarque la vérité et le vœu du peuple pour la paix ? »

Ce rapport fut suivi de la lecture d'une adresse que M. Raynouard avait été chargé de rédiger.

« De telles propositions, dit-il en parlant du dernier *ultimatum* des alliés, nous paraissent *honorables pour la nation*, puisqu'elles prouvent que l'étranger nous craint et nous respecte. Ce n'est pas lui qui assigne des bornes à notre puissance ; c'est le monde effrayé qui invoque le droit commun des nations. Les Pyrénées, les Alpes et le Rhin renferment un vaste territoire dont plusieurs provinces ne relevaient pas de l'empire des lys ; et cependant la royale couronne de France était brillante de gloire et de majesté entre tous les diadèmes. »

A ces mots, le président rappelle à l'ordre l'orateur : « Ce que vous demandez, lui dit-il, est contraire à la constitution. » — « Il n'y a ici d'inconstitutionnel que vos fonctions et votre présence, » réplique M. Raynouard. Et il continue : « ... Nos maux sont à leur comble ; la patrie est menacée sur tous les points de ses frontières ; le commerce est anéanti, l'agriculture languit, l'industrie expire ; et il n'est point de Français qui n'ait dans sa famille ou dans sa fortune une plaie cruelle à guérir. L'agriculteur, depuis cinq ans, ne jouit pas ; il vit à peine, et les fruits de ses travaux servent à grossir le trésor qui se dissipe annuellement par les secours que réclament des armées sans cesse ruinées et affamées. La conscription est devenue pour toute la France un odieux fléau, parce que cette mesure a toujours été outrée dans l'exécution. Depuis deux ans, on moissonne trois fois l'année ; une guerre barbare et sans but engloutit périodiquement une jeunesse arrachée à l'éducation, à l'agriculture, au commerce et aux arts. Les larmes des mères et les sueurs des peuples sont-elles donc le patrimoine des rois? Il est temps que les nations respirent ; il est temps que les puissances cessent de s'entrechoquer et de se déchirer les entrailles ; il est temps que les trônes s'affermissent, et que l'on cesse de reprocher à la France de vouloir porter dans tout le monde les torches révolutionnaires. »

Ce tableau de la situation de l'Empire était loin de celui que le gouvernement avait présenté au corps législatif, au commencement de 1813. Néanmoins, à travers ses exagérations, il exprimait quelques vérités, quelques plaintes légitimes ; il révélait, ainsi que le rapport, cette lassitude commune, ce besoin de paix et de liberté que la nation éprouvait alors réellement. Un pareil langage, en présence du despotisme impérial, était même un acte de courage ; mais le moment était-il bien choisi ? Quand l'invasion étrangère nous menaçait, quand Napoléon n'était plus que le premier soldat de l'Empire, était-ce le moment de protester, de chercher à l'en séparer? Toute opposition devait se taire devant ce grand péril, « et, loin de mettre des conditions au concours du corps législatif, de créer ainsi au chef du gouvernement des embarras inattendus, les commissaires, dit M. Vaulabelle, auraient dû voiler la statue de la Liberté, si l'Empire l'avait laissée debout. Les républiques antiques, dans ce moment suprême, plaçaient toutes les lois sous la sauvegarde d'une dictature. »

Après un débat assez vif, le rapport fut mis aux voix et adopté à une grande majorité. L'assemblée en ordonna l'impression à six exemplaires pour chacun de ses membres. A cette nouvelle, Napoléon, voulant cacher aux étrangers le spectacle de nos divisions, fit arrêter l'impression et saisir les premières épreuves de ce rapport ; il refusa de recevoir l'adresse; la salle des séances fut fermée, et le 31, par un décret impérial, le corps législatif fut ajourné.

Ainsi se termina l'année 1813. Ce nouveau 19 brumaire s'opéra sans bruit. Depuis longtemps la nation était habituée au régime des coups d'État. Ce qui se passait vers les Pyrénées et sur le Rhin absorbait d'ailleurs son attention.

Désireux, sans doute, de faire oublier leur opposition, les députés du corps législatif vinrent, le 1ᵉʳ janvier 1814, présenter leurs hommages à Napoléon. Voici l'allocution qu'il leur adressa :

« Députés du corps législatif!

« Vous pouviez faire beaucoup de bien et vous avez fait beaucoup de mal.

« Les onze douzièmes d'entre vous sont bons, les autres sont des factieux.

« Qu'espériez-vous en vous mettant en opposition? vous saisir du pouvoir? Mais quels étaient vos moyens? Êtes-vous représentants du peuple? Je le suis, moi : quatre fois j'ai été appelé par la nation, et quatre fois j'ai eu les votes de cinq millions de citoyens pour moi. J'ai un titre, et vous n'en avez pas. Vous n'êtes que les députés des départements de l'Empire.

« Qu'auriez-vous fait dans les circonstances actuelles, où il s'agit de repousser l'ennemi? Auriez-vous commandé les armées? auriez-vous eu assez de force pour supporter le poids des factions? Elles vous auraient écrasés, et vous auriez été anéantis par le faubourg Saint-Antoine et le faubourg Saint-Marceau. Auriez-vous été plus puissants que la Constituante et la Convention? Que sont devenus les Guadet et les Vergniaud? Ils sont morts, et votre sort eût été bientôt le même.

« Je vous avais appelés pour m'aider, et vous êtes venus dire et faire ce qu'il fallait pour seconder l'étranger : au lieu de nous réunir, vous nous divisez.

« Votre commission a été entraînée par des gens dévoués à l'Angleterre ; M. Lainé, votre rapporteur, est un méchant homme : il est en correspondance avec elle par l'intermédiaire de l'avocat Desèze : je le suivrai de l'œil.

« Vous exigez de moi ce que n'exigent pas les alliés. S'ils me demandaient la Champagne, vous voudriez que je leur donnasse la Brie.

« Votre rapport a été rédigé avec une astuce et des intentions dont vous ne vous doutez pas. Deux batailles perdues en Champagne eussent fait moins de mal.

« J'ai sacrifié mes passions, mon ambition, mon orgueil, au bien de la France. Je m'attendais que vous m'en sauriez quelque gré ; et lorsque j'étais disposé à faire tous les sacrifices, j'espérais que vous m'engageriez à ne pas faire ceux qui ne seraient point compatibles avec l'honneur de la nation. J'ai été trompé dans mon espoir.

« Dans votre rapport, vous avez mis l'ironie la plus sanglante à côté des reproches ! Vous dites que l'adversité m'a donné des conseils salutaires. Comment pouvez-vous me reprocher mes malheurs ? Je les ai supportés avec honneur, parce que j'ai un caractère fort et fier ; et si je n'avais pas cette fierté dans l'ame, je ne me serais point élevé au premier trône du monde.

« Cependant, j'avais besoin de consolations, et je les attendais de vous. Vous avez voulu me couvrir de boue ; mais je suis de ces hommes qu'on tue, mais qu'on ne déshonore pas.

« Était-ce par de pareils reproches que vous prétendiez relever l'éclat du trône ? Qu'est-ce que le trône, au reste ? Quatre morceaux de bois revêtus d'un morceau de velours.

Tout dépend de celui qui s'y assied. Le trône est dans la nation, et l'on ne peut m'attaquer sans l'attaquer elle-même.

« Est-ce le moment de me faire des remontrances, quand deux cent mille cosaques franchissent nos frontières? Est-ce le moment de venir disputer sur les libertés et les sûretés individuelles, quand il s'agit de sauver la liberté politique et l'indépendance nationale? Vos idéologues demandent des garanties contre le pouvoir; dans ce moment, toute la France ne m'en demande que contre l'ennemi.

« N'êtes-vous pas contents de la constitution? C'est il y a quatre mois qu'il fallait en demander une autre, ou attendre deux ans après la paix. Vous parlez d'abus, de vexations; je sais cela comme vous : cela dépend des circonstances et des malheurs du temps. Pourquoi parler devant l'Europe de nos débats domestiques? Il faut laver son linge sale en famille. Vous voulez donc imiter l'Assemblée Constituante, et commencer une révolution? Mais je n'imiterai pas le roi qui existait alors; j'abandonnerais le trône, et j'aimerais mieux faire partie du peuple souverain, que d'être roi esclave. »

Pendant qu'il parlait ainsi, en effet, deux armées, fortes ensemble de trois cent cinquante mille hommes, avaient franchi la frontière : l'une, celle de Bohême, sous Schwartzemberg, s'avançait, par la Suisse et le Haut-Rhin, sur les deux vallées du Doubs et de la Saône; l'autre, celle de Silésie, sous Blücher, avait passé le Rhin entre Spire et Coblentz, et se dirigeait sur la Haute-Moselle et sur la Meuse. D'un autre côté, cent soixante mille Anglais, Espagnols et Portugais, conduits par Wellington, avaient passé la Bidassoa, et paraissaient aux Pyrénées. Quatre-vingt mille Autrichiens, Illyriens, Italiens, sous Bellegarde et Bubna, cherchaient à se frayer, à travers les Alpes, un chemin jusqu'à Lyon. Cent mille hommes composant l'armée du Nord, sous Bernadotte, avaient envahi la Hollande et pénétraient dans la Belgique. Quatre cent mille autres soldats étaient en réserve.

Ainsi, pour la première fois, l'Europe entière s'avançait contre nous. Napoléon n'avait à lui opposer que soixante mille conscrits et son génie. C'eût été assez, si la nation l'eût secondé ; mais il n'eut recours à elle qu'à la dernière extrémité. « Ils regardent le lion comme mort, disait-il ; c'est à qui lui donnera le coup de pied de l'âne. »

Pendant que, dans ce moment suprême, tout semblait l'abandonner, un homme qui jusque-là avait été son ennemi, Carnot, ne voyant plus que le danger de la patrie, vint à Napoléon et lui demanda à combattre dans ses rangs. « Sire, lui écrivit-il, aussi longtemps que le succès a couronné vos entreprises, je me suis abstenu d'offrir à Votre Majesté des services que je n'ai pas cru lui être agréables ; aujourd'hui que la mauvaise fortune met votre constance à une grande épreuve, je ne balance pas à vous faire l'offre des faibles moyens qui me restent : c'est peu, sans doute, que l'offre d'un bras sexagénaire ; mais j'ai pensé que l'exemple d'un soldat dont les sentiments patriotiques sont connus, pourrait rallier à vos aigles beaucoup de gens incertains sur le parti qu'ils doivent prendre, et qui peuvent se persuader que ce serait servir leur pays que de l'abandonner. Il est encore temps, Sire, de conquérir une paix glorieuse, et de faire que l'amour d'un grand peuple vous soit rendu. »

Napoléon chargea Carnot de la défense d'Anvers.

Cependant, Schwartzemberg marchait sur Paris par la route de Bourgogne, Blücher par celle de la Champagne.

Napoléon acheva ses préparatifs. Il avait choisi Châlons-sur-Marne pour son premier quartier général. Du 15 au 25 janvier, il y dirigea toutes les troupes dont il pouvait disposer. Puis, il pourvut au gouvernement de l'Empire : il confia la régence à Marie-Louise, et lui adjoignit son frère Joseph en qualité de lieutenant-général.

Par un décret du 8 janvier, la garde nationale de Paris avait été organisée. A la veille de partir, Napoléon rassembla aux Tuileries, dans le salon des maréchaux, tout le corps des officiers. « Je pars, leur dit-il, je vais combattre l'ennemi. Je vous recommande d'être unis envers vous ; on ne manquera pas de chercher à vous diviser, à ébranler votre fidélité à vos devoirs ; je compte sur vous pour repousser toutes ces coupables instigations. Je vous laisse, ajouta-t-il d'une voix émue, ma femme et mon fils. Je partirai l'esprit dégagé de toute inquiétude, lorsqu'ils seront sous votre sauvegarde. Je vous laisse ce que j'ai de plus cher au monde, après la France, et le remets à vos soins. » On lui répondit par des acclamations et des serments de fidélité et de dévouement.

Après avoir, dans la nuit, livré aux flammes ses papiers les plus secrets, dit à sa femme et à son fils un long adieu, il partit. Il ne devait plus les revoir !

CHAPITRE XI.

Campagne de 1814. — Plan de campagne de Napoléon. Son arrivée à Châlons-sur-Marne. Il reprend l'offensive. — Combat de Brienne. — Bataille de la Rothière. — Napoléon se retire sur Troyes. — Congrès de Châtillon. — Blücher s'avance sur Paris. — Combat de Champaubert. — Les *Marie-Louise.* — Bataille de Montmirail. — Combat de Château-Thierry. — Bataille de Vauxchamps. Marche de Schwartzemberg sur Paris. Napoléon quitte Blücher pour courir sur les Autrichiens. — Combats de Mormans, de Nangis, de Donnemarie. — Bataille de Montereau. — Combat de Méry-sur-Seine. — Napoléon arrive à Troyes. — Second mouvement de Blücher sur Paris. — Napoléon se met à sa poursuite. — Reddition de Soissons. — Bataille de Craonne. Napoléon chasse les Russes de Reims. — Il décrète la levée en masse. — Schwartzemberg s'avance une seconde fois sur Paris. — Retour de Napoléon sur la Seine. — Terreur et retraite des souverains alliés. — Bataille d'Arcis-sur-Aube. — Traité de Chaumont. — Rupture du congrès de Châtillon. — Napoléon à Saint-Dizier. Son nouveau plan de campagne. — Réapparition des Bourbons. — Les Anglais à Bordeaux. Journée du 12 mars. — Parti royaliste; ses espérances. — M. de Talleyrand et son salon. — Mission de M. de Vitrolles; son entrevue avec l'empereur de Russie. — Jonction de toutes les forces alliées à Châlons-sur-Marne: elles marchent sur Paris. — Départ de Saint-Dizier. — Combats de la Fère-Champenoise et de La Ferté-Gaucher. — Convocation du conseil de régence. — Départ de l'Impératrice et du roi de Rome pour Blois. — Arrivée des alliés devant Paris. — Bataille de Paris. — Retour rapide de Napoléon. Il arrive à cinq lieues de Paris, le 30 mars au soir. — Armistice et capitulation. — Les souverains alliés font leur entrée à Paris. Joie des royalistes. Attitude du peuple. — Conseil chez M. de Talleyrand. — Déclaration des souverains. — Convocation du sénat; il décrète la déchéance. — Napoléon à Fontainebleau. — Il veut marcher sur Paris. Ses maréchaux s'y opposent. — Il abdique en faveur de sa femme et de son fils. — Il envoie des plénipotentiaires à Paris. Conférence entre l'empereur Alexandre et les plénipotentiaires. — Défection de Marmont. — Rejet de la régence. — Retour des plénipotentiaires à Fontainebleau. — Abdication sans réserve. — Traité du 11 avril. — Napoléon tente de se suicider. Ses adieux à sa garde. Il part pour l'île d'Elbe.

'EST dans les plaines de la Champagne que la Révolution avait fait ses premières armes, et commencé la glorieuse carrière de ses victoires ; c'est encore là que ses destinées allaient se jouer : car, bien que les rois ne parussent faire la guerre qu'à Napoléon, c'est à elle surtout, c'est à ses conquêtes qu'ils en voulaient. Chose étrange !

Pendant vingt ans Napoléon n'avait cessé de la combattre, et lorsque, attaquée par les puissances conjurées, elle reste indifférente à la lutte qui la regarde, seul, Napoléon se présente pour la soutenir. Jamais il ne se sera montré plus grand ; « Nouvel Antée, il lui aura suffi de toucher la terre natale pour retrouver toute la force, toute l'énergie de ses plus jeunes et de ses plus belles années de gloire[1]. »

Quand Napoléon marcha en Champagne, Schwartzemberg et Blücher étaient sur le point d'opérer leur jonction. Paris était le but de tous leurs efforts, Troyes le point où ils devaient se réunir. Hors de là, Napoléon se croyait en sûreté. Aux Pyrénées, Soult et Suchet, avec soixante-dix mille hommes, arrêtaient Wellington ; cinquante mille hommes sous Eugène défendaient le passage des Alpes. Si la frontière du Nord était faiblement gardée, n'avait-elle pas pour elle ses canaux, ses rivières, ses fleuves, ses places fortes ? De ces trois côtés Paris n'avait donc rien à craindre. Son seul péril était dans les armées de Schwartzemberg et de Blücher : c'est contre elles que Napoléon va diriger ses coups. Or, ainsi qu'on l'a vu, il avait à peine avec lui soixante mille hommes de nouvelles levées. Comment résister à toutes ces masses ? Il les divisera, il multipliera ses attaques, il suppléera, par leur vigueur, à l'infériorité du nombre. Tel est son plan. « Si la nation me seconde, dit-il, l'ennemi marche à sa perte ; si la fortune me trahit, mon parti est pris : je ne tiens pas au trône ; je n'avilirai ni la nation ni moi, en souscrivant à des conditions honteuses. »

Parti de Paris le 25 janvier, Napoléon arriva à Châlons le même jour. Dès le lendemain, il reprit l'offensive. Il chassa l'ennemi de Saint-Dizier. Voulant occuper Troyes avant lui, et empêcher ainsi la jonction des deux armées, il traversa

---

1 Vaulabelle, *Histoire des deux Restaurations*.

la forêt du Der, atteignit le 28 Montier-en-Der, et arriva le 29 à Brienne. Blücher en occupait le château. Attaqué avec vigueur par Napoléon, il fut contraint de se retirer, et ne dut son salut qu'à la vitesse de son cheval.

C'était une victoire ; mais elle ne servit qu'aux deux généraux ennemis, dont elle hâta la jonction. Ils se rencontrèrent, en effet, à Bar-sur-Aube. Alors, descendant la rive droite, ils revinrent sur Brienne. Nos avant-postes se trouvaient à deux lieues et demie au-dessus de cette ville, au village de la Rothière. Un combat s'engagea. Pendant douze heures, quarante mille Français soutinrent le choc de plus de cent soixante mille hommes, et parvinrent à conserver le champ de bataille (1er février). A la faveur de la nuit, ils passèrent sur la rive gauche de l'Aube, et se retirèrent en bon ordre sur Troyes.

Pendant ce temps, Marmont arrivait à Arcis, après s'être ouvert, l'épée à la main, la route de cette ville, que vingt-cinq mille Austro-Bavarois lui avaient coupée.

Cependant, les souverains alliés n'avaient pas renoncé à leur projet d'un congrès pour la pacification générale de l'Europe. Avant de passer le Rhin, ils avaient publié une déclaration dans laquelle ils protestaient de leur désir pour la paix, de la justice et de la générosité de leurs vues. « Les souverains alliés, y disait-on, désirent que la France soit grande, forte et heureuse, parce que la puissance française, grande et forte, est une des bases fondamentales de l'édifice social. Ils désirent que la France soit heureuse, que le commerce français renaisse, que les arts, ces bienfaits de la paix, refleurissent, parce qu'un grand peuple ne saurait être *tranquille* qu'autant qu'il est heureux. Les puissances confirment à l'Empire français une étendue de territoire que n'a jamais connue la France sous ses rois, parce qu'une nation valeureuse ne déchoit pas pour avoir à son tour éprouvé des revers dans une lutte opiniâtre et sanglante, où elle a combattu avec son audace accoutumée. »

Après ces protestations, ils déclaraient « qu'ils ne poseraient pas les armes avant que l'état politique de l'Europe ne fût de nouveau affermi, avant que des principes immuables n'eussent repris leurs droits sur de vaines prétentions, avant que la sainteté des traités n'eût assuré une paix véritable à l'Europe. »

Ainsi parlaient les souverains alliés. Il y avait loin de ce langage au manifeste de Brunswick. Telle était la crainte dont cette nation les avait remplis pendant vingt ans, que, même vaincue, elle semblait leur imposer. Cependant, tout en offrant la paix, ils ne se hâtaient pas de la conclure; ils différaient toujours l'ouverture du congrès. Ils dormaient sur la foi de leur victoire. Il ne fallut pas moins que Napoléon tirât l'épée pour les réveiller. Alors on convint que le congrès s'ouvrirait, non plus à Manheim, mais à Châtillon-sur-Seine. Voici les noms des plénipotentiaires : pour la Russie, le comte Razumouski; pour l'Angleterre, lord Castlereagh; pour l'Autriche, le comte de Stadion; pour la Prusse, le baron de Humboldt; pour la France, M. de Caulincourt, duc de Vicence.

Napoléon avait d'abord prescrit au duc de Vicence de ne rien céder sur les *frontières naturelles*. — Après la seconde journée de Brienne, il lui donna *carte blanche* « pour conduire les négociations à une heureuse issue, sauver la capitale et éviter une bataille où étaient les dernières espérances de la nation. »

Mais les prétentions des alliés avaient grandi avec leur fortune; ils refusèrent de traiter sur les bases des *frontières naturelles* qu'ils avaient eux-mêmes fait proposer.

« Que la France, disaient-ils, rentre dans les limites

qu'elle avait *avant la Révolution*, et qu'elle renonce à toute influence hors de ses anciennes limites;

« Qu'elle rende sans délai, et sans exception, les forteresses des pays cédés, et toutes celles encore occupées par ses troupes en Hollande, en Belgique, en Allemagne, en Italie;

« Que les places de Besançon, Béfort, Huningue, soient remises aux armées alliées, également sans délai, à titre de dépôt, jusqu'à ratification de la paix définitive[1]. »

Qu'on se figure la colère de Napoléon à la lecture de ce protocole. Il était alors à Nogent. Berthier et le duc de Bassano étaient présents dans son cabinet quand il le reçut. Ils lui conseillèrent de céder :

« Quoi! s'écria-t-il, vous voulez que je signe un pareil traité, et que je foule aux pieds mon serment! Des revers inouïs ont pu m'arracher la promesse de renoncer aux conquêtes que j'ai faites; mais que j'abandonne aussi celles qui ont été faites avant moi; que, pour prix de tant d'efforts, de sang et de victoires, je laisse la France plus petite que je ne l'ai trouvée : jamais !... Vous êtes effrayés de la continuation de la guerre : moi, je le suis de dangers plus certains que vous ne voyez pas. Si nous renonçons à la limite du Rhin, ce n'est pas seulement la France qui recule, c'est l'Autriche et la Prusse qui s'avancent!... Songez-y. Que serais-je pour les Français, quand j'aurai signé leur humiliation? Que pourrais-je répondre aux républicains du sénat, quand ils viendront me demander leur barrière du Rhin? Dieu me préserve de tels affronts!... Répondez à Caulincourt, si vous le voulez; mais dites-lui que je rejette ce traité. Je préfère courir les chances les plus rigoureuses de la guerre. »

[1] Protocole du 7 février.

Disant ces mots, Napoléon se jeta sur son lit-de-camp. A peine Berthier et le duc de Bassano venaient de le quitter, il reçut de Macdonald un rapport qui vint ranimer ses espérances. Un moment après, le duc de Bassano rentra; il le trouva couché sur d'immenses cartes, un compas à la main. « Ah! vous voilà, lui dit Napoléon; il s'agit maintenant de bien d'autres choses! Je suis en ce moment à battre Blücher de l'œil; il s'avance sur Paris par la route de Montmirail; je pars : je le battrai demain; je le battrai après demain; si ce mouvement a le succès qu'il doit avoir, l'état des affaires se trouvera complètement changé, et nous verrons alors. »

Aussitôt Napoléon se mit en marche. Il franchit rapidement les douze lieues de traverse qui séparent la route qu'il barrait alors, de celle que suivait Blücher, et rencontra, le 10 février, à Champaubert, plusieurs de ses colonnes. Il les attaqua sur-le-champ, les mit en pleine déroute, et coupa en deux une seconde fois l'armée de Silésie.

Il y avait un régiment qui n'était composé que de jeunes conscrits : on les appelait les *Marie-Louise*. « Ces enfants, dit le colonel Fabvier, manquaient de force et d'instruction; mais, chez eux, l'honneur remplaçait tout, et leur courage était indomptable. Au cri : *En avant les Marie-Louise!* on voyait leurs figures éteintes se couvrir de la plus noble rougeur; affaiblis par la fatigue et par la faim, leurs genoux se raidissaient pour voler à l'ennemi. Quant à ce qu'ils savaient faire, les grenadiers russes peuvent le dire. »

A Champaubert, « le corps d'Alsufieff, composé de neuf mille grenadiers, ajoute le colonel Fabvier, fut totalement détruit; ce général fut pris dans le bois par un chasseur du 16e, conscrit de six mois, qui ne voulut jamais le quitter qu'il ne l'eût conduit à l'Empereur ; il fut fait légionnaire.

« Un enfant de treize ans amena d'une lieue deux grenadiers. Il avait pour arme un grand couteau de boucher qu'il brandissait d'un air tout-à-fait plaisant. « Ces gaillards-là voulaient broncher, disait-il, mais je les ai bien fait marcher [1]. »

A la nouvelle de la défaite de Blücher, Sacken et Yorck, qui n'étaient qu'à une petite distance de Meaux, s'arrêtèrent, et revinrent en toute hâte sur leurs pas. Napoléon s'avança au-devant d'eux, les rencontra à Montmirail, les culbuta sur tous les points, et les poursuivit jusqu'à Château-Thierry, d'où il les chassa et les obligea à s'enfuir vers Soissons.

Cependant, Blücher s'était renforcé : il s'avança pour s'ouvrir une seconde fois la route de Châlons à Paris. Napoléon, laissant à Mortier la poursuite de Sacken et d'Yorck, marcha à la rencontre du général prussien. Arrivé dans la plaine de Vauxchamps, il s'y posta, passa la nuit à faire ses dispositions, et le lendemain ordonna l'attaque. Bien qu'ils fussent à peine un contre quatre, nos soldats culbutèrent l'ennemi sur tous les points, et le forcèrent à la retraite.

Ainsi, en cinq jours, Napoléon, avec sa faible troupe, était parvenu à disperser une armée de cent mille hommes. « Il est beau de le voir dans ce moment, dit Mignet, non plus oppresseur, non plus conquérant, défendre pied à pied, par de nouvelles victoires, le sol de la patrie en même temps que son empire et sa renommée. »

Napoléon écrivit à son plénipotentiaire :

---

[1] *Journal des opérations du sixième corps pendant la campagne de* 1814.

« Monsieur le duc de Vicence,

« Je vous avais donné carte blanche pour sauver Paris, et éviter une bataille qui était la dernière espérance de la nation. La bataille a eu lieu ; la Providence a béni nos armes, j'ai fait trente à quarante mille prisonniers et enlevé deux cents pièces de canon... Votre attitude doit être la même ; vous devez tout faire pour la paix ; mais mon intention est que vous ne signiez rien sans mon ordre, parce que seul je connais ma position. »

Napoléon se multipliait, mais il ne pouvait faire face à tout. Attaqué de tous côtés par des forces supérieures, il était envahi partout où il n'était pas, partout où il n'était plus. C'est ainsi que, pendant qu'il battait Blücher sur la Marne, Schwartzemberg avait forcé le passage de la Seine à Nogent, à Bray, à Montereau, et s'avançait sur Paris. Alors, Napoléon quitte la poursuite de Blücher pour courir sur les Autrichiens. Secondé par le patriotisme de la population, il les bat à Mormans, à Nangis, à Donnemarie, et les chasse devant lui. Schwartzemberg se retire, laissant tous les chemins couverts de ses morts et de ses blessés. Cependant, les Wurtembergeois veulent défendre Montereau : Napoléon accourt, il enlève les hauteurs qui dominent le confluent de la Seine et de l'Yonne, y fait établir des batteries, pointe lui-même ses canons, et commande le feu. Il voit tomber à ses côtés, sans s'émouvoir, les boulets ennemis. Ses soldats murmurent de le voir s'exposer ainsi ; ils insistent même pour qu'il se retire : « Allez, mes amis, leur répond-il, le boulet qui doit me tuer n'est pas encore fondu. » Alors, il lance Gérard sur le faubourg le plus rapproché, et Pajol, avec sa cavalerie, sur les ponts. Un plein succès couronne ces deux mouvements ; l'ennemi est refoulé dans la ville, et y est écrasé ; il repasse bientôt la Seine, après avoir perdu six mille hommes.

Schwartzemberg ordonne la retraite sur Troyes. Napoléon s'élance à sa poursuite, par Bray et Nogent. Arrivé à Méry-sur-Seine, il trouve cette ville occupée par un corps de Blücher. Ce général, après la bataille de Vauxchamps, s'était retiré en désordre sur Châlons. Parvenu à rallier soixante mille hommes, il se portait sur Troyes pour y rejoindre Schwartzemberg, lorsqu'il se heurta, le 22 février, à Méry, contre les colonnes de marche de Napoléon. Après un combat sanglant où Blücher lui-même fut blessé, la ville fut emportée et l'ennemi rejeté sur l'Aube. Napoléon arriva à Troyes, que les souverains alliés venaient d'évacuer après un séjour de trois semaines. C'est ainsi qu'en six jours, il avait forcé les Autrichiens à reculer de plus de soixante lieues.

Schwartzemberg lui fit demander un armistice. Napoléon consentit à négocier, mais il n'en continua pas moins à poursuivre l'ennemi l'épée dans les reins.

Battu à Méry, et sa jonction avec Schwartzemberg se trouvant manquée, Blücher avait repassé l'Aube et gagné de nouveau le bassin de la Marne. Arrivé là, il résolut de tenter un mouvement sur Paris, que couvraient Marmont et Mortier, mais avec dix mille hommes seulement. Déjà il n'était plus qu'à deux journées de marche de la capitale. A cette nouvelle, Napoléon part de Troyes et marche au secours de Paris; mais à peine a-t-il quitté Troyes, qu'il apprend que Schwartzemberg a repris l'offensive, rallié ses forces, et revient, de son côté, sur Paris. Placé entre deux assaillants, Napoléon ne désespère pas de leur tenir tête. Il arrive, par Sézanne, à la Ferté-Gaucher. A son approche, Blücher arrête son mouvement, et passe la Marne. Napoléon croit tenir son adversaire, quand, des hauteurs qui dominent la Ferté-sous-Jouarre, il le découvre sur l'autre rive, se retirant sur Soissons. Aussitôt, il passe la Marne et court sur cette ville. Blücher laissait à chaque pas des blessés, des traînards, des bagages. D'un autre côté, pressé sur sa droite par Napoléon, menacé à gauche par Mortier et Marmont, à qui Napoléon avait ordonné de reprendre l'offensive par Villers-Cotterets, arrêté par l'Aisne, dont Soissons garde le seul passage, il voit sa perte inévitable. Désespéré, il arrive devant cette ville, ordonne l'attaque : mais la ville ne se défend pas ; étonné, il entre dans la place ; il y trouve Bulow et Wintzingerode qui venaient de s'en emparer par la lâche faiblesse de son commandant, le général Morau. Celui-ci, en effet, pouvant se défendre, avait capitulé, et, par là, sauvé le général prussien.

Blücher ne s'arrêta pas dans Soissons, il se retira sur Laon. Après avoir essayé vainement d'enlever Soissons, Napoléon suivit le mouvement de l'ennemi. Il força le passage de l'Aisne à Berry-au-Bac, et rencontra Blücher sur les hauteurs de Craonne où il s'était retranché. Il parvint à l'en chasser ; mais Blücher sauva sa retraite, et se replia sur Laon. Il avait rétrogradé de vingt-cinq lieues.

Rejoint par une partie de l'armée de Bernadotte, il se vit plus fort que jamais ; il commandait encore à plus de cent mille hommes. Bien qu'il n'eût à lui opposer que trente mille conscrits, Napoléon résolut de l'attaquer ; mais tous ses efforts vinrent se briser contre la force de la position et le nombre. Nos soldats étaient un contre cinq. Dans la nuit, le corps de Marmont avait été surpris et dispersé, ce qui avait encore réduit leur nombre. Napoléon, avec les vingt mille hommes qui lui restaient, se retira sur Soissons, et de là sur Reims, d'où il chassa le corps russe de Saint-

Priest, qui l'occupait, après lui avoir fait perdre quatre mille hommes et son général. Il séjourna trois jours dans cette ville, où Blücher n'avait pas osé le suivre.

« Du moment de l'entrée des troupes alliées, avait dit Blücher dans sa proclamation aux habitants de la rive gauche du Rhin, toute communication avec l'Empire français devra cesser. Tous ceux qui ne se conformeront pas à cet ordre seront coupables de trahison envers les puissances alliées; ils seront traduits devant un conseil de guerre, et punis de mort. »

Napoléon répondit à cette proclamation par le décret suivant :

« Considérant que les généraux alliés ont déclaré qu'ils passeraient par les armes tous les paysans qui prendraient les armes.

« 1° Tous les citoyens français sont, non-seulement autorisés à courir aux armes, mais requis de le faire ; de sonner le tocsin aussitôt qu'ils entendront le canon de nos troupes s'approcher d'eux; de se rassembler, de fouiller les bois, de couper les ponts, d'intercepter les routes, et de tomber sur les flancs et sur les derrières de l'ennemi.

« 2° Tout citoyen français pris par l'ennemi et qui serait mis à mort, sera sur-le-champ vengé par la mort, en représailles, d'un prisonnier ennemi.

« Considérant que les peuples des villes et des campagnes, indignés des horreurs que commettent sur eux les ennemis, et spécialement les Russes et les cosaques, courent aux armes par un juste sentiment de l'honneur national, pour arrêter des partis de l'ennemi, enlever ses convois et lui faire le plus de mal possible; mais que dans plusieurs lieux ils en ont été détournés par le maire ou par d'autres magistrats ;

« Tous les maires, fonctionnaires publics et habitants qui, au lieu d'exciter l'élan patriotique du peuple, le refroidissent, ou dissuadent les citoyens d'une légitime défense, seront considérés comme traîtres, et traités comme tels. »

Cependant, Schwartzemberg s'avançait une seconde fois sur Paris par la vallée de la Seine. Dans la nuit du 13 au 14 mars, il avait passé cette rivière à Pont. Le 16, son avant-garde était à Provins, à deux jours de marche de la capitale. Ne pouvant se placer entre Paris et le généralissime autrichien, Napoléon se décide à se jeter sur ses derrières, et à le forcer de suspendre sa marche pour se retourner contre lui. Le 17, il quitte Reims avec sa petite armée, et arrive le même jour à Épernay. A la nouvelle de la marche de Napoléon sur ses derrières, Schwartzemberg effrayé se retire encore. Son effroi gagne les souverains alliés. Déjà ils croient voir leurs communications avec le Rhin coupées par ce mouvement hardi et imprévu, et ils s'enfuient, l'empereur d'Autriche jusqu'à Dijon, l'empereur de Russie et le roi de Prusse à quelques lieues au-delà de Troyes. On dit qu'alors Alexandre s'écria à plusieurs reprises, durant cette marche, « que sa tête en blanchirait. »

Napoléon venait d'arriver au petit hameau de Châtres, quand il apprit cette retraite de l'ennemi. Continuant son mouvement sur ses derrières, il partit de Châtres, le 20, dans la nuit, revint sur ses pas et remonta la rive droite de l'Aube. Il croyait l'ennemi replié à plus de vingt lieues, quand, arrivé à la hauteur d'Arcis, il découvrit un corps de troupes assez considérable sur l'autre côté de l'Aube. Dans un conseil tenu par les souverains alliés, l'empereur de Russie avait fait décider la concentration de toutes les forces de la coalition à Châlons, pour marcher ensuite, en une seule masse sur Paris. Or, la route qui devait conduire Schwartzemberg à Châlons traversait Arcis, et c'est lui que Napoléon y rencontra.

A la vue d'un ennemi huit fois plus nombreux se déployant sur l'autre rive, son courage s'exalte, et, traversant le pont et la ville, il se porte au-devant des Autrichiens. Bientôt la bataille s'engage : l'épée à la main, Napoléon lutte de sa personne, au milieu des charges de cavalerie dont il est enveloppé. A la vue d'un obus prêt à éclater dans ses rangs, la garde s'ébranle : Napoléon lance son cheval sur l'obus, et reproche à ses vieux compagnons une faiblesse indigne d'eux. Ses paroles les électrisent. Tout-à-coup l'obus éclate ; son cheval est tué ; il s'élance sur un autre, et court à un nouveau péril. La mort n'avait pas voulu de lui !

Repoussé dans Arcis, Napoléon parvient à s'y maintenir ; mais voyant qu'il lui est impossible de vaincre, il ne combat plus que pour assurer sa retraite. Il repasse l'Aube après avoir brûlé les ponts.

Cependant, la lutte se poursuivant plus active que jamais, les négociateurs de l'armistice s'étaient retirés. Alors la Russie, l'Angleterre, la Prusse, l'Autriche, conclurent, à Chaumont, un traité par lequel elles s'engageaient, dans le cas où Napoléon refuserait d'accepter les conditions proposées le 17 février, à poursuivre, *pendant vingt ans*, la guerre avec vigueur et dans un *parfait concert*. Chaque puissance continentale devait tenir en campagne active cent cinquante mille hommes, et l'Angleterre fournir un subside annuel de 4,800,000 livres sterling à répartir entre ses trois alliées. Aucune négociation séparée ne pouvait avoir lieu avec l'ennemi commun.

Ce traité, « qui avait pour but, disait-il, d'arriver à une pacification générale, et de maintenir l'équilibre en Europe, » n'arrêta pas les négociations de Châtillon. Par le protocole du 13 mars, les alliés signifièrent au plénipotentiaire français qu'ils ne se départiraient pas de leurs demandes, et provoquèrent une réponse catégorique. Si, le 15, il n'avait pas accepté le traité sans conditions, le congrès était rompu.

Pour toute réponse, le 15, Caulincourt présenta au congrès un projet de traité qui laissait à la France la Belgique, Anvers, la rive gauche du Rhin et la Savoie; au prince Eugène la couronne d'Italie; à la princesse Élisa la principauté de Lucques; la principauté de Neufchâtel à Berthier; et le duché de Bénévent à M. de Talleyrand.

Ces propositions, négation formelle du projet des coalisés, furent rejetées. Avant de se dissoudre, le congrès signa un protocole final dans lequel il déclara, « que la France gardant une force territoriale infiniment plus grande que ne le comportait l'équilibre de l'Europe, conservant des positions offensives et des points d'attaque au moyen desquels son gouvernement avait déjà effectué tant de bouleversements, les cessions qu'elle ferait ne seraient qu'apparentes. Considérant, ajoutait-il, que le contre-projet présenté ne s'éloigne pas seulement des bases de paix proposées, mais qu'il est essentiellement opposé à leur esprit, et qu'ainsi il ne remplit aucune des conditions mises à la prolongation des négociations de Châtillon, les cours alliées déclarent qu'indissolublement unies pour le grand but qu'elles espèrent atteindre, elles ne font *point la guerre à la France*; qu'elles regardent les *justes* dimensions de cet empire comme une des premières conditions d'un état d'équilibre politique; mais qu'elles ne poseront pas les armes avant que leurs principes n'aient été reconnus et admis par son gouvernement. »

« Si j'avais signé les anciennes limites, écrivait Napoléon

à son frère Joseph, j'aurais couru aux armes deux ans après, et j'aurais dit à la nation que ce n'était pas une paix, mais une capitulation. Je ne pourrais le dire d'après le nouvel état de choses, puisque la fortune étant revenue de mon côté, je suis maître de mes conditions. » Seul, en effet, avec sa poignée de soldats, Napoléon, depuis le commencement de la campagne, avait fait face aux deux grandes armées de la coalition, et, s'il ne les avait point repoussées du territoire, du moins avait-il acquis le droit que ses victoires lui fussent comptées pour quelque chose dans les délibérations du congrès. Il n'en fut rien cependant ; les souverains alliés connaissaient mieux que lui sa situation ; ils n'avaient voulu que l'abuser en négociant. Après vingt ans de combats, ils avaient fini par découvrir le point vulnérable d'Achille. « Nous ne faisons point la guerre à la France, » ne cessaient-ils de déclarer. Protestations habiles, et qui contribuèrent plus que le nombre et la force de leurs armées au succès de leur invasion ! Beaucoup, en effet, y crurent, et séparèrent la cause de Napoléon de celle de la France. Seul, le peuple ne vit dans cette guerre que l'indépendance nationale menacée ; mais sans armes, que pouvait-il faire ? Dans ce péril suprême, Napoléon eut tort de ne pas se fier à lui. A la vérité, il avait, par le décret du 5 mars[1], c'est-à-dire deux mois après l'invasion de la Lorraine, de l'Alsace et des Vosges, *autorisé* tous les citoyens français à courir aux armes ; mais est-ce ainsi qu'on donne l'élan à un grand peuple ? Quand l'Assemblée législative, quand la Convention proclamèrent le danger de la patrie, elles n'*autorisèrent* point, elles *provoquèrent* ; et la patrie fut sauvée. Cependant, sans attendre qu'il y fût autorisé, le peuple, en plusieurs endroits, s'était déjà insurgé pour repousser l'invasion. Des

---

[1] Voir la page 384.

partis nombreux parcouraient les campagnes, enlevant les convois, les patrouilles, les corps isolés, et causaient à l'ennemi des pertes considérables. Sur leur passage, les coalisés ravageaient les propriétés, les habitations ; exaspérés, les paysans se soulevaient et leur faisaient payer cher ces actes de violence. Dans les Vosges, plusieurs détachements autrichiens avaient été victimes de la fureur des montagnards. Dans la Meuse, un corps de partisans avait tué un général russe, et dispersé le régiment qui l'escortait ; en Alsace et dans la Haute-Saône, en Bourgogne et en Champagne, les mêmes symptômes se manifestaient. « Dans cette campagne sacrée où chacun défendait le sol qui l'avait vu naître, chaque jour, dit le colonel Fabvier, voyait des scènes cruelles ou attendrissantes ; tantôt, malgré nos efforts, il fallait abandonner aux barbares nos villes, nos villages et leurs habitants ; d'autres fois, nous y rentrions en vainqueurs, et alors malgré les pillages et les incendies, ces nobles paysans venaient nous offrir leurs dernières ressources. Souvent on voyait, du milieu d'épaisses forêts, s'élever des colonnes de fumée ; c'étaient des vivres qui cuisaient pour nous ; on les apportait, à la faveur de la nuit, à nos colonnes harassées [1]. »

Napoléon reconnut, mais trop tard, tout le parti qu'il pouvait tirer d'une insurrection nationale. C'est pourquoi il y eut recours. Après la bataille d'Arcis, il se porta, par la traverse, vers la Haute-Meuse et la Lorraine, soufflant partout sur son passage le feu de la guerre, et soulevant les populations. Il y a deux mois, cet appel à l'énergie et au patriotisme des masses aurait arrêté l'ennemi à la frontière. « Jamais, assurément, dit M. Vaulabelle, les souverains n'auraient osé franchir le Rhin, si, au lieu de rencon-

[1] *Journal des opérations du 6ᵉ corps pendant la campagne de 1814.*

trer pour uniques adversaires Napoléon, ses lieutenants enrichis, ses fonctionnaires sans conviction, et ses soldats épuisés, ils avaient dû lutter contre la nation tout entière, debout et armée pour le maintien de son indépendance... Triste condition des fortunes que l'aveuglement ou les préjugés des nations font si hautes! Napoléon, ce génie dont le regard était si perçant, ne voyait plus rien, depuis longtemps, au-delà de l'horizon borné que lui faisait son entourage officiel. Il fallut les hasards de la campagne de 1814, ainsi que le contact inattendu où elle le mit avec les vignerons de la Champagne et de la Bourgogne, avec les ouvriers des villes de ces deux provinces, pour lui faire découvrir toutes les ressources qu'il aurait pu trouver dans le courage, dans le patriotisme inépuisable de ces classes si nationales, si fortes et pourtant si dédaignées, dont le concours moins tardif aurait sauvé son empire, comme il avait sauvé la République vingt ans auparavant; classes que jusque-là il n'avait aperçues que du haut des fenêtres de ses palais, ou à travers les platitudes oratoires de ses fonctionnaires, de ses autorités constituées, de ce monde officiel qui se renouvelle sanschanger jamais, et dont le banal dévouement à tous les puissants et à tous les régimes, n'a jamais sauvé ni un pouvoir ni un souverain. »

Cependant, Napoléon pouvait encore espérer dans sa fortune : en se jetant, par Saint-Dizier, dans la Lorraine, il avait conçu le hardi projet d'y rallier les insurgés et les garnisons des places. Appuyé sur un demi-million d'hommes armés, il devait tomber sur les flancs et les derrières de l'ennemi, lui fermer la sortie de la France, et l'obliger ainsi à changer la base de ses opérations. Tel était son nouveau plan de campagne.

Après vingt ans de silence et d'oubli, les princes de la

maison de Bourbon s'étaient enfin réveillés. Ce qu'ils avaient tenté vainement en 1792, nos revers, en 1814, l'avaient opéré : la France était envahie, et la révolution menacée. Jusque-là le rôle de ces princes s'était borné à des protestations ou à des intrigues, qui avaient trouvé les cabinets indifférents ; l'invasion étrangère vint ranimer leurs espérances. Déjà le duc de Berry était arrivé à Jersey, le comte d'Artois à Vesoul, avec l'arrière-garde des alliés, le duc d'Angoulême à Saint-Jean-de-Luz, à la suite de l'armée anglaise. Celui-ci avait arboré le drapeau royaliste. « J'arrive, avait-il dit dans une proclamation, je suis en France ! Je viens briser vos fers, je viens déployer le drapeau blanc, le drapeau sans tache que vos pères suivaient avec tant de transports. Ralliez-vous autour de lui, braves Français ! marchons tous ensemble au renversement de la tyrannie ! »

Soult, que Wellington poussait alors sur Toulouse, répondit à cette proclamation par un ordre du jour dans lequel il disait :

« On a osé insulter à l'honneur national, on a eu l'infamie d'exciter les Français à trahir leurs serments, et à être parjures envers l'Empereur. Cette offense ne peut être vengée que dans le sang. Aux armes ! Que dans tout le midi de l'Empire ce cri retentisse !

« Soldats ! vouons à l'opprobre et à l'exécration publique tout Français qui aura favorisé, d'une manière quelconque, les projets insidieux des ennemis. Quant à nous, notre devoir est tracé ; combattons jusqu'au dernier les ennemis de notre auguste Empereur et de notre chère France. Haine implacable aux traîtres et aux ennemis du nom français ! Guerre à mort à ceux qui tenteraient de nous diviser pour nous détruire ! Contemplons les efforts prodigieux de notre grand Empereur ; et ses victoires signalées. Soyons toujours dignes de lui ; soyons

Français, et mourons les armes à la main plutôt que de survivre à notre déshonneur ! »

Troyes fut la première ville où l'antique cri de *vive le roi!* se fit entendre. Bordeaux ayant ouvert ses portes aux Anglais, le duc d'Angoulême y entra, le 12 mars, précédé du corps municipal et de quelques volontaires à cheval qui s'étaient portés à sa rencontre. Sa venue excita un véritable enthousiasme. *Plus de guerre, plus de conscription, plus de droits réunis, plus d'impôts vexatoires!* répondait-il à la foule qui le saluait de ses acclamations, et ces paroles, répétées de bouche en bouche, lui conquirent tous les suffrages. Toutefois, ce mouvement ne s'étendit pas au-delà de Bordeaux : simple protestation contre le despotisme impérial, il fut sans influence sur les grands évènements qui suivirent. A cette époque, en effet, le parti royaliste n'en était encore qu'à espérer. Dans quelques salons de Paris, dans quelques châteaux de province, on se bornait à faire des vœux pour la chute de Napoléon, que l'on commençait à regarder comme un évènement possible. Quoique fatiguée du régime politique de l'Empire, la nation ne demandait ni ne voulait de contre-révolution ; elle vivait, depuis vingt ans, dans un complet oubli de l'ancienne monarchie. Les coalisés eux-mêmes, qui, les premiers, s'étaient armés pour sa cause, étaient loin alors d'y songer. Ce qu'ils désiraient, disaient-ils, c'était la paix. Ainsi, au congrès de Châtillon, le nom des Bourbons ne fut jamais prononcé. A Troyes, quelques royalistes étaient venus supplier Alexandre « d'agréer leur vœu pour le rétablissement de la maison royale de Bourbon sur le trône de France. » Ce prince leur avait répondu : « Les chances de la guerre sont incertaines, et je serais fâché de vous voir sacrifiés. » « L'Autriche, disait le prince de Lichtenstein à Napoléon, ne se prêtera jamais à une combinaison hostile à l'existence politique de Votre Majesté et au maintien de sa dynastie. » Ainsi, le rétablissement de l'ancienne famille n'était ni dans les vues des souverains alliés, ni dans les souhaits de la nation. C'est à Paris, dans le salon de M. de Talleyrand, qu'il se décida et s'accomplit.

Noble de vieille race, M. de Talleyrand avait traversé la révolution en se livrant à sa fortune : évêque constitutionnel sous la Constituante, émigré sous la Convention, ministre sous le Directoire, prince sous l'Empire, il avait tour-à-tour applaudi aux coups d'État de fructidor et de brumaire, au gouvernement républicain et au despotisme impérial. Toute sa politique consistait à manœuvrer « selon le vent. » Personnage obligé de tous les évènements qui se succédaient depuis trente années, comme l'acteur antique, il ne jouait son rôle que couvert d'un masque. Dans cette ame, incapable de haïr et d'aimer, rien ne remuait : c'était le calme de l'indifférence. Sceptique en toutes choses, il ne croyait qu'aux faits accomplis. Alors il s'y attachait ou s'en retirait, suivant qu'il en pressentait les suites. Homme des tempêtes politiques, il les voyait venir de loin ; mais, profondément égoïste, il n'avertissait du péril que lui seul et savait se mettre à l'écart, observant, et agissant, quand le moment était venu, soit pour aider au naufrage, soit pour en recueillir les débris. Napoléon l'avait surchargé de dignités et de traitements : il l'avait fait prince de Bénévent, vice-grand-électeur de l'Empire, vice-président du sénat, membre du conseil de régence. Tombé depuis peu dans sa disgrâce, M. de Talleyrand allait se déclarer contre lui, après avoir contribué à son élévation. Toutefois, ne voulant pas se compromettre, il observait, il attendait, avant de se prononcer, de quel côté s'écroulerait l'édifice. Il ne conspirait pas, il voulait la ruine de Napoléon ; mais ses désirs n'allaient pas au-delà de la régence de Marie-Louise. Une telle perspective souriait à son égoïsme. Quant aux Bourbons, il y pensait à peine. « A l'Empereur, je préférerais tout, *même les Bourbons*, disait-il à la duchesse de Vicence, quelque temps avant le 31 mars. Ces paroles expliquent toute sa conduite dans les premiers mois de 1814.

Ses salons étaient devenus le rendez-vous de tous les opposants. On y était sans nouvelles des alliés, on s'y inquiétait de leurs projets, on y commentait les bulletins publiés par le *Moniteur*. C'est dans une de ces conversations politiques, que M. de Talleyrand entendit parler de M. de Vitrolles. Ancien soldat de l'armée de Condé, M. de Vitrolles était venu à Paris dans les derniers jours d'octobre 1813, attiré par le vague sentiment d'une crise prochaine. Aventureux et résolu, il aspirait au rétablissement des Bourbons. Ami de M. de Dalberg, l'homme le plus avant dans l'intimité de M. de Talleyrand, il s'ouvrit à lui de son projet. On parla de l'envoyer à Châtillon pour savoir ce qui se passait au congrès, et sonder les sentiments des alliés. On demanda à M. de Talleyrand quelques lignes pour l'accréditer : il refusa. Alors M. de Dalberg, se souvenant des relations que M. de Stadion et lui avaient eues avec deux jeunes dames de Vienne, écrivit leurs noms sur un carnet. Ces noms furent les seules lettres de créances de M. de Vitrolles auprès du plénipotentiaire autrichien. Ils lui suffirent pour s'en faire reconnaître. Un frivole souvenir, voilà d'où sortit la Restauration ! De Châtillon, M. de Vitrolles se rendit à Troyes, où était l'empereur Alexandre. Il sollicita une audience de ce prince, et l'obtint. Jusque-là, Alexandre avait témoigné une répugnance extrême pour les Bourbons. « Rétablir cette dynastie sur le trône, disait-il, c'est ouvrir carrière à des vengeances terribles. D'ailleurs, ajoutait-il, personne n'y songe aucune voix ne les appelle. Quelques émigrés venant nous dire à l'oreille que leur pays est royaliste, représentent-ils l'opinion publique? » M. de Vitrolles plaida avec tant de chaleur et de conviction la cause de ces princes, qu'il finit par ébranler Alexandre. « Sire, dit M. de Vitrolles, ce n'est pas dans les provinces que les partisans des Bourbons peuvent donner la mesure de leurs forces, c'est à Paris, centre de l'opinion royaliste, foyer de toutes les résistances au gouvernement de Napoléon. Le jour où les troupes alliées paraîtront sous les murs de la capitale, les nombreux royalistes qu'elle renferme ne craindront pas de se montrer, et le mouvement contre Napoléon éclatera, général, irrésistible. — En êtes-vous bien sûr? — J'en réponds sur ma tête. » Alexandre garda un moment le silence. « Je crois comme vous, dit-il ensuite à M. de Vitrolles, que c'est à Paris seulement que la question entre Napoléon et nous doit se décider. Je l'ai toujours pensé, je l'ai dit cent fois ! Je suis las, d'ailleurs, de cette lutte sans résultats, où nous n'avançons que pour battre en retraite; je veux jouer *le tout pour le tout*.

Après cet entretien qui dura trois heures, M. de Vitrolles prit congé d'Alexandre : il l'avait gagné à la cause des Bourbons.

Napoléon était entré le 23 mars à Saint-Dizier. Ce même jour, toutes les forces alliées avaient opéré leur jonction dans les plaines de Châlons. Dans ce moment décisif, les souverains hésitèrent : la présence de Napoléon sur leurs derrières les effrayait. Le roi de Prusse et le prince de Schwartzemberg proposèrent de se retirer sur le Rhin. Après deux jours d'irrésolution, il fut décidé, sur l'avis d'Alexandre, qu'on marcherait sur Paris; et le 25, toutes les masses de la coalition se mirent en mouvement.

A cette nouvelle, Napoléon s'écria : « Je suis plus près

de Munich qu'ils ne le sont de Paris. » Tout entier à son projet, en effet, il passa la nuit sur ses cartes. Un moment il eut l'idée de pousser droit au Rhin, d'enfermer, par l'insurrection des départements de l'est et du centre, les souverains alliés dans Paris, et, se portant en Allemagne, d'y rallier les garnisons françaises, et d'user de représailles sur les capitales de ses adversaires. Ce magnifique projet, digne de son génie, et qui, suivant son expression, devait *tout perdre ou tout sauver* [1], Napoléon s'en laissa détourner par ses généraux, qui, repus d'honneurs et de richesses, n'aspiraient plus qu'à un repos même sans gloire. S'il avait regardé au-dessous d'eux, parmi ses soldats, les gardes nationaux mobilisés, le peuple des campagnes, il les aurait trouvés prêts à tous les sacrifices pour sauver l'honneur national. Dans ces régions que la corruption impériale n'avait point envahies, les grands souvenirs de la révolution vivaient encore. C'était là que l'esprit de nationalité, le sentiment patriotique s'étaient réfugiés. Napoléon n'avait qu'à marcher, et tous, vétérans, conscrits et paysans auraient suivi le glorieux capitaine, qui, tant de fois, ne leur avait pas promis en vain la conquête du monde. Il n'osa point! Condamné à subir l'influence de ceux qui l'entouraient, il céda à leurs obsessions, et reprit, le 28 mars, la route de Paris.

Cependant, les souverains alliés s'avançaient de Châlons sur la capitale. A quelque distance de la Fère-Champenoise, ils atteignirent les corps de Marmont et de Mortier, que Napoléon avait rappelés vers lui, et qui, n'ayant pu le rejoindre, se retiraient alors sur Paris, poussés par les masses coalisées. Une lutte s'engagea, et elle leur eût été fatale sans le dévouement de trois mille conscrits vendéens, qui, atta-

[1] Lettre à Marie-Louise.

qués par des forces dix fois plus nombreuses, et sommés de mettre bas les armes, aimèrent mieux se faire tuer aux cris de *vive l'Empereur!* (25 mars). Cette diversion permit aux deux maréchaux de poursuivre leur mouvement de retraite. Parvenus à La Ferté-Gaucher, ils trouvèrent cette ville occupée par l'ennemi. Après s'être ouvert la route en combattant, ils arrivèrent, le 28, à Rosoy et à Brie-Comte-Robert. Ce même jour, les alliés s'emparèrent de Meaux.

Alors Joseph convoqua aux Tuileries le conseil de régence. Ce conseil comptait seize membres, non compris l'Impératrice. C'étaient : Joseph, Cambacérès, Lebrun, Talleyrand, Régnier, Gaudin, le duc de Rovigo, Clarke, Champagny, les comtes Mollien, Montalivet, Daru, Boulay (de la Meurthe), Regnault (de Saint-Jean-d'Angely), Defermont et Sussy. Devait-on rester à Paris ou se retirer à Blois? Telle était la question à résoudre. M. de Talleyrand s'opposa vivement au départ. « On se méfiait de moi, a-t-il dit; je savais que si je conseillais le départ, l'Impératrice resterait; je n'ai insisté pour qu'elle demeurât, que dans le but de décider plus sûrement sa retraite sur Blois. » Joseph, Cambacérès et Clarke prirent la parole à plusieurs reprises : « Il fallait, disaient-ils, sauver l'Impératrice et son fils; » comme si la patrie eût reposé dans une femme et dans un enfant! A la vérité, Napoléon avait écrit à son frère : « Ne quittez pas mon fils, et rappelez-vous que je préférerais le savoir dans la Seine plutôt qu'entre les mains des ennemis de la France. Le sort d'Astyanax, prisonnier des Grecs, m'a toujours paru le sort le plus malheureux de l'histoire. » Cette lettre, communiquée au conseil jusque-là partagé, le rallia, et le départ fut décidé. « Quelle chute dans l'histoire! dit M. de Talleyrand à un de ses collègues, en sortant du conseil. Donner son nom à des aventures, au lieu de le donner à son siècle ! Quand je pense à cela, je ne peux m'empêcher d'en gémir. Maintenant, quel parti prendre ? Il ne convient pas à tout le monde de se laisser engloutir sous les ruines de cet édifice. Allons ! nous verrons ce qui arrivera. » Dans la nuit du 28 au 29 mars, tout fut disposé pour le départ. A dix heures et demie du matin, l'Impératrice et le roi de Rome, accompagnés d'un détachement de la garde impériale et d'une longue file d'équipages, quittèrent Paris au moment où l'avant-garde des alliés établissait déjà quelques batteries sur le canal Saint-Martin, et s'emparait des hauteurs de Romainville.

Napoléon était loin : son imprévoyance avait laissé la capitale sans défense, à tel point que, si Marmont et Mortier avaient pu le rejoindre, l'ennemi serait entré à Paris sans s'arrêter. Joseph, lieutenant-général de l'Empire, prince qui n'était pas plus fait pour ce nouveau rôle que pour celui de *roi des Espagnes et des Indes;* Clarke, ministre de la guerre, homme sans initiative comme sans courage ; le général Hullin, homme d'obéissance passive et non de commandement, tels étaient les trois hommes qui devaient diriger la situation dans ces jours difficiles !

Dès le matin, Paris avait pris un aspect inaccoutumé. A chaque instant, on voyait arriver, par les barrières du Nord, des habitants des villages voisins, emmenant avec eux leurs femmes, leurs enfants et leurs troupeaux : les grandes rues des faubourgs étaient encombrées de charrettes chargées de bagages. On se groupait sur les boulevarts ; on se demandait la cause de cette invasion des habitants de la campagne ; on était impatient de nouvelles ; on ne savait rien encore du départ de l'Impératrice et du roi de Rome, quand, vers les deux heures, le roi Joseph fit publier la proclamation suivante :

« Citoyens de Paris !

« Une colonne ennemie s'est portée sur Meaux ; elle s'avance par la route d'Allemagne, mais l'Empereur la suit de près, à la tête d'une armée victorieuse.

« Le conseil de régence a pourvu à la sûreté de l'Impératrice et du roi de Rome. Je reste avec vous.

« Armons-nous pour défendre cette ville, ses monuments, ses richesses, nos femmes, nos enfants, tout ce qui nous est cher ! Que cette vaste cité devienne un camp pour quelques instants, et que l'ennemi trouve sa honte sous ces murs qu'il espère franchir en triomphe !

« L'Empereur marche à notre secours. Secondez-le par une courte et vive résistance, et conservons l'honneur français. »

Cette proclamation devint le texte de toutes les conversations. On s'indignait de l'abandon de la capitale par la régente. « Vous auriez dû, criait-on aux gardes nationaux qui passaient, vous opposer à ce départ, même par la force ! Marie-Louise aurait fait respecter Paris ! » On se demandait où et avec quoi il fallait s'armer pour repousser l'ennemi, Joseph ne l'ayant pas dit dans sa proclamation. Cependant, sur la foi que l'Empereur allait arriver, on se séparait sans inquiétude.

Déjà l'ennemi occupait Romainville et Noisy, et le gouvernement ne prenait aucune mesure de défense. Cependant, les moyens ne manquaient pas. A Vincennes, à l'École-Militaire, au Champ-de-Mars, au dépôt central, on ne comptait pas moins de quatre cents pièces d'artillerie de gros calibre et vingt mille fusils. Avec les corps de Marmont et de Mortier, les soldats de dépôt casernés dans la banlieue, et les gardes nationaux, on pouvait réaliser un effectif de plus de soixante mille hommes ; en outre, quarante mille ouvriers ne demandaient que des armes. Au lieu d'utiliser toutes ces ressources, Joseph et Clarke restèrent dans l'inaction et refusèrent même le concours qu'on leur offrait. « Il y avait plus d'un mois, dit le duc de Rovigo, que la garde nationale demandait avec instance qu'on lui délivrât des fusils de munition, au lieu de ces piques ridicules avec lesquelles on l'avait en partie armée ; elle avait renouvelé plusieurs fois sa demande sans pouvoir rien obtenir. » Aux abords de Paris, où quelques fortifications de campagne et quelques batteries auraient arrêté le premier effort de l'ennemi, rien n'avait été mis à couvert. On s'était borné à placer quelques canons en arrière des canaux Saint-Denis et Saint-Martin. « Tout demeurait à l'abandon, dit le colonel Fabvier ; on croira difficilement que, quand nos troupes arrivèrent, le 29, à Charenton, Belleville, etc., elles n'y trouvèrent pas une ration de vivres ou de fourrages, et que, le lendemain, plus de trois cents hommes combattirent pieds nus. »

Sept à huit mille hommes d'infanterie, deux mille cinq cents cavaliers composant les corps de Marmont et de Mortier ; trois mille hommes sous les généraux Compans et Arrighi ; près de trois mille hommes de la garde impériale ; quelques centaines de gardes nationaux volontaires, les élèves de l'École Polytechnique, plusieurs détachements d'artillerie de la garde, de la marine et des Invalides, et environ cinq cents soldats de toutes armes, voilà tout ce que Paris avait à opposer aux masses alliées qui s'avançaient pour l'envahir.

Napoléon, dès le 17 mars, avait investi Marmont du commandement des deux corps : ce maréchal se chargea de défendre la partie des approches de Paris qui s'étend depuis le faubourg de la Villette jusqu'à Charenton ; Mortier de celle de toute la ligne enfermée entre le faubourg de La Chapelle-Saint-Denis et Neuilly.

Au point du jour, Marmont mit ses troupes en mouvement. Arrêté aux premiers jardins de La Villette par de nombreux corps alliés, il se forma entre Romainville et Belleville, s'appuyant à droite sur Bagnolet, et s'étendant, par sa gauche, vers Pantin. Ses dispositions faites, il prit l'offensive. Son dessein était de chasser l'ennemi du village et du bois de Romainville, et de le rejeter au-delà des hauteurs. Cette première attaque est couronnée d'un plein succès. Culbuté sur tous les points, l'ennemi fuyait déjà, quand de nouvelles colonnes alliées se présentent. Alors, accablés par le nombre, ébranlés par la mitraille, les soldats de Marmont reculent. A sept heures et demie, ils sont rejetés sur les premières maisons de Belleville, au-delà de leur première position. Cependant, le maréchal reforme sa ligne. Pendant une heure tous les efforts de l'ennemi viennent se briser contre elle. Alors, le généralissime autrichien appelle à son aide la garde royale prussienne, forte de treize mille soldats d'élite. Deux fois elle se présenta en ligne, deux fois elle fut repoussée. Accueillie d'abord par le feu des batteries de Belleville, ensuite par le feu des batteries des buttes Chaumont, elle fut obligée de fuir, ainsi que les masses qui l'appuyaient.

Pendant que les héroïques défenseurs de Belleville et des buttes Chaumont disputaient à Schwartzemberg l'entrée de la capitale ouverte, Joseph et Clarke, assis aux fenêtres d'un pavillon du village de Montmartre, étaient tranquilles spectateurs du combat, se bornant à envoyer aux nouvelles. Dans Paris, quarante à cinquante mille hommes demandaient vainement des armes : les munitions manquaient. A Montmartre, rien n'avait été disposé pour la défense :

« Les plates-formes n'étaient pas même ébauchées ; il n'y avait pas une esplanade de faite pour mettre du canon en batterie. Bien plus, Montmartre était sans troupes, la garde nationale fut obligée de l'occuper [1]. »

A la vue des nouvelles troupes alliées qui s'avançaient, Joseph écrivit aux deux maréchaux « d'entrer en pourparlers avec le prince de Schwartzemberg et l'empereur de Russie, qui étaient devant eux. » Puis il partit pour Blois, au moment où Napoléon lui faisait annoncer son retour, et enjoindre de *tenir jusque-là*. Vainement le général Dejean insista pour qu'il retirât aux maréchaux les ordres qu'il venait de leur donner. « Si je restais, lui dit-il, les alliés, en cas d'armistice, pourraient me vouloir prendre en ôtage. Que dirait l'Empereur, si un de ses frères se trouvait entre les mains de l'ennemi ? »

Déjà Mortier, informé de la prochaine arrivée de Napoléon, et comprenant toute l'importance d'une suspension d'armes de quelques heures, était entré en négociation avec Schwartzemberg, quand il reçut l'ordre de Joseph.

Cependant, Marmont n'en continua pas moins à se battre. A midi, il y avait eu de part et d'autre un moment de repos. Il devait nous être fatal, car il donna à Blücher le temps d'arriver. Ayant à lutter contre deux armées, jusqu'au dernier moment le duc de Raguse soutint noblement leur choc. Après la résistance la plus désespérée, après avoir tué à l'ennemi plus de soldats qu'il n'avait de combattants, il se voyait obligé de se retirer, « mais sans avoir laissé, assure-t-on, ni un canon, ni un prisonnier entre les mains de l'ennemi. On raconte que dans les derniers instants, enveloppé dans la grande rue de Belleville par les corps alliés qui venaient de ramener sa droite depuis Bagnolet, il dut

[1] Mémoires du duc de Rovigo.

combattre en simple soldat. On se fusillait des croisées, de chaque côté de la rue où il était enfermé. Les généraux Ricard et Pelleport furent blessés près de lui ; onze hommes tombèrent à ses côtés percés de coups de baïonnettes ; son chapeau, ses habits furent troués de balles. Ce fut à pied, une épée nue à la seule main qui lui restait de libre[1], et à la tête seulement de quarante grenadiers, qu'il parvint à se faire jour et à gagner la barrière. C'est là que, pour sa gloire, ce maréchal aurait dû mourir[2] ! »

Après avoir perdu cinq jours à délibérer, Napoléon, comme on l'a vu, n'était parti de Saint-Dizier que le 28. Bien que les alliés eussent une avance de trois jours, il pouvait, si Paris résistait seulement quarante-huit heures, y arriver encore avant eux. Dans cette seule journée du 28, il avait fait quinze grandes lieues avec sa garde. A la première halte, il avait expédié un de ses aides-de-camp à Joseph, pour lui annoncer son retour. Arrêté à Troyes, le 29, il y avait passé la nuit, et s'était remis en marche le 30, de grand matin. A quelques lieues de cette ville, il se jeta dans une carriole d'osier, et traversa rapidement Sens, Pont-sur-Yonne, Fossard, Moret, Fontainebleau. A dix heures du soir, il n'était plus qu'à cinq lieues de Paris. Dans une heure il se voyait aux Tuileries. Il était trop tard ! Paris venait de capituler !

Joseph parti, il n'était venu « à la pensée de Dejean ni de Mortier, de faire connaître à Marmont la prochaine arrivée de l'Empereur, d'user le temps de la suspension d'armes, et de tenter un nouvel effort pour atteindre la nuit[3]. » Alors, Marmont, près de se voir forcé en tête, tourné sur sa gauche

---

[1] Il avait eu le bras droit cassé par un biscayen à la bataille de Salamanque ; il le portait encore en écharpe.

[2] Vaulabelle, *Histoire des deux Restaurations*.

[3] Mémoires du duc de Rovigo.

et sur sa droite, avait cru devoir faire usage de l'autorisation de Joseph ; il avait fait demander un armistice aux souverains alliés. « Ce n'est pas à la nation française que nous faisons la guerre, avait dit Alexandre au parlementaire français, mais à Napoléon. — Ce n'est pas même à lui, avait ajouté le roi de Prusse, mais à son ambition. » A cinq heures du soir, un armistice de quatre heures avait été signé. Alors, supplié de prendre sur lui la responsabilité d'un acte que l'on regardait comme le salut de Paris, le duc de Raguse avait chargé deux de ses aides-de-camp de conclure, en son nom, la capitulation suivante :

« Art. Ier. Les corps des maréchaux duc de Trévise et de Raguse évacueront la ville de Paris le 31 mars, à sept heures du matin.

« II. Ils emmèneront avec eux l'artillerie de leurs corps d'armée.

« III. Les hostilités ne pourront recommencer que deux heures après l'évacuation de la ville, c'est-à-dire le 31 mars, à neuf heures du matin.

« IV. Tous les arsenaux, ateliers, établissements et magasins militaires, seront laissés dans le même état où ils se trouvaient avant qu'il fût question de la présente capitulation.

« V. La garde nationale ou urbaine est totalement séparée des troupes de ligne ; elle sera conservée, désarmée ou licenciée, selon les dispositions des cours alliées.

« VI. Le corps de la gendarmerie municipale partagera entièrement le sort de la garde nationale.

« VII. Les blessés et maraudeurs restés après sept heures à Paris, seront prisonniers de guerre.

« VIII. La ville de Paris est recommandée à la générosité des hautes puissances alliées. »

Ainsi, Paris avec sa population de sept cent mille ames et ses immenses ressources; Paris, d'où la Convention avait lancé quatorze armées sur nos frontières; Paris, qui, pendant vingt-cinq ans, avait fait l'admiration et la terreur de l'Europe; Paris, la ville de la révolution, la grande capitale enfin, s'était rendue après une lutte de quelques heures; et, comme s'il avait voulu cacher sa honte, c'est la nuit, dans un pauvre cabaret de La Villette, qu'avaient eu lieu les conférences! Singulière justice des peuples! le duc de Raguse avait défendu Paris en héros[1], et ce fut lui qu'on accusa! « Mais l'histoire, qui plane au-dessus des mensonges de parti, et qui juge les nations endormies pour jamais, l'histoire dira qu'en 1814 Paris ne voulut pas se défendre; que la garde nationale, à l'exception de quelques gens de cœur, ne fit pas son devoir; que la bourgeoisie enfin, à part un petit nombre d'écoliers valeureux et de citoyens dévoués, courut au-devant de l'invasion[2]. » Ajoutons qu'elle reprochera surtout au gouvernement, et son défaut d'initiative, et sa lâche inaction dans ces tristes jours.

Ce même jour, 31 mars, les souverains alliés firent leur entrée solennelle dans Paris. Déjà une députation du corps municipal s'était rendue auprès d'Alexandre pour réclamer sa protection. Ce prince avait fait aux députés l'accueil le plus bienveillant. « Ce n'est point moi qui ai provoqué la guerre, leur avait-il dit; Napoléon a envahi mes États sans motifs, et c'est par un juste arrêt de la Providence que je me trouve, à mon tour, sous les murs de sa capitale. » Un cortège de cinquante mille hommes, en grande tenue,

---

[1] Quand il parut dans le salon de son hôtel de la rue de Paradis-Poissonnière, « il était à peine reconnaissable, a dit un témoin oculaire; sa barbe avait huit jours, la redingote qui recouvrait son uniforme était en lambeaux; de la tête aux pieds il était noir de poudre. » Vaulabelle, *Histoire des deux Restaurations*.

[2] Louis Blanc, *Histoire de Dix Ans* t. 1, p. 17.

accompagnait les souverains. Alexandre marchait en avant du groupe des généraux, entre le roi de Prusse et le prince de Schwartzemberg, qui représentait l'empereur d'Autriche. De chaque côté des boulevards la foule était grande. Tandis que, par son attitude contenue et silencieuse, le peuple témoignait qu'il ressentait profondément son humiliation, la joie des royalistes n'avait pas de bornes. Ils se portaient en cavalcades au-devant des alliés, qu'ils saluaient du cri de *vivent les libérateurs!* Des femmes, du haut des croisées, agitaient des mouchoirs blancs à leur passage; d'autres, moins retenues, quoique d'un certain rang, jetaient des fleurs sous les pieds de leurs chevaux. On en vit plus d'une, le soir, se promener en compagnie d'un cosaque. Ce jour-là, le sentiment du malheur national retint les filles de joie; elles laissèrent aux grandes dames les orgies de la rue et de la place publique.

Bien que maîtres de la capitale, les souverains alliés savaient que Napoléon seul était vaincu, et non la nation dont ils redoutaient le réveil révolutionnaire. Aussi commandèrent-ils à leurs troupes la discipline la plus rigoureuse. Celles-ci, en se voyant dans la capitale de la civilisation moderne, dans ce Paris dont la renommée racontait tant de merveilles, paraissaient plus étonnées que les habitants eux-mêmes : généraux, officiers, soldats, tous montraient une modération et une politesse qui semblaient tenir du respect et de la crainte.

Il y eut, le soir, conseil à l'hôtel Saint-Florentin, chez M. de Talleyrand : l'empereur de Russie, le roi de Prusse, le prince de Schwartzemberg, le prince de Lichtenstein, le duc de Dalberg, les comtes de Nesselrode et Pozzo-di-Borgo y assistèrent. Le débat fut réduit à ces trois questions : faire la paix avec Napoléon ; maintenir la régence ; rétablir les

Bourbons. Les deux premières furent écartées. Alors, M. de Talleyrand prit la parole et se prononça pour le rappel des Bourbons. « Voilà qui est décidé ! répliqua Alexandre ; nous ne traiterons pas avec Napoléon ! Mais ce n'est pas à nous, étrangers, à le précipiter du trône ; nous pouvons encore moins y appeler les Bourbons. Qui se chargera de décider ces deux évènements ? — Les autorités constituées, Sire, répondit M. de Talleyrand ; je me fais fort d'obtenir le concours du sénat. » Alors on rédigea la déclaration suivante :

« Les armées des puissances alliées ont occupé la capitale de la France. Les souverains alliés accueillent le vœu de la nation française ; ils déclarent :

« Que si les conditions de la paix devaient renfermer de plus fortes garanties lorsqu'il s'agissait d'enchaîner l'ambition de Bonaparte, elles doivent être plus favorables lorsque, par un retour vers un gouvernement sage, la France elle-même offrira l'assurance du repos. Les souverains proclament en conséquence :

« Qu'ils ne traiteront plus avec Napoléon Bonaparte, ni avec aucun membre de sa famille ;

« Qu'ils respectent l'intégrité de l'ancienne France, telle qu'elle a existé sous ses rois légitimes ; ils peuvent même faire plus, parce qu'ils professeront toujours le principe que, pour le bonheur de l'Europe, il faut que la France soit grande et forte.

« Ils reconnaîtront et garantiront la constitution que la nation française se donnera. Ils invitent, par conséquent, le sénat à désigner sur-le-champ un gouvernement provisoire qui puisse pourvoir aux besoins de l'administration, et à préparer la constitution qui conviendra au peuple français. »

Ainsi, les souverains alliés prenaient pour *le vœu de la*

nation les cris de quelques femmes et de quelques royalistes, dans les rues et sur les boulevards. Néanmoins, en déclarant qu'ils ne traiteraient plus avec Napoléon, ils ne se prononçaient pas sur la forme du gouvernement à établir. Cette tâche, ils l'avaient dévolue au sénat. M. de Talleyrand, en sa qualité de vice-grand-électeur de l'Empire et de vice-président du sénat, se chargea de le convoquer ; en se faisant fort de son concours, il n'avait pas trop présumé de sa servilité. A peine assemblé, en effet, le sénat établit un gouvernement provisoire, composé de MM. de Talleyrand, le général Beurnonville, de Dalberg, de Jaucourt, l'abbé de Montesquiou ; puis il rendit, le 2 avril, le décret suivant :

« Considérant que Napoléon Bonaparte, pendant quelque temps d'un gouvernement ferme et prudent, avait donné à la nation des sujets de compter, pour l'avenir, sur des actes de sagesse et de justice ; mais qu'ensuite, il a déchiré le pacte qui l'unissait au peuple français, en levant des impôts autrement qu'en vertu de la loi, en ajournant sans nécessité le corps législatif, en rendant illégalement plusieurs décrets portant peine de mort, en établissant des prisons d'État, en anéantissant la responsabilité des ministres, l'indépendance des corps judiciaires, la liberté de la presse, etc. ;

« Considérant qu'il a mis le comble aux malheurs de la patrie :

« Par son refus de traiter à des conditions que l'intérêt national l'obligeait d'accepter, *et qui ne compromettaient pas l'honneur français;*

« Par l'abus qu'il a fait de tous les moyens qu'on lui a confiés, en hommes et en argent;

« Considérant que le *vœu manifeste de tous les Fran-*

çais appelle un ordre de choses dont le premier résultat soit le rétablissement de la paix générale, et qui soit aussi l'époque d'une réconciliation solennelle entre tous les États de la grande famille européenne ;

« Le sénat déclare :

« Napoléon est déchu du trône, et le droit d'hérédité établi dans sa famille est aboli.

« Le peuple français et l'armée sont déliés envers lui du serment de fidélité. »

Après la séance, le sénat se rendit en corps auprès de l'empereur Alexandre pour lui faire hommage de son décret, et les mêmes hommes qui n'avaient pas craint d'insulter au vaincu, exaltèrent à l'envi la générosité du vainqueur. Jusque-là courbés devant Napoléon, c'était, pour eux, toujours le même abaissement ; il n'y avait que l'idole de changée.

De son côté, le gouvernement provisoire nomma des ministres, libéra les conscrits, les levées en masse, et publia des proclamations. Il dit à l'armée : « Vous n'êtes plus les soldats de Napoléon, le sénat et *la France entière* vous dégagent de vos serments. » Au peuple : « Napoléon n'a jamais été Français ! Il n'a cessé d'entreprendre, sans but et sans motif, des guerres injustes, en *aventurier* qui veut être fameux. Il a, dans peu d'années, dévoré vos richesses et votre population. Il n'a su régner ni dans l'intérêt national, ni dans l'intérêt même de son despotisme ; la patrie n'est plus avec lui : un nouvel ordre de choses peut seul la sauver. Rallions-nous ! Qu'à l'abri d'un trône paternel, l'agriculture épuisée refleurisse ; que le commerce, chargé d'entraves, reprenne sa liberté ; que la jeunesse ne soit plus moissonnée par les armes, avant d'avoir la force de les porter ; que l'ordre de la nature ne soit plus interrompu, et que le vieillard puisse espérer de mourir avant ses enfants ! »

A part ses injures, ce langage, en quelques parties, n'était pas au-dessous de la vérité; mais en présence de deux cent mille baïonnettes ennemies, et quand Napoléon était abattu, il y avait plus que de la honte à soulever la nation contre lui, il y avait de la lâcheté. Juste retour d'une ambition sans mesure! Dans ce monde officiel qui se mouvait autour de lui, Napoléon avait abaissé toutes les ames : il recueillait le fruit de son despotisme! Alors, en effet, commencèrent les défections : le corps législatif adhéra au décret du sénat; les autres corps constitués, la cour de cassation, la cour impériale, la cour des comptes, les tribunaux inférieurs, les maires, les officiers de la garde nationale, suivirent son exemple. « Les calamités passées vont finir, disaient M. de Talleyrand et ses collègues, et la paix va mettre un terme au bouleversement de l'Europe. Les augustes alliés en ont donné leur parole. » Dans un pamphlet publié le 1er avril sous ce titre : *De Buonaparte et des Bourbons*, M. de Châteaubriand, par ses attaques véhémentes et passionnées, avait donné l'éveil à la presse. Dès ce moment, les journaux, qui, la veille encore, protestaient de leur dévouement à l'Empereur, le maudirent et lui donnèrent les noms les plus odieux. Celui qu'ils avaient appelé *Napoléon-le Grand*, n'était plus qu'un *tyran*, un *usurpateur*, un *Robespierre à cheval*, un *Jupiter-Scapin*. Ils comparaient l'empereur Alexandre à Marc-Aurèle, et ne tarissaient pas d'éloges sur les vertus, sur la magnanimité des souverains alliés. Le *Journal de l'Empire* devint, sous le nom de *Journal des Débats*, l'organe des royalistes. Parmi les hommes que Napoléon avait le plus comblés de bienfaits, c'était à qui lui jetterait la pierre. On descendit sa statue de la colonne, et tous les insignes du gouvernement impérial furent brisés. On chanta, à l'Opéra, des couplets en l'honneur de l'empereur de Russie et du roi de Prusse[1]. On célébra comme des bienfaits, le viol, le pillage, le meurtre, l'incendie, fruits odieux de l'invasion. Jamais, enfin, Paris n'avait offert un plus honteux spectacle. Seul, dans ces tristes jours, le peuple conserva le sentiment de la dignité nationale outragée : il gémissait en silence des malheurs de la patrie, et restait fidèle à Napoléon qui n'avait rien fait pour lui !

Cependant, Napoléon était retourné à Fontainebleau. Il y avait appris la capitulation de Paris et la défection du sénat. Quoique si rudement frappé, il ne désespérait pas encore. Dès le 1er avril, les corps de Mortier et de Marmont qui avaient défendu Paris, avaient pris position derrière l'Essonne, et l'armée de Champagne entre cette rivière et Fontainebleau. Ainsi campé à quinze lieues de Paris, Napoléon, avec cinquante mille hommes qui lui restaient, pouvait tenter un nouvel effort. Satisfait de la conduite de Mar-

---

[1] Voici ces couplets :

1.

Vive Alexandre !
Vive ce roi des rois !
Sans rien prétendre,
Sans nous dicter des lois,
Ce prince auguste
A le triple renom
De héros, de juste,
De nous rendre nos Bourbons.

2.

Vive Guillaume
Et ses guerriers vaillants !
De ce royaume
Il sauve les enfants.
Par sa victoire
Il nous donne la paix,
Et compte sa gloire
Par ses nombreux bienfaits,

mont, il lui laissa le commandement de l'avant-garde, et se décida à marcher sur la capitale. « Soldats ! dit-il à sa garde, l'ennemi nous a dérobé trois marches, et s'est rendu maître de Paris. Il faut l'en chasser ! D'indignes Français, des émigrés auxquels nous avons pardonné, ont arboré la cocarde blanche, et se sont joints aux ennemis. Les lâches ! ils recevront le prix de ce nouvel attentat ! Jurons de vaincre ou de mourir ! Jurons de faire respecter cette cocarde tricolore qui, depuis vingt ans, nous trouve sur le chemin de la gloire et de l'honneur ! — *Nous le jurons ! Vive l'Empereur ! Paris ! Paris !* s'écrièrent les soldats. » Et Napoléon donna l'ordre de transférer le quartier impérial au-delà de Ponthierry.

A cette nouvelle, les maréchaux se récrièrent, ils traitèrent d'insensé le projet d'attaquer Paris, et déclarèrent qu'ils ne marcheraient pas. Alors, contraint de céder à sa mauvaise fortune, se voyant trahi par le sénat, par ses généraux, Napoléon prit une plume et écrivit la déclaration suivante :

« Les puissances alliées ayant proclamé que l'empereur Napoléon était le seul obstacle au rétablissement de la paix en Europe, l'empereur Napoléon, fidèle à ses serments, déclare qu'il est prêt à descendre du trône, à quitter la France et même la vie pour le bien de la patrie, inséparable des droits de son fils, de ceux de la régence de l'Impératrice et du maintien des lois de l'Empire.

« Fait en notre palais de Fontainebleau, le 4 avril 1814.

« Napoléon. »

Puis, se levant, et remettant l'acte aux maréchaux : — « Messieurs, leur dit-il, il faut aller à Paris défendre les intérêts de mon fils, les intérêts de l'armée, les intérêts de la France surtout ! » Et il nomma pour ses commissaires auprès des souverains alliés, le duc de Vicence, le prince de la Moskowa et le duc de Tarente.

Après avoir pris en route, à Essonne, le duc de Raguse, les trois plénipotentiaires partirent pour Paris. Vers minuit, ils parurent dans les salons de l'hôtel Saint-Florentin. Déjà la nouvelle que Napoléon allait attaquer s'y était répandue, et chacun avait pris peur. Les cris de *vive le roi ! vivent les alliés !* s'étaient ralentis ; les cocardes blanches avaient disparu. Pâles et consternés, un moment M. de Talleyrand et les siens crurent la partie perdue, et, de toutes parts, on se demandait s'il fallait fuir ou rester.

Les plénipotentiaires furent introduits auprès d'Alexandre. Macdonald, Ney, Caulincourt, prirent successivement la parole. Alexandre se bornait à répondre que les « choses étaient bien avancées avec le sénat; » cependant il paraissait ébranlé, quand, tout-à-coup, un aide-de-camp vint lui apporter une dépêche. Alexandre la lut rapidement; puis, s'adressant aux plénipotentiaires : « Messieurs, dit-il, je résistais avec peine à vos instances ; il m'en aurait coûté de repousser le vœu de l'armée française, surtout lorsqu'il était présenté par des hommes tels que vous. Mais cette armée n'est pas unanime; une partie ne veut plus de Napoléon ; le corps tout entier du duc de Raguse, entre autres, abandonne la cause impériale et passe de notre côté ; au moment où je parle, il traverse les lignes de mes soldats. Vous comprenez, Messieurs, ajouta-t-il, que ce fait change complètement la situation. L'abdication conditionnelle ne suffit plus ; Napoléon doit se résigner à une abdication absolue. »

Atterrés par cette foudroyante nouvelle, les maréchaux se retirèrent

Voici ce qui s'était passé :

Plusieurs émissaires du gouvernement provisoire avaient été envoyés à Marmont : il avait eu la faiblesse de les recevoir et de les écouter. De son côté, Schwartzemberg lui avait fait des ouvertures pour l'engager « *à se ranger sous les drapeaux de la bonne cause française.* » Au moment de se rendre, Marmont avait hésité : Napoléon était son bienfaiteur, son ami ; il l'avait placé à l'avant-garde comme à un poste de confiance, c'était lui qui couvrait l'armée et Fontainebleau ; Napoléon comptait sur son dévouement et sa fidélité. D'un autre côté, le gouvernement provisoire lui écrivait : « La cause de l'Empereur est perdue, mais il reste la France à sauver ; son sort est entre vos mains. » Ainsi pressé, sollicité, combattu, Marmont n'eut pas la force de résister, et, après avoir pris l'avis de ses généraux, il transmit, dans la nuit du 3 au 4, sa réponse au généralissime autrichien : « Je suis disposé, lui dit-il, à concourir à un rapprochement entre le peuple et l'armée, qui doit prévenir toute chance de guerre civile et arrêter l'effusion du sang français. En conséquence, je suis prêt à quitter, avec mes troupes, l'armée de l'empereur Napoléon, aux conditions suivantes, dont je vous demande la garantie par écrit.

« Art. Ier. Moi, Charles, prince de Schwartzemberg, maréchal et commandant en chef les armées alliées, je garantis à toutes les troupes françaises qui, par suite du décret du sénat du 2 avril, quitteront les drapeaux de Napoléon Bonaparte, qu'elles pourront se retirer librement en Normandie, avec armes, bagages et munitions, et avec les mêmes égards et honneurs militaires que se doivent les troupes alliées.

« II. Que si, par suite de ce mouvement, les évènements

de la guerre faisaient tomber entre les mains des puissances alliées la personne de Napoléon Bonaparte, sa vie et sa liberté lui seraient garanties dans un espace de terrain et dans un pays circonscrit au choix des puissances alliées et du gouvernement français. »

Schwartzemberg s'empressa de souscrire à ces conditions. Pendant que le duc de Raguse trahissait ainsi l'Empereur, celui-ci songeait à l'investir d'une mission de confiance. Il l'avait choisi pour l'un des plénipotentiaires chargés de plaider la cause de son fils. Puis, se ravisant : « Il vaut mieux, avait-il dit, que Marmont reste à son corps d'armée; il y est indispensable; *c'est là que s'adresseront toutes les intrigues, toutes les trahisons de Paris. Il faut que j'aie à ce poste un homme comme Marmont, mon enfant, élevé dans ma tente!* » Et Macdonald fut nommé à la place du duc de Raguse.

Arrivés à Essonne, les trois négociateurs s'arrêtèrent chez le duc de Raguse et lui apprirent l'objet de leur mission. Touché de la confiance illimitée que Napoléon avait en lui, Marmont se troubla; il avoua aux plénipotentiaires son traité avec Schwartzemberg. Néanmoins, il offrit de se rendre avec eux à Petit-Bourg, où était le quartier-général de Schwartzemberg, pour retirer sa parole, et de les accompagner ensuite à Paris.

Après avoir donné à ses généraux l'ordre formel de ne faire aucun mouvement jusqu'à son retour, il partit avec les commissaires pour Petit-Bourg, où Schwartzemberg lui rendit, en effet, sa parole. De Petit-Bourg il se dirigea ensuite vers Paris. Alors ses généraux, qu'il avait mis dans la confidence de son traité avec Schwartzemberg, « effrayés qu'ils étaient, a-t-il dit lui-même dans un *Mémoire* publié en 1815, des dangers personnels dont ils croyaient être menacés, et dont ils avaient eu l'idée par l'arrivée et le départ de plusieurs officiers d'état-major venus de Fontainebleau, s'assemblèrent, et, à quatre heures du matin, avaient mis les troupes en mouvement pour Versailles. » Vainement le colonel Fabvier, qui était placé aux avant-postes, ne comprenant rien à ce mouvement, en avait demandé la cause aux généraux Bordesoulle, Souham et Compans. « Je n'ai pas l'habitude, répondit Souham, de rendre compte de mes actes à mes inférieurs. Marmont, ajouta-t-il, s'est mis en sûreté; je suis de haute taille, moi, et je n'ai nulle envie de me faire raccourcir par la tête. » Sur les instances de Fabvier pour qu'on ne précipitât rien et qu'on attendît : « Tout cela est bel et bon! s'écria Souham; mais le vin est tiré, il faut le boire! » Alors Fabvier partit rapidement pour Paris, dans l'intention d'aller avertir le duc de Raguse. Celui-ci n'avait fait que se présenter à l'hôtel Saint-Florentin, et il était rentré à l'hôtel du prince de la Moskowa, où il attendait les plénipotentiaires. Tout-à-coup le colonel Fabvier parut. A sa vue, le duc de Raguse devint très-pâle et s'écria : « Je suis perdu ! — Oui, vous êtes perdu, répondit le colonel, vos troupes passent à l'ennemi ! » Dans ce moment, Ney, Macdonald et Caulincourt entrèrent : « Je donnerais un bras, s'écria-t-il en les voyant, pour réparer la faute de mes généraux. — Dites *le crime*, répliqua Macdonald ; et la tête, dans tous les cas, ne serait pas de trop. » Cependant tout n'était pas encore perdu; toutes les divisions du 6e corps n'avaient point pris part au mouvement, celle, entre autres, que commandait Lucotte. Ce général avait refusé d'obéir. « Les braves ne désertent jamais ; ils doivent mourir à leur poste, » dit-il dans son ordre du jour. D'un autre côté, les soldats arrivés à Versailles s'emportaient contre leurs généraux et demandaient à rejoindre l'Empereur. Déjà, réunis sous le commandement du colonel Ordener, un grand nombre d'entre eux s'étaient mis en marche sur Fontainebleau, aux cris de *vive l'Empereur!* A cette nouvelle, Marmont partit pour Versailles, et, loin de songer à tout réparer, il accepta la responsabilité de la défection de ses généraux, en arrêtant la marche de son corps. A son retour, il parut dans les salons de M. de Talleyrand, où on lui fit une véritable ovation.

C'est ainsi que le dernier combattant de Paris souilla sa gloire, et se condamna au remords qui a pesé sur le reste de sa vie !

Dès lors, Fontainebleau resta à découvert, et Napoléon se trouva à la discrétion des alliés. « L'ingrat ! dit-il en apprenant la défection de Marmont, il sera plus malheureux que moi ! »

Cependant, les plénipotentiaires étaient de retour à Fontainebleau. Ney se chargea d'apprendre à Napoléon la dernière résolution des souverains alliés, — une abdication sans condition. Quel pénible effort dut alors faire sur lui-même, cet homme dont le génie indomptable avait tant de fois commandé à la fortune. Aussi, ce ne fut, pendant deux jours, qu'une lutte contre ses généraux. Il ne voulait pas, disait-il, se rendre sans combattre. Ne pouvait-il pas, en effet, avec cent cinquante mille combattants qui lui restaient, en réunissant les corps de Soult, de Suchet et l'armée du prince Eugène, soutenir encore la lutte ? Un moment, il pensa à se retirer derrière la Loire ; mais, sur l'avis contraire de ses généraux : « Eh bien ! s'écria-t-il, s'il faut renoncer à défendre la France, l'Italie ne nous offre-t-elle pas une retraite encore digne de nous ? Veut-on m'y suivre encore une fois ? Marchons vers les Alpes ! » Appel inutile ! il ne parlait plus qu'à des ombres. Alors, doutant lui-même de son génie et de sa fortune, quand il n'avait qu'à marcher devant ses soldats pour s'en voir encore suivi, même au bout du monde, il renonça, pour lui et ses enfants, aux trônes de France et d'Italie, et reçut en échange, par le traité du 11 avril, la souveraineté de l'île d'Elbe.

Ce traité, Napoléon refusa d'abord de le ratifier. Vainement le duc de Vicence insistait. « Je ne signerai pas ma honte, » ne cessait de répéter Napoléon. Il parla de suicide, et, dans la nuit du 11 au 12 avril, il tenta de s'empoisonner.

« A l'époque de la retraite de Moskow, dit le baron Fain, Napoléon s'était procuré, en cas d'accident, le moyen de ne pas tomber vivant entre les mains de l'ennemi. Il s'était fait remettre par son chirurgien Yvan, un sachet d'opium[1] qu'il avait porté à son cou, pendant tout le temps qu'avait duré le danger. Depuis, il avait conservé avec grand soin ce sachet dans un secret de son nécessaire. Cette nuit, le moment lui avait paru arrivé de recourir à cette dernière ressource. Le valet de chambre, qui couchait derrière sa porte entr'ouverte, l'avait entendu se lever, l'avait vu délayer quelque chose dans un verre d'eau, boire et se recoucher. Bientôt les douleurs avaient arraché à Napoléon l'aveu de sa fin prochaine. C'était alors qu'il avait fait appeler ses serviteurs les plus intimes. Yvan avait été appelé aussi ; mais, apprenant ce qui venait de se passer, et entendant Napoléon se plaindre de ce que l'action du poison n'était pas assez prompte, il avait perdu la tête, et s'était précipitamment sauvé de Fontainebleau. On ajoute qu'un long assoupissement était survenu, qu'après une sueur abondante les douleurs avaient cessé, et que les symptômes effrayants avaient fini par s'effacer, soit que la dose se fût trouvée insuffisante,

[1] « Ce n'était pas seulement de l'opium : c'était une préparation indiquée par Cabanis, la même dont Condorcet se servit pour se donner la mort. »

soit que le temps en eût amorti le venin. On dit enfin que Napoléon, étonné de vivre, avait réfléchi quelques instants : *Dieu ne le veut pas!* s'était-il écrié[1], »

Napoléon se résigna, il ratifia le traité ; mais avant de partir de Fontainebleau, il voulut parler une dernière fois à ses vieux compagnons d'armes. C'était le 20 avril. Tout était prêt pour le départ. La garde impériale était rangée en ligne dans la cour du *Cheval-Blanc*. Vers midi, Napoléon descendit le grand escalier du palais, et, s'avançant vers sa garde :

« Officiers, sous-officiers et soldats de ma vieille garde, dit-il, je vous fais mes adieux ! Depuis vingt ans je vous ai constamment trouvés sur le chemin de l'honneur et de la gloire. Dans ces derniers temps comme dans ceux de notre prospérité, vous n'avez cessé d'être des modèles de fidélité et de bravoure.

« Avec des hommes tels que vous, notre cause n'était pas perdue ! Mais la guerre était interminable ; c'eût été la guerre civile, et la France en fût devenue plus malheureuse. J'ai donc sacrifié nos intérêts à ceux de la patrie. Je pars ! Vous, mes amis, continuez à servir la France ! Son bonheur était mon unique pensée ; il sera toujours l'objet de mes vœux.

« Ne plaignez pas mon sort. Si j'ai consenti à me survivre, c'est pour servir encore à votre gloire. Je veux écrire les grandes choses que nous avons faites ensemble !... Adieu, mes enfants ! Je voudrais vous presser tous sur mon cœur! Que j'embrasse au moins votre général, votre drapeau ! » Le général Petit s'avança ; Napoléon le serra dans ses bras ; il prit une aigle et la pressa vivement contre sa poitrine.

« Chère aigle, s'écria-t-il, en embrassant le glorieux emblè-

---

[1] Manuscrit de 1814.

me, que ce dernier baiser retentisse dans le cœur de tous mes soldats !

« Adieu, encore une fois, mes vieux compagnons ! adieu ! »

Et, les yeux humides de larmes, il monta en voiture et disparut.

CHAPITRE XII.

Constitution nouvelle. — Louis XVIII est appelé au trône. — Adhésion au nouveau gouvernement. — Bataille de Toulouse. — Le comte d'Artois, lieutenant-général du royaume. — Conseil d'État provisoire. — Commissaires extraordinaires. — Traité du 23 avril. — Arrivée de Louis XVIII à Calais; son séjour à Compiègne. — Déclaration de Saint-Ouen. — Entrée de Louis XVIII à Paris. Ses premiers actes. Nouveau ministère. — Rédaction de la Charte. — Départ des souverains alliés. — Ouverture des Chambres. — Projet de loi sur la censure. Les orphelines de la Légion-d'Honneur. Les Invalides. — Écoles militaires destinées à la noblesse. — Menaces contre les acquéreurs de biens nationaux. — Monument de Quiberon. — Cérémonies expiatoires. — Congrès de Vienne. — Situation politique. — Départ de l'île d'Elbe. — Débarquement au golfe Juan. — Napoléon dans les Basses-Alpes. Son entrée à Grenoble. — Agitation de Paris à la nouvelle de son débarquement. — Ordonnance du roi. Départ du comte d'Artois pour Lyon. — Marche de Napoléon sur cette ville. Il y fait son entrée. — Il se dirige sur Paris. — Son arrivée à Fontainebleau. — Départ de Louis XVIII. Journée du 20 mars. Arrivée de Napoléon aux Tuileries. Ministère impérial. — Napoléon et Benjamin Constant. — La duchesse d'Angoulême à Bordeaux. Le duc d'Angoulême dans le Midi. — Louis XVIII à Gand. — Déclaration des puissances alliées. — Traité du 25 mars. — Ouvertures pacifiques de Napoléon. — Comment elles sont reçues par les souverains. — Mouvement national. — Assemblée du *Champ de Mai*. — Proclamation de l'*acte additionnel*. — Situation militaire et financière de la France. — Marche des armées alliées. — Napoléon part pour l'armée. — Campagne de 1815. Passage de la Sambre. Bataille de Ligny. Retraite des Prussiens. Affaire des Quatre-Bras. Retraite des Anglais. — Bataille de Waterloo. Retour de Napoléon à Paris. — La Chambre des Représentants se déclare en permanence. — Abdication de Napoléon. Son départ pour Rochefort. — Sa lettre au prince régent d'Angleterre. — Napoléon à bord du *Bellérophon*. — Sentence des puissances alliées. Protestation de Napoléon. — Départ pour l'île de Sainte-Hélène. — Jugement sur Napoléon. — Nouvelle phase de la révolution.

Dans une proclamation datée de Buckingham, le 1ᵉʳ janvier 1814, Louis XVIII avait dit : « Une destinée *glorieuse* appelle le sénat à être le premier instrument du grand bienfait qui deviendra la plus solide comme la plus honorable garantie de son existence et de ses prérogatives. » On a déjà vu comment le sénat avait répondu a cet appel; il fit plus. Après avoir proclamé la déchéance de Napoléon, il vota, le 6 avril, sur la proposition du gouvernement provisoire, une constitution nouvelle, par laquelle « *le peuple français appelait librement* au trône de France *Louis-Stanislas-Xavier de France*, frère du dernier roi, et, après lui, les autres membres de la maison de Bourbon, dans l'ordre ancien. » Comme la nomination du gouvernement provisoire et la déchéance de Napoléon, cette constitution fut prescrite et autorisée par Alexandre. Il y avait même participé dans la personne de son premier ministre, M. le comte de Nesselrode, qui avait fait partie de la commission chargée de rédiger l'acte constitutionnel.

Dès lors, généraux, fonctionnaires, magistrats, s'empressèrent d'offrir leurs services. Chaque jour, les colonnes du *Moniteur* étaient remplies d'adhésions au nouveau gouvernement. « *J'offre* aujourd'hui, disait M. de Ségur, colonel du 3ᵉ régiment des gardes d'honneur, *mes* seize cents gardes et moi, au successeur, au descendant des rois de mes pères. » — « L'Université, disait M. de Fontanes, hâte de tous ses vœux le moment où elle pourra présenter à l'héritier de saint Louis, de François Iᵉʳ et de Henri IV, l'hommage de son amour et de sa fidélité. » Augereau à Lyon, Carnot à Anvers, Davoust à Hambourg, Suchet dans le Midi, se soumirent. Après avoir livré, le 10 avril, à Toulouse, la dernière bataille de la campagne, Soult fit sa soumission le 19.

Le comte d'Artois était alors à Nancy. Après le rejet de la régence, M. de Talleyrand lui avait écrit : « Jusqu'à présent nous avons eu la gloire, venez nous rendre l'honneur. » Aussitôt, le prince se dirigea vers Paris, accompagné de M. de Vitrolles et de quelques émigrés. Il y fit son entrée le 12. M. de Talleyrand, à la tête des principales autorités parisiennes, était allé le recevoir à la barrière de Bondy. On remarqua dans le cortège du prince une nombreuse troupe de cavaliers cosaques. A six heures du soir, le frère du roi était entré aux Tuileries, et le drapeau blanc flottait sur le pavillon de l'Horloge.

Soit par un reste de pudeur, soit fierté, le sénat s'était abstenu d'aller au-devant du prince. Appuyé sur les souverains alliés qui avaient solennellement promis de *reconnaître* et de *garantir* la constitution qu'il avait votée, il attendait De son côté, le comte d'Artois ne voulait rien lui céder. Cependant, le 14, le sénat se rendit en corps aux Tuileries. Le comte d'Artois *accepta* le titre de lieutenant-général du royaume, et promit au sénat, au nom du roi son frère, l'acceptation de la constitution. Une *visite* de l'empereur Alexandre à ce prince, la veille, l'avait déterminé à se soumettre. Alors, le gouvernement provisoire abdiqua entre les mains du comte d'Artois. Celui-ci, par un premier arrêté du 17, institua un conseil d'État provisoire. Ce conseil était composé de M. de Talleyrand, des maréchaux Moncey et Oudinot, du duc de Dalberg, du comte de Jaucourt, des généraux Beurnonville et Dessolles, et de l'abbé de Montesquiou. M. de Vitrolles en fut nommé secrétaire, avec le titre de secrétaire d'État. Des commissaires extraordinaires furent envoyés dans chacune des divisions militaires du royaume, avec mission « de répandre dans le pays la connaissance exacte des évènements qui avaient rendu la France à ses souverains légitimes, et d'assurer l'exécution de tous les actes du gouvernement provisoire. » D'après les instructions officielles, « toutes les autorités civiles et militaires devaient leur obéir; ils pouvaient suspendre ou destituer provisoirement les dépositaires et les agents de l'autorité publique, de toutes les classes et de tous les rangs, etc. » Ces commissaires, composés en grande partie d'émigrés, absents de France depuis près de vingt-cinq ans, au lieu de faciliter la transition du régime tombé au régime nouveau, ne firent que ranimer les anciennes passions. Ils allaient prêchant partout la réaction et l'intolérance, et semaient ainsi des germes de colère qui, à quelque temps de là, devaient forcer les Bourbons à un nouvel exil.

Les caisses du Trésor étaient vides, il fallut y pourvoir. Par deux ordonnances, signées, l'une le 20 avril, et la seconde le 27, le comte d'Artois enjoignit à tous les contribuables d'avoir à verser, dans un délai de huit mois, à dater du 1er février précédent, les deux tiers des contributions ordinaires et *extraordinaires* antérieurement décrétées pour 1814, et maintint la perception de toutes les taxes comprises sous le nom de *droits réunis*; oubliant ainsi les promesses solennelles qu'il avait faites avant d'entrer à Paris : qu'il n'y aurait *plus d'impôts vexatoires, plus de droits réunis*.

Cependant, si les nécessités du moment pouvaient en quelque sorte justifier ces mesures, comment excuser l'acte que M. de Talleyrand négocia, et que le comte d'Artois ratifia le 26 avril, acte qui dépossédait et désarmait la France !

Voici ce traité :

« Art. 1er. Toutes hostilités sur terre et sur mer sont et demeurent *suspendues* entre les puissances alliées et la France.

« II. Pour constater le rétablissement des rapports d'amitié entre les puissances alliées et la France, et pour la faire jouir, autant que possible *d'avance*, des avantages de la paix, les puissances alliées feront évacuer par leurs armées le territoire français, *tel qu'il se trouvait au 1er jan-*

vier 1792, à mesure que les places encore occupées hors de ces limites, par les troupes françaises, seront évacuées et remises aux alliés.

« III. Le lieutenant-général du royaume de France donnera, en conséquence, aux commandants de ces places, l'ordre de les remettre... de manière à ce que la remise totale puisse être effectuée au 1ᵉʳ juin prochain. Les garnisons de ces places sortiront avec armes et bagages... Elles pourront emmener l'artillerie de campagne, dans la proportion de trois pièces par chaque mille hommes, malades et blessés compris.

« La dotation des forteresses et tout ce qui n'est pas propriété particulière, demeurera et sera remis en entier aux alliés, sans qu'il puisse être distrait aucun objet. Dans la dotation sont compris, non-seulement les dépôts d'artillerie et de munitions, mais encore toutes autres provisions de tous genres, ainsi que les archives, inventaires, plans, cartes, modèles, etc.

« IV. Les stipulations de l'article précédent seront appliquées aux places maritimes.

« Fait à Paris, le 23 avril de l'an de grâce 1814. »

Ainsi, toutes les conquêtes, toutes les acquisitions territoriales de la République et de l'Empire, toutes les richesses, toutes les ressources amassées pendant vingt-deux ans par la France, c'est-à-dire cinquante-trois places fortes, de grandes et riches provinces, douze mille six cents bouches à feu, des arsenaux pleins d'armes et de munitions, des fonderies avec un immense matériel, des ports, trente-un vaisseaux de haut rang, et onze frégates avec un grand nombre de bâtiments de guerre, des magasins remplis d'effets d'équipement et d'approvisionnements, voilà ce que, d'un trait de plume, M. de Talleyrand donnait aux alliés, et cela, sans condition, sans compensation, sans même un traité de paix, sur une simple *déclaration d'armistice !* On dit que plusieurs millions furent le prix de ce honteux traité, ou plutôt de cette indigne trahison.

Ce mois d'avril 1814 offrit un étrange spectacle. « De quelque côté que portassent les regards, dit M. Vaulabelle, on n'apercevait que ruines, désordre, confusion. Il y eut un moment, du 10 au 20, où l'on vit réunis, dans une étendue de moins de quinze lieues carrées, et protégés par un demi-million de soldats, appartenant à toutes les races et à toutes les nations de l'Europe : Napoléon (à Fontainebleau), le comte d'Artois (aux Tuileries), l'impératrice Joséphine (à Rueil), l'impératrice Marie-Louise et le roi de Rome (à Rambouillet), les empereurs de Russie et d'Autriche, le roi de Prusse et le prince royal de Suède (à Paris). »

Cependant, Louis XVIII avait quitté sa retraite d'Hartwell. Entré à Londres le 21 avril, on lui avait fait une réception brillante. Voici ce qu'il avait répondu au prince régent :

« Je prie votre altesse royale d'agréer les plus vives et les plus sincères actions de grâce pour les félicitations qu'elle vient de m'adresser. Je lui en rends de particulières pour les attentions soutenues dont j'ai été l'objet, tant de la part de votre altesse royale que de celle de chacun des membres de votre illustre maison. *C'est aux conseils de votre altesse royale, à ce glorieux pays*, et à la confiance de ses habitants, que *j'attribuerai toujours*, après la divine Providence, le rétablissement de notre maison sur le trône de ses ancêtres, et cet heureux état de choses qui promet de fermer les plaies, de calmer les passions, et de rendre la paix, le repos et le bonheur à tous les peuples. »

C'est ainsi que le chef de la dynastie des Bourbons se montrait reconnaissant envers une nation qui avait provoqué et soldé toutes les coalitions contre la France depuis 1792.

Louis XVIII s'embarqua à Douvres le 24, sur un yacht anglais, et, après un exil de vingt-deux ans, il aborda enfin sur la terre de France. Parti de Calais le 26, il s'arrêta le 29 à Compiègne. Il y reçut tous les corps politiques, administratifs et judiciaires. Aux maréchaux qui se présentèrent les premiers pour le féliciter, il répondit : « J'espère que la France n'aura plus besoin de votre épée; si jamais, ce que Dieu ne veuille, on nous forçait à la tirer, tout goutteux que je suis, je marcherais avec vous. » Au corps législatif : « Je reçois avec la plus vive satisfaction l'assurance de vos sentiments. Ils me sont d'autant plus précieux que j'y vois le gage d'une union parfaite entre moi et les représentants de la nation. De cette union seule peut naître la stabilité du gouvernement et la félicité publique, unique objet de vos vœux et de ma constante sollicitude. »

Ces réponses produisirent une favorable impression.

A chaque relai, M. de Talleyrand avait fait remettre au roi des rapports, des notes pour lui faire sentir la nécessité d'accepter la constitution avant son entrée à Paris. Louis XVIII hésitait de se prononcer, non qu'il refusât de reconnaître les garanties stipulées dans cet acte; depuis longtemps, il s'était familiarisé avec la nécessité de transiger ; mais, fier de ce qu'il appelait les droits de sa naissance, il ne pouvait se résoudre à ne monter sur le trône qu'en vertu du rappel du sénat, et qu'après avoir solennellement juré d'accepter ses conditions.

Conseillé par M. de Blacas, son confident intime, et par quelques anciens émigrés, Louis XVIII décida qu'il prendrait possession du trône sans condition préalable. Alors le sénat eut recours à Alexandre, comme il l'avait fait pour le comte d'Artois : à la suite d'une visite faite par l'empereur de Russie à Louis XVIII, il fut convenu que le roi conserverait le titre de *roi de France et de Navarre*, qu'il daterait son règne de la mort de Louis XVII, et qu'au lieu de recevoir du sénat la constitution, il la donnerait.

C'était méconnaître le principe de la souveraineté nationale consacrée dans l'acte du sénat. Ayant ainsi retiré à cette assemblée le pouvoir constituant dont elle s'était emparé, Louis XVIII partit pour le château de Saint-Ouen. Il y arriva le 2 mai. C'est là qu'il devait signer la déclaration convenue la veille avec Alexandre, et que M. de Talleyrand avait été chargé de rédiger. M. de Talleyrand apporta son projet. Il y était question « de la nécessité de conserver ce sénat, aux lumières duquel le roi devait en partie son retour; de *jurer* et faire jurer d'observer la Charte dès qu'elle aurait été *consentie* par les corps représentatifs, et *acceptée* par le peuple français. » Chaque mot, chaque phrase de ce projet fut l'objet de vifs commentaires. Louis XVIII y voyait une atteinte aux droits de la couronne. « M. de Talleyrand, dit-il au prince de Bénévent, si je *jurais* la constitution, vous seriez assis et je serais debout. »

Averti par M. de Talleyrand de la résistance qu'on opposait, Alexandre écrivit : « Si la déclaration n'est pas publiée ce soir telle qu'elle a été convenue, on n'entrera pas demain dans Paris. » A quelques instants de là, on envoya au journal officiel la déclaration suivante :

« Louis, par la grâce de Dieu roi de France et de Navarre, à tous ceux qui ces présentes verront, salut :

« Rappelé, par l'amour de notre peuple, au trône de nos pères, éclairé par les malheurs de la nation que nous sommes destiné à gouverner, notre première pensée est d'invoquer cette confiance mutuelle, si nécessaire à notre repos, à son bonheur.

« Après avoir lu attentivement le plan de constitution proposé par le sénat dans la séance du 6 avril dernier, nous avons reconnu que les bases en étaient bonnes, mais qu'un grand nombre d'articles portant l'empreinte de la précipitation avec laquelle ils ont été indiqués, ils ne peuvent, dans leur forme actuelle, devenir lois fondamentales de l'État.

« Résolu d'adopter une constitution libérale, voulant qu'elle soit sagement conservée, et ne pouvant en accepter une qu'il est indispensable de rectifier, nous convoquons pour le 10 du mois de juin de la présente année, le sénat et le corps législatif, nous engageant à mettre sous leurs yeux le travail que nous aurons fait avec une commission choisie dans le sein de ces deux corps, et à donner pour base à cette constitution les garanties suivantes :

« Le gouvernement représentatif sera maintenu tel qu'il existe aujourd'hui, divisé en deux corps, savoir :

« Le sénat, et la Chambre composée des députés des départements.

« L'impôt sera librement consenti.

« La liberté publique et individuelle assurée.

« La liberté de la presse respectée, sauf les précautions nécessaires à la tranquillité publique.

« La liberté des cultes garantie.

« Les propriétés seront inviolables et sacrées; la vente des biens nationaux restera irrévocable.

« Les ministres responsables pourront être poursuivis par une des Chambres législatives, et jugés par l'autre.

« Les juges seront inamovibles, et le pouvoir judiciaire indépendant.

« La dette publique sera garantie; les pensions, grades, honneurs militaires seront conservés, ainsi que l'ancienne et la nouvelle noblesse.

« La Légion-d'Honneur, dont nous déterminerons la décoration, sera maintenue.

« Tout Français sera admissible aux emplois civils et militaires.

« Enfin, nul individu ne pourra être inquiété pour ses opinions et ses votes. »

Cette déclaration, publiée le lendemain dans le *Moniteur*, et affichée sur tous les murs de Paris, disposa les esprits en faveur du roi. Il devait, ce jour-là, faire son entrée dans la capitale. Soit curiosité, soit enthousiasme sincère, le peuple se porta en masse sur son passage et le salua de ses acclamations. Louis XVIII était dans une calèche découverte, ayant à sa gauche la duchesse d'Angoulême, et devant lui le prince de Condé et le duc de Bourbon. Il était en habit de ville. On vit figurer dans le cortège quelques bataillons de l'ex-garde impériale : ces vieux soldats défilaient mornes et silencieux, comme ces rois vaincus qui, à Rome, suivaient les chars des triomphateurs. A cinq heures, Louis XVIII arriva aux Tuileries. On dit qu'en rentrant dans ce palais, qu'elle avait quitté, enfant, pour suivre sa famille à la tour du Temple, la duchesse d'Angoulême tomba évanouie.

Une fois en possession de sa couronne, le vieux roi se mit à l'œuvre pour la consolider. Absent de France depuis un quart de siècle, il se trouvait en présence d'intérêts anciens et d'intérêts nouveaux qu'il fallait également satisfaire. Sa tâche n'était pas sans périls, il le savait; mais, dans son travail de reconstruction monarchique, c'est au passé d'abord qu'il songea. Ses premiers actes ne furent que des souvenirs et des essais d'ancien régime. Il composa *sa maison*, et projeta de rétablir les gardes-du-corps. Le comte d'Artois et le prince de Condé reprirent leurs anciens titres de colonels-généraux des Suisses et de l'infanterie de ligne.

Louis XVIII s'occupa ensuite de former son ministère.

Il appela aux affaires étrangères M. de Talleyrand; à l'intérieur, l'abbé de Montesquiou ; le baron Louis, aux finances ; M. Malouet, à la marine; le général Dupont, ministre de la guerre sous le gouvernement provisoire, fut maintenu ; M. Beugnot eut la direction générale de la police ; M. Ferrand, celle des postes. Un titre nouveau fut créé pour M. de Blacas, celui de ministre de la maison du roi, avec entrée et voix au conseil.

Alors on vit la cohue des solliciteurs, cette plaie de tous les régimes, se presser aux portes du nouveau pouvoir, avides de prendre part à la curée. Avoir *quitté le service de la France*, avoir *échappé aux désastres de Quiberon ou servi à l'étranger* [1], tels étaient les titres que le gouvernement demandait. Affublés d'uniformes inconnus, ces hommes assiégeaient les escaliers des Tuileries ainsi que les bureaux de la guerre, réclamant le prix de la chute de celui qu'ils appelaient *Buonaparte*, et du retour des Bourbons. Tous voulaient la confirmation des grades qu'ils s'étaient donnés

Cinq ordonnances fixèrent le pied de paix de l'armée à deux cent mille sept cent seize officiers, sous-officiers et soldats, non compris l'ex-vieille garde impériale. Près de quatorze mille jeunes et braves officiers furent renvoyés dans leurs foyers avec une demi-solde, et remplacés par des officiers improvisés, dont le seul titre était d'avoir fait les campagnes de l'émigration.

L'ouverture des deux Chambres avait été fixée au 31. Ce

---

[1] Ordonnance du 25 mai.

jour-là, l'acte constitutionnel devait être promulgué. On était au 17, et la commission qui devait préparer le travail n'était pas encore nommée. Ces retards arrêtaient la conclusion de la paix, Alexandre ayant déclaré ne vouloir rien signer avant que la question de la constitution fût résolue. La commission fut nommée le 18 ; le 27, elle avait terminé son travail ; le 30, Alexandre signa le traité de paix. Ainsi, cette charte dont on a fait tant d'honneur à Louis XVIII, avait été enfantée en quelques séances, et sur un ordre de l'empereur de Russie.

L'œuvre de l'Europe accomplie, les souverains alliés quittèrent Paris, et se dirigèrent vers l'Angleterre.

On avait ajourné au 4 juin l'ouverture des Chambres. Ce jour-là, Louis XVIII se rendit au Palais-Bourbon, accompagné des membres de sa famille.

« Messieurs, dit-il aux députés, lorsque pour la première fois je viens dans cette enceinte m'environner des grands corps de l'État, des représentants d'une nation qui ne cesse de me prodiguer les plus touchantes marques de son amour, je me félicite d'être devenu dispensateur des bienfaits que la divine Providence daigne accorder à mon peuple.

« J'ai fait avec la Russie, l'Autriche, l'Angleterre et la Prusse, une paix dans laquelle sont compris leurs alliés, c'est-à-dire tous les princes de la chrétienté. La guerre était universelle ; la réconciliation l'est pareillement.

« Le rang que la France a toujours occupé parmi les nations, n'a été transféré à aucune autre et lui demeure sans partage. Tout ce que les autres États acquièrent de sécurité accroît également la sienne, et par conséquent ajoute à sa puissance véritable. Ce qu'elle ne conserve pas de ses conquêtes, ne doit donc pas être regardé comme retranché de sa force réelle.

« La gloire des armées françaises n'a reçu aucune atteinte ; les monuments de leur valeur subsistent, et les chefs-d'œuvre des arts nous appartiennent désormais par des droits plus stables et plus sacrés que ceux de la victoire.

« Les routes du commerce, si longtemps fermées, vont être libres. Le marché de la France ne sera plus seul ouvert aux productions de son sol et de son industrie ; celles dont l'habitude lui a fait un besoin, ou qui sont nécessaires aux arts qu'elle exerce, lui seront fournies par les possessions qu'elle recouvre ; elle ne sera plus réduite à s'en priver, ou à ne les obtenir qu'à des conditions ruineuses. Nos manufactures vont refleurir, nos villes maritimes vont renaître, et tout nous promet qu'un long calme au-dehors et une félicité durable au-dedans seront les heureux fruits de la paix.

« Un souvenir douloureux vient toutefois troubler ma joie. J'étais né, je me flattais de rester toute ma vie le plus fidèle sujet du meilleur des rois, et j'occupe aujourd'hui sa place ! Mais, du moins, il n'est pas mort tout entier, il revit dans ce testament qu'il destinait à l'instruction de l'auguste et malheureux enfant auquel je devais succéder ! C'est les yeux fixés sur cet immortel ouvrage, c'est pénétré des sentiments qui le dictèrent, c'est guidé par l'expérience et secondé par les conseils de plusieurs d'entre vous, que j'ai rédigé la charte constitutionnelle dont vous allez entendre la lecture, et qui asseoit sur des bases solides la prospérité de l'État.

« Mon chancelier va vous faire connaître avec plus de détail mes intentions paternelles. »

De longs applaudissements couvrirent la voix du monarque. Après un discours de M. Dambray, chancelier, M. Ferrand donna lecture à l'assemblée de l'acte constitutionnel. A cette lecture, souvent interrompue par les cris de *vive le roi!* succéda la prestation du serment. Chaque membre jura d'être fidèle au roi et à la charte. Solennelle comédie qui, depuis trente ans, était jouée par les mêmes personnages !

Dans la nouvelle constitution, le sénat n'existait plus. C'est la Chambre des pairs qui le remplaçait. Celle-ci se composait de cent cinquante-quatre membres. Un grand nombre de sénateurs, entre autres les régicides, et ceux auxquels on donnait le nom de *républicains*, avaient été exclus de la nouvelle assemblée.

La fortune, en ramenant les Bourbons, les avait placés dans une situation favorable. Symbole et gage de la paix, le gouvernement royal pouvait se faire pardonner les torts de son avènement; mais, au lieu de réparer, il sembla ne s'appliquer qu'à irriter. Ainsi, la première mesure qu'il proposa aux Chambres eut pour but la suppression de la liberté de la presse, garantie par la charte. Ce projet de loi, œuvre commune de M. Royer-Collard, ancien correspondant de Louis XVIII, et de M. Guizot, secrétaire particulier du ministre de l'intérieur, fut amendé par les Chambres, où, dès ce moment, se manifesta une assez forte opposition.

Des cinq maisons d'éducation qui existaient sous l'Empire pour les orphelines de la Légion-d'Honneur, on n'en laissa subsister qu'une, celle de Saint-Denis. Plus de onze cents invalides furent chassés de France; quinze cents autres renvoyés dans leurs foyers, avec des pensions honteusement modiques. On retira aux fils des officiers en activité de service ou morts devant l'ennemi, les bourses des écoles militaires, pour les attribuer exclusivement aux enfants de la *noblesse;* on menaça de peines terribles les régicides et les révolutionnaires, et les possesseurs de biens nationaux de les dépouiller dès que le gouvernement serait affermi.

Des courtisans pressaient Tibère d'élever un autel à la Vengeance; ce prince leur répondit : « Il faut des monuments pour les victoires étrangères, et, pour les malheurs domestiques, le silence et la douleur ! » Telle ne fut pas la conduite du gouvernement royal. Il proposa d'éterniser par des monuments, l'épisode de Quiberon et la journée du 21 janvier. Il ordonna des cérémonies expiatoires en commémoration de la mort de Louis XVI, de Marie-Antoinette, de madame Élisabeth et du jeune Louis XVII. Il fit dire même des services solennels pour Moreau, Pichegru, Cadoudal et tous les chouans morts dans les guerres de la Vendée.

C'est surtout dans les départements que la réaction royaliste se faisait sentir. Beaucoup croyaient que le rétablissement des Bourbons était le retour de l'ancien régime. « Il semble, écrivait le maire de Darnac à la Chambre, que les émigrés veulent traiter la France en pays conquis. Ils paraissent se mettre, en plusieurs endroits, au-dessus des autorités constituées, et ne reconnaître d'autres lois que leur volonté. » Les prêtres réclamaient les anciennes propriétés, dites du clergé, menaçant du sort de Jézabel les détenteurs de biens nationaux qui ne les restitueraient pas, soit aux nobles, soit aux curés. Chaque jour, enfin, les journaux royalistes poussaient le gouvernement aux mesures les plus arbitraires. Selon eux, nul ne devait être admis aux emplois sans un certificat de catholicisme.

Cependant, un congrès devait s'assembler à Vienne pour régler la part de chaque puissance aux dépouilles de la France. Ce n'était point par étendue de terrain, mais par têtes d'hommes, que le congrès devait opérer ce partage.

On en avait le compte : il s'élevait à trente-deux millions. Ce chiffre était cependant réduit par des cessions et des restitutions de territoire déjà opérées. Ainsi, la Belgique était réunie à la Hollande, la Norwège à la Suède, le Hanôvre à l'Angleterre, la Lombardie à l'Autriche, et la Savoie à la Sardaigne. Restaient encore en litige, parmi les territoires les plus considérables, la Pologne, la Saxe et l'ancienne république de Venise. Chaque puissance alliée exigeait, comme prix de ses sacrifices : la Russie, la Pologne ; la Prusse, la Saxe ; et l'Autriche, Venise. Mais la Russie et l'Autriche n'avaient pas attendu la décision du congrès pour se faire leur part ; l'une avait fait occuper en force toute l'ancienne Pologne, l'autre le nord de l'Italie. Seule, la Prusse, tout en convoitant la Saxe, n'avait pas encore osé mettre la main sur sa proie ; elle s'était bornée à en faire la demande officielle aux cours d'Autriche et d'Angleterre, qui refusèrent d'y accéder.

Tel était l'état de choses quand, le 1er novembre, le congrès s'ouvrit sous la présidence de M. de Metternich. Dès la première séance, la Prusse renouvela sa demande de l'incorporation de la Saxe. M. de Talleyrand, notre plénipotentiaire à ce congrès, de concert avec les représentants de l'Angleterre et de l'Autriche, répondit à la Prusse par une note qui rejetait la dépossession du roi de Saxe, déclarant que l'incorporation demandée compromettrait infailliblement la tranquillité de l'Europe, par les rivalités que ce nouveau point de contact soulèverait entre la Prusse et l'Autriche.

Alors la Prusse, qui avait des droits à faire valoir sur le grand-duché de Varsovie, dont Napoléon l'avait dépouillée, consentit à abandonner à la Russie cette portion de ses anciennes possessions polonaises qu'elle convoitait, si la Saxe devenait le prix de ce sacrifice. Alexandre, ainsi intéressé, et dont les troupes occupaient le royaume en litige, donna des ordres pour que la cession eût lieu, et, le 6 novembre, la Prusse était en possession de la Saxe.

A cette nouvelle, tous les princes allemands, effrayés pour leurs souverainetés, protestèrent. L'Autriche déclara que cette incorporation compromettait sa frontière de Bohême. Non moins opposée aux projets de la Russie sur la Pologne, elle ne pouvait se résoudre à voir cette puissance prolonger son territoire depuis la Silésie jusqu'à l'empire turc. Vainement la Prusse et la Russie lui offrirent des compensations; elle s'en tint aux termes de sa déclaration.

Dans cet état de choses, une rupture devenait imminente. De tous côtés, on se prépara à la lutte. L'Angleterre, l'Autriche et la France conclurent, le 3 janvier 1815, un traité d'alliance offensive et défensive, par lequel elles s'engageaient à agir de concert pour assurer l'exécution du traité de Paris. Chaque puissance devait fournir cent cinquante mille hommes. Ainsi, non contente d'avoir signé sa honte et son abaissement, la France « s'obligeait à épuiser ses trésors, à prodiguer le sang de ses soldats pour assurer à ses spoliateurs la tranquille jouissance des possessions qu'ils lui avaient arrachées [1]. »

Cependant une note présentée par M. de Metternich, le 28 janvier, vint mettre fin aux débats sur la question de la Saxe. Sur les deux millions d'habitants que renfermait ce royaume, sept cent mille furent donnés au roi de Prusse. Alors le roi de Saxe était à Friedrichofeld, placé, depuis la bataille de Leipzig, sous la surveillance des souverains. Sommé de consentir au démembrement de son royaume, il refusa, disant « qu'il ne voulait pas signer sa honte. » Mais

[1] Vaulabelle, *Histoire des deux Restaurations*, t. II.

le congrès, pressé d'en finir, déclara que, « vu la réunion du roi de Saxe au plus cruel ennemi de l'Allemagne, la Prusse pouvait se mettre *incontinent* en possession de la partie de la Saxe qui lui avait été dévolue. »

C'est ainsi que la coalition fit expier à ce noble et vieux Frédéric-Auguste, le tort d'avoir été, jusqu'au bout, loyal et fidèle envers son allié.

Toutes ces hontes étaient débattues et signées au milieu des fêtes qui, chaque jour, réunissaient à Vienne les membres du congrès et les souverains. Aussi les dépêches de M. de Talleyrand étaient plutôt les comptes-rendus d'un bal, d'une intrigue galante, que d'une délibération. Ainsi, il se plaisait à entretenir le roi des costumes que portaient l'empereur d'Autriche et le roi de Bavière, de « la rotondité colossale du roi de Wurtemberg, des intrigues de la duchesse d'Oldenbourg, sœur d'Alexandre, de la grosse galeté du roi de Danemark, le loustic de la brigade royale; » des bonnes fortunes de M. de Metternich, et des amours de lord Castlereagh.

Un soir, on dansait chez M. de Metternich. Tout-à-coup une nouvelle se répand : on se regarde, on s'interroge : l'exilé de l'île d'Elbe venait de débarquer en France ! Alexandre s'approcha de M. de Talleyrand : « Je vous avais bien annoncé, lui dit-il, que cela ne durerait pas. »

Après vingt-deux ans d'exil, les Bourbons n'avaient *rien appris ni rien oublié*. Tandis qu'ils croyaient avoir vaincu l'esprit révolutionnaire, celui-ci s'agitait au grand jour pour renverser ce que l'invasion seule avait produit. « On conspirait, comme on dit, sur les bornes, au coin des rues. » Bercé par la politique d'assoupissement de M. de Blacas, le gouvernement seul ne voyait rien, ne savait rien de ce qui se passait. Il y avait alors deux sortes d'opposants : les constitutionnels et les impérialistes. Les premiers ne voulaient pas sortir de la charte; ils espéraient y ramener le roi par la *voie légale*, sinon, placer sur le trône le duc d'Orléans. Seul de tous les Bourbons, ce prince avait conservé quelque popularité. « Le duc d'Orléans est le seul membre de la famille qui ait des idées libérales, avait dit Alexandre; quant aux autres, n'en espérez jamais rien : ils sont incorrigés et incorrigibles. » Si les royalistes ne pouvaient lui pardonner le vote de son père dans le jugement de Louis XVI, les constitutionnels n'avaient pas oublié la part glorieuse qu'il avait prise aux premières luttes et aux premières victoires de la révolution. C'en était assez pour le désigner aux espérances de ce parti, composé des hommes de la bourgeoisie, de la banque et du commerce. Les seconds repoussaient tout compromis avec la Restauration, ne voulaient que le rétablissement de l'Empire et l'Empereur : c'était le parti national, celui de l'armée et des classes populaires, à qui les Bourbons étaient odieux par cela seul qu'ils étaient venus à la suite de l'invasion.

Napoléon, à l'île d'Elbe, n'avait pas perdu de vue la France ; il savait que l'armée et le peuple étaient restés fidèles à son souvenir et invoquaient sa présence, et, dès le mois de janvier, il avait songé au retour. Son voisinage commençait à inquiéter les souverains. Déjà on s'occupait, au congrès de Vienne, de le confiner en *lieu de sûreté;* il était question de le déporter à l'île de Malte où à Sainte-Hélène. Napoléon, prévenu, hâta son départ : « Oui, disait-il, j'y suis résolu... C'est moi qui ai donné les Bourbons à la France, c'est moi qui dois l'en délivrer. Je partirai... L'entreprise est grave, difficile, périlleuse ; mais elle n'est pas au-dessus de moi. La fortune ne m'a jamais abandonné dans les grandes occasions... Je partirai, non point seul, je ne veux point me laisser mettre la main sur le collet par des gendarmes. Je partirai avec mon épée, mes Polonais, mes grenadiers..... La France est tout pour moi; je lui appartiens, je lui sacrifierai avec joie mon repos, mon sang, ma vie!... »

Napoléon s'ouvrit aux généraux Bertrand et Drouot de sa résolution, et, le 26 février, il s'embarqua à bord du brick *l'Inconstant*, avec quatre cents grenadiers de sa garde. Deux cents chasseurs corses, cent chevaux-légers polonais et deux cents flanqueurs, suivaient sur trois petits bâtiments. Après une heureuse traversée, la flottille entra le 1er mars dans le golfe Juan. Napoléon se jeta dans un canot et aborda le rivage; le reste de l'expédition débarqua. Alors le drapeau tricolore fut arboré, et la proclamation suivante lue à chaque compagnie.

« Soldats! nous n'avons pas été vaincus! Deux hommes sortis de nos rangs (Marmont et Augereau) ont trahi nos lauriers, leur prince, leur bienfaiteur.

« Ceux que nous avons vus pendant vingt-cinq ans parcourir l'Europe pour nous susciter des ennemis, qui ont passé leur vie à combattre contre nous dans les rangs des armées étrangères, en maudissant notre belle France, prétendraient-ils commander et enchaîner nos aigles, eux qui n'ont jamais pu en soutenir les regards? Souffrirons-nous qu'ils héritent du fruit de nos glorieux travaux? qu'ils s'emparent de nos honneurs, de nos biens, qu'ils calomnient notre gloire? Si leur règne durait, tout serait perdu, même le souvenir de nos immortelles journées. Avec quel acharnement ils les dénaturent! ils cherchent à empoisonner ce que le monde admire, et s'il reste encore des défenseurs de notre gloire, c'est parmi ces mêmes ennemis que nous avons combattus sur le champ de bataille.

« Soldats ! dans mon exil, j'ai entendu votre voix, je suis arrivé à travers tous les obstacles, tous les périls.

« Votre général, appelé au trône par le vœu du peuple, et élevé sur vos pavois, vous est rendu : venez le rejoindre.

« Arrachez ces couleurs que la nation a proscrites, et qui, pendant vingt-cinq ans, servirent de ralliement à tous les ennemis de la France; arborez cette cocarde tricolore que vous portiez dans nos grandes journées.

« Nous devons oublier que nous avons été les maîtres des nations ; mais nous ne devons pas souffrir qu'aucune se mêle de nos affaires. Qui prétendrait être maître chez nous? Qui en aurait le pouvoir? Reprenez ces aigles que vous aviez à Ulm, à Austerlitz, à Iéna, à Eylau, à Friedland, à Tudela, à Eckmülh, à Essling, à Wagram, à Smolensk, à la Moskowa, à Lutzen, à Wurtchen, à Montmirail ! Pensez-vous que cette poignée de Français, aujourd'hui si arrogants, puissent en soutenir la vue? Ils retourneront d'où ils viennent, et là, s'ils veulent, ils règneront comme ils prétendent l'avoir fait depuis dix-neuf ans.

« Vos rangs, vos biens, votre gloire, les biens, les rangs et la gloire de vos enfants, n'ont pas de plus grands ennemis que ces princes, que les étrangers vous ont imposés ; ils sont les ennemis de notre gloire, puisque le récit de tant d'actions héroïques qui ont illustré le peuple français, combattant contre eux pour se soustraire à leur joug, est leur condamnation.

« Les vétérans des armées de Sambre-et-Meuse, du Rhin, d'Italie, d'Égypte, de l'Ouest, de la Grande-Armée, sont humiliés, leurs honorables cicatrices sont flétries ; leurs succès seraient des crimes, nos braves seraient des rebelles, si, comme le prétendent les ennemis du peuple, les souverains légitimes étaient au milieu de l'ennemi; les honneurs, les récompenses, leur affection sont pour ceux qui les ont servis contre la patrie et contre nous.

« Soldats! venez vous ranger sous les drapeaux de votre chef. Son existence ne se compose que de la vôtre; ses droits ne sont que ceux du peuple et les vôtres; son intérêt, son honneur et sa gloire ne sont autres que votre intérêt, votre honneur et votre gloire. La victoire marchera au pas de charge; l'aigle, avec les couleurs nationales, volera de clocher en clocher, jusqu'aux tours de Notre-Dame; alors vous pourrez vous vanter de ce que vous aurez fait : vous serez les libérateurs de la patrie.

« Dans votre vieillesse, entourés et considérés de vos concitoyens, ils vous entendront, avec respect, raconter vos hauts-faits; vous pourrez dire avec orgueil : « Et moi
« aussi, je faisais partie de cette grande armée qui est en-
« trée deux fois dans les murs de Vienne, dans ceux de Ber-
« lin, de Madrid, de Moskow, et qui a délivré Paris de la
« souillure que la trahison et la présence de l'ennemi y ont
« empreinte. »

« Honneur à ces braves soldats! la gloire de la patrie, et honte éternelle aux Français criminels, dans quelque rang que la fortune les ait fait naître, qui combattirent vingt-cinq ans avec l'étranger pour déchirer le sein de la patrie! »

« Napoléon. »

A onze heures du soir, Napoléon, à la tête de sa petite troupe, se mit en marche. Il traversa Cannes, Grasse, et atteignit, le lendemain, la limite des Basses-Alpes : il avait fait vingt lieues dans cette seule étape! Sur son passage, les paysans se portaient, avec des aliments, vers sa petite colonne, aux cris de *vive l'Empereur!* A Digne, à Gap, à La Mûre, il n'éprouva aucune résistance ; mais, sur le point d'arriver à Vizille, il trouva la route barrée par sept ou huit cents soldats, avant-garde d'un corps de six mille hommes que le gouvernement rassemblait à Grenoble. Napoléon envoya un de ses officiers d'ordonnance vers la colonne royale, avec l'ordre de le faire reconnaître ; mais celui-ci dut se retirer devant la menace qui lui fut faite de tirer sur lui s'il insistait. Alors Napoléon descendit de cheval, et s'avançant vers les troupes royales : « Soldats du 5ᵉ de ligne, s'écria-t-il, s'il en est un seul parmi vous qui veuille tuer son général, son empereur, il le peut, me voilà ! » A ces mots, il n'y eut qu'un cri parmi les deux troupes. Après s'être réunies, elles se mirent en marche. Napoléon entra dans Vizille, salué par les acclamations des habitants et des paysans accourus des campagnes voisines. De Vizille, il se dirigea sur Grenoble. A la nouvelle de son approche, l'autorité avait fait fermer les portes de la ville, mais le peuple les fit voler en éclats et vint en offrir les débris à l'Empereur. Son entrée dans cette ville fut un véritable triomphe.

Déjà le bruit de son débarquement s'était répandu à Paris. Accueilli avec transport par le peuple, il étourdit les royalistes et déconcerta les constitutionnels. Aux Tuileries, dans les premiers moments, on n'en parut nullement alarmé ; on refusa même d'y croire. « Vraiment, sire, disait au roi M. Dandré, ce coquin de Bonaparte aurait osé débarquer ! Il faut en remercier Dieu ; on le fusillera, et nous n'en entendrons plus parler. » Mais les nouvelles devenant plus pressantes, le roi se décida à convoquer *extraordinairement* les Chambres, et publia une ordonnance par laquelle il déclarait « Napoléon Bonaparte *traître et rebelle*, pour s'être *introduit à main armée* dans le département du Var, » et enjoignait « à tous les gouverneurs commandants de la force armée, gardes nationales, autorités civiles, et même aux simples citoyens, de *lui courir sus,* de *l'arrêter* et de le *traduire incontinent* devant un conseil de guerre, qui, après avoir reconnu *l'identité,* devait prononcer contre lui l'application des peines portées par la loi, etc. » En même temps, le comte d'Artois partit pour Lyon, le duc de Bourbon pour la Vendée. Le duc d'Angoulême était alors à Bordeaux. Ordre lui fut donné de se rendre à Marseille pour y prendre le commandement des cinq divisions militaires du Midi.

Napoléon ne s'arrêta qu'un jour à Grenoble : il en partit le 8 pour se porter à marche forcée sur Lyon. Déjà le comte d'Artois l'avait prévenu dans cette ville. Vainement il mit tout en œuvre pour exalter l'enthousiasme des troupes : celles-ci restèrent froides et impassibles. « Allons, camarade, dit-il à un dragon en passant une revue, crie *vive le roi !* — Non, Monsieur, lui répondit le soldat, cela ne m'est pas possible ; et si je criais quelque chose, ce serait *vive l'Empereur !* » Alors il donna l'ordre de couper les deux ponts ; mais les ouvriers s'y opposèrent. On dut se borner à quelques barricades. Au même instant, parurent de l'autre côté du fleuve les troupes impériales. Soldats et ouvriers s'élancent sur les ponts ; les barricades sont renversées, et Lyon est aux troupes impériales. Napoléon entra le 10 mars dans la seconde ville de l'Empire, aux acclamations de cent mille voix. Vieillards, femmes, enfants, habitants des campagnes, maîtres et ouvriers, tous se pressaient sur son passage. Après avoir séjourné trois jours dans cette ville, Napoléon poursuivit sa marche triomphale ; il revit les champs de sa dernière et immortelle campagne. Ce fut là surtout qu'il retrouva le peuple fidèle. Après avoir traversé successivement Châlon-sur-Saône, Auxerre, où le maréchal Ney vint le rejoindre, Montereau, Joigny, Sens, il arriva le 20 à Fontainebleau.

Alors le gouvernement, qui, jusque-là, n'avait opposé à sa marche que des menaces, prit des mesures énergiques. Il adressa deux proclamations, l'une au peuple et l'autre à l'armée, rappela sous les drapeaux tous les militaires en semestre ou en congé, ordonna l'organisation de toutes les gardes nationales du royaume, la levée en masse de tous les citoyens en état de servir, et arrêta la formation, sous les murs de Paris, d'une armée commandée par le duc de Berri. Louis XVIII se rendit solennellement à la Chambre des députés et réclama le concours des représentants de la nation. Il était trop tard! Déjà Napoléon, ou plutôt la révolution était aux portes de Paris. Seul jusqu'au dernier moment, M. de Blacas garda une profonde sécurité. « Vous croyez donc, disait-il à ceux qui venaient l'avertir, que *Buonaparte* sera assez fou pour venir à Paris s'y faire *écharper ?* »

C'était le 20 mars. A dix heures du matin, l'étendard royal avait disparu du pavillon de l'Horloge pour faire place au drapeau tricolore; le silence et la solitude régnaient dans toutes les parties du palais. A la nouvelle de l'arrivée de Napoléon à Fontainebleau, le roi et sa cour avaient quitté Paris dans la nuit, pour se diriger vers la frontière du Nord. Nul de tous ceux qui, la veille encore, juraient de mourir pour lui, n'avait osé, au moment suprême, tirer l'épée pour le défendre. A huit heures du soir, Napoléon rentra dans Paris, après avoir franchi deux cent trente lieues en vingt jours, et sans que ses neuf cents soldats eussent tiré un coup de fusil. Il traversa lentement la ville, au bruit des acclamations du peuple, qui s'était porté à sa rencontre. Arrivé aux Tuileries, il fut enlevé de sa voiture, et porté entre mille bras au palais, à la lueur des flambeaux.

Ce même soir, Napoléon composa son ministère. Il appela aux *affaires étrangères* Carnot, à l'*intérieur* le duc de Vicence, à la *justice* Cambacérès, aux *finances* Gaudin, au *trésor* le comte Mollien, à la *guerre* Davoust, à la *marine* Decrès, à la *police* Fouché. Si la nomination de Carnot fut accueillie avec joie, celle de Fouché fut généralement blâmée ; on se demandait comment Napoléon, qui déjà l'avait chassé de son conseil, avait consenti à reprendre un homme dont l'immoralité était proverbiale.

Napoléon signala son retour par des actes d'une grande sagesse : il réintégra ses fonctionnaires civils, et pardonna à ses généraux qui l'avaient le plus odieusement abandonné ; il consentit même à recevoir les membres de l'ancien sénat, qui avait donné le signal des défections. Pas un reproche ne sortit de sa bouche : « J'oublie tout ce qui s'est passé, » disait-il. Animé d'un véritable esprit libéral, il alla au-devant des vœux de la nation : il rendit à la presse la liberté la plus absolue, au peuple l'élection de ses municipalités, et chargea Benjamin Constant de rédiger la nouvelle constitution. Chose étrange ! c'est alors que le salut de la nation demandait la dictature, que Napoléon se relâcha de son pouvoir.

« Aujourd'hui, dit-il à Benjamin Constant, tout est changé. Un gouvernement faible, contraire aux intérêts nationaux, a donné à ces intérêts l'habitude d'être en défense et de chicaner l'autorité. Le goût des constitutions, des débats, des harangues, paraît revenu... Cependant, ce n'est que la minorité qui le veut ; ne vous y trompez pas. Le peuple, ou, si vous l'aimez mieux, la multitude, ne veut que de moi. Vous ne l'avez pas vue, cette multitude, se pressant sur mes pas, se précipitant du haut des montagnes, m'appelant, me cherchant, me saluant ! De Cannes ici, je n'ai pas conquis, j'ai administré... Je ne suis pas seulement, comme on l'a dit, l'empereur des soldats, je suis celui des paysans, des plébéiens de la France... Aussi, malgré tout le passé, vous voyez le peuple revenir à moi. Il y a sympathie entre nous. Ce n'est pas comme avec les priviligiés. La noblesse m'a servi, elle s'est lancée en foule dans mes antichambres. Il n'y a pas de place qu'elle n'ait acceptée, demandée, sollicitée. J'ai eu des Montmorency, des Noailles, des Rohan, des Beauveau, des Mortemart ; mais il n'y a jamais eu analogie. Le cheval faisait des courbettes ; il était bien dressé, mais je le sentais frémir. Avec le peuple, c'est autre chose. La fibre populaire répond à la mienne. Je suis sorti des rangs du peuple ; ma voix agit sur lui. Voyez ces conscrits, ces fils de paysans ; je ne les flattais pas, je les traitais rudement ; ils ne m'entouraient pas moins, ils ne criaient pas moins *vive l'Empereur!* C'est qu'entre eux et moi il y a même nature. Ils me regardent comme leur soutien, leur sauveur contre les nobles... Je n'ai qu'à faire un signe, ou plutôt à détourner les yeux, les nobles seront massacrés dans toutes les provinces. Ils ont si bien manœuvré depuis dix mois !... Mais je ne veux pas être le roi d'une Jacquerie. S'il y a des moyens de gouverner avec une constitution, à la bonne heure... Je suis l'homme du peuple ; si le peuple veut la liberté, je la lui dois. J'ai reconnu sa souveraineté ; il faut que je prête l'oreille à ses volontés, même à ses caprices. Je n'ai jamais voulu l'opprimer pour mon plaisir. J'avais de grands desseins ; le sort en a décidé. »

Cependant, convaincus que le retour de Napoléon était le résultat d'un complot, les Bourbons n'avaient pas rendu les armes. Dans le Midi, le duc et la duchesse d'Angoulême essayèrent de résister. « Maintenez le Languedoc et la Provence dans le devoir, avait dit la duchesse à son mari ; je me charge de garder Bordeaux et tous les départements voisins. » Douée de ce courage qui fit dire à Napoléon qu'elle était « le seul homme de sa famille, » la duchesse passa des revues, visita les casernes, pressa l'enrôlement des volontaires. Vains efforts ! la garde nationale et les troupes reconnurent le gouvernement impérial, et la duchesse dut quitter Bordeaux. « O Dieu ! s'écria-t-elle, il est bien cruel, après vingt ans d'exil et de malheurs, de s'expatrier encore ! » Moins heureux, le duc d'Angoulême, ne devait sortir du territoire que par capitulation. Après avoir remonté la vallée du Rhône jusqu'à Valence, il se vit arrêté devant Romans par les troupes impériales. Alors, il rétrograda sur Pont-Saint-Esprit. Repoussé de cette ville, il se replia sur La Palud. Cependant, les troupes impériales n'avaient pas cessé de le poursuivre. Arrivées à Montélimar, et leur avant-garde occupant déjà Donzère, elles se disposaient à l'attaquer ; mais déjà le duc, effrayé du mouvement des gardes nationales qui le pressaient de toutes parts, avait conclu, avec le général Gilly, une capitulation qui l'obligeait à poser les armes et à s'embarquer au port de Cette. Le 16 avril, toute résistance avait cessé sur la surface de l'Empire.

Louis XVIII s'était réfugié à Gand, où le comte d'Artois et le duc de Berry étaient venus le rejoindre. Il s'établit dans un hôtel particulier, et, comme il n'entendait pas interrompre son règne, il constitua son gouvernement et voulut avoir son *Moniteur*. Quatre de ses ministres, MM. de Châteaubriand, de Lally-Tolendal, de Jaucourt et Beugnot, en étaient les principaux rédacteurs. « Traités, notes diplomatiques, *memorandum*, armements, marches de troupes, tous les actes, tous les faits qui témoignaient de l'ardeur et de l'activité des puissances alliées à envahir une seconde fois la France, étaient enregistrés dans ce journal avec le plus grand luxe de publicité [1]. »

---

[1] Vaulabelle, *Histoire des deux Restaurations*, t. II, p. 388.

Cependant, la nouvelle du retour de Napoléon était tombée comme un coup de foudre au milieu du congrès de Vienne ; et, comme si les puissances alliées avaient senti leur trône chanceler à cette secousse, elles se hâtèrent de mettre Napoléon *hors les lois civiles et sociales*, et de le livrer à la *vindicte publique*[1]. Puis, elles conclurent un nouveau traité par lequel elles s'engagèrent à diriger tous leurs efforts contre *l'ennemi commun et tous ceux de sa faction*, à fournir chacune cent cinquante mille hommes, et à ne poser les armes que d'un commun accord, et lorsque le but de la guerre aurait été atteint.

Aussitôt, trois grandes armées furent formées : l'une de trois cent quarante-quatre mille hommes, sous Schwartzemberg; la seconde, de deux cent cinquante mille hommes, sous Wellington ; la troisième de deux cent mille hommes, commandée par l'empereur Alexandre. Par une convention additionnelle au traité, l'Angleterre s'engagea à fournir, par portions égales, à ses trois alliées, un subside annuel de cinq millions sterling.

Tandis que l'Europe retentissait encore de cris de guerre, Napoléon ne cessait de témoigner de ses intentions pacifiques. Sa fierté même se plia à prendre l'initiative des ouvertures de paix. Voici la lettre qu'il adressa à chacun des souverains :

« Monsieur mon frère,

« Vous avez appris, dans le cours du mois dernier, mon retour sur les côtes de France, mon entrée à Paris et la retraite des Bourbons. La véritable nature de ces évènements doit être connue maintenant de Votre Majesté. Ils sont l'ouvrage d'une irrésistible puissance, l'ouvrage de la volonté

---

[1] Déclaration du 13 mars.

unanime d'une grande nation, qui connaît ses devoirs et ses droits. La dynastie que la force avait rendue au peuple français n'était plus faite pour lui : les Bourbons n'ont voulu s'associer ni à ses sentiments, ni à ses mœurs ; la France a dû se séparer d'eux. Sa voix appelait un libérateur ; l'attente qui m'avait décidé au plus grand des sacrifices, avait été trompée. Je suis venu, et du point où j'ai touché le rivage, l'amour de mes peuples m'a porté jusqu'au sein de ma capitale.

« Le premier besoin de mon cœur est de payer tant d'affection par le maintien d'une honorable tranquillité. Le rétablissement du trône impérial était nécessaire au bonheur des Français. Ma plus douce pensée est de le rendre en même temps utile à l'affermissement du repos de l'Europe.

« Assez de gloire a illustré tour-à-tour les drapeaux des diverses nations ; les vicissitudes du sort ont assez fait succéder de grands revers à de grands succès. Une plus belle arène est aujourd'hui ouverte aux souverains, et je suis le premier à y descendre. Après avoir présenté au monde le spectacle de grands combats, il sera plus doux de ne connaître désormais d'autre rivalité que celle des avantages de la paix, d'autre lutte que la lutte sainte de la félicité des peuples.

« La France se plaît à proclamer avec franchise ce noble but de tous ses vœux. Jalouse de son indépendance, le principe invariable de sa politique sera le respect le plus absolu pour l'indépendance des autres nations. Si tels sont, comme j'en ai l'heureuse confiance, les sentiments personnels de Votre Majesté, le calme général est assuré pour longtemps ; et la justice, assise aux confins des divers États, suffira seule pour en garder les frontières. »

Cet appel, les rois ne voulurent même pas l'entendre. Dès lors, la nation vit bien qu'ils n'avaient qu'un but : faire la guerre à la révolution, et imposer à la France un gouvernement qu'elle avait repoussé. Napoléon, à ses yeux, ne pouvait plus être le prétexte de la guerre. N'était-il pas, en effet, allé au-devant de la paix? N'en avait-il pas accepté les conditions? Ce n'était donc plus lui qui était l'agresseur. Aussi, comme en 1792, le peuple se leva-t-il tout entier, et par un élan spontané, pour courir aux armes : les cadres vides des régiments de ligne se remplirent, les jeunes gens des écoles s'organisèrent en compagnies de volontaires. A Paris et dans tous les départements, on forma des fédérations. « Au nom de la patrie, Sire, disaient les fédérés parisiens à l'Empereur, donnez-nous des armes ; nous jurons entre vos mains de ne combattre que pour sa cause et la vôtre. »

On a vu que Napoléon avait chargé Benjamin Constant de la rédaction de la nouvelle constitution : liberté religieuse, liberté de la presse, liberté individuelle, inviolabilité du pouvoir judiciaire, responsabilité de tous les agents du pouvoir, tels étaient les principes qu'elle consacrait. Bien qu'elle fût supérieure à la charte sur plus d'un point, les uns trouvèrent qu'elle n'était pas assez libre, d'autres qu'elle l'était trop. Publiée sous le nom d'*acte additionnel* aux constitutions de l'Empire, elle fut soumise à la sanction du peuple. Il n'y eut que quatre mille deux cent six votes négatifs.

Napoléon, par un décret daté de Lyon, avait convoqué, sous le titre d'*Assemblée extraordinaire du champ de Mai*, les collèges électoraux des départements. Cette solennité, qui rappela les fêtes populaires des plus beaux jours de la révolution, eut lieu au Champ-de-Mars, le 1er juin, en présence des collèges électoraux de chaque département, des députations de tous les régiments de l'armée, et de toutes les gardes nationales de l'Empire, et au milieu d'un peuple immense. Après une messe solennelle, le chef des hérauts d'armes proclama l'acceptation de l'acte additionnel par le peuple.

Alors, Napoléon, la main sur l'Évangile, prêta serment; puis, quittant son manteau impérial et s'avançant sur le bord de l'estrade : « Soldats de la garde nationale de l'Empire, soldats des troupes de terre et de mer ! dit-il à la foule armée qui remplissait l'enceinte, je vous confie l'aigle impériale aux couleurs nationales ! Vous jurez de la défendre au prix de votre sang, contre les ennemis de la patrie ! vous jurez qu'elle sera toujours votre signe de ralliement ! vous le jurez ! » A ces mots, toutes les épées, tous les casques s'agitèrent; soldats et gardes nationaux jurèrent de mourir pour la patrie, et le peuple répondit à leurs serments par ses acclamations. Bientôt le défilé commença. Chaque corps passa devant Napoléon, au son des fanfares et aux cris de *vive l'Empereur !*

Napoléon trouva la France désarmée et démantelée par le traité de Paris. Pendant que l'Europe, tenue en éveil par les discussions du congrès, était encore en armes et sur le grand pied de guerre, notre armée présentait à peine un effectif de cent soixante-quinze mille hommes de toutes armes. Aussitôt, Napoléon se mit à l'œuvre. Jamais il n'avait déployé plus d'activité : il travaillait jusqu'à seize heures par jour. Il appela aux armes la population virile de la France, et la divisa en deux classes : la première, ou garde nationale mobile, composée des hommes de vingt à quarante ans, était destinée à la défense des frontières; la seconde, ou garde nationale sédentaire, à la défense des communes.

De grands préparatifs furent faits. Des forges, des fonderies, des ateliers d'armes, s'ouvrirent sur tous les points du territoire. A Paris, on fabriqua jusqu'à trois mille fusils par jour. On arma et on approvisionna les places fortes. Napoléon suffit à tout cela, sans que *les contributions fussent augmentées;* le grand système des travaux publics avait repris dans toute la France : « On voit bien, disaient les ouvriers, que le grand entrepreneur est de retour. » « On croyait que l'Empereur avait retrouvé cent millions en or de son trésor des Tuileries : c'était à tort; le vrai trésor qu'il retrouva fut l'affection du peuple, la bonne volonté non-seulement de la masse de la nation, mais aussi des capitalistes français et hollandais [1]. »

Napoléon comptait sur un état militaire de huit à neuf cent mille hommes, armés et organisés, pour le 1er octobre. Mais déjà la coalition s'était mise en mouvement : Wellington et Blücher étaient sur la Meuse et sur l'Escaut. D'un autre côté, l'empereur de Russie, le roi de Prusse et l'empereur d'Autriche étaient partis de Vienne pour se porter sur notre frontière. Douze cent mille hommes s'avançaient contre nous. Bien qu'il n'en eût que deux cent dix-sept mille à leur opposer, Napoléon résolut de prendre l'offensive. Après avoir ouvert la session des Chambres, et chargé du gouvernement, pendant son absence, un conseil composé de ses frères Joseph et Lucien et de ses ministres, il partit, le 12 juin, à trois heures et demie du matin, pour le champ de bataille de Waterloo.

Composée de cent quinze mille hommes, et commandée par les généraux Drouet d'Erlon, Reille, Vandamme, Gérard, comte Lobau, Grouchy, Excelmans, Pajol, Kellermann et Milhaut, la grande armée s'était mise en marche : le 14,

---

[1] Mémoires de Napoléon.

elle campait sur les trois directions de Philippeville, Beaumont et Maubeuge, et avait son quartier général à Beaumont.

Arrivé à Avesnes le 13, Napoléon, le lendemain, fit mettre à l'ordre du jour la proclamation suivante :

« Soldats !

« C'est aujourd'hui l'anniversaire de Marengo et de Friedland, qui décida deux fois du destin de l'Europe. Alors, comme après Austerlitz, comme après Wagram, nous fûmes trop généreux ! Nous crûmes aux protestations et aux serments des princes que nous laissâmes sur le trône ! Aujourd'hui, cependant, coalisés entre eux, ils en veulent à l'indépendance et aux droits les plus sacrés de la France. Ils ont commencé la plus injuste des agressions. Marchons donc à leur rencontre ! Eux et nous ne sommes-nous plus les mêmes hommes ?

« Soldats ! à Iéna, contre ces mêmes Prussiens aujourd'hui si arrogants, nous étions un contre trois, à Montmirail un contre six.

« Que ceux d'entre vous qui ont été prisonniers des Anglais vous fassent le récit de leurs pontons et des maux affreux qu'ils ont soufferts !

« Les Saxons, les Belges, les Hanovriens, les soldats de la confédération du Rhin, gémissent d'être obligés de prêter leurs bras à la cause des princes ennemis de la justice et des droits de tous les peuples ; ils savent que cette coalition est insatiable ! Après avoir dévoré douze millions de Polonais, douze millions d'Italiens, un million de Saxons, six millions de Belges, elle devra dévorer les États de deuxième ordre de l'Allemagne.

« Les insensés ! un moment de prospérité les aveugle.

L'oppression et l'humiliation du peuple français sont hors de leur pouvoir. S'ils entrent en France, ils y trouveront leur tombeau !

« Soldats ! nous avons des marches forcées à faire, des batailles à livrer, des périls à courir ; mais avec de la constance, la victoire sera à nous ; les droits, l'honneur et le bonheur de la patrie seront reconquis !

« Pour tout Français qui a du cœur, le moment est arrivé de vaincre ou de périr ! »

Jeunes, ardents, avides de batailles, officiers et soldats comprirent ce mâle langage. Tous étaient impatients d'en venir aux mains, de sauver l'indépendance nationale, et de venger la patrie de ses derniers revers.

Wellington et Blücher étaient, le 14 au soir, fort tranquilles dans leurs cantonnements : le premier, avec cent deux mille cinq cents hommes, avait son quartier-général à Bruxelles ; le second, avec cent trente-trois mille quatre cents hommes, avait le sien à Namur. Il fallait aux deux généraux deux jours entiers pour se rassembler sur un même champ de bataille.

Napoléon résolut de percer le centre des deux armées ennemies, afin d'isoler chaque armée et de rester maître de faire tomber son effort sur l'une ou sur l'autre. Il résolut d'abord d'attaquer Blücher. Il espérait, en franchissant la frontière le 15, que l'armée prussienne ne pourrait pas se présenter en ligne avant le 17 : en conséquence, le 14, il donna à son armée l'ordre de mouvement.

Posté en avant de Philippeville, le point le plus rapproché du quartier-général de Blücher, le corps de Gérard devait se mettre en marche, à trois heures du matin, sur Charleroi. Bourmont commandait la troisième division de ce corps. A l'heure indiquée, il monta à cheval et se porta en avant de sa division comme pour reconnaître la route. Il était suivi de cinq officiers. Arrivé aux avant-postes de l'ennemi, il parlementa, et tout-à-coup disparut avec sa suite. Cette désertion porta un coup funeste à notre armée. Napoléon, averti, changea quelques unes de ses dispositions. Au lieu de se diriger sur Charleroi, Gérard reçut ordre de passer la Sambre au Châtelet.

Le 15, Napoléon franchit la Sambre et occupa Charleroi. Repoussés, les Prussiens s'étaient retirés sur Gilly. Napoléon ordonna à Vandamme de se porter sur ce village, d'en chasser l'ennemi et de le rejeter au-delà de Fleurus. Ney venait de rejoindre l'Empereur. Il eut ordre d'aller prendre position aux Quatre-Bras. Pendant que son lieutenant se dirigeait vers le point de concentration indiqué à tous les corps de l'armée anglaise, Napoléon se porta lui-même sur la route de Fleurus, vers le point de concentration assigné à l'armée prussienne. Après un premier combat où l'ennemi fut mis en fuite, Napoléon revint à Charleroi. Il avait, dans cette première journée, passé la Sambre, surpris deux armées ennemies, et percé leur ligne à son point de jonction.

Dans la nuit du 15 au 16, Napoléon divisa son armée en trois masses, fortes chacune de quarante à quarante-cinq mille hommes; il donna le commandement de *l'aile gauche* à Ney, à Grouchy celui de *l'aile droite*; il garda sous sa direction le centre et la réserve.

Déjà Blücher, averti, avait donné l'ordre à ses différents corps de se porter à marches forcées sur Fleurus. Napoléon fut surpris, en entrant dans cette ville, d'apprendre la présence, entre Bry et Sombref, de masses prussiennes considérables. Il résolut de livrer sur-le-champ bataille. A deux heures, il fit faire un changement de front sur Fleurus, la droite en avant; en même temps il ordonna au général Gérard de se diriger sur Ligny et d'enlever ce village; au maréchal Ney d'attaquer et de pousser vigoureusement tout ce qui était devant lui, et de se rabattre ensuite sur Bry pour concourir à envelopper le corps de Blücher. A huit heures, l'attaque commença. Blücher avait devant lui Napoléon, et sur ses derrières, pouvant le prendre à dos, les quarante-cinq mille hommes de Ney. Napoléon, ne recevant pas de nouvelles de ce maréchal, lui expédia, pendant l'action, un officier chargé de lui rappeler ses ordres.

Déjà Ligny avait été pris et repris quatre fois par nos troupes. Cependant il pouvait y avoir péril à laisser les trente mille Français de Vandamme et de Gérard aux prises avec des forces trois fois plus nombreuses. A sept heures du soir, Napoléon dirigea sur Ligny l'infanterie de la garde et une partie des cuirassiers Milhaut. Après un violent combat, où Blücher eut un cheval tué sous lui, nos troupes forcèrent tous les passages et emportèrent Ligny. A neuf heures, les Prussiens se retirèrent en désordre sur Sombref, après avoir perdu près de vingt-cinq mille hommes.

Que faisait, pendant ce temps, le maréchal Ney? Il avait reçu les ordres de Napoléon. Avec vingt-deux mille hommes et cinquante-six pièces de canons, il pouvait culbuter tout ce qu'il avait devant lui, et enlever les Quatre-Bras, qui n'étaient gardés que par huit mille hommes. Il hésita. Wellington, la veille au soir, était en pleine sécurité. Napoléon était depuis douze heures à Charleroi, lorsque le général anglais connut son irruption en Belgique. C'est à Bruxelles, au milieu d'un bal, que cette nouvelle le surprit. Alors il donna ses ordres et se porta au galop sur le point menacé : en moins de deux heures il parvint à y rassembler cinquante mille hommes. C'est alors seulement que Ney se décida à attaquer.

Mais, ce qui lui était permis il y a deux heures, ne l'était plus. Après avoir, par un effort furieux, touché deux fois aux Quatre-Bras, il se vit arrêté par des forces supérieures. « Si le maréchal Ney, dit Napoléon, avait attaqué de bonne heure les Anglais avec toutes ses forces, il les aurait écrasés, et serait venu donner le coup de grâce aux Prussiens. »

La journée du 17 ne fut pour notre armée qu'une journée perdue. Napoléon, dans la nuit, avait donné à Ney l'ordre de renouveler au point du jour l'attaque des Quatre-Bras. A onze heures, ses soldats étaient encore dans leurs bivouacs. Ils murmuraient de ce repos : « Nous avons fait la soupe à la pointe du jour, *afin d'entrer plus tôt en danse*, disaient-ils, et voilà quatre heures qu'on nous laisse sans rien faire ! Pourquoi ne se bat-on pas ? Il y a encore quelque chose là-dessous. »

Napoléon se dirigea lui-même sur cette position avec la garde, après avoir ordonné à Grouchy de poursuivre les Prussiens. Obligé, par la retraite de Blücher, de faire un mouvement parallèle, Wellington, dès le point du jour, s'était replié sur Bruxelles. A une heure, Napoléon occupa les Quatre-Bras. Continuant son mouvement sur Bruxelles, il arriva à quatre heures du soir près de la forêt de Soignes, où Wellington s'était arrêté. Il était trop tard pour l'attaquer. Napoléon prit position en avant de Planchenoit. Alors, il fit prévenir Grouchy, qu'il croyait à Wavres, « qu'une grande bataille se livrerait probablement le lendemain, et qu'il eût à manœuvrer pour se joindre à la droite de la grande armée, et opérer avec elle. »

« A une heure du matin, l'Empereur sortit à pied, accompagné seulement de son grand-maréchal. Son dessein était de suivre l'armée anglaise dans sa retraite, et de tâcher de l'entamer, malgré l'obscurité de la nuit, aussitôt qu'elle serait en marche. Il parcourut la ligne des grandes gardes. La forêt de Soignes apparaissait comme un incendie; l'horizon, entre cette forêt, Braine-Laleud, les fermes de la Belle-Alliance et de la Haie, était resplendissant du feu des bivouacs; le plus profond silence régnait. L'armée anglo-hollandaise était ensevelie dans un profond sommeil, suite des fatigues qu'elle avait essuyées les jours précédents. Arrivé près du bois du château d'Hougoumont, il entendit le bruit d'une colonne en marche : il était deux heures et demie. Or, à cette heure, l'arrière-garde devait commencer à quitter sa position si l'ennemi était en retraite ; mais cette illusion fut courte. Le bruit cessa ; la pluie tombait par torrents. Divers officiers envoyés en reconnaissance, et des affidés de retour à trois heures et demie, confirmèrent que les Anglo-Hollandais ne faisaient aucun mouvement. A quatre heures, les coureurs lui amenèrent un paysan qui avait servi de guide à une brigade de cavalerie anglaise, allant prendre position sur l'extrême gauche, au village d'Ohain. Deux déserteurs belges, qui venaient de quitter leur régiment, lui rapportèrent que leur armée se préparait à la bataille, qu'aucun mouvement rétrograde n'avait eu lieu, que la Belgique faisait des vœux pour les succès de l'Empereur, que les Anglais et les Prussiens y étaient également haïs.

« Le général ennemi ne pouvait rien faire de plus contraire aux intérêts de son parti et de sa nation, à l'esprit de cette campagne, et même aux règles les plus simples de la guerre, que de rester dans la position qu'il occupait : il avait derrière lui les défilés de la forêt de Soignes; s'il était battu, toute retraite lui était impossible.

« Les troupes françaises étaient bivouaquées au milieu de la boue ; les officiers tenaient pour impossible de donner bataille dans ce jour; l'artillerie et la cavalerie ne pourraient manœuvrer dans les terres, tant elles étaient détrempées; ils estimaient qu'il faudrait douze heures de beau temps pour les étancher. Le jour commençait à poindre ; l'Empereur rentra à son quartier-général, plein de satisfaction de la grande faute que faisait le général ennemi, et fort inquiet que le mauvais temps ne l'empêchât d'en profiter. Mais déjà l'atmosphère s'éclaircissait ; à cinq heures il aperçut quelques faibles rayons de ce soleil qui devait, avant de se coucher, éclairer la perte de l'armée anglaise [1]... »

Napoléon reçut de Grouchy un rapport daté de Gembloux. « Si la masse des Prussiens, disait ce maréchal, *se retire* sur *Wavres*, je la suivrai *dans cette direction,* afin qu'ils ne puissent gagner Bruxelles, *et de les séparer de Wellington.* » Rassuré de ce côté, Napoléon fit ses dispositions. Aux quatre-vingt-dix mille hommes dont se composait l'armée anglaise, il n'avait à opposer que soixante-cinq mille combattants. Trempés par la pluie qui n'avait pas cessé de tomber pendant toute la nuit, ils n'avaient pris ni repos ni nourriture. « Nous n'en avons pas moins quatre-vingt-dix chances pour nous, et pas dix contre, » dit Napoléon à ses généraux. — « Sans doute, répondit le maréchal Ney, si Wellington était assez simple pour attendre Votre Majesté ; mais je viens lui annoncer que déjà ses colonnes sont en pleine retraite ; elles disparaissent dans la forêt. » — « Vous avez mal vu, répliqua l'Empereur ; il n'est plus temps ; il s'exposerait à une perte certaine ; il a jeté les dés, et ils sont à nous. »

Aussitôt Napoléon monta à cheval, il se porta vers la

[1] Mémoires de Napoléon.

Haie-Sainte, et reconnut la ligne ennemie. Après avoir réfléchi un quart d'heure, il dicta « l'ordre de bataille que deux généraux écrivaient, assis par terre. Les aides-de-camp le portèrent aux différents corps d'armée qui étaient sous les armes, pleins d'impatience et d'ardeur. L'armée s'ébranla et se mit en marche sur onze colonnes; les trompettes et les tambours sonnaient aux champs; la musique retentissait des airs qui retraçaient aux soldats le souvenir de cent victoires. La terre paraissait orgueilleuse de porter tant de braves. Ce spectacle était magnifique; et l'ennemi, qui était placé de manière à découvrir jusqu'au dernier homme, dut en être frappé; l'armée dut lui paraître double en nombre de ce qu'elle était réellement.

« Ces onze colonnes se déployèrent avec tant de précision, qu'il n'y eut aucune confusion, et chacun occupa la place qui lui était désignée dans la pensée du chef; jamais de si grandes masses ne se remuèrent avec tant de facilité. A dix heures et demie, ce qui paraît incroyable, tout le mouvement était achevé, toutes les troupes étaient à leur position; le plus profond silence régnait sur le champ de bataille. L'armée se trouva rangée sur six lignes formant la figure de six V.

« L'Empereur parcourut les rangs. Il serait difficile d'exprimer l'enthousiasme qui animait tous les soldats : l'infanterie légère avait ses schakos au bout des baïonnettes; les cuirassiers, dragons et cavalerie légère, leurs casques ou schakos au bout de leurs sabres. La victoire paraissait certaine; les vieux soldats, qui avaient assisté à tant de combats, admirèrent ce nouvel ordre de bataille; ils cherchaient à pénétrer les vues ultérieures de leur général; ils discutaient le point et la manière dont devait avoir lieu l'attaque. Pendant ce temps, l'Empereur donna ses derniers ordres, et se porta, à la tête de sa garde, au sommet des six V, sur les hauteurs de Rossomme. Il mit pied à terre; de là, il découvrait les deux armées; la vue s'étendait fort loin, à droite et à gauche du champ de bataille [1]. »

Son projet était de porter son principal effort sur le centre de la ligne anglaise. « Il voulait le percer en l'abordant par la chaussée, s'emparer du Mont-Saint-Jean, et se rendre ainsi maître du principal débouché de la forêt de Soignes. Le succès de cette attaque devait séparer les deux ailes de Wellington, leur rendre toute retraite impossible, et entraîner la destruction de l'armée anglaise [2]. »

C'est au maréchal Ney qu'il confia le commandement de cette grande attaque. Avant d'en donner le signal, il « voulut jeter un dernier regard sur le champ de bataille, et aperçut, dans la direction de Saint-Lambert, un nuage qui parut être des troupes. Il dit à son major-général : « Maréchal, que voyez-vous sur Saint-Lambert? — J'y crois voir cinq à six mille hommes ; c'est probablement un détachement de Grouchy. » Toutes les lunettes de l'état-major furent fixées sur ce point. Le temps était assez brumeux. Les uns soutenaient, comme il arrive en pareille circonstance, qu'il n'y avait point de troupes, que c'étaient des arbres ; d'autres, que c'étaient des colonnes en position; quelques uns, que c'étaient des troupes en marche. Dans cette incertitude, sans plus délibérer, il fit appeler le lieutenant-général Domont, et lui ordonna de se porter avec sa division de cavalerie légère et celle du général Subervic pour éclairer sa droite, communiquer promptement avec les troupes qui arrivaient sur Saint-Lambert, opérer la réunion si elles appartenaient au maréchal Grouchy, les contenir si elles étaient ennemies.

[1] Mémoires de Napoléon.
[2] Vaulabelle, *Histoire des deux Restaurations*, t. II.

Ces trois mille hommes n'eurent à faire qu'un à droite par quatre pour être hors des lignes de l'armée; ils se portèrent rapidement et sans confusion à trois mille toises, et s'y rangèrent en bataille, en potence sur toute la droite de l'armée.

« Un quart d'heure après, un officier de chasseurs amena un hussard noir prussien qui venait d'être fait prisonnier par les coureurs d'une colonne volante…. Ce hussard était porteur d'une lettre; il était plein d'intelligence et donna de vive-voix tous les renseignements qu'on pouvait désirer. La colonne que l'on apercevait vers Saint-Lambert était l'avant-garde du général Bulow, qui arrivait avec plus de trente mille hommes; c'était le quatrième corps prussien qui n'avait pas donné à Ligny. » Soult expédia sur-le-champ à Grouchy l'ordre de marcher sur Saint-Lambert, et de prendre à dos le corps du général Bulow. En même temps, Napoléon détacha le comte de Lobau avec dix mille hommes contre le général prussien, ce qui réduisit son armée à cinquante-cinq mille hommes. « Nous avions ce matin quatre-vingt-dix chances pour nous, dit-il au maréchal Soult, l'arrivée de Bulow nous en fait perdre trente, mais nous en avons encore soixante contre quarante; et si Grouchy répare l'horrible faute qu'il a commise hier de s'amuser à Gembloux, et envoie son détachement avec rapidité, la victoire en sera plus décisive, car le corps de Bulow sera entièrement perdu. »

Une heure venait de sonner quand Napoléon envoya au maréchal Ney l'ordre d'attaquer.

Déjà l'action était engagée à la droite des Anglais, au bois d'Hougoumont. « Il se fit de part et d'autre des prodiges de valeur; les gardes anglaises couvrirent de leurs cadavres le bois et les avenues du château, mais non sans vendre chèrement leur sang. Après diverses vicissitudes qui occupèrent plusieurs heures de la journée, le bois tout entier resta aux Français; mais le château, où s'étaient crénelés plusieurs centaines de braves, opposait une résistance invincible; l'Empereur ordonna de réunir une batterie de huit obusiers, qui mirent le feu aux granges et aux toits, et rendirent les Français maîtres de cette position [1]. »

Pendant ce temps, quatre-vingts bouches à feu vomissaient la mort sur la gauche de la ligne anglaise. Ney emportait les hameaux de Papelotte, de Smouhen et de la Haie-Sainte, sur lesquels elle s'appuyait. Wellington, à cheval près d'un arbre, suivait tous les mouvements de l'impétueux maréchal. Mais plusieurs corps de son infanterie battent en retraite. Aussitôt il lance son cheval au milieu des fuyards, les arrête, et, après les avoir ramenés au combat, revient à sa place de bataille. Dans ce moment, Ney faisait transporter sa grande artillerie sur le plateau du Mont-Saint-Jean. Deux régiments de dragons anglais, à moitié ivres d'eau-de-vie, se lancent à fond de train sur les batteries, et parviennent à les disloquer : mais Ney leur fait payer cher leur audace ; il envoie contre eux les cuirassiers Milhaut qui en font un effroyable carnage.

Cependant Ney n'en continua pas moins de s'avancer sur le front de l'armée. De son côté, la garde se portait sur le plateau pour achever la défaite des Anglais, quand tout-à-coup de fortes décharges d'artillerie se font entendre sur nos derrières. A ce bruit, la garde s'arrête : c'était Bulow et ses trente mille Prussiens qui opéraient dans ce moment leur puissante diversion.

Blücher avait réorganisé son armée. Ayant appris, dans la nuit, la position prise par les Anglais en avant de la forêt de Soignes, à Waterloo, ainsi que la présence de Napoléon en

[1] Mémoires de Napoléon.

avant du Mont-Saint-Jean, il avait fait dire au général anglais qu'il arriverait à son secours. Dès la pointe du jour, il avait ordonné à Bulow de se porter sur le champ de bataille de Waterloo. Arrêté par le comte de Lobau à Planchenoit, Bulow avait été obligé de livrer bataille.

Toujours debout sous son arbre, Wellington attendait avec la plus vive impatience le secours promis par Blücher. Au bruit du canon de Bulow, la confiance renaît dans les rangs des Anglais; ils se raffermissent, et sur toute la ligne ils reprennent l'offensive.

Napoléon, ne pouvant disposer de sa réserve, à cause de l'intervention de Bulow, avait fait dire à Ney de se borner à garder la Haie-Sainte. Ney obéit; mais, attaqué par les Anglais dans cette position, il dut combattre pour les repousser. Arrivé au bord du plateau, il ne veut pas s'arrêter, il franchit le talus, lance sa cavalerie sur les batteries et les carrés anglais, et apparaît bientôt lui-même sur la crête du plateau; mais, privé du secours qu'il attendait, et chargé à son tour par la cavalerie ennemie, il est contraint de descendre. Une seconde fois, sa cavalerie s'empare du plateau, une seconde fois elle est repoussée au pied de la position, après la plus effroyable lutte. Cependant, le jour baissait; Bulow venait d'être écrasé par nos troupes. Napoléon se dispose à une attaque décisive. Il se porte sur la Haie-Sainte, ranime et exalte le courage des soldats, et leur montre la formidable position qu'ils doivent enlever. Conduits par Ney, tous jurent de vaincre. Dans ce moment, une vive fusillade éclate à notre extrême droite : « C'est Grouchy ! » s'écrie Napoléon. A cette nouvelle, la joie est grande ; toutes les épées s'agitent, tous les sabres sont levés; officiers et soldats demandent à grands cris le signal. Il est donné. Une troisième fois, Ney, sous le feu terrible des Anglais, gravit les pentes du plateau, franchit le talus et se précipite, à la tête des siens, sur les carrés ennemis. Renversé de cheval, il se relève, et, l'épée à la main, il continue à commander au milieu du feu. Ce n'est plus une bataille, c'est une affreuse mêlée. On se bat corps à corps. Wellington « n'avait plus un homme disponible, dit Jomini, tout était ébranlé, abîmé; si une troupe fraîche se présentait, la bataille était gagnée. » A chaque instant, le duc regardait sa montre et envoyait des officiers en découverte. « Mon Dieu, s'écriait-il avec désespoir, en voyant ses rangs s'éclaircir, me faudra-t-il voir tailler en pièces tous ces braves gens ! »

Dans ce moment, la vieille garde s'avançait ; mais, pendant que son intervention devait achever la victoire, Blücher, que la lenteur et l'inaction inexplicables de Grouchy avaient laissé libre de ses mouvements, venait d'entrer en ligne à l'extrême droite de notre champ de bataille. Déjà nos soldats, surpris par cette attaque imprévue, se retiraient en désordre. A la vue de ce mouvement rétrograde, la vieille garde suspend sa marche, et se forme en carrés. Alors Wellington fit avancer deux brigades de cavalerie, fortes de six régiments, pour appuyer les Prussiens. Pendant ce temps, nos soldats engagés sur le plateau, croyant achever la victoire, brûlaient leurs dernières cartouches. Soudain, les cris de *sauve qui peut! nous sommes trahis !* se font entendre. Ces cris émeuvent et ébranlent nos soldats. Alors, Wellington, enhardi par le flottement de nos troupes et les progrès de Blücher, concentre toutes ses forces pour un dernier effort, et les lance en avant. De son côté, Blücher s'avance toujours. Devant ces masses formidables, nos troupes se débandent, et l'armée ne présente plus qu'une masse confuse. Napoléon se demande la cause de ce désordre. Vainement, il se jette au milieu des fuyards, et tente de les rallier ; ses paroles ne sont point entendues : un tumulte effroyable couvre sa voix, et l'obscurité de la nuit empêche de le reconnaître. On dit qu'alors, pâle et immobile, des larmes coulèrent de ses yeux. Cependant, la vieille garde, formée en carrés, essaie d'arrêter Wellington et Blücher. Assaillis, foudroyés par un ennemi trente fois plus nombreux, sept carrés sont successivement détruits. Un dernier carré, commandé par Cambronne, reste encore. Napoléon, l'épée à la main, en prend la direction, et, décidé à mourir, commande le feu ; mais ses généraux l'entourent et l'arrachent à ce champ de bataille où il veut rester avec sa fortune.

Cependant, Cambronne et ses soldats sont encore debout. On lui crie de se rendre : il répond par un refus énergique, et ordonne la charge. Alors, croisant la baïonnette, et poussant un dernier cri de *Vive l'Empereur !* les grenadiers se précipitent tête baissée sur les rangs ennemis. Seuls contre trois armées, que pouvaient-ils ? sinon mourir.

Pendant toute la nuit, la cavalerie ennemie poursuivit à outrance nos malheureux soldats, qui, succombant à la fatigue et à l'épuisement, sans chaussures et sans armes, n'avaient plus même la force de marcher. Plusieurs officiers et soldats se donnèrent la mort pour ne pas tomber vivants entre les mains de l'ennemi. Il y en eut même qui se fusillèrent entre eux plutôt que de se rendre.

C'est ainsi que la grande armée, « qui, à sept heures du soir, était, a dit Napoléon, victorieuse d'une armée de cent vingt mille hommes, occupait la moitié du champ de bataille des Anglo-Hollandais, et avait repoussé le corps du général Bulow, se vit arracher la victoire par l'arrivée du maréchal Blücher avec trente mille hommes de troupes fraîches, renfort qui portait l'armée alliée en ligne à près de cent cinquante mille hommes, c'est-à-dire à deux et demi contre un... Journée incompréhensible ! concours de fatalités inouïes ! a-t-il dit encore. Y a-t-il eu trahison ? N'y a-t-il eu que du malheur ? Et pourtant, tout ce qui tenait à l'habileté avait été accompli ! Singulière campagne, où j'ai vu trois fois s'échapper de mes mains le triomphe assuré de la France ! Sans la désertion d'un traître, j'anéantissais mes ennemis en ouvrant la campagne ; je les écrasais à Ligny, si la gauche eût fait son devoir ! je les écrasais à Waterloo, si ma droite ne m'eût pas manqué. Singulière défaite, où, malgré la plus horrible catastrophe, la gloire du vaincu n'a pas souffert, ni celle du vainqueur augmenté ! La mémoire de l'un survivra à sa destruction ; la mémoire de l'autre s'ensevelira peut-être dans son triomphe ! »

Cependant, « tout pouvait se réparer ; mais il fallait du caractère, de l'énergie, de la fermeté de la part des généraux, du gouvernement, des Chambres, de la nation toute entière ; il fallait qu'elle fût animée par les sentiments de l'honneur, de la gloire, de l'indépendance nationale ; qu'elle fixât les yeux sur Rome après la bataille de Cannes, et non sur Carthage après Zama ! » Vainement Napoléon avait dit aux Chambres : « N'imitons pas l'exemple du Bas-Empire, qui, pressé de tous côtés par les Barbares, se rendit la risée de la postérité, en s'occupant de discussions abstraites au moment où le bélier brisait les portes de la ville...Aidez-moi à sauver la patrie. » Sur la proposition de Lafayette, la Chambre des Représentants se déclara en permanence, et menaça de la peine des traîtres *quiconque* tenterait de la dissoudre. Il ne restait plus à Napoléon qu'à abdiquer ou à s'emparer de la dictature. Dans ce moment suprême, il faut le dire, il fut au-dessous de lui-même. Appuyé par la garde nationale, les fédérés et le peuple, il ne sut vouloir ni tenter un nouveau 18 brumaire. « On veut que j'abdique, disait-il, ce n'est pas la liberté qui me dépose, c'est Waterloo, c'est la peur. » Et il se décida à abdiquer en faveur de son fils, qui fut proclamé par les Chambres, sous le titre de Napoléon II, empereur des Français. On nomma un gouvernement provisoire, sous la présidence du duc d'Otrante. Cependant le danger allait croissant ; l'ennemi s'avançait à marches forcées ; Blücher s'était séparé des Anglais pour se porter en avant. C'était plus que téméraire, c'était imprudent. Napoléon jugea d'un coup d'œil le danger du général prussien, et y vit l'occasion de prendre sa revanche. « Dans ces graves circonstances, écrivit-il à la commission du gouvernement, j'offre mes services comme général, me regardant encore comme le premier soldat de la patrie. » On lui répondit « que les engagements pris envers les puissances étrangères ne permettaient pas d'accepter son offre. — « J'en étais sûr, dit Napoléon en recevant cette réponse ; ces gens-là n'ont point d'énergie ! » Et il partit pour Rochefort, où il arriva le 3 juillet. Voici la lettre qu'il écrivit au prince régent d'Angleterre :

« Altesse royale,

« En butte aux factions qui divisent mon pays, et à l'inimitié des plus grandes puissances de l'Europe, j'ai terminé ma carrière politique, et je viens, comme Thémistocle, m'asseoir au foyer du peuple britannique ; je me mets sous la protection de ses lois, que je réclame de Votre Altesse Royale comme du plus puissant, du plus constant et du plus généreux de mes ennemis.

« NAPOLÉON.

« Rochefort, 13 juillet 1815. »

Deux jours après, Napoléon passa de son propre mouvement sur le vaisseau anglais le *Bellérophon,* qui le conduisit à Plymouth. Alors l'amiral Keith vint lui signifier la sentence des puissances alliées, qui le déclarait leur prisonnier, et confiait spécialement sa garde au gouvernement britannique.

« Je proteste solennellement ici, à la face du ciel et des hommes, dit Napoléon, contre la violence qui m'est faite, contre la violation de mes droits les plus sacrés, en disposant, par la force, de ma personne et de ma liberté. Je suis venu librement à bord du *Bellérophon*. Je ne suis pas prisonnier, je suis l'hôte de l'Angleterre. J'y suis venu à l'instigation même du capitaine, qui a dit avoir des ordres du gouvernement de me recevoir et de me conduire en Angleterre avec ma suite, si cela m'était agréable. Je me suis présenté de bonne foi pour venir me mettre sous la protection des lois de l'Angleterre. Aussitôt assis à bord du *Bellérophon*, je fus sur le foyer du peuple britannique. Si le gouvernement, en donnant des ordres au capitaine du *Bellérophon* de me recevoir ainsi que ma suite, n'a voulu que me tendre une embûche, il a forfait à l'honneur et flétri son pavillon. Si cet acte se consommait, ce serait en vain que les Anglais voudraient parler désormais de leur loyauté, de leurs lois et de leur liberté. La foi britannique se trouvera perdu dans l'hospitalité du *Bellérophon*. J'en appelle à l'histoire : elle dira qu'un ennemi qui fit vingt ans la guerre au peuple anglais, vint librement, dans son infortune, chercher un asyle sous ses lois. Quelle plus éclatante preuve pouvait-il lui donner de son estime et de sa confiance? Mais comment répondit-on, en Angleterre, à une telle magnanimité? On feignit de tendre une main hospitalière à cet ennemi, et, quand il se fut livré de bonne foi, on l'immola!

« NAPOLÉON.

« A bord du *Bellérophon*, à la mer. »

Protestation vaine ! il fut transféré sur *le Northumberland*, qui mit à la voile pour Sainte-Hélène. On dit que Napoléon ne pouvait détacher ses regards de cette terre où il ne laissait plus rien que sa gloire, et qu'en passant en vue du cap la Hogue, il la salua pour la dernière fois de ces paroles : « Adieu ! adieu ! terre des braves ! adieu, chère France ! Quelques traîtres de moins, et tu serais encore la grande nation et la maîtresse du monde! »

Ainsi disparut de la scène politique le plus grand homme des temps modernes. Soldat, consul, empereur, il passa à travers les peuples pour rendre témoignage de la révolution qui l'avait armé. Après avoir rempli le monde de sa renommée, planté ses aigles sur toutes les capitales, et disposé à son gré des couronnes, à son tour il subit les vicissitudes de la fortune. Un rocher stérile, voilà tout ce qu'elle lui laissa du monde qu'il avait conquis ; et, comme si elle eût craint un nouvel effort de son génie, elle plaça, entre la terre et lui, l'intervalle de l'Océan !

C'est au nom de la liberté, dont il avait reçu ses pouvoirs, et qu'il étouffa sous son despotisme, que les peuples s'armèrent contre lui. C'est ainsi que, par un châtiment providentiel, ce qui avait servi à son élévation contribua à sa chute.

Avec lui finit cette génération révolutionnaire qui, depuis vingt-cinq ans, combattait et mourait pour sa foi nouvelle. Mais, si le champ de Waterloo fut sa tombe, la révolution, son œuvre, lui survécut. Héritage glorieux que ses enfants sauront recueillir en 1830 !

FIN DE L'EMPIRE.

PIÈCES JUSTIFICATIVES.

NOTE 1 (PAGE 7).

Thibaudeau rapporte ainsi qu'il suit les circonstances de cet évènement.

« Il semblait que la fatalité rassemblât les évènements les plus imprévus pour imprimer à l'affaire de la conspiration le caractère le plus tragique. Le 16 germinal, à sept heures du matin, Popon, porte-clefs du Temple, étant entré dans la chambre de Pichegru pour y allumer du feu, et ne l'ayant ni vu ni entendu remuer, alla prévenir Fauconnier, concierge, qui en donna tout de suite avis aux diverses autorités. Aussitôt accoururent un commissaire de police, un chirurgien, le conseiller d'État Réal, envoyé par le grand-juge, et Savary, commandant la gendarmerie d'élite, dépêché par le Premier Consul. Pichegru était mort dans son lit, couché sur le côté droit, ayant autour du cou la cravate de soie noire qu'il portait habituellement, tressée en forme de corde, dans laquelle était passé un bâton long de quarante centimètres, en ayant quatre ou cinq de circonférence, formant tourniquet, ce qui avait produit l'étranglement, dont la face du cadavre portait tous les signes. Sur la table de nuit était un volume de Sénèque, que Pichegru avait demandé à Réal. Le livre était ouvert. La page où est décrite la mort de Caton était cornée.

« Le porte-clefs Popon déclara que la veille, à dix heures du soir, après avoir servi à souper à Pichegru, il avait emporté la clef de la chambre, et qu'elle était restée dans sa poche jusqu'à sept heures du matin. Le gendarme Sirot, qui a passé la nuit renfermé lui-même dans l'antichambre, n'avait rien entendu, sinon que le général avait beaucoup toussé de onze heures à minuit. Le gendarme Lapointe, qui était de planton à la tour du Temple, n'avait rien entendu.

« Le tribunal criminel envoya cinq de ses membres au Temple. Six chirurgiens ou médecins, par eux commis, dressèrent procès-verbal de l'examen du corps, et déclarèrent qu'ils estimaient que, d'après la position où ils l'avaient trouvé et les observations qu'ils avaient faites et dont ils rendaient compte, l'individu dont ils avaient visité le cadavre et qu'on leur avait dit être celui du général Pichegru, s'était étranglé lui-même.

« — Qu'on fasse ce qu'on voudra, dit le conseiller Réal, on n'en dira « pas moins que, n'ayant pu le convaincre, nous l'avons étranglé. » On le dit en effet. Les partisans des conspirateurs, le parti royaliste, les amis de Moreau le proclamèrent à l'envi. Ils soutenaient qu'un homme ne pouvait s'étrangler lui-même avec sa cravate et un tourniquet, et que le Premier Consul avait fait expédier Pichegru par des gendarmes, des soldats, des Mamelouks. Dans le public, toujours porté à adopter les bruits les plus exagérés et les formes les plus tragiques, bien des gens le crurent. Des agents diplomatiques l'écrivirent à leurs cours, la calomnie circula dans toute l'Europe, et, après le renversement de Napoléon, elle a, comme beaucoup d'autres, pris sa place dans l'histoire.

« Que le mode de strangulation par lequel Pichegru s'est suicidé ne soit pas physiquement impossible, c'est ce qu'attestent les hommes de l'art les plus instruits; il y en a des exemples même en Angleterre, où l'on fut si empressé à rejeter sur le Premier Consul la mort de ce général. En 1814, après l'abdication de Napoléon, nous en avons entendu citer un en France par M. Gaillard, nommé depuis membre de la cour de cassation, pour les services par lui rendus à la cause royale. Un accusé fut condamné à mort aux assises de Melun, présidées par ce magistrat. Il ordonna toutes les précautions pour qu'il ne pût attenter à sa vie ; cependant on le trouva, dans son cachot, étranglé par un tourniquet qu'il avait fait avec un cerceau du baquet destiné à ses besoins. Le fait est identique.

« Si la strangulation de Pichegru avait été opérée par d'autres que par lui, cela ne se serait pas fait sans violence ; il était fort et vigoureux : il s'était débattu contre douze hommes qui l'avaient arrêté dans son lit ; il y aurait eu quelques traces de violences sur son corps. On ne l'aurait pas exposé aux regards de quinze ou vingt personnes. Sa chambre n'était pas isolée : elle était près de celles de Bouvet, de Lozier et de Georges, ouvrant sur le grand vestibule d'entrée. Les assassins chargés d'expédier Pichegru ne pouvaient pas tomber des nues dans sa chambre. D'après l'ordre établi pour la police du Temple, ils ne pouvaient s'y introduire sans qu'on leur ouvrît les portes. Il y avait là concierge, porte-clefs, officier de garde, factionnaire à endormir, à écarter ou à mettre dans le secret. Est-ce que, pour les récompenser de leur complaisance, on les aurait aussi expédiés, comme cela se pratique en Turquie? Et leurs assassins, à leur tour, que seraient-ils devenus?

« Tout ce monde-là, dira-t-on, était payé, gagné par le pouvoir, et devait, sous peine de la vie, obéir et se taire. Oui, tant qu'a régné l'homme revêtu de ce pouvoir; mais il a été détrôné, enchaîné: il est mort. De ces honnêtes exécuteurs ou de ces lâches complices qui avaient pu trembler pour leur vie, plusieurs ont survécu, et pas un d'entre eux n'a cédé aux offres, aux menaces des amis de Pichegru, des vengeurs de sa mémoire! Il n'y avait plus de danger à flétrir celle du Premier Consul. C'était considéré comme une justice, comme une œuvre méritoire!

« Un crime sans utilité n'est pas présumable. L'assassinat de Pichegru était inutile. Général, il avait trahi la République et l'armée; proscrit, il s'était vendu aux ennemis les plus acharnés de la France. Il y était revenu clandestinement avec Georges pour renverser le gouvernement: les charges qui pesaient sur lui étaient accablantes; il ne pouvait échapper à la vengeance des lois. Un crime utile peut-être, c'était l'assassinat de Moreau, dont la gloire avait encore de l'éclat, qui n'avait pas quitté sa patrie, qui passait pour avoir sacrifié la faveur du pouvoir à l'amour de la liberté, qui n'avait pas encore perdu l'estime de l'armée et de la nation. Dira-t-on que le Premier Consul craignait les révélations de Pichegru, son influence sur le peuple, sur l'armée? Son influence! il n'en avait plus. Depuis dix années il était hors des rangs. Aux uns il était inconnu, pour les autres oublié; chez ceux qui l'avaient estimé, sa trahison, sa conduite actuelle avaient effacé le souvenir de ses services. Ses révélations? S'il ne les avait pas d'avance confiées, qu'en sait-on? S'il les avait communiquées, pourquoi ceux qui s'étaient associés à son destin et qui lui ont survécu, ne les ont-ils jamais publiées?

« Du caractère connu du Premier Consul, de l'absence de tout document qui puisse établir l'existence du crime, de son inutilité, de la situation de Pichegru, d'après les lois évidemment dévoué à l'échafaud, nous concluons qu'il s'est fait justice lui-même. « Noble fin, s'écria le Premier « Consul, pour celui qui a conquis la Hollande! »

Voici les réflexions du même auteur relativement à la mort du duc d'Enghien.

« On avait arrêté à Ettenheim, en même temps que le duc d'Enghien, plusieurs généraux de l'armée de Condé : MM. de Vauborel, de Mauroy, de Thumery. Dans les papiers du général Vauborel se trouvait un billet à lui adressé de la main du duc, ainsi conçu:

« Je vous remercie, mon cher Vauborel, de votre avertissement sur
« les soupçons que mon séjour ici pourrait inspirer à Bonaparte, et des

« dangers auxquels m'expose sa tyrannique influence en ce pays. Là où
« il y a du danger, là est le poste d'honneur pour un Bourbon. En ce
« moment, où l'ordre du conseil privé de S. M. Britannique enjoint aux
« émigrés retraités de se rendre sur les bords du Rhin, je ne saurais,
« quoi qu'il en puisse arriver, m'éloigner de ces dignes et loyaux défen-
« seurs de la monarchie. »

« Dans les papiers du même général était l'ordre ci-dessus relaté du conseil privé, du 14 janvier 1804.

« Ces deux pièces furent d'abord portées au Premier Consul, qui les garda.

« Dans les papiers du duc d'Enghien saisis à Ettenheim, on trouva encore la lettre suivante, qui lui était adressée par le comte de Lanan, colonel du régiment de son nom à l'armée de Condé.

Munich, 11 février 1804.

« Si, comme je le pense, les vues énergiques des gouvernements qui
« nous protègent si particulièrement, sont reconnues par de grandes
« puissances comme le seul moyen de rendre la tranquillité à l'Europe
« par une paix juste, ces bases seront nécessairement le rétablissement
« de la monarchie. C'est ce qui me fait désirer vivement que Votre Al-
« tesse ait le projet de s'éloigner un peu des rives du Rhin. Monseigneur
« verra également comme moi que si l'ennemi a quelque crainte du con-
« tinent, sa première opération sera de prévenir et d'occuper la rive
« droite du Rhin : c'est un coup de main qui ne demande pour son exé-
« cution que l'ordre de marcher, et cette idée m'est pénible; la personne
« de Votre Altesse nous est trop précieuse, pour n'être pas alarmés des
« dangers qu'elle pourrait courir. »

« Le duc d'Enghien n'était donc pas sur les bords du Rhin pour faire l'amour et se livrer au plaisir de la chasse, et Walter-Scott atteste que sa présence à la frontière se liait avec le complot tramé par le cabinet anglais contre la vie du Premier Consul. « L'Angleterre, dit-il, et son auto-
« rité ici est irrécusable, poussa les partisans de la royauté à de nou-
« velles attaques contre le gouvernement consulaire. Les ministres ac-
« cueillirent avec trop de facilité les promesses et les plans d'individus
« qui, trop exaltés pour bien apprécier le véritable état de choses, exa-
« gérèrent encore auprès du gouvernement britannique leurs espéran-
« ces. Voici quels étaient ces plans : c'était de soulever les royalistes
« dans l'Ouest, où le duc de Berri devait faire une descente et favoriser
« l'insurrection. Le duc d'Enghien fixa son séjour sous la protection du
« margrave de Bade, au château d'Ettenheim, afin sans doute d'être tou-

« jours prêt à se mettre à la tête des royalistes de l'Est, ou même, si
« l'occasion s'en présentait, de ceux de Paris. »

« Tels sont les propres termes de Walter-Scott. Le seul reproche qu'on
pût faire à la procédure de Vincennes, fut qu'elle ressemblait beaucoup à
celle des *oubliettes*. C'est sous ce rapport, et non pour l'intérêt qu'on portait aux Bourbons, qu'elle trouva quelques improbateurs jusque dans les entours du Premier Consul. Il vint à l'improviste au conseil d'État, qui était rassemblé pour les affaires courantes, et entra en explication tout de suite.

« Il dit que la population de Paris était un ramas de badauds qui ajoutaient foi aux bruits les plus absurdes. N'avaient-ils pas imaginé de dire que les princes étaient cachés dans l'hôtel de l'ambassadeur d'Autriche? Comme s'il n'aurait osé les aller chercher dans cet asyle! Était-on à Athènes, où les criminels ne pouvaient être poursuivis dans le temple de Minerve? Le marquis de Bedmas ne fut-il pas arrêté dans sa propre maison, par le sénat de Venise, et n'aurait-il pas été pendu sans la crainte de la puissance espagnole? Le droit des gens avait-il été respecté à Vienne à l'égard de Bernadotte, ambassadeur français, quand le drapeau national arboré sur son hôtel fut insulté par une foule menaçante?

« Il respecterait les jugements de l'opinion publique quand ils seraient légitimes; mais elle a des caprices qu'il faut savoir mépriser. C'est au gouvernement et à ceux qui en font partie, à l'éclairer et non à la suivre dans ses écarts. Il avait pour lui la volonté de la nation et une armée de cinq cent mille hommes; avec cela il saurait faire respecter la république.

« Il aurait pu faire exécuter publiquement le duc d'Enghien; s'il ne l'avait pas fait ce n'était point par crainte, c'était pour ne point donner occasion aux partisans secrets de cette famille d'éclater et de se perdre; ils étaient tranquilles : c'était tout ce qu'il leur demandait; il ne voulait point poursuivre les regrets au fond des cœurs. Aucune plainte ne lui était portée contre les émigrés amnistiés; ils n'étaient pour rien dans la conspiration : ce n'était point chez eux que Georges et les Polignac avaient trouvé des asyles, mais chez des filles publiques et quelques mauvais sujets.

« Il n'avait garde de revenir aux proscriptions en masse. Ceux qui affectaient de le craindre ne le croyaient pas; mais malheur à ceux qui se rendraient individuellement coupables! Ils seraient sévèrement punis.

« Il ne consentirait à la paix avec l'Angleterre qu'autant qu'elle renverrait les Bourbons, comme Louis XIV renvoya les Stuarts, parce que leur présence en Angleterre serait toujours dangereuse pour la France.

« La Russie, la Prusse, la Suède les avaient renvoyés. Le prince de Bade n'avait pas hésité à livrer le duc d'Enghien. On ne souffrait les autres membres de la famille à Varsovie que parce que le Premier Consul y consentait. Le roi de Prusse l'engageait à faire une pension aux Bourbons, pour les soustraire à la dépendance du gouvernement anglais; il s'y était refusé, parce qu'il ne voulait pas que l'argent de la France allât à ses ennemis et servît à lui faire la guerre.

« Après cette allocution il leva la séance.

« Voilà qui répond à tous les romans publiés sur la surprise faite au Premier Consul par Murat, sur la précipitation par lui prescrite dans le jugement et dans l'exécution, sur ses regrets, ses remords.

« Prétendre que la mort du duc d'Enghien répandit une consternation générale à Paris, dans les provinces, dans les châteaux, à l'étranger; que, suivant un mot de Pitt, Napoléon se fit par cet acte plus de mal que ne lui en avaient fait les Anglais; que, dès ce moment, l'empereur Alexandre montra des dispositions telles, que l'Angleterre put concevoir l'espérance de renouer une nouvelle coalition ; c'est tirer de cet évènement des conséquences fort exagérées. L'ancienne noblesse en fut sans contredit émue, mais la nation y resta indifférente. Les cours étrangères ne pouvaient être que vivement touchées de la fin tragique d'un prince. Mais en traitant avec les juges de Louis XVI, elles avaient donné la mesure de l'intérêt qu'elles étaient capables de prendre à la mort du duc d'Enghien. Ce ne fut qu'un prétexte pour Alexandre : de plus puissants motifs le jetèrent dans la coalition et l'armèrent contre la France. A Tilsitt, à Erfurth, vengeait-il la mémoire du prince?

« Dix ans, vingt ans après, cet évènement a fourni matière à beaucoup d'écrits, d'accusations; la Restauration en a inondé la France et l'Europe. Des débats scandaleux se sont élevés entre les hommes qui participèrent à la mort du duc d'Enghien; il y a eu des amendes honorables. Du rocher de Sainte-Hélène il est venu des versions contradictoires; tout cela ne mérite pas une place dans l'histoire. Bonaparte a tout pris sur son compte. Ce que dans le moment même il dit dans son allocution au conseil d'État, il l'a confirmé par son testament : « J'ai fait, y « est-il dit, arrêter et juger le duc d'Enghien parce que cela était néces- « saire à la sûreté, à l'intérêt et à l'honneur du peuple français, lorsque « le comte d'Artois entretenait, de son aveu, soixante assassins à Paris. « Dans une semblable circonstance j'agirais encore de même. » Et tous les rois de la terre aussi; il l'ont prouvé pour Murat et Napoléon. »

NOTE 2 (page 51).

Voici un fragment des instructions que l'amiral Villeneuve adressa aux capitaines de son escadre avant de quitter le port de Toulon :

« La mission de l'escadre a un but ; c'est vers ce but que nous devons tendre sans déviation. L'escadre, en conséquence, ne chassera aucun bâtiment qui la détournerait de sa route, à moins que ce ne fût une division de bâtiments de guerre qu'on aurait la certitude de joindre, et dont la défaite formerait un évènement assez important pour mériter de fixer l'attention... Je ne me propose point d'aller chercher l'ennemi ; je veux même l'éviter pour me rendre à ma destination ; mais, si nous les rencontrions, point de manœuvre honteuse ; elle découragerait nos équipages et entraînerait notre défaite. Si l'ennemi est sous le vent à nous, maîtres de notre manœuvre, nous formerons notre ordre de bataille, et nous arriverons sur lui tous à la fois ; chacun de nos vaisseaux combat celui qui lui correspond dans la ligne ennemie, et ne doit pas hésiter à l'aborder si la circonstance lui est favorable. Je vous ferai très-peu de signaux ; mais j'attends tout du courage de chaque capitaine, de celui des officiers et des équipages, et de la circonstance heureuse qui réunit à bord de nos vaisseaux une portion des plus braves troupes de l'Empereur. Tout capitaine qui ne serait pas dans le feu ne serait pas à son poste... et un signal pour l'y rappeler serait une tache déshonorante pour lui... Les frégates doivent également prendre part à l'action ; je n'en ai pas besoin pour des signaux ; elles doivent choisir le point où leur coopération peut être avantageuse pour décider la défaite d'un vaisseau ennemi, ou pour soutenir un vaisseau français trop vivement pressé, et lui donner le secours de la remorque ou tout autre qui lui serait nécessaire... Si l'ennemi, au contraire, se présente au vent à nous et témoigne l'intention de nous attaquer, nous devons l'attendre sur une ligne de bataille bien serrée... L'ennemi ne se bornera pas à se former sur une ligne de bataille parallèle à la nôtre, et à venir nous livrer un combat d'artillerie, dont le succès appartient souvent au plus habile, mais toujours au plus heureux ; il cherchera à entourer notre arrière-garde, à nous traverser et à porter sur ceux de nos vaisseaux qu'il aurait désunis, des pelotons des siens pour les envelopper et les réduire. Dans ce cas, c'est bien plus de son courage et de son amour de la gloire qu'un capitaine commandant doit prendre conseil, que des signaux de l'amiral, qui, engagé lui-même dans le combat et enveloppé dans la fumée, n'a peut-être plus la facilité d'en faire... Tous les efforts doivent tendre à se porter au secours des vaisseaux assaillis et à se rapprocher du vaisseau amiral, qui en donnera l'exemple.... Rien ne doit nous étonner dans la vue d'une escadre anglaise : leurs vaisseaux de 74 n'ont pas cinq cents hommes à bord; ils sont harassés par une croisière de deux ans; ils ne sont pas plus braves que nous, et ont infiniment moins de motifs pour se bien battre, moins d'amour de la patrie. Ils sont habiles à la manœuvre! Dans un mois nous le serons autant qu'eux. Enfin, tout se réunit pour nous donner la confiance des succès les plus glorieux et d'une nouvelle ère pour la marine impériale. »

Si l'on compare ces instructions à celles de l'amiral anglais, on verra que l'attaque de ce dernier devait être irrésistible, quand même il n'eût pas été secondé par l'impéritie de son adversaire.

À bord du *Victory*, devant Cadix, le 10 octobre 1805.

« Pensant qu'il est presque impossible de conduire au combat une flotte de quarante vaisseaux de ligne avec des vents variables, par un temps brumeux et dans d'autres circonstances qui peuvent se présenter, sans une perte de temps telle qu'on laisserait probablement échapper l'occasion d'engager l'ennemi de manière à rendre l'affaire décisive, j'ai résolu de tenir la flotte (à l'exception des vaisseaux du commandant en chef et du commandant en second) dans une position à ce que l'ordre de marche soit aussi l'ordre bataille ; j'y parviens en rangeant la flotte sur deux colonnes de seize vaisseaux chacune, et composant une escadre avancée de huit vaisseaux à deux ponts les plus fins voiliers, ce qui pourra toujours former au besoin une ligne de vingt-quatre vaisseaux avec celle des deux colonnes que le commandant en chef voudra. Le commandant en second, après que je lui aurai fait connaître mes intentions, aura la direction absolue de sa colonne, pour commencer l'attaque sur les vaisseaux ennemis, et la suivre jusqu'à ce qu'ils soient pris ou détruits.

« Si l'on découvre la flotte de l'ennemi au vent, en ligne de bataille, et que les deux colonnes et l'escadre avancée puissent atteindre cette ligne, elle sera probablement si étendue, que la tête ne pourrait secourir la queue. En conséquence, je ferai vraisemblablement signal au commandant en second d'y pénétrer vers le douzième vaisseau, à partir de la queue (ou partout où il pourra l'atteindre, s'il ne peut parvenir jusque là); ma colonne pénétrera vers le centre, et l'escadre avancée à deux, trois ou quatre vaisseaux en avant du centre, de manière à être sûre d'atteindre le vaisseau du commandant en chef de la flotte ennemie, qu'on doit faire tous ses efforts pour capturer. Le but général de la flotte britannique doit être de réduire tous les vaisseaux ennemis, depuis le second ou le troisième en avant du commandant en chef (supposé au centre), jusqu'à la queue de la ligne. Je suppose ainsi que vingt vaisseaux de la ligne ennemie n'auront pas été attaqués; mais il s'écoulera du temps avant qu'ils puissent faire une manœuvre qui les amène à pouvoir attaquer une partie de la flotte britannique, ou à secourir leurs compagnons, ce qui même serait impossible, sans se mêler avec les vaisseaux engagés. Je suppose que la flotte ennemie compte quarante-six vaisseaux de ligne, la nôtre quarante; si elles en ont moins, un nombre proportionné de vaisseaux de la ligne ennemie sera coupé; mais les vaisseaux anglais doivent être d'un quart plus nombreux que les vaisseaux ennemis coupés.

« Il faut laisser quelque chose au hasard; rien n'est sûr dans un combat naval, par-dessus tout autre; les boulets emporteront aussi bien les mâts et les vergues de nos vaisseaux, que ceux des vaisseaux ennemis; mais j'ai la confiance d'obtenir la victoire, avant que l'avant-garde de l'ennemi puisse secourir son arrière-garde, et, dans ce cas, la flotte britannique serait prête à recevoir les vingt vaisseaux ennemis intacts, ou à les poursuivre s'ils tentaient de s'échapper. Si l'avant-garde de l'ennemi vire vent devant, les vaisseaux capturés devront passer sous le vent de la flotte britannique; si l'ennemi vire vent arrière, la flotte britannique devra se placer entre l'ennemi et les vaisseaux qu'elle aura pris, et ses propres vaisseaux désemparés; si l'ennemi s'approche alors, je suis sans crainte sur le résultat.

« Dans tous les cas possibles, le commandant en second dirigera les mouvements de sa colonne, en la tenant dans un ordre aussi serré que les circonstances le permettront. Les capitaines doivent regarder leur colonne respective comme leur point de ralliement; mais, dans le cas où les signaux ne pourront pas être aperçus ou parfaitement compris, un capitaine ne fera pas de faute s'il place son vaisseau par le travers d'un vaisseau ennemi.

Ordre de marche et de bataille.

« Divisions de la flotte anglaise. { Escadre avancée. 8
Colonne du vent. 16
Colonne de dessous le vent. . . 16 } 40 vaisseaux.

« Ligne ennemie. . . . . 46 vaisseaux.

« Les divisions de la flotte britannique seront conduites ensemble jusqu'à environ une portée de canon de la ligne ennemie ; alors le signal sera probablement fait à la colonne de dessous le vent de faire porter et de mettre toutes voiles dehors, même les bonnettes, afin d'atteindre, aussi promptement que possible, la ligne ennemie, et de la couper, en commençant au douzième vaisseau à partir de la queue. Quelques vaisseaux ne pourront peut-être pas couper à l'endroit où ils le devaient faire ; mais ils seront toujours à même de seconder leurs compagnons. S'il y en a quelques uns qui se trouvent jetés à la queue de la ligne, ils compléteront la défaite de douze vaisseaux ennemis. Si la flotte ennemie vire vent arrière tout à la fois, on fait porter pour courir largue, les douze vaisseaux formant, dans la première position, l'arrière-garde de l'ennemi, doivent toujours être l'objet des attaques de la colonne de dessous le vent, à moins qu'il n'en soit autrement ordonné par le commandant en chef, ce à quoi il ne faut guère s'attendre, parce que la direction absolue de la colonne de dessous le vent (après que les intentions du commandant en chef auront été exprimées) doit être laissée à l'amiral commandant cette colonne. Le reste de la flotte ennemie demeurera en partage au commandant en chef, qui prendra soin que les mouvements du commandant en second soient aussi peu troublés que possible.

« NELSON. »

NOTE 3 (PAGE 59).

Dans ses *Mémoires*, le duc de Rovigo ajoute les détails suivants sur son entrevue avec l'empereur Alexandre :

« Monsieur, lui dit ce prince, vous direz à votre maître que les sentiments exprimés dans sa lettre, m'ont fait beaucoup de plaisir ; je ferai tout ce qui dépendra de moi pour lui en donner le retour. Je ne suis point disposé à être son ennemi ni celui de la France. Il doit se rappeler que, du temps de feu l'empereur Paul, n'étant encore que grand-duc, lorsque les affaires de la France éprouvaient de la contrariété, et ne rencontraient que des entraves dans la plupart des cabinets de l'Europe, je suis intervenu, et ai beaucoup contribué, en faisant prononcer la Russie, à entraîner, par son exemple, toutes les autres puissances de l'Europe à reconnaître l'ordre de choses qui était établi chez vous. Si aujourd'hui je suis dans d'autres sentiments, c'est que la France a adopté d'autres principes, dont les principales puissances de l'Europe ont conçu de l'inquiétude pour leur tranquillité. Je suis appelé par elles pour concourir à établir un ordre de choses convenable et rassurant pour toutes. C'est pour atteindre ce but que je suis sorti de chez moi. Vous avez été admirablement servi par la fortune, il faut l'avouer ; mais, en allié fidèle, je ne me séparerai pas du roi des Romains (il désignait l'empereur d'Allemagne), dans un moment où son avenir repose sur moi. Il est dans une mauvaise situation, mais pas encore sans remède. Je commande à de braves gens, et si votre maître m'y force, je leur commanderai de faire leur devoir. »

« Réponse : « — Sire, j'ai bien retenu ce que Votre Majesté vient de me faire l'honneur de me dire. Je prends la liberté de lui faire observer que je n'ai près d'elle aucun caractère, ni n'ai d'autre mission que de lui apporter une lettre ; mais Votre Majesté me parle d'évènements et de circonstances qui me sont connus ; j'ai traversé la révolution de mon pays, et si elle daigne me préciser ce qu'elle vient de me faire l'honneur de me dire, je pourrai la satisfaire sur beaucoup de points. Je crois être sûr que l'Empereur est plus que disposé à faire la paix ; la démarche qu'il fait en ce moment pourrait en être une preuve, indépendamment de tout ce que je dirais à l'appui. »

« L'Empereur. « — Vous avez raison, mais il faudrait que les propositions qui l'ont précédée fussent conformes aux sentiments qui ont dicté cette démarche. Elle fait le plus grand honneur à sa modération ; mais, est-ce vouloir la paix que de proposer des conditions aussi désastreuses pour un État que celles qui sont offertes au roi des Romains ? Je vois que vous ne les connaissez pas. »

« Réponse. « — Non, Sire ; mais j'en ai ouï parler. »

« L'Empereur. « — Eh bien ! si vous les connaissez, vous devez convenir qu'elles ne sont pas acceptables. »

« Réponse. « — Sire, le respect m'impose ici un devoir que j'observe ; mais puisque Votre Majesté veut bien m'écouter, j'aurai l'honneur de lui faire remarquer que l'Empereur ne demande rien qui soit au-delà des prétentions qu'il peut appuyer, et qui sont le résultat d'une révolution qu'ont amenée des évènements qu'il n'avait pas provoqués... Si donc, dans cette situation, l'Empereur fait le premier des ouvertures de paix, on ne peut en soupçonner la sincérité. Il a cru devoir faire le premier pas, pour ménager la dignité de la partie adverse; mais il veut une paix durable avec de bonnes garanties.

« L'Empereur. « — C'est précisément pour obtenir une paix durable qu'il faut proposer des conditions raisonnables, qui ne blessent point. Sans cela, elle ne peut être durable. »

« Réponse. « — Oui, Sire; mais il ne faut point faire la guerre à ses dépens...

« Ce n'est pas nous qui avons suscité et commencé la guerre; elle nous a été heureuse; nous ne devons pas en supporter les frais, et je suis bien persuadé que l'Empereur n'y souscrira pas. »

« L'Empereur. « — Tant pis, parce que, malgré le cas particulier que je fais de son talent, et le désir que j'ai de pouvoir bientôt me rapprocher de lui, il m'obligera d'ordonner à mes troupes de faire leur devoir. »

« Réponse. « — Cela pourra être fâcheux; mais nous ne serons pas venus de si loin pour éviter l'occasion de leur donner une nouvelle preuve de notre estime. Nous nous flattons qu'elle ne diminuera rien de la bonne opinion qu'elles ont emportée de nous. Si cela doit être, je prie Votre Majesté de considérer que je ne suis point venu près d'elle comme un observateur, et combien elle me ferait de tort, si, usant de sa puissance, elle me retenait et me privait ainsi de l'occasion de remplir mon devoir, si les armées doivent se mesurer. »

« L'Empereur. « — Non, non; je vous donne ma parole que vous ne serez pas retenu, et que vous serez reconduit chez vous ce soir même. »

« La conversation finissait; l'Empereur me remettant sa réponse à la lettre que je lui avais apportée, tenait toujours l'adresse en-dessous, il me dit : « Voici ma réponse; l'adresse ne porte pas le caractère qu'il a pris depuis. Je n'attache point d'importance à ces bagatelles; mais cela est une règle d'étiquette, et je la changerai avec bien du plaisir aussitôt qu'il m'en aura fourni l'occasion. »

« Je lus l'adresse qui portait ces mots : « Au chef du gouvernement français. »

« Je lui répondis : « — Votre Majesté a raison; cela ne peut être qu'une règle d'étiquette, et l'Empereur aussi ne la jugera pas différemment. Comme général en chef de l'armée d'Italie, il commandait déjà à plus d'un roi; content et heureux du suffrage des Français, ce n'est que pour eux qu'il trouve de la satisfaction à être reconnu. Néanmoins, je lui rendrai compte des dernières paroles de Votre Majesté. »

« Il me donna congé, » etc.

(*Mémoires du duc de Rovigo*, t. II, p. 176 et suiv.)

NOTE 4 (PAGE 77).

« L'Empereur avait disposé, par des lettres patentes du 30 mars 1806, du duché de Guastalla en faveur de la princesse Pauline, pour en jouir en toute propriété et souveraineté. Il ne jugea point le revenu de cette principauté et les allocations qui y étaient jointes, suffisants pour que sa sœur pût soutenir son rang et satisfaire son penchant à la libéralité. Il voulut lui assurer une large indépendance. La lettre suivante montre son affection et sa sollicitude pour sa sœur. »

Paris, le 1er mars 1809.

« Ma sœur, étant dans l'intention de porter le duché de Guastalla à
« plus d'un million cent cinquante mille francs de revenu, j'ai ordonné
« qu'il y fût joint :
« 1° Des terres du revenu de . . . . 300,000 fr.
« prises dans le grand-duché de Berg.
« 2° Des terres du revenu de 150,000
« prises dans l'Etat de l'Ost-Frise.
« 3° Des terres du revenu de 200,000
« prises dans le comté de Hanau.
« 4° Des terres du revenu de 150,000
« prises en Westphalie.
« Ce qui fera une augmentation de. . . . . 800,000 fr.
« de revenu au duché de Guastalla. Ces 800,000 fr., joints aux
« 200,000 fr. de rente que vous avez sur le grand-livre, et aux 180,000 fr.
« provenant, soit des biens allodiaux du duché de Guastalla, soit du pro-
« duit des salines, porteront les revenus du duché à 1,180,000 fr.
« Vous jouirez de cette augmentation de revenu à dater du 1er janvier
« 1809, ce qui vous mettra à même de maintenir votre rang, et de lais-
« ser au prince Borghèse ses autres revenus. Mais j'ai en même temps or-
« donné que les 480,000 fr. dont vous jouissez sur ma cassette fussent
« réduits à 150,000 fr. Je désire qu'au moyen de cette disposition, la
« maison de Neuilly entre dans la dotation du duché de Guastalla. —
« J'ai chargé M. Estève de vous payer le revenu du grand-duché de Berg,
« à compter du 1er janvier 1808, ce qui vous fera disponible une somme
« de 150,000 fr. Ainsi, cela vous assurera, pour l'année 1807, un revenu
« de treize cent mille francs pour vous seule.

« Le prince Borghese jouira alors d'un revenu

« de	150,000 fr.	de Lucedio,
« de	75,000	sur les salines,
« de	300,000	sur le grand-livre,
« et de.	300,000	de sa place.
« Total.	825,000 fr.	
« Indépendamment de.	275,000	qu'il peut retirer de Rome,
« il aura..	1,100,000 fr.	de revenu. Je

« désire que vous voyiez dans ces dispositions une preuve de l'affection
« que je vous porte. Vous pouvez faire venir M. Daru, qui vous donnera
« tous les renseignements dont vous aurez besoin.

« Votre affectionné frère,

« *Signé* NAPOLÉON. »

« La princesse Pauline, la seconde des sœurs de l'Empereur, fut la seule qui n'eut pas d'États à gouverner. Mais elle avait épousé en secondes noces un prince étranger. Elle eût d'ailleurs été peu propre aux affaires ; elle était tout-à-fait dépourvue d'ambition, et ne désira jamais le pouvoir. Elle avait l'esprit indépendant, l'humeur libérale, et préféra toujours les plaisirs aux grandeurs. Elle fut tendrement aimée de son frère, malgré les légers sujets de contrariété qu'elle lui donna quelquefois. Pauline, en retour, se montra, dans la bonne comme dans la mauvaise fortune, son amie constante et dévouée. Elle a été la plus belle, et on peut ajouter, la meilleure des femmes de son temps.

« L'aînée des sœurs de Napoléon, Marianne-Élisa, s'était mariée en 1797, en Corse, avec M. Bacciocchi, simple capitaine, lorsque son frère était déjà célèbre par ses grandes victoires en Italie, et venait de signer la paix de Campo-Formio. Son caractère contrastait avec celui de la princesse Pauline. La princesse Élisa avait un esprit mâle et une ame énergique. Elle était instruite et avait le goût des lettres et des arts ; elle sentait tout ce qu'elle valait, aimait le pouvoir et connut l'art de régner. Elle a gouverné les États de Toscane avec une supériorité qui aurait pu s'exercer dans une sphère moins circonscrite. Elle soutint l'adversité et l'ingratitude avec une résignation philosophique. Elle fut retenue prisonnière en 1814 par les Autrichiens, qui lui donnèrent pour prison la ville de Brunn, en Moravie. Elle mourut à Trieste, en 1820, âgée de moins de quarante-cinq ans.

« Caroline, qui a été reine de Naples, était la plus jeune des sœurs de l'Empereur. Elle participait des princesses Pauline et Élisa. Sans être aussi complètement belle que Pauline, elle était extrêmement jolie. Elle réunissait aux grâces de sa personne des talents naturels, beaucoup de tact, de caractère, et une grande ambition. Napoléon avait une haute idée de sa capacité. Régente, elle a su, en effet, tenir d'une main ferme et habile les rênes du gouvernement, pendant les absences du roi, quand, appelé par l'Empereur à nos grandes guerres, il allait étonner l'armée par son intrépidité chevaleresque, et contribuer à ses victoires. La capacité de la reine Caroline et son ambition ont fourni le sujet de deux mots, dont la curiosité s'est emparée. On attribue l'un à M. de Talleyrand, qui aurait dit d'elle qu'elle portait une tête de Cromwell sur les épaules d'une jolie femme. Mais l'hyperbole y paraît un peu forte, et la vérité y est sacrifiée au bon mot. L'Empereur, un peu importuné d'une réclamation de la reine, lui répondit un jour : « A vous entendre, on croirait que je vous ai frustrée de l'héritage du feu roi notre père. »

(MENEVAL, *Napoléon et Marie-Louise.*)

NOTE 3 (PAGE 83).

Traité de la Confédération du Rhin.

Voici les dispositions principales de ce traité :

« S. M. l'Empereur des Français, roi d'Italie, d'une part, et d'autre part LL. MM. les rois de Bavière et de Wurtemberg, LL. AA. SS. les électeurs archi-chancelier et de Bade, le duc de Berg et de Clèves, le landgrave de Hesse-Darmstadt, les princes de Nassau-Usingen et de Nassau-Weilbourg, les princes de Hohenzollern-Hechingen et Hohenzollern-Sigmaringen, les princes de Salm-Salm et Salm-Hyrbourg, le prince d'Issembourg-Bristein, le duc d'Aremberg, le prince de Lichtenstein et le comte de la Leyen, voulant, par des stipulations convenables, assurer la paix intérieure et extérieure du midi de l'Allemagne, pour laquelle l'expérience a prouvé depuis si longtemps, et tout récemment encore, que la constitution germanique ne pourrait plus offrir aucune sorte de garantie, ont nommé plénipotentiaires, savoir...., etc.

«Lesquels, après s'être communiqué leurs pleins pouvoirs respectifs, sont convenus des articles suivants :

« Art. I. Les États de LL. MM. les rois de Bavière et de Wurtemberg, de LL. AA. SS. les électeurs archi-chancelier et de Bade, le duc de Berg et de Clèves, le landgrave de Hesse-Darmstadt, les princes de Nassau-Usingen et de Nassau-Weilbourg, le prince de Hohenzollern-Hechingen et Hohenzollern-Sigmaringen, les princes de Salm-Salm et Salm-Hyrbourg, le prince d'Issembourg-Bristein, le duc d'Aremberg et le prince de Lichtenstein et le comte de la Leyen, seront séparés à perpétuité du territoire de l'empire germanique, et unis entre eux par une confédération particulière, sous le nom d'*États confédérés du Rhin*....

« III. Chacun des rois et princes confédérés renoncera à ceux de ses titres qui expriment des rapports quelconques avec l'empire germanique, et le 1ᵉʳ août prochain, il fera notifier à la diète sa séparation d'avec l'empire.

« IV. S. A. S. l'électeur archi-chancelier prendra les titres de prince primat et d'altesse éminentissime.

« V. LL. AA. SS. l'électeur de Bade, le duc de Berg et de Clèves, le landgrave de Hesse-Darmstadt, prendront le titre de grand-duc. Ils jouiront des droits, honneurs et prérogatives attachés à la dignité royale.

« Le chef de la maison de Nassau prendra le titre de duc, et le comte de la Leyen, le titre de prince

« VI. Les intérêts communs des États confédérés seront traités dans une diète dont le siège sera à Francfort, et qui sera divisée en deux collèges, savoir : le collège des rois et le collège des princes.....

« X. La diète sera présidée par S. A. Em. le prince primat; et, lorsque l'un des deux collèges seulement aura à délibérer sur quelque affaire, S. A. Em. présidera le collège des rois, et le duc de Nassau le collège des princes.

« XII. S. M. l'Empereur des Français sera proclamé protecteur de la confédération du Rhin, et, en cette qualité, au décès de chaque prince primat, il en nommera le successeur...

« XXV. Chacun des rois et des princes confédérés possédera, en toute souveraineté, les terres équestres enclavées dans ses possessions. Quant aux terres équestres interposées entre deux des États confédérés, elles seront partagées, quant à la souveraineté, entre les deux États, aussi également que faire se pourra, mais de manière à ce qu'il n'en résulte ni morcellement, ni mélange de territoires...

« XXXIV. Il y aura entre l'Empire français et les États confédérés du Rhin, collectivement et séparément, une alliance, en vertu de laquelle toute guerre continentale que l'une des parties contractantes aurait à soutenir, deviendra immédiatement commune à toutes les autres.

« XXXV. Dans le cas où une puissance étrangère à l'alliance et voisine armerait, les hautes parties contractantes, pour ne pas être prises au dépourvu, armeront pareillement, d'après la demande qui en sera faite par le ministre de l'une d'elles à Francfort.

« Le contingent que chacun des alliés devra fournir étant divisé en quatre quarts, la diète déterminera combien de quarts devront être rendus mobiles; mais l'armement ne sera effectué qu'en conséquence d'une invitation adressée par S. M. l'empereur et roi à chacune des puissances alliées...

« XXXVII. Le contingent à fournir par chacun des alliés, pour le cas de guerre, est fixé comme il suit :

« La France fournira deux cent mille hommes de toutes armes ;
« Le royaume de Bavière, trente mille hommes de toutes armes ;
« Le royaume de Wurtemberg, douze mille hommes ;
« Le grand-duc de Bade, huit mille hommes ;
« Le grand-duc de Berg, cinq mille hommes ;
« Le grand-duc de Darmstadt, quatre mille hommes ;
« LL. AA. SS. les duc et prince de Nassau fourniront, avec les autres princes confédérés, un contingent de quatre mille hommes. »

NOTE 6 (PAGE 111).

M. de Talleyrand terminait ainsi son rapport :

« Puisque l'Angleterre a osé déclarer la France entière en état de blocus, que la France déclare, à son tour, que les Iles-Britanniques sont bloquées ! Puisque l'Angleterre répute ennemi tout Français, que tout Anglais, ou sujet de l'Angleterre, trouvé dans les pays occupés par les armées françaises, soit fait prisonnier de guerre ! Puisque l'Angleterre attente aux propriétés privées des négociants paisibles, que les propriétés de tout Anglais, ou sujet de l'Angleterre, de quelque nature qu'elles soient, soient confisquées ; que tout commerce de marchandises anglaises soit déclaré illicite, et que tout produit de manufacture des colonies anglaises trouvé dans les lieux occupés par les troupes françaises, soit confisqué !

« Puisque l'Angleterre veut interrompre toute navigation et tout commerce maritime, qu'aucun navire venant des îles ou des colonies britanniques ne soit reçu ni dans les ports de France, ni dans ceux des pays occupés par l'armée française, et que tout navire qui tenterait de se rendre de ces ports en Angleterre soit saisi et confisqué !

« ... Aussitôt que l'Angleterre admettra le droit des gens que suivent universellement les peuples policés; aussitôt qu'elle reconnaîtra que le droit de guerre est un et le même sur mer que sur terre, que ce droit et celui de conquête ne peuvent s'étendre ni aux propriétés privées, ni aux individus non armés et paisibles, et que le droit de blocus doit être restreint aux places fortes réellement investies, Votre Majesté fera cesser ces mesures rigoureuses, mais non pas injustes, car la justice entre les nations n'est que l'exacte réciprocité. »

NOTE 7 (PAGE 141).

Voici quelques détails sur le séjour de la reine de Prusse à Tilsitt. Nous les empruntons au *Mémorial de Sainte-Hélène* :

« Dès le moment de son arrivée, l'Empereur se rendit chez elle pour lui faire visite. La reine de Prusse, disait-il, avait été très-belle; mais elle commençait à perdre de sa première jeunesse.

« L'Empereur dit que cette reine le reçut comme Mlle Duchesnois dans Chimène, demandant, criant *justice*, renversée en arrière, en un mot tout-à-fait en scène : c'était de la véritable tragédie. Il en fut un moment interloqué, et il n'imagina, dit-il, d'autre moyen de se débarrasser, qu'en ramenant la chose au ton de la haute comédie; ce qu'il essaya en lui avançant un siège, et la forçant de s'y asseoir. Elle n'en continua pas moins du ton le plus pathétique. « La Prusse s'était aveuglée sur sa puis-
« sance, disait-elle; elle avait osé combattre un héros, s'opposer aux
« destinées de la France, négliger son heureuse amitié : elle en était bien
« punie !... La gloire du grand Frédéric, ses souvenirs, son héritage,
« avaient trop enflé le cœur de la Prusse, ils causaient sa ruine !... etc.,

« etc. » Elle sollicitait, suppliait, implorait. Magdebourg surtout était l'objet de ses efforts, de ses vœux. L'Empereur eut à se tenir le mieux qu'il put. Heureusement, le mari arriva. La reine, d'un regard expressif, réprouva ce contre-temps, et montra de l'humeur. En effet, le roi essaya de mettre son mot dans la conversation, gâta toute l'affaire, « et je fus « délivré, » dit l'Empereur.

« L'Empereur eut la reine à dîner; elle déploya, disait-il, vis-à-vis de lui, tout son esprit, elle en avait beaucoup; toutes ses manières, elles étaient fort agréables; toute sa coquetterie, elle n'était pas sans charmes. « Mais j'étais résolu de tenir bon, ajoutait-il; toutefois, il me fallut beau-
« coup d'attention sur moi-même pour demeurer exempt de toute espèce
« d'engagement et de toute parole douteuse, d'autant plus que j'étais soi-
« gneusement observé, et tout particulièrement par Alexandre. »

« Un instant avant de se mettre à table, Napoléon, s'étant approché d'une console, y avait pris une très-belle rose, qu'il présenta à la reine, dont la main exprima d'abord une espèce de refus apprêté; mais, se ravisant aussitôt, elle dit : « *Oui, mais au moins avec Magdebourg.* » Sur quoi l'Empereur lui répliqua : « Mais... j'observerai à Votre Majesté que « c'est moi qui la donne, et vous qui allez la recevoir. » Le dîner et tout le reste du temps se passa de la sorte.

« La reine était à table entre les deux empereurs, qui firent assaut de galanterie. On s'était placé d'après la bonne oreille d'Alexandre : il en est une dont il entend à peine. Le soir venu, et la reine retirée, l'Empereur, qui n'avait cessé d'être de la plus grande amabilité, mais qui s'était vu pourtant souvent poussé à bout, résolut d'en finir. Il manda M. de Talleyrand et le prince Kourakin, parla de la grosse dent, et, lâchant, dit-il, les gros mots, observa qu'après tout une femme et de la galanterie ne pouvaient ni ne devaient altérer un système conçu pour les destinées d'un grand peuple; qu'il exigeait que l'on conclût à l'instant, et que l'on signât de suite; ce qui fut fait comme il l'avait voulu. « Ainsi la conver-
« sation de la reine de Prusse, disait-il, avança le traité de huit ou quinze
« jours. » Le lendemain, la reine se préparait à venir renouveler ses attaques; elle fut indignée quand elle apprit la signature du traité. Elle pleura beaucoup, et résolut de ne plus voir l'empereur Napoléon. Elle ne voulut pas accepter son second dîner. Alexandre fut obligé d'aller lui-même la décider; elle jetait les hauts cris; elle prétendait que Napoléon lui avait manqué de parole. Mais Alexandre avait toujours été présent; il avait été un témoin même dangereux, prêt à témoigner en sa faveur au moindre geste, à la moindre parole échappée à Napoléon. « Il ne vous a
« rien promis, lui disait-il; si vous pouvez me prouver le contraire, je
« m'engage ici à le lui faire tenir d'homme à homme, et il le fera, j'en

« suis sûr. — Mais il m'a donné à entendre..., disait-elle. — Non, disait
« Alexandre, et vous n'avez rien à lui reprocher. » Enfin, elle vint. Napoléon, qui n'avait plus à se défendre, n'en fut que plus aimable pour elle. Elle joua quelques moments le rôle de coquette offensée ; et, le dîner fini, quand elle voulut se retirer, Napoléon la reconduisant, arrivant au milieu de l'escalier, où il s'arrêtait, elle lui serra la main, et lui dit avec une espèce de sentiment : « Est-il possible qu'ayant eu le bonheur de voir
« d'aussi près l'homme du siècle et de l'histoire, il ne me laisse pas la li
« berté et la satisfaction de pouvoir l'assurer qu'il m'a attachée pour la
« vie!... — Madame, je suis à plaindre, lui répondit gravement l'Empe
« reur ; c'est un effet de ma mauvaise étoile. » Et il prit congé d'elle. »

NOTE 8 (PAGE 141)

Voici quelques dispositions de ce traité :

« Art. Ier. Il y aura, à compter du jour de l'échange des ratifications du présent traité, paix et amitié parfaite entre S. M. l'Empereur des Français, roi d'Italie, et S. M. l'Empereur de toutes les Russies.....

« IV. S. M. l'Empereur Napoléon, par égard pour S. M. l'Empereur de toutes les Russies, et voulant donner une preuve du désir sincère qu'il a d'unir les deux nations par les liens d'une confiance et d'une amitié inaltérables, consent à restituer à S. M. le roi de Prusse, allié de S. M. l'empereur de toutes les Russies, tous les pays, villes et territoires conquis et dénommés ci-après, savoir :

« La partie du duché de Magdebourg située à la droite de l'Elbe ;

« La Marche-Pregnitz, l'Uker-Marck, la moyenne et la nouvelle Manche de Brandebourg, à l'exception du Kotbuser-Kreys, ou cercle de Kotbus dans la Basse-Lusace, lequel devra appartenir à S. M. le roi de Saxe ;

« Le duché de Poméranie ;

« La haute et la nouvelle Silésie avec le comté de Glatz ;

« La partie du district de la Netze, située au bord de la chaussée allant de Driezen à Schneidmuhl, et d'une ligne allant de Schneidmuhl à la Vistule, par Wlaclau, en suivant les limites du cercle de Bromberg ; la navigation par la rivière de Netze, et le canal Bromberg, depuis Driesen jusqu'à la Vistule, et réciproquement, devant être libre et franche de tout péage ; la Poméranie, l'île de Nogath, les pays à la droite de Nogath et au nord du cercle de Culm, l'Ermeland, et enfin le royaume de Prusse, tel qu'il était au 1er janvier 1772, avec les places de Spandau, Stettin, Custrin, Glogau, Breslau, Schweidnitz, Neiss, Brieg, Hosel et Glatz, et généralement toutes les places et citadelles, châteaux et forts des pays ci-dessus susnommés, dans l'état où les dites places, citadelles, châteaux et forts se trouvent maintenant, et en outre la ville et la citadelle de Grandentz.

« V. Les provinces qui, au 1er janvier 1772, faisaient partie de l'ancien royaume de Pologne, et qui ont passé depuis, à diverses époques, sous la domination prussienne, seront, à l'exception des pays qui sont nommés ou désignés au précédent article, et de ceux qui sont spécifiés en l'article 9 ci-après, possédés en toute propriété et souveraineté par S. M. le roi de Saxe, sous le titre de duché de Varsovie, et régis par des constitutions qui, en assurant les libertés et les privilèges des peuples de ce duché, se concilient avec la tranquillité des États voisins...

« XXI. Toutes les hostilités cesseront immédiatement sur terre et sur mer, entre les forces de S. M. l'empereur de toutes les Russies, et celles de S. M. dans tous les points où la nouvelle de la signature du présent traité sera parvenue.

« Les hautes parties contractantes les feront porter sans délai par des courriers extraordinaires, pour qu'elles parviennent le plus promptement possible aux généraux et commandants respectifs.

« XXII. Les troupes russes se retireront des provinces de Valachie et de Moldavie; mais les dites provinces ne pourront être occupées par les troupes de S. M. jusqu'à l'échange des ratifications du futur traité de paix définitif entre la Russie et la Porte-Ottomane, » etc.

NOTE 9 (PAGE 146).

EXTRAIT DU SÉNATUS-CONSULTE DU 19 AOUT.

« Art. Ier. A l'avenir, et à compter de la fin de la session qui va s'ouvrir, la discussion préalable des lois, qui est faite par les sections du tribunat, le sera, pendant la durée de chaque session, par trois commissions du corps législatif, sous le titre : la première de *commission de législation civile* et *criminelle*; la seconde, de *commission d'administration intérieure*, la troisième, de *commission des finances*.

« II. Chacune de ces commissions délibérera séparément et sans assistance; elle sera composée de sept membres nommés par le corps législatif, au scrutin secret et à la majorité absolue des voix. Le président sera nommé par l'Empereur, soit parmi les membres de la commission, soit parmi les autres membres du corps législatif......

« IX. Les membres du tribunat qui, aux termes de l'acte du sénat conservateur, en date du 19 fructidor an X, devaient rester jusqu'en l'an XVII, et dont les pouvoirs avaient été, par l'article 89 de l'acte des constitutions de l'Empire du 28 floréal an XII, prorogés jusqu'en l'an XXI, correspondant à l'année 1812 du calendrier grégorien, entreront au corps législatif, et feront partie de ce corps jusqu'à l'époque où leurs fonctions auraient dû cesser au tribunat. »

NOTE 10 (PAGE 148).

Voici ce décret. Il est important, pour marquer à quel point Napoléon avait fait reculer la révolution.

« Art. Ier. Les titulaires des grandes dignités de l'Empire porteront le titre de *prince* et d'*altesse sérénissime*.

« II. Les fils aînés des grands dignitaires auront de droit le titre de duc de l'Empire, lorsque leur père aura institué en leur faveur un majorat produisant 200,000 francs de revenu.

« Ce titre et ce majorat seront transmissibles à leur descendance directe et légitime, naturelle ou adoptive, de mâle en mâle, et par ordre de primogéniture.

« III. Les grands dignitaires pourront instituer, pour leur fils aîné ou puîné, des majorats auxquels seront attachés des titres de *comte* ou de *baron*, suivant les conditions déterminées ci-après.

« IV. Nos ministres, les sénateurs, nos conseillers d'État à vie, les présidents du corps législatif, les archevêques, porteront, pendant leur vie, le titre de *comte*.....

« VIII. Les présidents de nos collèges électoraux de département, le premier président et procureur-général de notre cour de cassation, le premier président et le procureur-général de notre cour des comptes, les premiers présidents et les procureurs-généraux de nos cours d'appel, les évêques, les maires des trente-sept bonnes villes qui ont droit d'assister à notre couronnement, porteront, pendant leur vie, le titre de *baron*.....

« XI. Les membres de la Légion-d'Honneur, et ceux qui, à l'avenir, obtiendront cette distinction, porteront le titre de *chevalier*.

NOTE 11 (PAGE 180).

Dans une relation du siège de Sarragosse par Charles Richard Vaughen, membre du collège d'Oxford, on lit l'épisode suivant :

« C'est là qu'une femme déploya un héroïsme dont l'histoire offre peu d'exemples. La belle Augustine Zaragoza, âgée de 22 ans, et née dans la classe du peuple, arriva près de cette batterie pour y apporter des provisions, au moment même où tous ceux qui défendaient ce poste venaient de succomber sous les coups de l'ennemi. Les citoyens, les soldats hésitaient à recommencer le feu ; Augustine alors s'élance au milieu des morts et des blessés, arrache une mèche encore allumée des mains d'un artilleur expirant, met le feu à une pièce de 26, et sautant ensuite sur ce canon elle jure solennellement d'y rester attachée tant que durera le siège. Entraînés par l'exemple d'une telle intrépidité, les Arragonais se précipitèrent à l'instant même dans la batterie, et recommencèrent sur l'ennemi un feu épouvantable. Lorsque l'auteur de cette relation vit cette héroïne à Sarragosse, elle avait un petit bouclier d'honneur brodé sur la manche de sa robe, avec ce mot « Zaragoza ». Elle recevait une pension du gouvernement et la paie journalière d'un tirailleur. »

NOTE 12 (PAGE 183).

« Peu de jours après son arrivée, un conseil privé fut convoqué. L'Empereur, qui avait de justes sujets de mécontentement contre le prince de

Bénévent, contint son humeur pendant la durée de ce conseil. Sa colère n'attendait qu'une occasion pour éclater. Enfin, les digues se rompirent; l'Empereur, qui s'échauffait à mesure qu'il parlait, dominé par son indignation, en vint à n'être plus maître de lui; il traita le prince de Bénévent avec la plus grande sévérité. Par les divers moyens qu'il avait d'être informé, il avait appris sur le compte de M. de Talleyrand des choses qui justifiaient la scène violente dont il rendit témoins une partie des membres du conseil. Dans les entretiens que le prince de Bénévent avait eus à différentes époques avec l'Empereur, relativement à ses projets sur l'Espagne, je l'avais entendu lui citer les exemples des jésuites Malagrida, Alexandre, et, insistant sur la nécessité de sa présence en Espagne, parler des précautions nécessaires à prendre pour se prémunir contre le poignard ou contre le poison de quelque moine fanatique. L'Empereur était persuadé que le prince de Bénévent, prévoyant le cas où ces craintes se réaliseraient, et où la balle d'un guerillero pourrait atteindre le conquérant dans sa course victorieuse, avait pensé à former un conseil de gouvernement, dont l'organisation était préparée, et prête à recevoir son exécution si le cas arrivait; les membres du futur gouvernement étaient même nommés. Personne n'ignorait le rapprochement qui s'était opéré dans ce but, ou dans tout autre, entre Fouché et Talleyrand; cependant l'Empereur n'en témoigna aucun ressentiment au premier. Les confidences et les propos de M. de Talleyrand sur la révolution d'Espagne, sur le procès du duc d'Enghien, sa désapprobation de ces actes, et ses dénégations de la part qu'il y avait prise, étaient connus de l'Empereur. L'immobilité du patient, l'impassibilité de ses traits, avaient exalté la colère de Napoléon, au point qu'oubliant la dignité impériale, il était redevenu sous-lieutenant, et avait même menacé Talleyrand du poing. « Et vous osez, lui disait-il, nier la part que vous avez eue à la « condamnation du duc d'Enghien! Et vous osez dire que vous n'avez été « pour rien dans les affaires d'Espagne! etc., etc. » Le paroxysme de ce courroux étant arrivé à son dernier degré, tomba par son excès même, et Napoléon, las de se heurter contre un roc inébranlable, quitta la partie. Le prince connaissait bien l'Empereur; il savait qu'il était dans sa nature que, plus il s'était laissé emporter par son ressentiment, plus il chercherait à le faire oublier Comme il n'avait pas ce qu'un vieux proverbe, formulé en deux mots énergiques, a appliqué aux anciens courtisans, il jugea qu'il devait feindre de ne pas se souvenir de cette scène. Le lendemain, qui était un dimanche, il y avait cercle à la cour. Un des ministres, le duc de Gaëte, qui avait été chargé par l'Empereur d'un travail pressé, avait consacré ce dimanche à le terminer. Réfléchissant que l'Empereur aimait à voir ses ministres assidus à sa cour, il jugea qu'il pouvait sacrifier une heure à l'accomplissement de ce devoir. Il se rendit de bonne heure aux Tuileries, avec l'intention de se placer auprès de la porte par laquelle l'Empereur devait arriver, pour avoir la faculté de se retirer après l'avoir salué, et de retourner à son travail. Le ministre arriva aux Tuileries avant tout le monde et pendant qu'on achevait d'allumer; il voulut traverser à la hâte la salle du Trône, pour aller occuper la place la plus favorable à la fugue qu'il méditait. Quel fut son étonnement d'apercevoir le prince de Bénévent seul auprès de la cheminée! Un sentiment de pudeur à l'égard d'un homme si oublieux de l'humiliation qu'il avait subie la veille, l'embarras de se trouver seul avec lui, après la scène dont il avait été témoin, fit rétrograder le ministre, qui se promena dans le salon précédent, en attendant que la salle du trône se remplît, et qu'il pût la traverser en évitant le tête-à-tête du prince de Bénévent. De la place où il s'était mis, il salua le premier l'Empereur, et fut libre de se retirer; mais la curiosité le retint. L'Empereur, selon son habitude, fit le tour de la salle, ayant à sa main sa tabatière, dans laquelle il puisait largement, et parlant aux personnes qui étaient debout sur le premier plan. Arrivé au voisin de gauche du prince de Bénévent, qui était resté cloué à la place qu'il avait occupée le premier auprès de la cheminée, l'Empereur échangea quelques paroles avec lui. Il tourna la tête en passant devant le prince, et s'arrêta devant son voisin de droite. Le dimanche suivant, M. de Talleyrand, sans être déconcerté, se plaça encore sur le passage de l'Empereur, et voyant que son voisin, qui était questionné, hésitait à répondre, il répondit pour lui et obligea l'Empereur à l'écouter. La glace ainsi rompue, Talleyrand saisit toutes les occasions d'attirer l'attention de l'Empereur, qui, en dépit du caractère attribué à ses compatriotes, ne savait pas conserver de rancune, parce que le sentiment de sa puissance et son âme supérieure à toutes les petites passions le rendaient indulgent. Le prince de Bénévent continua de venir aux entrées, et s'y montra aussi assidu qu'au temps de sa faveur. L'Empereur, qui, dans certaines occasions, était aussi sévère en public qu'il était constamment patient et indulgent dans ses relations privées, désarmé par une telle persévérance, ou ébranlé dans sa conviction par tant d'assurance, ne songea pas à interdire sa cour à un homme contre lequel il n'avait pas assez de preuves pour le mettre en jugement, mais qui était assez coupable, selon lui, pour qu'il dût l'éloigner à jamais de la gestion des affaires. »

M. Meneval, à qui nous avons emprunté ces détails sur M. de Talleyrand, ajoute, dans le troisième volume de ses *souvenirs historiques:*

« J'ai donné le récit de ce qui se passa dans la séance du conseil privé que tint l'Empereur à son retour d'Espagne, séance à l'issue de laquelle il adressa à M. de Talleyrand les reproches les plus violents et les plus mérités. L'Empereur ne connaissait point à cette époque l'étendue de la trahison dont le prince s'était rendu coupable à Erfurth. Dans les Mémoires qu'a laissés M. de Talleyrand, Mémoires dont quelques passages ont été communiqués, que ses secrétaires ont copiés, et à la rédaction desquels quelques uns même ont coopéré, il se trouve un chapitre curieux, dont je donne plus bas la substance. Il est relatif aux conférences qui eurent lieu entre les deux Empereurs de France et de Russie à Erfurth, en 1808, antérieurement à la campagne que Napoléon fit en personne en Espagne. Depuis la Restauration, M. de Talleyrand parlait avec complaisance de la conduite qu'il avait tenue à cette époque. Les révélations qui suivent ne sont donc pas la violation d'un secret. D'ailleurs, si je devance le temps marqué par lui-même, auquel le public sera initié à ces confidences, on me pardonnera cette indiscrétion. Déjà, dès à présent, cet important personnage appartient à l'histoire comme homme public; il est tombé dans le domaine des annalistes et des chroniqueurs.

« Lorsque l'entrevue d'Erfurth eut été convenue entre les deux souverains, l'empereur Napoléon, quoique le prince de Bénévent ne fût plus ministre, et qu'il eût été remplacé par M. de Champagny, les emmena tous deux au lieu de l'entrevue. Une longue habitude des services du prince de Bénévent lui en rendait l'emploi nécessaire dans diverses circonstances; il jugea que l'habileté de ce ministre dans les conférences diplomatiques, son initiation à ses vues politiques, pourraient lui être utiles. Si cette imprudence lui a été quelquefois nuisible, à l'égard d'un homme qui avait des torts envers lui, et auquel il n'avait pas permis, par de justes raisons, de réunir le ministère des relations extérieures à la dignité de vice-grand-électeur et à la charge de grand-chambellan, on peut dire que celle qu'il commit, en le faisant venir à Erfurth, lui devint funeste. A Erfurth, l'Empereur employa surtout le prince de Bénévent dans ses communications confidentielles avec l'empereur Alexandre. J'ignore si l'empereur Napoléon a été bien informé de la nature des entretiens nocturnes que M. de Bénévent avait avec le czar chez madame la princesse de la Tour et Taxis, à l'issue du spectacle auquel les souverains assistaient presque tous les soirs. Quels étaient ces entretiens? C'est ce que le prince de Bénévent s'est chargé de faire connaître, non-seulement dans ses Mémoires, mais aussi dans ses causeries intimes.

« A Erfurth, M. de Talleyrand venait chaque matin au *lever*. Quand tout le monde s'était retiré, l'Empereur le retenait. Il l'entretenait de ses desseins, de ses vues sur l'empire ottoman, des affaires d'Espagne, de la conduite qu'il voulait tenir envers l'empereur Alexandre, des avantages qu'il espérait tirer de son alliance, des concessions mesurées graduellement qu'il se proposait de lui faire. Le prince de Talleyrand avoue qu'il ne se faisait pas scrupule de livrer ces confidences au czar dans ses entretiens du soir. Il préparait ainsi ce prince aux communications qu'il devait recevoir de l'empereur Napoléon, et l'avertissait du but caché des insinuations qui lui seraient faites. L'empereur Alexandre parlait à Erfurth de son ardent désir de visiter Paris, du bonheur qu'il aurait d'assister aux séances du conseil d'État présidé par Napoléon, et de s'initier, sous un tel maître, à la science de l'administration. J'ignore jusqu'à quel point l'expression de ce vœu était sincère; j'ai entendu l'empereur de Russie en parler avec une apparente conviction. Mais les révélations du prince de Bénévent ont dû modérer cette velléité d'augmenter son intimité avec Napoléon. En admettant que cet ex-ministre n'ait pas envenimé les confidences de l'Empereur, on comprendra facilement que ces sortes de confidences roulent toujours sur des points délicats qui, lorsqu'ils sont abordés sans mission, et s'ils ne sont point traités avec l'opportunité et la circonspection nécessaires, peuvent être faussement interprétés et produire de fâcheux effets.

« Le prince de Bénévent ne se contentait pas d'abuser de la confiance de Napoléon en ce qui concernait la Russie; il rendait à l'Autriche un autre service. M. de Metternich, n'ayant pu obtenir pour son souverain une invitation de venir à Erfurth, était resté à Paris, où ses fonctions d'ambassadeur le retenaient. Le cabinet autrichien ne pouvait se passer de la présence d'un représentant à Erfurth. L'empereur d'Autriche y dépêcha un envoyé porteur d'une lettre dont l'objet était de féliciter l'empereur Napoléon à l'occasion de sa présence en Allemagne, et de le rassurer sur ses dispositions amicales, mais en réalité avec la mission d'observer ce qui se passerait à Erfurth, et de prendre connaissance de ce qui pourrait s'y tramer contre l'Autriche. M. le baron de Vincent, que le prince de Bénévent avait déjà présenté à Paris et à Varsovie dans des circonstances à peu près analogues, fut désigné pour cette mission. Il eut ordre de voir le prince de Bénévent et de recevoir ses confidences. Ce ministre donnait à ses relations avec l'empereur de Russie et avec le ministre autrichien, un motif dont je parlerai tout-à-l'heure. Il est difficile cependant de croire qu'elles fussent entièrement désintéressées de sa part, quoique je n'aie aucune preuve du prix dont l'Autriche a dû payer de si précieux avis. Quant à la récompense donnée par l'empereur Alexandre, voici en quoi elle consista :

« Dans une des audiences que Napoléon accordait au prince de Bénévent, et dont il faisait l'usage qu'on vient de voir, il lui dit que dans ses causeries familières avec l'empereur Alexandre, ce prince étant venu à parler de l'éventualité d'un divorce, et de la nécessité où l'empereur Napoléon serait de se remarier, la main d'une des grandes-duchesses de Russie, sœur d'Alexandre, avait été indirectement proposée par ce prince. Le prince de Bénévent comprit sur-le-champ le parti qu'il pourrait tirer pour lui-même de cette confidence. Il s'en félicita avec l'empereur Alexandre. Puis, saisissant aux cheveux l'occasion, il lui dit : « Sire, puisque Votre Majesté est dans de si heureuses dispositions matrimoniales, elle me permettra de lui demander une faveur. J'ai eu le malheur de perdre l'aîné de mes neveux, jeune homme d'espérance [1]. Il m'en reste un que je voudrais marier avantageusement ; mais, en France, je dois y renoncer. L'Empereur garde les riches héritières pour ses aides-de-camp. Votre Majesté a pour sujette une famille à laquelle mon plus grand désir serait de m'allier. La main de la princesse Dorothée de Courlande comblerait les vœux de mon neveu Edmond. » L'empereur Alexandre, qui avait souvent protesté de son désir d'être agréable au prince de Bénévent, s'empressa de lui promettre son intervention, dit qu'il avait l'intention, en retournant à Pétersbourg, de s'arrêter chez la duchesse de Courlande ; qu'il emmènerait avec lui Edmond de Périgord, qui, étant alors attaché à l'ambassade de France en Russie, avait accompagné le duc de Vicence à Erfurth ; qu'il se chargerait de le faire agréer à la duchesse, et qu'il pouvait regarder la chose comme faite.

« Après ce récit, fait par M. de Talleyrand lui-même, avec d'amples développements, de ce qui se passa à Erfurth entre lui, l'empereur de Russie et le diplomate autrichien, on doit désirer de connaître la raison qu'il allègue pour justifier sa conduite. Ce motif le voici : Effrayé des dangereux progrès de la puissance de Napoléon, le prince de Bénévent eut la pensée patriotique de chercher à arrêter l'impétuosité de son essor et à entraver l'exécution de ses projets aventureux, pour le contraindre à la modération. Il se persuada qu'il rendrait un service signalé à la France, à Napoléon lui-même et à l'Europe. Une telle apologie ressemble à celle de ces comptables infidèles de régiments, qui se posaient devant le gouvernement de la Restauration en victimes du gouvernement déchu, disant, pour leur justification, qu'ils avaient voulu affamer l'usurpateur, et le réduire à l'impuissance en le privant du nerf de la guerre.

« Les fréquents rendez-vous nocturnes du prince de Bénévent chez madame de la Tour et Taxis, dont Napoléon finit par être informé, rappro-

---

[1] Le comte Louis de Périgord, envoyé en courrier à Pétersbourg, en était parti sans prendre le temps de se reposer. Il venait de mourir à Berlin d'une fluxion de poitrine, victime de son zèle.

chés d'autres indices, avaient jeté dans son esprit de violents soupçons contre la fidélité de son ministre. »

NOTE 13 (PAGE 214).

Bourrienne fait en ces termes, dans ses *Mémoires*, le récit d'une entrevue qu'il eut avec Joséphine, à la Malmaison :

« Quand j'entrai, Joséphine me tendit la main, et ne me dit que ces mots : « Eh bien ! mon ami ! » Elle les prononça avec une émotion profonde, dont le souvenir m'attendrit encore aujourd'hui, et ses larmes ne lui permirent pas de poursuivre. Elle s'assit sur l'ottomane placée à gauche de la cheminée, me fit signe de m'asseoir auprès d'elle, et je vois Hortense debout devant la cheminée, et cherchant à cacher aussi les pleurs qui tombaient de ses yeux.

« Joséphine avait pris une de mes mains, qu'elle tenait pressée entre les deux siennes, et longtemps ses larmes entrecoupèrent sa voix ; puis, enfin, reprenant un peu d'empire sur elle-même : « Mon cher Bourrienne, « me dit-elle, j'ai subi tout mon malheur. Il m'a délaissée, abandonnée.

« ... J'ai joué jusqu'au bout mon rôle de femme dans ce monde. J'ai « tout souffert et je me suis résignée. » En prononçant ces derniers mots, Joséphine laissa errer sur ses lèvres un de ces sourires douloureux qui n'appartiennent qu'aux femmes, et dont il est impossible de n'être pas pénétré. « Dans quelle contenance, reprit-elle, j'ai passé les derniers « temps où, n'étant plus sa femme, j'étais obligée de le paraître à tous les « yeux ! Quels regards, mon ami, que ceux que les courtisans laissent « tomber sur une femme répudiée ! Dans quel vague, dans quelle incerti-« tude plus cruelle que la mort ai-je vécu, jusqu'au jour fatal où il m'avoua « enfin ce que depuis longtemps je lisais sur sa physionomie ! C'était le « 30 novembre ; quel air il avait ce jour-là, et qu'il y avait de choses « sinistres dans son regard ! Nous dînâmes ensemble comme à l'ordinaire ; « et il me fallait étouffer mes larmes, qui, malgré moi, s'échappaient de « mes yeux. Je ne dis pas un mot pendant ce triste dîner, et lui, il ne « rompit le silence que pour demander à un de ses serviteurs quel temps « il faisait. Pour moi, je vis bien que le temps était à l'orage, et l'orage

« ne tarda pas à éclater. Aussitôt que Bonaparte eut pris son café, il
« congédia tout le monde, et je demeurai seule avec lui. Quel air, Bour-
« rienne, quel regard il avait! Je lisais dans l'altération de ses traits le
« combat qui se passait dans son ame, mais enfin je voyais bien que mon
« heure était arrivée. Il était tremblant, et moi j'éprouvais un frisson uni-
« versel. Il s'approcha de moi, me prit la main, la posa sur son cœur, me
« regarda un moment sans rien dire, puis enfin laissa échapper ces pa-
« roles funestes : « *Joséphine! ma bonne Joséphine! tu sais si je t'ai aimée!...*
« *C'est à toi, à toi seule que j'ai dû les seuls instants de bonheur que j'ai*
« *goûtés en ce monde. Joséphine, ma destinée est plus forte que ma volonté.*
« *Mes affections les plus chères doivent se taire devant les intérêts de la*
« *France.* » — N'en dites pas plus, eus-je la force de répondre, je m'y
« attendais; je vous comprends, mais le coup n'en est pas moins mortel.
« Je ne puis pas en dire davantage, poursuivit Joséphine, je ne sais ce
« qui se passa en moi; je crois que je proférai des cris; je crus ma raison
« à jamais perdue; je demeurai sans connaissance, et quand je revins à
« moi je me trouvai dans ma chambre. Votre ami Corvisart pourra vous
« dire mieux que moi ce qui se passa alors, car quand je repris mes sens
« il était près de moi avec ma pauvre fille. »

NOTE 14 (PAGE 218).

Nous trouvons, dans les Mémoires du duc de Rovigo, quelques particularités intéressantes sur le divorce de Napoléon avec Joséphine.

« L'Empereur n'avait point d'enfants : l'Impératrice en avait deux, dont les destinées semblaient déjà fixées, et il n'aurait pu tourner sa pensée vers eux, sans tomber dans de graves inconvénients, et sans faire quelque chose d'imparfait, qui aurait porté son principe de destruction avec son institution même. Je crois cependant que, si les deux enfants de l'Impératrice avaient été seuls dans sa famille, il aurait pris quelque arrangement pour assurer son héritage au vice-roi, parce que la nation eût passé par cette transaction sans secousse ni déchirement, et que rien n'eût été dérangé de l'ordre qu'il avait établi. Le vice-roi était un prince laborieux, ayant une ame élevée, connaissant très-bien l'étendue de ses devoirs envers l'Empereur, et il se serait lui-même imposé l'obligation de consolider tout le système du gouvernement qui lui aurait été remis.

« Ce qui m'a donné cette opinion, c'est que j'ai toujours vu l'Empereur content de sa soumission, et il disait quelquefois qu'il n'avait pas encore éprouvé un désagrément de la part du vice-roi. Il ne s'arrêta pourtant pas à l'idée de fixer son héritage sur lui, parce que d'une part il avait des parents plus proches, et que par là il serait tombé dans les discordes qu'il voulait principalement éviter. Mais ensuite il reconnaissait la nécessité de se donner une alliance assez puissante pour que, dans le cas où son système eût été menacé par un évènement quelconque, elle eût pu lui servir d'appui et se préserver d'une ruine totale. Il espérait aussi que ce serait un moyen de mettre fin à cette suite de guerres dont il voulait sortir à tout prix.

« Tels furent les motifs qui le déterminèrent à rompre un lien auquel il était attaché depuis tant d'années : c'était moins pour lui que pour intéresser un État puissant à l'ordre de choses établi en France. Il pensa plusieurs fois à cette communication qu'il voulait faire à l'Impératrice, sans oser lui parler; il craignait pour elle les suites de sa sensibilité; les larmes ont toujours trouvé le chemin le plus sûr de son cœur. Cependant il crut avoir rencontré une occasion favorable à son projet avant de quitter Fontainebleau; il en dit quelques mots à l'Impératrice, mais il ne s'expliqua pas avant l'arrivée du vice-roi, auquel il avait mandé de venir : ce fut lui-même qui parla à sa mère et la porta à ce grand sacrifice; il se conduisit dans cette occasion en bon fils et en homme reconnaissant et dévoué à son bienfaiteur, en lui évitant des explications douloureuses avec une compagne dont l'éloignement était un sacrifice aussi pénible qu'il était sensible pour elle. L'Empereur ayant réglé tout ce qui était relatif au sort de l'Impératrice, qu'il établit d'une manière grande et généreuse, pressa le moment de la dissolution du mariage, sans doute parce qu'il souffrait de l'état dans lequel était l'Impératrice elle-même, qui dînait tous les jours et passait le reste de la soirée en présence de personnes qui étaient les témoins de sa descente du trône. Il n'y avait entre lui et l'impératrice Joséphine aucun autre lien qu'un acte civil, tel que cela était d'usage dans le temps où il s'était marié. Or, les lois avaient prévu la dissolution de ces sortes de contrats; en conséquence, à un jour fixe, il y eut le soir chez l'Empereur une réunion des personnes dont l'office était nécessaire dans cette circonstance, parmi lesquelles étaient M. l'archi-chancelier et M. Régnault de Saint-Jean-d'Angely. Là, l'Empereur fit à haute voix la déclaration de l'intention dans laquelle il était de rompre son mariage avec Joséphine, qui était présente, et l'Impératrice, de son côté, fit, en sanglotant, la même déclaration.

« Le prince archi-chancelier ayant fait donner lecture de l'article de la loi, en fit l'application au cas présent, et déclara le mariage dissous.

. . . .

« Les formalités une fois remplies, l'Impératrice prit congé de l'Empereur, et descendit dans son appartement qui était au rez-de-chaussée. D'après des arrangements convenus à l'avance, elle partit le lendemain matin, pour aller s'établir à la Malmaison. De son côté, l'Empereur alla le même jour à Trianon; il ne voulait pas rester seul dans cet immense château des Tuileries, qui était encore tout plein du souvenir de l'impératrice Joséphine. Elle descendit du rang suprême avec beaucoup de résignation, en disant qu'elle était dédommagée de la perte des honneurs, par la consolation d'avoir obéi à la volonté de l'Empereur. Elle quitta la cour : mais les cœurs ne la quittèrent point : on l'avait toujours aimée, parce que jamais personne ne fut si bonne. Sa prévenance envers tout le monde fut la même, étant impératrice, qu'elle l'avait été auparavant; elle donnait avec profusion et avec tant de bonne grâce, qu'on aurait cru être impoli que de ne pas accepter; on ne pouvait entrer chez elle sans en revenir comblé. Elle n'a jamais nui à personne dans le temps de sa puissance; ses ennemis même en ont été protégés; il n'y a presque pas eu un jour de sa vie où elle n'ait demandé quelque grâce pour quelqu'un que souvent elle ne connaissait pas, mais qu'elle savait mériter son intérêt; elle a établi un grand nombre de familles, et dans ses dernières années elle était entourée d'une peuplade d'enfants dont les mères avaient été mariées et dotées par ses bontés. La méchanceté lui reprochait un peu de prodigalité dans ses dépenses : faut-il l'en blâmer ? On n'a pas mis le même soin à compter les éducations qu'elle payait pour des enfants de parents indigents; on n'a point parlé des aumônes qu'elle faisait porter à domicile. Toute sa journée se dépensait à s'occuper des autres, et fort peu d'elle. Tout le monde la regretta pour l'Empereur, parce qu'on savait qu'elle ne lui disait jamais que du bien de presque tout ce qui le servait. Elle fut même utile à M. Fouché, qui avait voulu en quelque sorte se rendre l'instrument de son divorce un an plus tôt[1].

« Pendant son séjour à la Malmaison, le grand chemin de Paris à ce château ne fut qu'une procession, malgré la mauvaise saison; chacun regardait comme un devoir de s'y présenter au moins une fois la semaine.

« L'Empereur, de son côté, faisait ce qu'il pouvait pour s'accoutumer à être seul à Trianon, où il avait été s'établir; il envoyait souvent savoir

---

[1] Ce fut elle qui sollicita l'Empereur de le remettre en fonctions après la conjuration de Georges.

des nouvelles de l'Impératrice à la Malmaison ; je crois que sans ses occupations il y aurait été le plus souvent lui-même.

« A l'occasion de cet évènement, il avait appelé à Paris quelques membres de sa famille ; ils vinrent lui tenir compagnie à Trianon ; le roi et la reine de Bavière arrivèrent aussi à Paris dans ce temps-là. Ce fut celui des souverains de l'Allemagne qui y resta le dernier. L'hiver se passa gaiement en bals masqués et autres divertissements de ce genre. L'Empereur recommanda lui-même que l'on procurât beaucoup de distraction aux princes qui étaient venus lui faire visite. Il avait pris un soin particulier de ce qui concernait la reine de Bavière, au service d'honneur de laquelle il avait fait attacher des dames du palais de l'Impératrice. A la fin de janvier, tous les princes étaient retournés chez eux ; il ne restait à Paris que quelques membres de la famille de l'Empereur. »

. . . . , ...

« Il y avait beaucoup de raisons pour désirer de fixer promptement tous les esprits, car chacun avait pris part à cet évènement comme si cela avait été sa propre affaire. A Paris, on aime tant à causer de tout, que le mariage de l'Empereur était devenu l'anecdote du jour et le sujet de toutes les conversations. De son côté, il était aussi bien aise de se voir marié, afin d'avoir l'esprit libre pour autre chose. Il voulut cependant, dans cette grande occasion, consulter son conseil privé ; il fut assemblé aux Tuileries. Le roi de Naples, qui y fut un des plus énergiques opposants à l'alliance autrichienne, M. l'archi-chancelier, M. l'archi-trésorier, M. de Talleyrand, les ministres, au nombre desquels était M. Fouché, en faisaient partie.

« L'état de la question y fut posé tel qu'il était, c'est-à-dire, la Russie ne disant pas non, mais alléguant des motifs de retard qui couvraient peut-être d'autres projets étrangers à cet évènement, tels que quelques transactions politiques ; et l'Autriche désirant l'alliance de suite, et la présentant de bonne grâce.

« L'Empereur aimait à connaître les opinions de tout le monde ; il demanda d'abord ce qui vaudrait mieux pour la France, d'épouser une princesse de Russie ou une princesse autrichienne. Beaucoup de voix furent en faveur de la Russie, et l'Empereur en ayant demandé les motifs, eut occasion de remarquer que le principal était la crainte qu'une princesse autrichienne ne fût accessible à quelque ressentiment particulier par suite de la mort du roi et de la reine de France, sa grande-tante. Or, ce n'était qu'une considération secondaire, qui intéressait quelques personnes qui penchaient, par cette raison, pour la Russie, et l'Empereur n'ayant pas vu qu'on lui assignât de motifs raisonnables pour en agir autrement, se décida pour S. A. I. madame l'archiduchesse Marie-Louise, parce que son âge lui convenait mieux, et que la manière avec laquelle l'Autriche la présentait était faite pour lui inspirer beaucoup de confiance.

« Cette décision une fois prise, on en mena l'exécution si rapidement, que le même soir le contrat de mariage de l'Empereur fut dressé, signé par lui et envoyé à Vienne, en même temps que la demande en forme de la main de S. A. R. madame l'archiduchesse Marie-Louise. Conséquemment, on écrivit en Russie pour qu'il ne fût plus donné suite au projet que l'on y avait formé. J'ai eu occasion, depuis, de me convaincre de l'opinion que beaucoup de petits intérêts personnels avaient concouru à faire changer aussi promptement les résolutions de l'Empereur, et même que quelqu'un, qui avait les facilités de l'approcher de très-près, n'avait pas nui aux projets de l'Autriche, pour réclamer, dans un autre temps, l'intervention de cette puissance en faveur d'autres intérêts qui devenaient étrangers à la France.

« Comme ceci est purement une anecdote, quelque fondée qu'elle soit, je n'ai pas jugé convenable de l'expliquer davantage. Lorsque l'Empereur se fut prononcé, tout le monde trouva qu'il avait pris le meilleur parti : les uns disaient qu'une princesse russe aurait amené un schisme dans la religion; d'autres, que l'influence russe nous aurait dominés de la même manière qu'elle cherchait à s'établir partout. On aurait cependant pu observer que l'exercice du rite grec n'aurait pas plus troublé l'Église que les protestants et les Juifs.

« Le peuple, c'est-à-dire la classe marchande, qui n'avait pas tout-à-fait perdu confiance dans les augures, disait que les alliances avec l'Autriche avaient toujours été fatales à la France, que l'Empereur serait malheureux, et mille autres prédictions superstitieuses dont la fatalité a voulu qu'une partie se réalisât.

(*Mémoires du duc de Rovigo*, t. IV.)

NOTE 15 (Page 235).

« Les premières douleurs se firent sentir la veille au soir; elles furent supportables jusqu'au jour; elles cessèrent alors, et l'Impératrice put s'endormir. L'Empereur avait passé le commencement de la nuit auprès d'elle; la voyant endormie, il remonta dans son appartement, et se mit au bain. Une heure après, l'Impératrice fut éveillée par des douleurs très-vives, qui faisaient présager que l'accouchement serait prochain; mais le docteur Dubois ne tarda pas à s'apercevoir qu'il serait très-difficile, parce que l'enfant se présentait de côté. L'Empereur était dans une parfaite sécurité, lorsque M. Dubois ouvrit brusquement la porte, et annonça, tout troublé, à l'Empereur que les préliminaires de l'accouchement lui donnaient de vives inquiétudes. Sans lui répondre, l'Empereur s'élança hors du bain, passa à la hâte une robe de chambre, et, suivi de l'accoucheur, descendit chez l'Impératrice. Il s'approcha de son lit en dissimulant son inquiétude, embrassa tendrement sa femme, et l'encouragea par les mots les plus rassurants. Les douleurs augmentaient d'intensité. L'Impératrice était frappée de terreur, et criait qu'on allait la sacrifier. L'Empereur était dans une extrême agitation, et disait que si l'enfant ne pouvait venir à bien, il fallait avant tout qu'on sauvât la mère. Enfin, après les efforts les plus douloureux, cet enfant si désiré vint au jour; c'était un fils, mais il ne donnait aucun signe de vie. L'Empereur, rassuré sur l'état de la mère, avait reporté toute sa sollicitude sur son fils; il contemplait avec une vive anxiété cet enfant en apparence inanimé, quand un faible cri que poussa ce dernier fit évanouir ses inquiétudes. Les membres de la famille impériale, les grands dignitaires, les principaux officiers et dames de la cour, avaient été mandés au palais lorsque les premières douleurs se firent sentir; mais vers cinq heures du matin, M. Dubois ayant pensé que la délivrance pourrait n'avoir lieu que dans vingt-quatre heures, l'Empereur avait renvoyé tout le monde; mesdames de Montebello, de Luçay et de Montesquiou étaient seules restées avec le médecin, les dames d'annonce, et les femmes de chambre. L'archi-chancelier accourut en toute hâte, et successivement arrivèrent le prince de Neufchâtel, toute la cour et les principaux fonctionnaires de l'Etat, qui devaient être témoins de l'accouchement. L'Empereur, dans l'effusion de sa joie, annonça lui-même la naissance de son fils à toute sa maison; il était encore ému du spectacle douloureux de l'accouchement de l'Impératrice, et disait qu'il aurait préféré assister à une bataille. »

(MENEVAL, *Napoléon et Marie-Louise*, t. I.)

TABLE DES MATIERES

CONTENUES DANS LE CINQUIÈME VOLUME.

CHAPITRE PREMIER.

Organisation du gouvernement impérial. — Rétablissement des anciennes formes. — Proclamation du sénatus-consulte organique. — Le sénat prête serment. — Adhésion des départements. — Manifestation du clergé. — Protestation de Louis XVIII. — Toutes les cours de l'Europe, à l'exception de celles de Russie, d'Angleterre et de Suède, reconnaissent la nouvelle dignité de Napoléon. — Jugement de la conspiration de Pichegru, Georges, Moreau, etc. — Actes de clémence de l'Empereur. — Inauguration de la Légion-d'Honneur. — Napoléon au camp de Boulogne. — Nouvelle organisation de l'école Polytechnique. — Institution des prix décennaux. — Voyage de Napoléon en Belgique. — Son séjour à Aix-la-Chapelle. — Recensement des votes populaires. — Sacre et couronnement de l'Empereur à Notre-Dame. — Distribution des aigles au Champ-de-Mars. — Ouverture du corps législatif. — Napoléon offre la paix au roi d'Angleterre. Réponse de lord Mulgrave. Débats à ce sujet dans le parlement anglais. Vœux de Fox et du parti de l'opposition pour la paix. Ils sont repoussés par la majorité. — Comment la nouvelle en est accueillie en France. — Nouvelle constitution de la Hollande. — La République italienne changée en royaume. — Napoléon roi d'Italie. Son départ pour Milan. Il s'arrête à Brienne. — Sa dernière entrevue avec le pape à Turin. — Il visite le champ de bataille de Marengo. — Son couronnement à Milan. — Création de l'ordre de la Couronne-de-Fer. — Réunion de Gênes à la France. — Le prince Eugène vice-roi d'Italie. — Députation du sénat de Lucques. — Retour de Napoléon à Paris. — Plan de son expédition maritime contre l'Angleterre. — Mouvements des flottes françaises. — Traité d'alliance entre l'Angleterre et la Russie. Coopération de l'Autriche et de la Suède. — Troisième coalition; son but, ses forces et son plan de campagne. Armements de l'Autriche. — Napoléon se rend au camp de Boulogne. — Rassemblement de la flottille. — Fautes de l'amiral Villeneuve; elles font échouer l'expédition d'Angleterre. — Colère de Napoléon: elle lui inspire le plan de la campagne d'Austerlitz. — Marche des armées autrichiennes. Invasion de la Bavière. — Napoléon vient dénoncer au sénat la guerre contre l'Autriche. — Levée de quatre-vingt mille hommes. Réorganisation des gardes nationales. — L'Empereur part pour l'armée......... 1

CHAPITRE II.

Campagne d'Austerlitz. — Marche de la grande armée sur le Rhin. Proclamation de Napoléon. — Passage du Rhin et du Danube. — Les Français en Bavière. — Combats de Wertingen, d'Albeck et d'Elchingen. Passage de l'Inn. — Reddition d'Ulm. — Napoléon à Munich. — Opérations navales : bataille de Trafalgar. — Le roi de Prusse adhère à la coalition. — Arrivée des Russes en Moravie. — Combats de Lambach, d'Amstetten et de Dienstein. — Opérations de l'armée d'Italie : Prise de Vérone. Passage de l'Adige, de la Brenta, de la Piave et du Tagliamento. — L'armée française entre dans Vienne. — Combat de Hollabrunn. — Ney dans le Tyrol. — Augereau dans le Vorarlberg. — Combat de Castel-Franco. — Jonction de l'armée d'Italie avec la grande armée. — Jonction des deux armées russes. — Mission de Savary auprès de l'empereur Alexandre. — Portrait de ce prince. — Napoléon et le prince Dolgorouki. — L'armée russe prend l'offensive. Bataille d'Austerlitz. Napoléon félicite et récompense son armée. — Décrets impériaux.................. 40

CHAPITRE III.

L'empereur d'Autriche demande la paix. Son entrevue avec Napoléon. Armistice. — Ruse d'Alexandre pour assurer sa retraite. — Mission du comte de Haugwitz. — Traité de Presbourg. — Napoléon déclare que la dynastie de Naples a cessé de régner. — Mariage du prince Eugène avec la fille du roi de Bavière. Napoléon et Joséphine à Munich. — Joie publique à leur retour. — Ils font leur entrée solennelle dans Paris. — Le sénat décerne à Napoléon le titre de *Grand*. — Situation de l'Europe après la paix de Presbourg. — Mort de Pitt. — Ouverture du corps législatif. — Système fédératif : Joseph Bonaparte, roi de Naples. Louis Bonaparte, roi de Hollande. — Duchés, grands fiefs de l'Empire. — Rétablissement du calendrier grégorien. — Le Panthéon rendu au culte catholique. — Restauration de l'église de Saint-Denis : sépulture impériale. — Silence de la presse et de la tribune. — Réorganisation de la Banque de France. — Création de l'Université impériale. — Améliorations, réformes, travaux publics. — Négociations pour la paix générale. — Fox, successeur de Pitt au ministère. — Dispositions des Puissances. — Confédération du Rhin. Napoléon en est proclamé protecteur. — Sa suprématie sur le continent. — Traité du 20 juillet entre la France et la Russie. — Napoléon se rapproche de la Prusse. — Mort de Fox. — Rupture des négociations. — Quatrième coalition. — Résolutions téméraires de la Prusse. — Attitude de Napoléon. — Occupation de la Saxe et de la Hesse par les armées prussiennes. Signal des hostilités................. 68

CHAPITRE IV.

Campagne de Prusse. — Plan de Napoléon. — Il part pour son armée. — *Ultimatum* du roi de Prusse. — Paroles de Napoléon à Berthier. — Combats de Schleitz et de Saalfeld. — Mort du prince Louis de Prusse. — Réponse de Napoléon à l'*ultimatum* du roi de Prusse. — Batailles d'Iéna et d'Auerstaedt. Suites de ces deux victoires. — Prise d'Erfurth. — Napoléon marche sur Berlin. Il fait enlever la colonne de Rosbach. Son séjour à Potsdam. Il visite le tombeau du grand Frédéric. — Réponse de Napoléon à l'envoyé du duc de Brunswick. — Son entrée solennelle à Berlin. — Ses ressentiments contre la noblesse. — Il pardonne au prince de Hazfeldt.—Retraite précipitée du roi de Prusse.— Hohenlohe capitule à Prentzlow. — Prise de Lubeck. — Blücher met bas les armes. — Capitulation de Magdebourg. — Occupation de la Hesse électorale et du Hanovre par les Français. — Conquête de la monarchie prussienne. — Les Français en Silésie. — Le roi de Prusse s'enfuit à Kœnigsberg.—Négociations avec la Prusse. Armistice de Charlottembourg. — Blocus continental. — Arrivée de l'armée russe sur la Vistule. — Frédéric-Guillaume refuse de ratifier l'armistice. — Rupture des négociations.—Napoléon à Posen. Il *réveille* son armée. — Le temple de la Gloire.............. 90

CHAPITRE V.

Campagne de Pologne. — Napoléon n'ose proclamer l'indépendance de cette nation. — Son entrée à Varsovie. — Il passe la Narew et se porte au-devant des Russes. — Combats de Czarnovo, de Nasielsk et de Pulstuck.— Les Russes évacuent la Pologne prussienne. — Rupture de la Porte avec la Russie. — Le sultan Sélim III demande l'alliance de la France. — Occupation de la Valachie et de la Moldavie par la Russie. — Le sultan lui déclare la guerre. — Rôle de Napoléon dans ces évènements. — Reprise des hostilités sur la Vistule. — Bataille d'Eylau. — Retraite des Russes. — Napoléon visite le champ de bataille d'Eylau. — Alarmes en France sur l'avenir de la campagne. — Confiance de Napoléon. — Il fait reprendre à son armée ses quartiers d'hiver. — Sa vie pendant ses jours de repos. — Suite des différends de la Porte avec la Russie. — L'Angleterre veut intervenir : elle envoie une flotte devant les Dardanelles. — Sommation au sultan. — Attitude énergique de l'ambassadeur français. — Préparatifs formidables de défense. — La flotte anglaise bat en retraite. — Siège et prise de Dantzig. — Mouvements de l'armée russe. — Combats de Guttstadt, de Spanden et de Lomitten. — Batailles d'Heilsberg et de Friedland. — Prise de Kœnisberg. — Napoléon à Tilsitt. — Armistice. — Proclamation de l'Empereur à son armée. — Entrevue sur le Niémen.— Paix de Tilsitt.......... 118

CHAPITRE VI.

Suites de la paix de Tilsitt. Puissance et grandeur de l'Empire. — Retour de Napoléon à Paris. — Honneurs rendus à la garde impériale. — Suppression du tribunat. — Abolition de la liberté de la presse. — Les substitutions dans le Code civil. — Nouvelle noblesse. —Don-quichottisme armé du roi de Suède. — Bombardement de Copenhague par les Anglais. — Effet qu'il produit en Europe. — Presque tout le continent se déclare contre l'Angleterre. — Efforts de Napoléon pour relever la marine française. — Ses projets sur la Péninsule espagnole. — Traité de Fontainebleau. — Première expédition de Portugal. — Affaires d'Espagne : révolution d'Aranjuez; abdication de Charles IV; avènement de Ferdinand VII. — Entrée de Murat à Madrid. — Perplexité de Napoléon après les évènements d'Aranjuez. Ses instructions à Murat. Il part pour Bayonne et y appelle la famille royale d'Espagne. — Scènes scandaleuses. — Insurrection à Madrid. Ferdinand restitue la couronne à son père, qui en dispose en faveur de Napoléon. — Celui-ci fait proclamer son frère Joseph roi des Espagnes par la junte de gouvernement, le conseil de Castille et la municipalité de Madrid. — Junte de Bayonne. Constitution espagnole. — Insurrection nationale de la Péninsule. — Bataille de Médina de Rio-Seco. — Joseph à Madrid. — Napoléon part pour Paris. — Capitulation de Baylen. — Suites funestes de cet événement. — Joseph se réfugie à Vittoria. — Insurrection d'Oporto. — Bataille de Vimeiro. — Convention de Cintra. — Réveil de la coalition. Armements de l'Autriche. — Traité de Napoléon avec le roi de Prusse. — Entrevue de Napoléon et d'Alexandre à Erfurth. — Ouverture du corps législatif. — Marche de la grande armée en Espagne. — Proclamation de Napoléon. — Prise de Burgos. — Batailles d'Espinosa et de Tudela. — Passage du Somo-Sierra. — Prise de Madrid. — Paroles de Napoléon à la grande députation. — Soumission de la Catalogne. — Retraite des Anglais. — Victoires d'Almaraz et d'Uclès. — Siège et prise de Sarragosse. — Rentrée de Joseph dans Madrid. — Départ de Napoléon pour Paris..   143

CHAPITRE VII.

Cinquième coalition. — Dispositions de l'Autriche. — Napoléon et M. de Metternich. — Passage de l'Inn par les armées autrichiennes. Invasion de la Bavière. — Départ de Napoléon pour l'armée. — Campagne de Wagram. — Position de l'armée française en Allemagne. — Mouvements de Davoust et de Masséna. — Jonction de Napoléon avec Lefebvre. — Batailles d'Abensberg et d'Eckmühl. — Napoléon blessé devant Ratisbonne. Prise de cette ville. — Bataille d'Ebersberg. — Capitulation de Vienne. — Passage du Danube. — Bataille d'Essling. — Mort de Lannes. — Retraite des Français dans l'île de Lobau; effet qu'elle produit en Europe. — Mouvements en Allemagne. — Insurrection du Tyrol. — Réorganisation de l'armée. — Dispositions d'attaque. — Jonction de l'armée d'Italie et de l'armée de Dalmatie avec l'armée d'Allemagne. — Second passage du Danube. — Bataille de Wagram. — Armistice de Znaïm. — Situation du continent. Soumission du Tyrol. Révolution de Suède. Réunion des États romains à l'Empire. — Seconde expédition du Portugal. — Prise d'Oporto. Marche des Anglo-Portugais sur cette ville. Retraite de Soult. — Campagne de 1809 en Espagne. Reddition de la Corogne et du Ferrol. — Armée anglo-espagnole: elle marche sur Madrid. — Bataille de Talaveyra. Retraite de Wellington. — Expédition des Anglais en Belgique. Son mauvais succès. Il détermine l'Autriche à faire la paix. — Tentative d'assassinat sur Napoléon par un jeune Allemand. — Traité de Vienne. — Retour de l'Empereur à Paris............... 182

CHAPITRE VIII.

Conséquences de la paix de Vienne. — Divorce de Napoléon avec Joséphine. — Portrait de cette princesse. — Mariage de Napoléon avec Marie-Louise. — Réunion à l'Empire de la Hollande, de l'Oldembourg, des villes anséatiques, de la république du Valais, etc. — Provinces espagnoles régies par des gouvernements militaires indépendants. — Création du grand-duché de Francfort. — Bernadotte prince royal de Suède. — Nouvelles fondations; grands travaux sur tous les points de l'Empire. — Campagnes de 1810 et de 1811 en Espagne. Conquête de l'Andalousie par Soult. — Victor devant Cadix. Action brillante de six cents prisonniers de la capitulation de Baylen. — Troisième expédition de Portugal. — Masséna devant les lignes de Torrès-Vedras. — Bataille de Fuente-di-Onor. — Retraite de Wellington. — Prise de Tortose, de Lérida. — Siège et prise de Tarragone. — Bataille de Sagonte. — Prise de Valence. — Situation extérieure et intérieure de l'Empire. — Symptômes de décadence. — Naissance et baptême du roi de Rome. — Triomphe du système continental. Détresse de l'Angleterre. — Son rapprochement avec la Russie. — Rupture de la France avec la Russie. — Traité entre la France et la Prusse.

— Traité entre la France et l'Autriche. — Traité de la Suède et de la Russie. — Paix de la Turquie avec la Russie. — Armements de la France et de la Russie. But de Napoléon. — Vains efforts de Napoléon pour éviter la guerre. — *Ultimatum* de la Russie. — Départ de Napoléon pour Dresde. — Son séjour dans cette ville. — Dernière ambassade à l'empereur Alexandre à Wilna. — La guerre est déclarée. 211

CHAPITRE IX.

Campagne de Russie. — Position respective des armées françaises en Russie. — Plan de campagne de Napoléon. — Passage du Niémen. — L'armée française entre à Wilna. Séjour dans cette ville. — La diète de Varsovie déclare le rétablissement du royaume de Pologne. — Organisation d'un gouvernement provisoire à Wilna. Ce gouvernement adhère à la déclaration de la diète. — Députation polonaise à Napoléon à Wilna. — Discours du président et réponse de l'Empereur. — Mission du général Balachoff. Napoléon part de Wilna. — Retraite des Russes sur la Dwina. — Combats d'Ostrowno et de Mohilow. — Napoléon à Witepsk. — Jonction des deux armées russes. — Proclamation de l'empereur Alexandre. Nouvelle face de la guerre. — Les Russes prennent l'offensive. Napoléon change sa ligne d'opérations. — Marche sur Smolensk. — Passage du Borysthène. — Bataille de Smolensk. — Entrée des Français dans cette ville. — Napoléon et un vieux pope. — Bataille de Polotsk. — Bataille de Valoutina. — Revue sur le champ de bataille de Valoutina. — Napoléon marche sur Moskow. — Bataille de la Moskowa. — Entrée des Français à Moskow. — Incendie de cette ville. — Négociations pour la paix. — Combat de Winkowno. — Départ de Moskow. — Batailles de Malo-Iaroslawetz et de Wiasma. — Commencement de l'hiver. — Arrivée à Smolensk. — Retraite des Français sur la Bérézina. — Bataille de Krasnoï. — Héroïsme du maréchal Ney; il soutient la retraite de l'armée française. — Passage de la Bérézina. — Départ de Napoléon pour Paris. — L'armée française repasse le Niémen.................................. 250

CHAPITRE X.

Retour de Napoléon à Paris. — Douleur de la France à la nouvelle du désastre de Moskow. — Conspiration de Mallet. Son jugement et son exécution. — Campagne de 1812 en Espagne. — Prise de Badajoz par les Anglais. — Assemblée des Cortès à Séville. — Nouvelle constitution espagnole. — Négociations secrètes avec Joseph. — Bataille de Salamanque. — Rupture des négociations. — Wellington à Madrid. — Soult marche sur cette capitale et en chasse les Anglais. — Siège de Burgos. Retraite de Wellington en Portugal. — Napoléon s'efforce de réparer ses revers. — Sa popularité. — Concordat de Fontainebleau. — Ouverture du corps législatif. — Situation de l'Empire. — Travaux de la session. Règlement des finances. — Nouveaux préparatifs de Napoléon. — Sixième coalition. — Traité d'alliance entre la Prusse et la Russie. — Convention de Breslaw. — Dissolution de la confédération du Rhin. — Médiation armée de l'Autriche. — Mouvement des armées russe et prussienne. — Napoléon confie la régence à Marie-Louise et part pour l'armée. — Campagne de 1813. Combat de Weissenfels. Mort de Bessières. Bataille de Lutzen. Retraite de alliés. Napoléon Dresde. — Bataille de Bautzen. Mort de Duroc. — Les Français en Silésie. — Armistice de Plesswitz. — Traité de Reichembach. Adhésion secrète de l'Autriche à la coalition. — Napoléon et M. de Metternich à Dresde. — Congrès de Prague. — Ultimatum des puissances. Rupture du congrès. —

Déclaration de guerre de l'Autriche. — Moreau au camp des alliés. — **Bataille de Dresde.** — Mort de Moreau. — Défection de la Bavière. — Napoléon marche sur Berlin. — Bataille de Leipzig. Retraite de l'armée française. — Dernière entrevue de Napoléon et du roi de Saxe. — Mort de Poniatowski. — Bataille de Hanau. — Napoléon repasse le Rhin. — Affaires d'Espagne. Bataille de Vittoria. — Arrivée de Napoléon à Saint-Cloud. Il se prépare à une nouvelle campagne. Nouvel ultimatum des alliés. — Ouverture du corps législatif. Son opposition au gouvernement impérial. — Allocution de Napoléon aux députés. — Invasion de la France. Napoléon pourvoit au gouvernement de l'Empire, réorganise la garde nationale et part pour la Champagne.. 316

CHAPITRE XI.

Campagne de 1814. — Plan de campagne de Napoléon. Son arrivée à Châlons-sur-Marne. Il reprend l'offensive. — Combat de Brienne. — Bataille de la Rothière. — Napoléon se retire sur Troyes. — Congrès de Châtillon. — Blücher s'avance sur Paris. — Combat de Champaubert. — Les *Marie-Louise*. — Bataille de Montmirail. — Combat de Château-Thierry. — Bataille de Vauxchamps. Marche de Schwartzemberg sur Paris. Napoléon quitte Blücher pour courir sur les Autrichiens. — Combats de Mormans, de Nangis, de Donnemarie. — Bataille de Montereau. — Combat de Méry-sur-Seine. — Napoléon arrive à Troyes. — Second mouvement de Blücher sur Paris. — Napoléon se met à sa poursuite. — Reddition de Soissons. — Bataille de Craonne. Napoléon chasse les Russes de Reims. — Il décrète la levée en masse. — Schwartzemberg s'avance une seconde fois sur Paris. — Retour de Napoléon sur la Seine. — Terreur et retraite des souverains alliés. — Bataille d'Arcis-sur-Aube. — Traité de Chaumont. — Rupture du congrès de Châtillon. — Napoléon à Saint-Dizier. Son nouveau plan de campagne. — Réapparition des Bourbons. — Les Anglais à Bordeaux. Journée du 12 mars. — Parti royaliste; ses espérances. — M. de Talleyrand et son salon. — Mission de M. de Vitrolles; son entrevue avec l'empereur de Russie. — Jonction de toutes les forces alliées à Châlons-sur-Marne; elles marchent sur Paris. — Départ de Saint-Dizier. — Combats de la Fère-Champenoise et de La Ferté-Gaucher. — Convocation du conseil de régence. — Départ de l'Impératrice et du roi de Rome pour Blois. — Arrivée des alliés devant Paris. — Bataille de Paris. — Retour rapide de Napoléon. Il arrive à cinq lieues de Paris, le 30 mars au soir. — Armistice et capitulation. — Les souverains alliés font leur entrée à Paris. Joie des royalistes. Attitude du peuple. — Conseil chez M. de Talleyrand. — Déclaration des souverains. — Convocation du sénat; il décrète la déchéance. — Napoléon à Fontainebleau. — Il veut marcher sur Paris. Ses maréchaux s'y opposent. — Il abdique en faveur de sa femme et de son fils. — Il envoie des plénipotentiaires à Paris. Conférence entre l'empereur Alexandre et les plénipotentiaires. — Défection de Marmont. — Rejet de la régence. — Retour des plénipotentiaires à Fontainebleau. — Abdication sans réserve. — Traité du 11 avril. — Napoléon tente de se suicider. Ses adieux à sa garde. Il part pour l'île d'Elbe................. 374

CHAPITRE XII.

Constitution nouvelle. — Louis XVIII est appelé au trône. — Adhésions au nouveau gouvernement. — Bataille de Toulouse. — Le comte d'Artois, lieutenant-général du royaume. — Conseil d'État provisoire. — Commissaires extraordinaires. — Traité du 23 avril. — Arrivée de Louis XVIII à Calais; son séjour à Compiègne. — Déclaration de Saint-Ouen. — Entrée de Louis XVIII à Paris. Ses premiers actes. Nouveau minisière.—Rédaction de la Charte.—Départ des souverains alliés.—Ouverture des Chambres.—Projet de loi sur la censure. Les orphelines de la Légion-d'Honneur. Les Invalides.—Écoles militaires destinées à la noblesse.—Menaces contre les acquéreurs de biens nationaux.—Monument de Quiberon.—Cérémonies expiatoires.—Congrès de Vienne.—Situation politique. — Départ de l'Ile d'Elbe. — Débarquement au golfe Juan.—Napoléon dans les Basses-Alpes. Son entrée à Grenoble.—Agitation de Paris à la nouvelle de son débarquement. — Ordonnance du roi. Départ du comte d'Artois pour Lyon. — Marche de Napoléon sur cette ville. Il y fait son entrée. — Il se dirige sur Paris. — Son arrivée à Fontainebleau. — Départ de Louis XVIII. Journée du 20 mars. Arrivée de Napoléon aux Tuileries. Ministère impérial. — Napoléon et Benjamin Constant.— La duchesse d'Angoulême à Bordeaux. Le duc d'Angoulême dans le Midi.—Louis XVIII à Gand.—Déclaration des puissances alliées.—Traité du 25 mars.—Ouvertures pacifiques de Napoléon.—Comment elles sont reçues par les souverains.—Mouvement national.— Assemblée du *Champ de Mai*.—Proclamation de l'*acte additionnel*. — Situation militaire et financière de la France.—Marche des armées alliées.—Napoléon part pour l'armée.—Campagne de 1815. Passage de la Sambre. Bataille de Ligny. Retraite des Prussiens. Affaire des Quatre-Bras. Retraite des Anglais.—Bataille de Waterloo. Retour de Napoléon à Paris.—La Chambre des Représentants se déclare en permanence.—Abdication de Napoléon. Son départ pour Rochefort.—Sa lettre au prince régent d'Angleterre.—Napoléon à bord du *Bellérophon*.—Sentence des puissances alliées. Protestation de Napoléon.—Départ pour l'Ile de Sainte-Hélène.—Jugement sur Napoléon.—Nouvelle phase de la révolution. . 421

PIÈCES JUSTIFICATIVES 473

FIN DE LA TABLE DES MATIÈRES.

Imprimerie de A. Henry, rue Git-le-Cœur, 8.

www.ingramcontent.com/pod-product-compliance
Lightning Source LLC
Chambersburg PA
CBHW051406230426
43669CB00011B/1789